HAMBURG : SÜDSEE
**EXPEDITION
INS** PARADIES

Mitteilungen aus dem
Museum für Völkerkunde
Hamburg

Neue Folge
Band 33
2003

HAMBURG : SÜDSEE
EXPEDITION
INS PARADIES

Museum für
Völkerkunde
Hamburg

Hamburg 2003

Impressum

Herausgeber	Wulf Köpke und Bernd Schmelz
	Museum für Völkerkunde Hamburg
Redaktion	Antje Kelm
Externes Lektorat	Volker Harms, Helga Rammow
Übersetzungen	Isabelle J. Cecilia, Ilka Kottmann
Red.-Assistenz	Anja Battefeld
Gestaltung	Anke Blanck
Fotos	Brigitte Saal (soweit nicht anders angegeben)
Titelbild	Kultfigur aus Neuirland; siehe Farbteil
Foto Seite 2	Tänzer aus Möwehafen, Südküste Neubritanniens; Foto Fülleborn vom 13.12.1908.
Druck	Druckerei Zollenspieker Kollektiv ☙ GmbH, Hamburg
ISBN	3-9809222-0-0

© Museum für Völkerkunde Hamburg 2003

Inhalt

7   Einleitung
    Wulf Köpke

9   Das Konzept 'Der innere Reichtum des Museums'
    Wulf Köpke

17 Rauru, Tino, Uli und Co. - Die Sammlungen der Ozeanien-Abteilung
    im Museum für Völkerkunde Hamburg
    Jeanette Kokott

71 Hamburg : Südsee. Expedition ins *Paradies* - Einführung
    Antje Kelm

86 Ein Innenraum als Landschaft betrachtet. Exkurs über die Gestaltung
    der Ausstellung 'Hamburg : Südsee. Expedition ins *Paradies*'
    Wulf Köpke

92 Im ersten Jahr vom Schiffe aus -
    Die Hamburger Südsee-Expedition in der Inselwelt von Neuguinea
    Antje Kelm

142 Der Admiralitäts-Insulaner Po Minis -
    Vom "ungemein aufgeweckten" Informanten zum "notorischen Lumpen"?
    Maren Mohr de Collado

155 "Eine machtvolle Sache bei uns" -
    Zu den Malagan des nördlichen Neuirland
    Dieter Heintze

195 Was Objekte erzählen - Aus dem Alltag und von Festen
    auf den Admiralitäts-Inseln, Papua-Neuguinea
    Sylvia Ohnemus

220 Von Muschelgeld und Ahnengeistern - Die Tolai auf Neubritannien
Ingrid Heermann

249 Die Kunst der Baining und Sulka im Museum für Völkerkunde Hamburg - Eine ikonographische Analyse
George A. Corbin

294 Farbflecken im Tropengrün –
Ein Gestaltungsmittel im Leben am Sepik-Fluss, Papua-Neuguinea
Christian Kaufmann

315 Adjirab - Ein Beispiel für die Kopfjagd in Papua-Neuguinea
Philippe Peltier

337 Tanzen auf mythischen Pfaden - Beziehungen zwischen Land und Menschen bei den Kobon in Papua-Neuguinea
Joachim Görlich

375 Jenseitsvorstellungen im Wandel - Christentum und Transkulturation bei den Ngaing in der Madang Provinz von Papua-Neuguinea
Wolfgang Kempf

Neues aus dem Museum

401 Zwei österreichische Ahnenschädel in der Europa-Ausstellung
Ralf Bockmann

410 Ritualobjekte eines traditionellen Heilers aus Monsefú, Peru
Bernd Schmelz

430 Visitenkarten auf dem Kopf – Mützen und Hüte aus Xinjiang (Ostturkestan)
Susanne Knödel

459 Erläuterungen zum Farbteil

462 Verzeichnis der Autoren

Einleitung

Wulf Köpke

Im Mittelpunkt der 'Mitteilungen' 2003 steht die Ausstellung 'Hamburg : Südsee. Expedition ins "Paradies"'. Der Band macht mit hochinteressanten aktuellen Forschungen über die melanesische Inselwelt des Pazifik bekannt. Sie alle stehen im engen Zusammenhang mit den Objekten der Ausstellung, die größtenteils zum ersten Mal seit ihrer Erwerbung Anfang des 20. Jahrhunderts einer breiten Öffentlichkeit präsentiert werden. Erstaunliche Erkenntnisse konnten auch fast einhundert Jahre nach der berühmten 'Hamburger Südsee-Expedition' von 1908 - 1910 über die damals gesammelten Objekte gewonnen werden, aus deren Bestand der größte Teil der in der Ausstellung präsentierten Stücke stammt. Doch die Autoren beschränkten sich nicht auf die Aufarbeitung der großen wissenschaftlichen Leistungen unserer Altvorderen, sondern beschreiben außerdem das großräumige kulturelle Umfeld der im Museum vorgestellten Ethnien. Dies wird zudem der Tatsache gerecht, dass die Ausstellung auch anderes, in 125 Jahren Museumsgeschichte angesammeltes Kulturgut aus der Region vorstellt, das ebenfalls bislang eher unbeachtet geblieben war.

Dass aus dem durch eine über ein Jahrzehnt andauernde Asbestsanierung verwüsteten Archiv, einem nicht als solchen eingerichteten Bodenraum, der mit unzureichenden klimatischen Bedingungen ausgestattet ist, Tausende von Objekten wieder in einen präsentablen Zustand versetzt werden konnten, bedurfte einer großen und kontinuierlichen gemeinschaftlichen Anstrengung aller Museumsmitarbeiterinnen und Mitarbeiter, was ich mit großer Dankbarkeit für den nachhaltigen Einsatz hier niederschreibe. Insbesondere waren natürlich die Bereiche Restaurierung, Archivare und Hausverwaltung betroffen. Der Wissenschaft blieb es vorbehalten, die in über hundert Jahren Museum verstreuten Daten zu den Objekten wieder zusammenzuführen. Insbesondere hat sich unsere Südsee-Expertin Antje Kelm in der Aufarbeitung, aber auch in der weiteren wissenschaftlichen Erforschung unserer Stücke Verdienste erworben. Sie hat außerdem innerhalb des Ausstellungsteams maßgeblich die Erarbeitung des Ausstellungkonzeptes betrieben. Besonders wichtig sind für das Gesamtprojekt ihre beiden Forschungsreisen 2002 und 2003 nach Neuguinea und Neubritannien. Sie wurden, neben einem substantiellen Beitrag durch die Hamburgische Wissenschaftliche Stiftung, dankenswerter Weise von ihr selbst finanziert.

Derzeit werden, unter Federführung von Jeanette Kokott, systematisch der gesamte Bestand ebenso wie die Verluste in Krieg und Nachkriegszeit erfasst. Danach, so kann ich mit großer Erleichterung sagen, werden wir, voraussichtlich ab 2004, ein erheblich besseres Quartier für die Südseeobjekte beziehen können als bisher. Dieses wird dann nach einigen Jahren publikumszugänglich sein können, sodass eine nähere Befassung mit den Stücken für interessierte Wissenschaftler und Laien erheblich leichter sein wird als bisher.

Die Aufarbeitung der Objekte und ihre Präsentation geschehen unter der Überschrift 'Der innere Reichtum des Museums' im Rahmen eines großangelegten Langzeitkonzeptes zur Erschließung und Publikation der bislang weitgehend unbeachteten Schätze des Museums. Es wird im Rahmen der vorliegenden Publikation ausführlich vorgestellt. Ein erstes Ergebnis der systematischen Aufarbeitung der alten Erwerbungsakten und ihrer Erfassung im Computer findet sich im Aufsatz von Jeanette Kokott. Er stellt erstmals eine umfassende Darstellung der Sammlungsstruktur der Südseesammlungen unseres Museums vor. Dass neben der ambitionierten Erfassung des Altbestandes - ein weiteres Beispiel hierfür bietet der Artikel von Ralf Bockmann über Tiroler Ahnenschädel - auch Neuerwerbungen samt der dazugehörigen wissenschaftlichen Forschung einen festen Platz in unserem Museum haben, zeigen die Aufsätze von Bernd Schmelz zu einem kürzlich erworben Ritualaltar eines peruanischen Heilers und von Susanne Knödel über eine ebenfalls kürzlich als Schenkung erhaltene Mützensammlung aus Ostturkestan.

Das Konzept
'Der innere Reichtum des Museums'

Wulf Köpke

Ein Museum ist durch die Existenz von Sammlungen definiert. Ohne weiteres gilt daher der Umkehrschluß: Ohne Sammlung gibt es kein Museum. Des weiteren begründen natürlich Anzahl und Qualität der Sammlungsobjekte den Rang eines Museums. Der rasche Rückgang autochthoner Kulturen infolge des Zusammenpralls mit der 'abendländischen Zivilisation' veranlasste gerade die völkerkundlichen Museen zu hektischen Erwerbungsaktivitäten. So stieg der Sammlungsbestand unseres Museums von 1834 Gegenständen bei der offiziellen Gründung 1879 auf 11946 Objekte im Jahre 1896. 1915 besaß das Museum bereits 104.533 Objekte! Auch in der nachfolgenden Zeit wurden die Sammlungen noch kräftig ausgebaut. Bereits der erste Direktor, Georg Thilenius war sich der Gefahren dieser raschen Expansion bewusst: 'das völkerkundliche Museum bleibt eine Trophäensammlung, solange seine Bestände nicht wissenschaftlich durchgearbeitet und geordnet werden.'[1] So blieb auch in unserem Hause manches zu wenig bearbeitet. Ob der Raumnot angesichts eines von jeher zu kleinen Gebäudes gerieten viele Schätze in Vergessenheit. Die katastrophale, über ein Jahrzehnt dauernde Asbestsanierung der Dachgeschossmagazine tat ein Übriges dazu, Dinge in Unordnung zu bringen und der Vergessenheit anheim fallen zu lassen. Nur 2 - 3 % des Bestandes konnten schließlich ausgestellt werden, der übergroße Rest blieb der Öffentlichkeit verborgen. Diese mangelhafte Ausstellungsquote ist natürlich nicht eine Spezialität allein unseres Hauses, sondern vielmehr allen großen kulturgeschichtlichen Museen eigen. Dieses Manko fördert seit Jahrzehnten öffentliche Diskussionen, man möge doch Teile dieser so erkennbar nicht genutzten Objekte zum Wohle der baulichen Substanz des betreffenden Museums oder um ihm neue Käufe zu ermöglichen oder einfach zum Wohle der öffentlichen Kassen veräußern.

---

[1] G. Thilenius, Das Hamburgische Museum für Völkerkunde. Museumskunde. Beiheft zu Band XIV. 1916, S. 54, Berlin.

Im Falle der Völkerkundemuseen kommt meines Erachtens zu dieser allgemeinen noch eine spezielle Problematik hinzu. Unsere Objekte stammen aus Kulturen rund um den Erdball. Im Ursprungsland sind sie oft schon nicht mehr in Gebrauch und auch in Museen nicht mehr zu finden. Wir verwalten daher Weltkulturerbe, auf das es viele, zumindest moralisch gerechtfertigte, Anrechte auf Teilhabe gibt. Bei uns finden sich oft wichtige Teile des kulturellen Gedächtnisses ganzer Völker. Anfragen nach diesen Stücken und ihrem Gebrauch – wobei hier nicht die mittlerweile etwas abgeflaute Rückgabediskussion gemeint ist – nehmen in allen völkerkundlichen Museen zu. Die zunehmende Öffnung dieser Museen für einen interkulturellen Dialog verpflichtet sie daher, ihre Schätze verstärkt einer breiten Öffentlichkeit zugänglich zu machen.

Unser Haus hat sich vor etwa 10 Jahren dazu entschlossen, seine Kraft nicht so sehr auf den weiteren numerischen Ausbau der Sammlungen zu richten, sondern die Aufarbeitung der bereits bestehenden Sammlungen als Priorität anzusehen. Antrieb war, neben der schlechten Finanzlage, Mitte der 90er Jahre, der große Erfolg der Ausstellung 'Verborgene Schätze', bei der wir uns erstmals massiv unseres 'Fundus' bedienten. Die Ergebnisse waren auch für uns überraschend und das Publikum reagierte sehr positiv. Kleinere Ausstellungen, entwickelt von Helmut Freiburg, technischer Leiter des Hauses und bildender Künstler, folgten. Sie waren sehr experimentell und boten eine völlig neue Sicht auf unsere Objekte und den Inhalt unseres Museums.

Aus diesen Erfahrungen entwickelten wir ein Konzept einer langfristigen Ausstellungsreihe unter dem Titel 'Der innere Reichtum des Museums'. Es kam zum ersten Mal im Zuge der geplanten Japanausstellung, die 2000/2001 stattfand, vollständig zum Tragen. Wir durchforschten dabei das gesamte Archiv nach Japanobjekten – genaue Bestandszahlen waren uns nicht bekannt – und trugen sämtliche verfügbaren Daten hierzu zusammen, die in einer eigens erstellten Datenbank aufgezeichnet wurden. Es erwies sich, dass relativ viele der etwa 5.500 Objekte, die schließlich ermittelt werden konnten, ungenügend oder gar nicht beschrieben waren, so dass es ohne umfangreiche Forschungsarbeiten nicht möglich erschien, eine Ausstellung zu realisieren. Entsprechende Bedenken wurden im Hause ausgiebig diskutiert. Aber auch außerhalb gab es, bis in die Spitzen der vorgesetzten Behörde hinein, große Bedenken. Trotz aller

Zweifel entschlossen wir uns am Ende, entgegen allen Gepflogenheiten im Ausstellungswesen, fast alle Objekte gleichzeitig auszustellen. Eine große Unterstützung boten uns hierbei die Diskussionen mit Rüdiger Jörn, dem Museumsreferenten der Kulturbehörde, der uns sehr in unserem Vorhaben bestärkte. Unseren Wissensstand dokumentierten wir in der Ausstellung. Aber auch unsere Wissenslücken machten wir mit großen Fragezeichen an den Vitrinen deutlich. Mit Hilfe von Handzetteln in Deutsch, Englisch und Japanisch baten wir jeden Besucher 'Schenken Sie uns Ihr Wissen!'. Wir organisierten, dass während der gesamten Öffnungszeit der Ausstellung jemand als Ansprechpartner für das Publikum anwesend war und die Angaben aufnahm. Zusätzlich erhielten wir zahlreiche Briefe, mehrere Delegationen japanischer Wissenschaftler reisten an. Auf diese Weise gelang es uns, zahlreiche Stücke näher zu bestimmen. Es stellte sich heraus, dass das Museum im Bereich Japan über erheblich größere Schätze, teilweise von internationalem Rang, verfügte als uns zuvor bewusst gewesen war. Wichtig war jedoch vor allem, dass der Hamburger Öffentlichkeit mit einem Schlag vor Augen geführt worden war, welche ungeahnten Reichtümer unser Haus besitzt. Die Reaktion des Publikums auf unsere Ausstellung war großartig und wir mußten noch eine kleinere Schau zum selben Thema 'nachlegen', da das Interesse unverändert groß blieb.

Integraler Bestandteil des Konzeptes 'Der innere Reichtum des Museums' ist jedoch nicht nur eine Ausstellung bislang nicht gezeigter Schätze. Wesentlich ist auch, dass diese nach Ende der Ausstellung in verbesserte Archive zurückgeführt werden können und dort, konservatorisch angemessen gelagert, publikumszugänglich gemacht werden. Dies gelang am Ende der Japan-Ausstellung nur zum Teil und die Arbeiten daran konnten bis jetzt noch nicht vollständig abgeschlossen werden.

Ein weiteres Manko war die kurze Vorbereitungsdauer der Japan-Ausstellung von etwa 9 Monaten. Das Ergebnis war zwar befriedigend und voller positiver Überraschungen, doch erlaubte die Kürze der Zeit kaum konservatorische und restauratorische Maßnahmen der vielfach sehr unzureichend gelagerten Objekte. Eine systematische Inventur, in der im Vorhinein festgestellt wurde, welche Objekte hätten da sein müssen, welche Kriegsverluste zu verzeichnen sind usw., konnte ebenfalls nicht vollständig durchgeführt werden.

Erheblich besser verliefen die Vorabeiten zur Ausstellung 'Indianer 1858 - 1928. Fotografische Reisen von Alaska bis Feuerland'. Dank einer Förderung durch die ZEIT-Stiftung konnte sich die Wissenschaftlerin Eva König drei Jahre lang der Erschließung und wissenschaftlichen Aufarbeitung der Amerika-Fotobestände des Museums, sowie erster konservatorischer Maßnahmen widmen. Aber auch hier blieb am Ende die Raumfrage und die Frage der Publikumszugänglichkeit nur unzureichend gelöst.

Wir entschlossen uns daher, den Vorlauf der Ausstellungen zu verlängern und eine systematische Generalinventur des Gesamtbestandes vorzuschalten. Hier gelang es mittlerweile, fast die gesamte Südsee-Abteilung zu erfassen. Am Bestand der Amerika-Abteilung wird ebenfalls bereits gearbeitet. Außerdem erstellten wir ein Konzept für die Verbesserung sämtlicher Archivräume des Hauses, dessen Durchführung hausseitig von Norbert Renelt und Ingo Nolte und bauseitig vom Architektenbüro BHL betreut wird. Erfreulicherweise bewilligte der Hamburgische Senat für dieses Konzept die nötigen Gelder, so dass einer Verwirklichung nichts mehr im Wege steht. Der jetzige längere Vorlauf ermöglicht es, zusätzliche Forschung an den Objekten durchzuführen und Partner, seien sie aus den Ursprungsländern oder von den Universitäten, hinzuzuziehen.

Sehr schön geht dieses Gesamtkonzept bereits bei der aktuellen Ausstellung 'Hamburg : Südsee' auf. Die Aufnahme des Soll-Bestandes durch Jeanette Kokott anhand der alten Erwerbungsakten ist abgeschlossen, die zuständige Wissenschaftlerin Antje Kelm hat mit dem Ausstellungsteam die für die Ausstellung vorgesehenen etwa 2.500 Objekte wissenschaftlich aufgearbeitet, ergänzt durch die Ergebnisse zweier Forschungsreisen nach Neuguinea und Neuirland. Nach der Ausstellung wird die endgültige Inventur stattfinden und die Objekte werden in ein schönes neugestaltetes Archiv 'abfließen' wo sie dann einer breiteren Öffentlichkeit zugänglich sein werden. Auch die nächsten beiden Projekte, 'Tibet' und 'Guatemala' sind schon mitten in der konkreten Vorbereitung. Bei 'Tibet' hat das Ausstellungsteam gemeinsam mit der zuständigen Wissenschaftlerin Susanne Knödel bereits die Planung der Ausstellungsgestaltung begonnen. Im Rahmen des Guatemala-Projektes konnte der zuständige Wissenschaftler Bernd Schmelz auf der Grundlage der vorhandenen Sammlungen des Hauses aus der Region schon mit Erfolg eine mehrmonatige

Feldforschung in Guatemala durchführen. Eine weitere Forschung in den angrenzenden Maya-Gebieten Mexikos ist ergänzend geplant.

Schon jetzt darf gesagt werden, dass das Konzept 'Der innere Reichtum des Museums' sich in mehr als einer Hinsicht gelohnt hat. Es kommt beim Publikum sehr gut an - ein gewisser Schatzkisteneffekt spielt dabei sicherlich eine Rolle. Wir machen deutlich, dass wir das von uns verwaltete Weltkulturerbe nicht ausschließlich für uns behalten wollen. Wir haben die kommunalen Geldgeber und auch private Mäzene und Sponsoren damit überzeugen können, dass es sich lohnt, bei uns zu investieren. Für uns selbst bedeutet es eine Arbeitserleichterung, denn wir müssen die Arbeit an der Infrastruktur nicht neben dem Ausstellungsmachen betreiben, sondern sie ist ein Teil davon. Auch die gerade in Zeiten knapper öffentlicher Gelder immer wieder aufflammende Diskussion um Verkäufe ungenutzter Museumsobjekte wird beträchtlich entschärft, da ja bei uns alles publikumszugänglich sein und somit genutzt sein wird. Die Realisierung des Konzeptes macht unser Museum zudem international wieder salonfähig, da wir seit langem aufgrund der mangelhaften Infrastruktur nur wenig ausleihen konnten. Wir gehen auch davon aus, dass sich auf diese Weise zusätzliche Gelder über Leihgebühren erschließen lassen können.

Last but not least macht es uns selbst Freude, 'Entdeckungsreisen' im eigenen Haus zu unternehmen und Zeit für Forschung an den Objekten zu haben. Die große Klage vieler Museumsleute, sie fänden keine Zeit für Forschung mehr, entschärft sich bei uns.

Die Realisierung des Konzeptes bedeutet aber, dies soll nicht verschwiegen werden, für eine gewisse Zeit einen weitgehenden Verzicht auf große eigene programmatische, kulturvergleichende Ausstellungen. Und natürlich werden wir das Konzept nicht auf alle Zeiten fortschreiben. In den nächsten Jahren wird es die Basis unserer Arbeit bilden, bis wir die zeit- und personalintensive Umgestaltung der Archive und die Generalinventur einigermaßen bewältigt haben. Danach werden wir uns sicherlich wieder verstärkt anderen Themen zuwenden. Ich bin aber sicher, dass der 'Innere Reichtum des Museums' immer wieder eine reizvolles Themenstellung für unser Haus sein wird.

Die anschließende Tabelle gibt einen Überblick über bereits realisierte Projekte und schon konkret geplante Vorhaben im Rahmen des Gesamtkonzeptes 'Der innere Reichtum des Museums' (ohne neugestaltete Dauerausstellungen und Ausstellungen über neuerworbene Sammlungen).

Bisherige Projekte

11.8.1995 – 11.8.1996	Verborgene Schätze. Neues, Kostbares und Besonderes aus den eigenen Sammlungen
9.9. – 29.10.1995	Chinabilder – Souvenirs aus dem Reich der Mitte
7.11.1997 – 3.5.1998	Neue Blicke. Eine Installation mit ethnographischen Elementen
20.2. – 4.6.2000	Gegen-Stände
3.3. – 24.4.2000	Bäuerliche Geräte zur Verarbeitung von Lein und Wolle
29.10.2000 – 16.4.2001	Japan. Der innere Reichtum des Museums
29.10.2000 – 16.4.2001	Japan – Schatzsuche im Museum. Eine Ausstellung für Kinder
6.3. – 22.4.2001	Tibetischer Buddhismus. Aus den Sammlungen Heller und Leder
2.5. – 30.12.2001	Alltag im alten Japan
3.4. – 18.5.2002	Unbekannte Objekte aus dem Museum. Sonderschau in "Das gemeinsame Haus Europa"
28.4.2002 – 15.6.2003	Indianer 1858–1928. Photographische Reisen von Alaska bis Feuerland
14.1. – 15. 6.2003	Das Leben mongolischer Hirtennomaden
6. 4. – 2. 11.2003	Bali – Insel der Götter
11. 5. – 31.8.2003	Traditionelle Haus- und Dorfformen im Kaukasus
1.7. – 14. 9.2003	Nomadenzelte
9. 9.2003 – Juni 2004	Hamburg: Südsee. Expedition ins 'Paradies'

Geplante Projekte

2004	Die Welt des tibetischen Buddhismus
2004	Kunst und Kultur der Maori Neuseelands
2005	Zwischen Urwald und Kaffeeplantage. Die Welt der Indianer Guatemalas
2005	Die Kulturen des voreuropäischen Amerika
2006	Die Schätze des Orients
2007	China
2008	Westafrika
2009	Der Klang der Welt. Die Musikinstrumentensammlung des Museums für Völkerkunde
2010	Sibirien/Nordasien/Zentralasien
2011	Indien

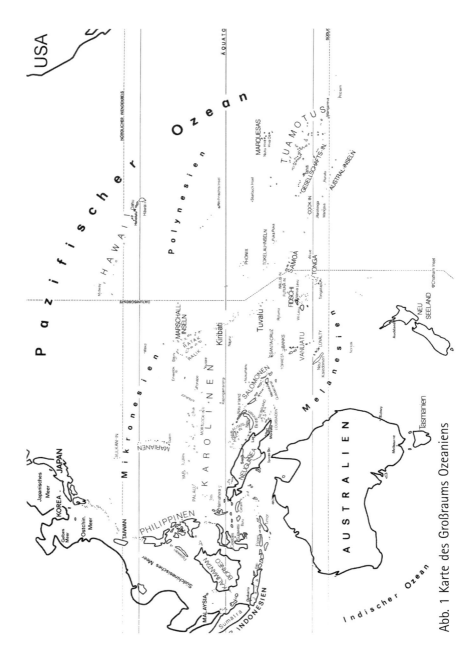

Abb. 1 Karte des Großraums Ozeaniens

Rauru, Tino, Uli und Co.
Die Sammlungen der Ozeanien-Abteilung im Museum für Völkerkunde Hamburg

Jeanette Kokott

Ein Bericht über die Sammlungen der Ozeanien-Abteilung richtet den Blick nicht nur auf die fernen Herkunftsländer, sondern ist zugleich eine Entdeckungsreise in die abwechslungsreiche Geschichte des Museums für Völkerkunde Hamburg. Weit und abenteuerlich waren oft die Wege, die Masken, Waffen, Werkzeuge, Haushaltsgeräte und Ritualzubehör aus der Südsee genommen haben, bis sie ihren Platz im Haus an der Rothenbaumchaussee gefunden haben. Nicht weniger strapaziös gestaltete sich für viele Sammlungsgegenstände der Verbleib. Mehrfach umgelagert, eingepackt, wissenschaftlich bearbeitet, fotografiert, publiziert, konserviert und auf unterschiedliche Weise dokumentiert, zählen die umfangreichen Bestände der Ozeanien-Abteilung zu den Schätzen von Weltrang.

Mehrere Generationen von Seeleuten, Sammlern, Händlern, Wissenschaftlern und Forschungsreisenden haben dazu beigetragen, dass im Laufe der Jahrzehnte Kunstschaffen und Alltagswelt der Menschen des pazifischen Raumes hier ihre Spuren hinterlassen haben. Als Zeugen der Vergangenheit und Gegenwart ferner Inselreiche spiegelt sich in Auswahl und Zusammensetzung des Bestands aber auch unser spezifisches Interesse an fremden Kulturen. Viele unterschiedliche Aspekte spielten und spielen beim Aufbau der Sammlung eine Rolle und verleihen ihr eine spezifische Prägung: Die Wechselfälle der deutschen Geschichte mit ihren kolonialen Ambitionen im Pazifik finden hier ebenso ihren Niederschlag, wie die internationalen Handelsbeziehungen der Freien und Hansestadt Hamburg, die ästhetischen Kriterien des Kunstmarktes und die individuelle Sammelleidenschaft einzelner Bürgerinnen und Bürger, die ihre Erwerbungen dem Museum zukommen ließen. Vielfach setzten aber auch die Direktoren des Hauses Maßstäbe, indem sie Expeditionen und Forscher gezielt damit beauftragten, spezielle Objekte zu erwerben, um

Lücken im Bestand zu decken. Im Vordergrund stand dabei zumeist das wissenschaftliche Interesse an möglichst umfassender Dokumentation, wie aus den folgenden Anweisungen an den Sammler Arnold Fabricius deutlich wird:

> "Die Hatzfeldhafengegend [Nordostküste Neuguineas] würde unseren Bedarf recht gut treffen, nur möchten wir recht sehr bitten, für die Folge es nach Möglichkeit peinlich mit den Herkunftsangaben der einzelnen Sachen zu halten [...]. Auch wären uns nähere Bezeichnungen wie: einheimischer Name des Gegenstandes, Erwerbungsort oder sicherer oder wahrscheinlicher Herstellungsort sehr erwünscht, da Ethnologika, gesammelt ohne diese Mühewaltung genauer Bestimmung nur Kuriositätenwert besitzen, also für wissenschaftliche Zwecke weniger in Betracht kommen. Die Bemessung des Wertes hängt zum großen Teil von derartig zuverlässiger Bestimmung ab."[1]

Wenn hier vom Wert der Gegenstände gesprochen wird, ist nicht nur der ideelle Wert für die Forschung gemeint, sondern durchaus der konkret an den Sammler gezahlte Preis, der sich eben auch nach den gelieferten Informationen bemaß. Nicht Kuriositätenkabinette und Wunderkammern mit ihren spektakulären exotischen Schaustücken bildeten demnach die Vorbilder der Sammlung. Vielmehr war das Streben nach möglichst weitreichenden Informationen über Lebensweise und Kultur der fremden Völker ein zentrales Kriterium für den Aufbau des Bestands. So erwarb das Museum zwar auch künstlerisch herausragende Einzelstücke, vordringliches Anliegen war jedoch zumeist eine möglichst geschlossene Dokumentation der materiellen und geistigen Kultur einer Region. Dieses Interesse an der Alltagswelt bestimmter Völker trug dazu bei, dass gerade die Gebrauchsspuren an den Sammlungsstücken oder Objekte in verschiedenen Stadien des Herstellungsprozesses als Anschauungsmaterial besonders geschätzt wurden. Georg Thilenius, der erste Direktor des Museums, formulierte 1907 seine diesbezüglichen Prioritäten für den Ausbau der Neuirland-Sammlung wie folgt:

---

[1] Schreiben des Sammlungsverwalters F.E. Hellwig an Arnold Fabricius vom 8. September 1912 / Briefwechsel aus den Akten des Museums (S. S.1 / Bd. VI).

"Die ethnographischen Gegenstände, auf welche das Museum in erster Linie Wert legt, sind nicht immer die teuren und wertvollen Schmucksachen, ebensowenig die bereits reichlich vertretenen Schnitzwerke, welche bei Totenfesten in Anwendung kommen, wohl aber sind dem Museum dringend die Erzeugnisse erwünscht, welche im täglichen Leben verwendet werden."[2]

Diese Richtlinien waren über weite Strecken wegweisend für die Erwerbspolitik des Hauses. Die Ozeanien-Sammlung gestaltet sich entsprechend vielschichtig und umfangreich. Mit Bezug auf die aktuellen Projekte der Abteilung skizziert der Artikel zunächst die museale Infrastruktur, die den Hintergrund für die Erfassung und Dokumentation der Ozeanien-Sammlungen bildet. Anschließend werden in groben Zügen die wichtigsten Etappen ihres Aufbaus durch die Jahrzehnte nachgezeichnet.

Rahmenbedingungen und Umfeld – zur Logistik der Objektverwaltung

Die Ozeanienabteilung: Begrenzung und Katalogisierung

Seit den Anfängen einer ethnographischen Sammlung im Besitz der Stadtbibliothek sind die Objekte, auf welche die späteren Bestände des Museums für Völkerkunde Hamburg aufbauten, nach geographischen Gesichtspunkten erfasst. Bereits der erste Gesamtkatalog von 1867 sortiert die Objekte nach ihrer Zugehörigkeit zu den verschiedenen Kontinenten.[3] Von einer Betreuung dieser Sammlungen durch spezialisierte Abteilungsleiter oder Archivare konnte vor der Wende zum 20. Jahrhundert zwar noch nicht die Rede sein, dennoch spielte diese Aufteilung eine entscheidende Rolle für die sich allmählich herauskristallisierende Struktur der Dokumentation und Verwaltung der Objekte.

---

[2] Georg Thilenius in einem Schreiben an Senator Traun, vom 24. Januar 1907 / Briefwechsel aus den Akten des Museums (S. S.1 / Bd.I).
[3] Dieser Katalog wurde von den mit der Verwaltung der Sammlungen betrauten Herren Ferdinand Worlée und Adolph Oberdörfer erstellt. Zu den Anfängen des Museums für Völkerkunde Hamburg vgl.: Köpke und Schmelz 2002, S. 67-82 und Zwernemann 1980, S. 1-58.

Getrennt nach den Abteilungen Afrika, Amerika, Eurasien, Südostasien und Ozeanien entstanden fünf Inventarkataloge, wobei die Systematik der Inventarnummern im Laufe der Jahrzehnte mehrfach abgeändert wurde und sehr komplexe Formen annahm (vgl. Anhang 1).

Die bis heute im Wesentlichen beibehaltenen Grenzverläufe zwischen den einzelnen Abteilungen basieren weitestgehend auf Konventionen und sind im Einzelfall durchaus diskussionswürdig. So umfasst die Ozeanien-Abteilung neben dem Großraum Ozeanien mit seinen Untereinheiten Melanesien, Mikronesien und Polynesien auch den australischen Kontinent.[4] Hinzu kommt als eigenwillige Besonderheit des Hauses, dass auch die südostasiatische Inselwelt der Ozeanien-Abteilung zugeordnet wurde. Streckenweise trug die Abteilung daher auch den Namen "Indo-Ozeanien". Lediglich partiell erfolgte hier in jüngster Zeit eine kleine Modifikation, insofern die Sammlung von den Indien vorgelagerten Nikobaren an die Ost- und Südasienabteilung des Museums übergeben wurde.

Im Zuge der Katalogisierung und Archivierung sah sich das Museum zudem bald mit unterschiedlichen Objektgruppen konfrontiert, die eine weitere Differenzierung erforderlich machten. Neben der geographischen Herkunft spielte dabei vor allem die Beschaffenheit der Objekte selbst eine Rolle. So entstand neben dem Archiv für die Zeugnisse der materiellen Kultur ein eigenes Nachlass-Archiv, in dem diverse Wissenschaftler ihre bislang unpublizierten Forschungsergebnisse und Manuskripte über Sprachanalysen und Mythenforschung hinterlegten. Auch phonetische Aufnahmen und Tondokumente bilden dabei prinzipiell eine eigene Kategorie. Für die Ozeaniensammlung fällt vor allem der Anteil an fotografischen Aufnahmen und Zeichnungen besonders ins Gewicht. Auch sie werden getrennt von den eigentlichen Gegenständen in speziellen Foto- und Grafikarchiven aufbewahrt. Waren diese historischen Bilddokumente zunächst meist als Illustration von Verwendungszweck und Herstellungsprozess der Ethnographica und ihres kulturellen Umfelds gedacht,

---

[4] Diese Einteilung in "Schwarze Inseln", "Kleine Inseln" und "Viele Inseln" geht zurück auf Dumont d'Urville. Er verwendete diese Begriffe 1831 zur geographischen Strukturierung der Großregionen Ozeaniens. Die kulturellen Überlappungen in diesen Gebieten sind jedoch weitaus komplexer und lassen sich nicht auf dieses einfache Schema reduzieren. In Ermangelung besserer Alternativen wird es jedoch gemeinhin beibehalten (Meyer 1995, S. 637, Wilpert 1987, S. 10).

so sieht die Forschung in ihnen mittlerweile Objekte von eigenständigem Wert. Die Aufbereitung dieser Fotobestände befindet sich, ähnlich wie die der anderen Spezialarchive des Hauses noch im Aufbau. Aus dem Großraum Ozeanien sind bislang lediglich die historischen Aufnahmen der Hamburger Südsee-Expedition von 1908-1910 systematisch aufgearbeitet.

Selbst abzüglich dieser ausgegliederten Dokumente kann das Objektarchiv der Ozeanien-Abteilung mit beachtlichen Zahlen und Werten aufwarten. Es umfasst kulturell sehr vielschichtige Zeugnisse. Neben Masken, Schnitzwerken, religiösen Artefakten, Großobjekten (wie Booten und Häusern), Haushaltszubehör, Kriegs- und Jagdgerät der älteren Epochen wird auch die aktuelle Souvenirproduktion dieser Großregion repräsentiert. Die Sammlung verfügt somit über eine gewisse historische Tiefe, die auch die zeitgenössische Entwicklung des Pazifiks berücksichtigt. Der eigentliche zeitliche Schwerpunkt liegt gleichwohl auf dem späten 19. Jahrhundert, der Zeit der Jahrhundertwende und den folgenden zwei Dekaden. Wenngleich sich bislang noch keine endgültigen Aussagen über den absoluten Umfang machen lassen, so erlaubt der augenblickliche Stand der Auswertung der Abteilungsunterlagen eine grobe Schätzung des aktenkundigen Gesamtbestands auf knapp 50.000 Objekte. Die Größenordnung des Fehlbestands, verursacht durch Kriegsverluste, Plünderung und Vernichtung schadhafter Objekte u.ä. lässt sich mit Sicherheit erst nach einer Inventur ermitteln und ist bei diesen Angaben nicht berücksichtigt. Auch die regulären Ausgänge, die durch den Tausch von Dubletten[5] zustande kamen, sind von dieser Schätzung ausgenommen. Insgesamt ist allerdings mit erheblichen Abstrichen zu rechnen. Allein durch die Zerstörung der im Ausweichlager Lautenthal (Harz) eingelagerten Sammlungen verlor das Museum in den letzten Tagen des Zweiten Weltkriegs weit über 70.000 seiner wertvollsten Stücke, darunter auch große Anteile der Ozeanien-Sammlung.[6] Die Betreuung und Wartung der bewahrten und über die Kriegswirren geretteten Bestände stellte

---

[5] Objekte, die eine große Ähnlichkeit mit bereits vorhandenen Sammlungsstücken aufweisen, wurden vielfach noch bis in die sechziger Jahre des 20. Jahrhunderts als so genannte Dubletten ausgewiesen. Diese wurden vorzugsweise im Rahmen von Tauschaktionen mit anderen Museen und Sammlern veräußert, um dafür im Gegenzug Lücken im eigenen Bestand zu schließen. Die Erkenntnis, dass durch das Zerstückeln einer Sammlung aber auch Vergleichsmaßstab und Aussagekraft in Mitleidenschaft gezogen werden, blieb späteren Generationen vorbehalten.
[6] Siehe hierzu Zwernemann 1980, S. 79.

das Haus auch in den folgenden Jahren vor weitere Herausforderungen. Unmittelbar nach Kriegsende wurde parallel zur Ausstellungstätigkeit der Ausbau der Sammlungen fortgesetzt.

Ein Raum für die Sammlungen – real und virtuell

Raumknappheit zählt zu den vorrangigen Problemen, die das Museum für Völkerkunde Hamburg seit seiner Gründung fast ständig begleitet haben. Seit seiner Grundsteinlegung musste das bis heute nicht fertiggestellte Haus immer wieder Mittel für Umbau- und Erweiterungsmaßnahmen einwerben. Für die ständig wachsenden Sammlungen bedeutete dies ein Wechselbad zwischen drängender Enge, die die Grenzen des konservatorisch Vertretbaren bisweilen weit überschritt, und Umgruppierung nach neuen Kriterien, deren Entfaltung durch Vergrößerung des zur Verfügung stehenden Raumes ermöglicht wurde. Kostspielig angemietete Zwischenlager und andere provisorische Lösungen, die das Arbeiten an den Objekten massiv behindern, sind bislang jedoch nach wie vor charakteristisch für die Situation der Archive.[7]

Augenblicklich zeichnet sich für die Ozeanien-Abteilung eine Zeit des Umbruchs ab, die für unsere Besucher und die Objekte eine Wende zum Besseren in Aussicht stellt. Umfangreiche Teile der Sammlung sind durch die Kombination von aktueller Sonderausstellung und Dauerausstellung nun der Öffentlichkeit zugänglich – darunter viele Stücke, die noch nie gezeigt worden waren. Des weiteren steht dem ganzen Bestand der Abteilung in nächster Zeit der Umzug in ein neu gegründetes Schauarchiv bevor. Aus der drängenden Enge des Dachgeschosses mit seinen großen Temperaturschwankungen zwischen den Jahreszeiten erwartet die Objekte eine Umverlagerung in neue Räume im Erdgeschoß des Hauses. Durch den Auszug des Ethnologischen Instituts im Jahr 2002 ist es möglich geworden, die neu gewonnenen Räume zur Verbesserung der Archivsituation zu nutzen. Umfangreiche Baumaßnahmen und Renovierungen schaffen die Voraussetzung dafür, dass künftig neben den geographischen Aspekten auch die unterschiedlichen konservatorischen Bedürfnisse der

---

[7] Eine Ausnahme hiervon bildet das neu geschaffene Lackarchiv, in dem seit Beginn des 21. Jahrhunderts zahlreiche Objekte der Japan-Sammlung untergebracht sind.

Materialien stärker berücksichtigt werden können. Dieses Projekt soll nicht nur adäquate Lagerungsbedingungen für die einmalige Sammlung schaffen, sondern auch ihre Zugänglichkeit für Recherchen und interessierte Besucher gewährleisten.

Einhergehend mit diesen Maßnahmen werden zur Zeit die Eckdaten des Objektbestands anhand der Aktenlage digital in einer speziell an die Erfordernisse des Hauses angepassten Datenbank erfasst. Damit sind erste Weichenstellungen für eine zeitgemäße Objektdokumentation getroffen, die in Zukunft die Arbeit mit der umfangreichen Sammlung wesentlich erleichtern soll. Gleichzeitig wird damit die Grundlage für eine Inventur geschaffen, die im Rahmen der Umverlagerung des Archivs geplant ist. Die durch Kriegsschäden entstandenen Lücken lassen sich damit erstmalig durch den Abgleich von real vorhandenen Objekten und aktenkundigem Bestand vollständig erheben und dokumentieren – ein wichtiger Schritt, um den augenblicklichen Umfang der Sammlung komplett zu registrieren und vor unbefugten Übergriffen zu bewahren.

Die folgenden Ausführungen sind als Zwischenergebnis dieser noch nicht abgeschlossenen Erhebung zu verstehen. Ein ausführlicher Bericht über Ergebnisse und Details der Inventur wird zu gegebener Zeit folgen. An dieser Stelle sollen stattdessen Aufbau und Zusammensetzung der Sammlungen in groben Zügen erörtert werden. Ein spezielles Augenmerk gilt dabei den verschiedenen Quellen, aus denen sich die Bestände der Abteilung speisten. Die der Inselwelt des Malaiischen Archipels zugehörigen Objekte werden von dieser chronologisch angelegten Erhebung ausgenommen, so dass hier lediglich die Bestandteile der Ozeanien-Abteilung berücksichtigt sind, die den Großregionen Melanesien, Polynesien, Mikronesien und Australien zugerechnet werden.

Die Anfänge der Ozeanien-Sammlung: Chronologie einer wechselvollen Geschichte

Aus den bescheidenen Anfängen der ethnographischen Sammlung der Stadtbibliothek mit ihren 654 Gegenständen, die Adolph Oberdörffer und Ferdinand Worlée 1867 im ersten Gesamtkatalog erfasst haben, entwickelte sich durch

Spenden und Schenkungen bis zur Wende zum 20. Jahrhundert schnell ein bedeutender Bestand an Ethnographica. Bereits zur offiziellen Gründung des Museums für Völkerkunde Hamburg im Jahr 1879 war die völkerkundliche Sammlung auf 11.946 Gegenstände angewachsen.[8] Auch die Ozeanien-Abteilung hatte maßgeblichen Anteil an dieser Entwicklung. 1867 bildete der pazifische Raum südlich des Nördlichen Wendekreises mit 148 Einträgen nach Amerika mit 241 und Asien mit 180 die drittgrößte Einheit des Bestands.[9] 1893 verzeichnete die Ozeanien-Abteilung bereits 2.453 Objekte.[10]

Insbesondere der Kaufmann Carl Wilhelm Lüders (1823-1896) machte sich in diesen Gründerjahren um das Museum verdient. Als Verwalter der ethnographischen Sammlungen brachte er bei seiner offiziellen Ernennung zum ersten Vorsteher des Museums für Völkerkunde seine eigene 770 Gegenstände umfassende Sammlung in das Museum ein[11]. Die Ozeanien-Abteilung profitierte an diesem Arrangement mit über 170 Objekten, die aus nahezu allen Gebieten des pazifischen Raumes stammen. Gliedert man die Zugänge der Abteilung in groben Zügen nach Dekaden und Sammlern, so ergibt sich folgendes Bild.

---

[8] Die ethnographischen Sammlungen der Stadtbibliothek wurden zunächst dem im selben Gebäude befindlichen Naturhistorischen Museum angegliedert. 1871 erfolgte die Gründung des "Culturgeschichtlichen Museums", in dessen Obhut die Ethnographica bis 1878 verwahrt wurden. Die Namensänderung und damit eigentliche Gründung des "Museums für Völkerkunde" vollzog sich erst 1879. Auf ein eigenes Gebäude musste das Museum noch bis 1912 warten. Seither hat das Museum mehrfach geringfügige Umbenennungen erfahren. 1936 nannte es sich "Hamburgisches Museum für Völkerkunde und Vorgeschichte" Die vorgeschichtliche Abteilung ist mittlerweile an das Helms-Museum überführt worden. Von 1972 bis 1998 lautete die offizielle Bezeichnung "Hamburgisches Museum für Völkerkunde" und seit 1999 wird es wieder unter seinem ursprünglichen Namen: "Museum für Völkerkunde Hamburg" geführt (Museum für Völkerkunde Hamburg 1998, S. 6). Siehe auch Zwernemann 1980, S. 21.
[9] Siehe hierzu den Gesamtkatalog von 1867: "Die Ethnographische oder Sammlung für Völkerkunde im Anschluß an das Naturhistorische Museum in Hamburg".
[10] Vgl. "Verzeichnis über den Bestand des Museum für Völkerkunde Hamburg im Jahre 1893; 4. Abtheilung: Oceanien."
[11] Zwernemann 1980, S. 14.

Die siebziger Jahre des 19. Jahrhunderts: Private Initiative und Bürgerengagement

Der Aufbau der ethnographischen Sammlung wurde in diesen frühen Jahren im Wesentlichen von Privatleuten und Vertretern großer Handelsfirmen bestritten, die durch kleinere Schenkungen den Bestand allmählich vermehrten. Nennenswerte Erweiterungen des Grundstocks gehen zurück auf C. Krey jr. und R.J. Robertson. Letzterer war Teilhaber des deutschen Handelshauses Robertson & Hernsheim, das sich vor allem im Südseehandel engagierte und ein Handelsmonopol auf den Karolinen besaß[12]. Die Beziehungen zur Familie Robertson brachen offenbar auch in den folgenden Jahrzehnten nicht völlig ab. Neben weiteren Schenkungen während der achtziger Jahre, die ein weites Spektrum an Tanzgeräten, Masken, Schmuck, Kleidung, Haushaltsgeräten und Waffen aufweisen, überließ auch H. Robertson jr. im Jahr 1900 dem Museum rund 300 Objekte aus Mikronesien und Melanesien, wobei die Karolinen, Neuirland und Neubritannien wie zuvor die regionalen Schwerpunkte bildeten.

Langjährige Kontakte pflegte das Museum auch zu Kapitän C.A. Pöhl, welcher 1878 erstmals mit einem Ankauf verzeichnet ist. Weitere Schenkungen und Ankäufe in moderatem Umfang folgten. Über die Jahre entstand so eine kleine Kollektion unterschiedlicher, vorwiegend aus Melanesien stammender Ethnographica, die alle auf Herrn Pöhl verweisen. Vermutungen darüber, ob und inwiefern die aus den Jahren 1938 und 1944 datierenden Schenkungen von Max bzw.

Abb. 2 Zeichnung zur Objektdokumentation, Kleine Skulptur (MV Hamburg, Nr. E 2506), Sammlung Pöhl: Huongolf / Neuguinea, Ende 19. Jahrhundert.

[12] Gründer 2001, S. 45.

Elsa Pöhl sich ebenfalls auf das familiäre Umfeld dieses Kapitäns zurückführen lassen, bedürfen noch weiterer Recherchen.

Zu den frühen Gönnern zählt neben Herrn Aug. Classen, der die Sammlung um ca. 30 Stücke von den Fiji-Inseln bereicherte, u.a. auch A.H. Wappäus. Er schenkte eine Reihe von Waffen, Matten und Schmuck von den Karolinen und aus Neuguinea.

Die achtziger Jahre des 19. Jahrhunderts:
Aufschwung im Zeichen von Seefahrt und Handel

In den achtziger Jahren erfuhr die Ozeanien-Sammlung eine entscheidende Aufwertung durch Übernahme umfangreicher Bestände aus dem privaten Museum Godeffroy. Die Hamburger Kaufmannsfamilie Godeffroy unterhielt in der zweiten Hälfte des 19. Jahrhunderts rege Handelsbeziehungen mit dem pazifischen Raum. Mit über 40 Filialen und 36 Schiffen galt der Firmenchef Johann Cesar VI Godeffroy als "König des Südseehandels"[13]. Dieser basierte im Wesentlichen auf Kokosöl und Kopra. Seit 1860 hatten die Kapitäne und Reeder dieses Handelshauses (darunter u.a. Wendt, Brück und Witt) die Anweisung zum Sammeln ethnographischer Objekte. Zudem entsandte Johann Cesar Godeffroy auch Wissenschaftler für naturwissenschaftliche und ethnologische Forschungen (vgl. Anhang 2).[14]

Auf diese Weise entstand eine beachtliche Kollektion an ethnographischen, anthropologischen und naturwissenschaftlichen Objekten, die Godeffroy in seinem Privat-Museum in Hamburg aufbewahrte. Die Verschlechterung der wirtschaftlichen Lage des Hauses Godeffroy, bedingt u.a. durch Kursstürze der Bergbauaktien, führte zur Veräußerung dieser hochwertigen Sammlung. Erst als 1885 bereits große Teile für 95.000 M an das Völkerkundemuseum in Leipzig verkauft waren, reagierten auch die Hamburger Behörden und bewilligten 50.000 M für den Erwerb der naturwissenschaftlichen und restlichen völker-

---

[13] Fenner 1996, S. 124.
[14] Vgl. hierzu den "Führer durch das Museum Godeffroy" von 1882, Schmeltz und Krause 1881 und Schindlbeck 2001, S. 136f.

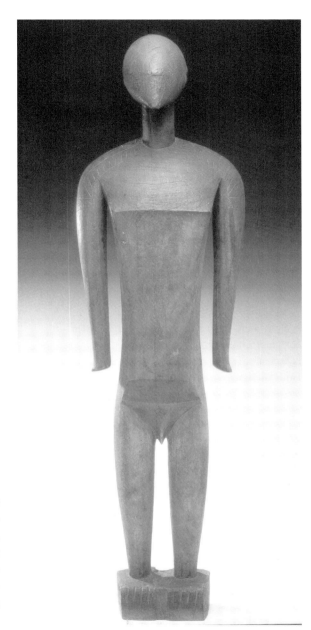

Abb. 3 Holzskulptur aus Nukuoro (MV Hamburg, Nr. E 1894), Sammlung Museum Godeffroy: Nukuoro-Atoll, Ende 19. Jahrhundert (Foto Brigitte Saal).

kundlichen Sammlung, die letztlich dem Völkerkundemuseum zugeschlagen wurde.[15] Damit konnten rund 700 Objekte, die bis heute zu den wertvollsten Beständen der Ozeanien-Abteilung zählen, in Hamburg verbleiben. Darunter befinden sich als herausragende Kostbarkeiten von Weltrang auch vier anthropomorphe Holzskulpturen vom kleinen Nukuoro-Atoll, einer polynesischen Enklave in Mikronesien.[16] Diese *tino aitu* bzw. in jüngeren Arbeiten auch *dinonga eidu* genannten Skulpturen unterschiedlicher Größe reduzieren den menschlichen Körper auf seine Grundgestalt und zeichnen sich durch klare Konturen aus. Sie inspirierten expressionistische und surrealistische Künstler und sind in zahlreichen Werken über die Kunst Ozeaniens abgebildet. Die polynesische Bevölkerung von Nukuoro verehrte in diesen Standbildern ihre Sippengottheiten. Ihr Sammler, Johann Stanislaus Kubary, der im Auftrag Godeffroys auf den Karolinen forschte, überliefert, dass sie zu bestimmten Festen mit Matten bekleidet und mit Blumen bekränzt wurden.[17] Die anderen aus der Konkursmasse des Museums Godeffroy in Hamburg verbliebenen Objekte – großenteils Waffen, Werkzeuge, aber auch Masken und Schmuckstammen überwiegend aus Neubritannien, Neuirland und von den Salomonen.

Wenngleich dieser umfangreiche Zugang die anderen Neuerwerbungen der achtziger Jahre etwas in den Schatten stellt, so sei hier dennoch Ed. Webers

---

[15] Vgl. Zwernemann 1980, S. 16.
[16] Von diesen vier Skulpturen befinden sich heute nur noch drei im Besitz des Museums: Die mit 163 cm Höhe größte von ihnen scheint als bildliche Darstellung die Göttin *Ko Kawe* zu verkörpern (MV Hamburg, Nr. E 1894 - Godeffroy Nr. 2606; Schmeltz und Krause (1881, S. 333f.)). Sie hat aufgrund vielfacher Publikation große Berühmtheit erlangt. Allerdings offenbar unter falscher Bezeichnung. Zwernemann (1980, S. 139 / FN 31) und de Grunne (1994, S. 34ff.) führen aus, dass es sich bei ihr eben nicht um die Darstellung des Sippengottes *Sope* handelt, wie beispielsweise bei Meyer (1995, S. 593) oder Köpke und Schmelz (2002, S. 126) angegeben. Bierbach und Cain (1997, S. 238) spekulieren darüber, ob und inwiefern der Ausdruck *Sope*, den sie vom generischen Begriff *soope* ableiten, überhaupt als individuelle Bezeichnung einer Gottheit zu deuten ist. Auch der 132 cm großen Skulptur MV Hamburg, Nr. E 1895 (Godeffroy Nr. 2607) konnte bislang keine Gottheit zugewiesen werden. Der kleinste dieser in Hamburg verbliebenen *tinos* (MV Hamburg, Nr. E 1896 - Godeffroy Nr. 3457) trägt die Bezeichnung: *Tehi Tapu* (Schmeltz und Krause 1881, S. 333f.). Die vierte Götterskulptur aus den Beständen des Museums Godeffroy (MV Hamburg, Nr. E 1893 – Godeffroy Nr. 3458) hat das Hamburger Museum für Völkerkunde in den sechziger Jahren des 20. Jahrhunderts im Tausch an das Völkerkundemuseum in Berlin abgetreten. Vgl. auch de Grunne 1994, S. 34ff. und Fenner 1999, S. 136.
[17] Vgl. Kubary 1900, S. 11 und Schmeltz und Krause 1881, S. 333f.

Schenkung von über 50 Objekten aus Polynesien und Mikronesien erwähnt. Auch Konsul A.H. Schlubach und Emil und Walter Stuhlmann vergrößerten die Samm-lung mit Gefäßen, Waffen und Schmuck von den Fiji-Inseln, Samoa und Tahiti.

Die neunziger Jahre des 19. Jahrhunderts: Von Diplomaten und Ethnographica-Händlern

In den neunziger Jahren des 19. Jahrhunderts erweiterte das Museum seinen Aktionsradius und nahm auch Beziehungen zu verschiedenen Ethnographica-Händlern und zum internationalen Kunsthandel auf: Neben einzelnen Einträgen, die auf das Londoner Auktionshaus W.D. Webster verweisen, taucht nun erstmals auch der Name J.F.G. Umlauff in den Büchern der Ozeanien-Abteilung auf. In den folgenden Jahrzehnten wurden wiederholt Geschäfte mit dieser Firma abgewickelt, die Johann Friedrich Gustav Umlauff (1833-1889) in den sechziger Jahren des 19. Jahrhunderts als "Naturalienhandlung, Muschelwaaren-Fabrik, verbunden mit einem Zoologisch-Ethnographischen Museum" in Hamburg gegründet hatte.[18] Bezog diese Firma ihre Ethnographica zunächst hauptsächlich von den in Hamburg einlaufenden Schiffen, so beauftragte sie auch bald gezielt ausreisende Seeleute und Händler mit dem Ankauf von Objekten in anderen Erdteilen. "Umlauffs Weltmuseum" entwickelte sich rasch zu einem florierenden Gewerbe, das nach dem Tod des Firmengründers von seiner Witwe und ihren Söhnen weitergeführt wurde. Neben dem Handel mit zoologischen, anthropologischen und ethnographischen Artikeln spezialisierte sich die Firma auf die Anfertigung von biologischen und ethnographischen Gruppen. Dabei handelte es sich um lebensgroße Puppen und ausgestopfte Tiere, die zu möglichst realistischen Szenen zusammengestellt wurden und vielfach neue Maßstäbe für die Präsentation von Ethnographica setzten.

---

[18] Umlauff selbst war in jungen Jahren zunächst als Schiffszimmermann unter anderem auch für Johann Cesar Godeffroy zur See gefahren. Entscheidend für die Entwicklung seines Geschäftes erwies sich zudem seine zweite Ehe mit der Schwester des Tierhändlers Carl Hagenbeck. Die Unternehmen dieser Familien blieben auch in den nächsten Jahrzehnten eng miteinander verknüpft. Für ein detailliertes Porträt der Firma Umlauff siehe Thode-Arora (1992).

Die Firma Umlauff war somit aufgrund ihres vielseitigen Repertoires ein attraktiver Partner für zahlreiche Museen, die für Ausstattung und bisweilen auch Ausrichtung der Ausstellungen ihre Dienste in Anspruch nahmen. Auch die Firma Carl Hagenbeck arbeitete bei der Veranstaltung ihrer Völkerschauen gerne mit der ihr verwandtschaftlich verbundenen Familie Umlauff zusammen. Die dort eingesetzten Objekte wurden von Umlauff anschließend häufig

Abb. 4 Rechnung der Firma Umlauff

an Sammler und Museen, darunter insbesondere auch das Völkerkundemuseum in Hamburg, verkauft. Umgekehrt beglich das Museum seine Rechnungen mit Umlauff bisweilen, indem es dem Händler einige seiner Dubletten abtrat.[19]

Über Angebotspalette und Dienstleistungen der Firma Umlauff gibt auch der Briefkopf einer Rechnung aus dem Jahr 1900 Aufschluss (Abb. 4). Umlauff stellte dem Museum damit eine Reihe Ethnographica aus Neuguinea in Rechnung.

Käuflich erworben wurden in diesem Jahrzehnt auch ca. 50 Objekte von Dr. A. Michaelsen. Sie stammen überwiegend von den Admiralitätsinseln und den westlichen Inseln des Bismarck-Archipels. Unter ihnen befinden sich zahlreiche Schnitzarbeiten in Form von Holzschalen, Trommeln, Spateln und Kämmen, aber auch Kalebassen zur Aufbewahrung von Kalk und diverse Schmuckstücke. 1906 verzeichnet das Inventarbuch unter dem Namen Michaelsen des Weiteren eine Schenkung von ca. 20 Objekten aus Australien. Umfangreich ist auch die Schenkung, die Frau Zimpel 1892 dem Museum machte: Die über 70 Objekte vom Sepik und der Nordostküste Neuguineas bestehen größtenteils aus Kleidungsstücken und Accessoires, wie Taschen, Brustschmuck und Armringen.

Durch Sondermittel in Höhe von 2.500 M konnte 1896 außerdem eine ca. 150 Stücke umfassende Sammlung von der Jaluit-Gesellschaft[20] erworben werden[21]. Diese Sammlung hat ihren geographischen Schwerpunkt auf den Salomonen und den der Nordostküste Neuguineas vorgelagerten Inseln: Wuvulu, Aua, Ninigo und den Admiralitätsinseln. Angelegt wurde sie von Max Thiel (1865-1939), der 1883 als Kaufmann nach Jaluit auf die Marshall-Inseln ging, wo er bis 1886 blieb. Es folgte seine Versetzung nach Matupi (Neubritannien). 1892 wurde er Teilhaber der Firma Hernsheim & Co. Er

---

[19] Siehe hierzu Thode-Arora 1992, S. 151.
[20] Die Jaluit-Gesellschaft hatte ihren Hauptsitz auf dem gleichnamigen mikronesischen Atoll. Sie war 1887 in Hamburg gegründet worden, auf Initiative des Handelshauses Hernsheim & Co. und der Godeffroyschen Aktiengesellschaft: Deutsche Handels- & Plantagen-Gesellschaft der Südsee-Inseln zu Hamburg (DHPG). Neben der Plantagenwirtschaft und dem Handel mit Kopra erhielt diese zur Wahrung der deutschen Geschäftsinteressen in den Überseegebieten gegründete Gesellschaft auch weitreichende Vollmachten von Seiten des Staates, so zog sie beispielsweise in den deutschen Schutzgebieten der Karolinen und Marshall-Inseln die Steuern ein (Fenner 1996, S. 125). Zur Situation der deutschen Handelshäuser in der Südsee siehe Hardach (2001) und Hiery (2001).
[21] Zwernemann 1980, S. 20.

erwarb sich den Ruf eines deutschen Südsee-Pioniers und erhielt 1907 seine Ernennung zum norwegischen Konsul.[22] Konsul Thiel blieb dem Museum nach der ersten geschäftlichen Transaktion von 1896 über die Jahre hinweg als Gönner verbunden. 1911 schenkte er der Ozeanien-Abteilung etwa 50 Objekte, gefolgt von knapp 300 Objekten 1912. Im Jahr 1914 schloss sich eine weitere Schenkung von 10 Stücken an. Den Abschluss bildete ein Posten von 100 Objekten, der 1921 in die Abteilung aufgenommen wurde. Unter dieser Vielzahl an Sammlungsstücken aus den deutschen Schutzgebieten befinden sich qualitätvolle Masken und Körbe der Baining (Neubritannien) und farbenprächtige Tanzbretter der Sulka (Neubritannien). Von den Salomonen stammen zahlreiche Speere, wohingegen die Admiralitätsinseln überwiegend durch Schnitzarbeiten, wie Schalen und Kalkspatel, aber auch durch Schurze vertreten sind. Der Posten von 1912 zeichnet sich insbesondere durch seinen großen Anteil an Alltagsgegenständen von den Mortlock-Inseln / Mikronesien aus.

Dieser Trend, Objekte von Diplomaten und Vertretern deutscher Firmen mit Ambitionen im Südseehandel[23] zu beziehen, setzte sich in den folgenden Jahren verstärkt fort. Viele der Neuerwerbungen in dieser Zeit sind somit direkt oder indirekt mit dem deutschen Expansionsdrang in den Südseegebieten verbunden. So spiegelt ihre Provenienz vielfach die Grenzen des deutschen Schutzgebietes wider. Regionale Schwerpunkte innerhalb dieser weitläufigen Territorien, die neben dem Kaiser-Wilhelms-Land u.a. die Inseln des Bismarck-Archipels, die Marshall-Inseln, die Karolinen und Samoa umfassten, bilden erwartungsgemäß zumeist das Umland der Handelsstationen bzw. die Verwaltungsstützpunkte. Es sind vielfach die Angehörigen des diplomatischen Dienstes oder die Angestellten der großen Handelsfirmen, die als Partner des Museums in Erscheinung traten.

---

[22] Die Ausführungen zum Lebenslauf Thiels sind den Akten des Museums entnommen; darunter insbesondere einer Meldung des Hamburger Tageblatts vom 11. Januar 1935 (Akte des Museums S. S.1 / Bd. 5).
[23] In der Südsee betrieben die deutschen Firmen neben dem Handelsgeschäft häufig auch Plantagenanbau. Die Niederlassungen waren vorwiegend auf den Karolinen, im Kaiser-Wilhelms-Land und in Samoa. Zu den größten deutschen Handelshäusern der Kaiserzeit zählen: die Neuguinea-Kompagnie, die Deutsche Handels- und Plantagen-Gesellschaft der Südseeinseln (DHPG), Hernsheim & Co., Heinrich Rud. Wahlen, die Jaluit-Gesellschaft und die Hamburger Südsee-Aktien-Gesellschaft (Schnee, Bd. 2, 1920, S. 22f., 27, 122., 629). Siehe hierzu auch Hiery 2001 und Hardach 2001.

Beispielsweise ist 1897 der Kaufmann Franz Hernsheim[24] (1845-1909), Angehöriger von Hernsheim & Co., Mitbegründer der Jaluit-Gesellschaft und erster Konsul für die Karolinen, Marshall- und Kingsmill-Inseln [Gilbert/Kiribati], mit Schenkungen von den Salomonen und der kleinen Insel Wuvulu verzeichnet. Es folgten weitere Schenkungen durch Marie von Hernsheim im Jahr 1920. Zudem erwarb das Museum im selben Jahr durch Vermittlung von Generalkonsul F. Wiengren eine Sammlung von ca. 150 Objekten von Herrn Schulz in Mioko, der Station der Deutschen Handels- und Plantagen-Gesellschaft der Südseeinseln (DHPG) auf den Duke of York-Inseln (Neu-Lauenburg).

Abb. 4 Diese Porträtaufnahme stammt von einer Karte, mit der sich Konsul Thiel für die Gratulation zu seinem 70jährigen Geburtstag bedankt.

Als letzter großer Zugang vor der Jahrhundertwende ist die über 100 Objekte umfassende Sammlung Palm-Siemsen zu nennen. Sie fällt insofern etwas aus dem Rahmen, als ihre Stücke vorwiegend aus dem damaligen Niederländisch Guinea bzw. heutigen Irian Jaya stammen. Frau Konsul Palm-Siemsen ergänzte dieses Konvolut im Jahr 1905 um weitere kleinere Schenkungen aus dieser Region. Abgesehen von diversen Waffen umfasst die Sammlung zahlreiche Schmuckstücke und Schnitzwerke, wie Nackenstützen oder die als *Korwar* bekannt gewordenen hölzernen Ahnenfiguren, die als Mittler zwischen den Lebenden und den Toten fungieren.

---

[24] Die Brüder Eduard und Franz Hernsheim waren zentrale Gestalten des deutschen Südseehandels. Der Schiffsführer und Eigner Eduard Hernsheim gründete die Firma Hernsheim & Co., die 1909 in eine AG mit Sitz in Hamburg umgewandelt wurde, und die ersten Niederlassungen der von seinem Bruder Franz Hernsheim initiierten Jaluit-Gesellschaft (Schnee, Bd. 2, 1920, S. 63f).

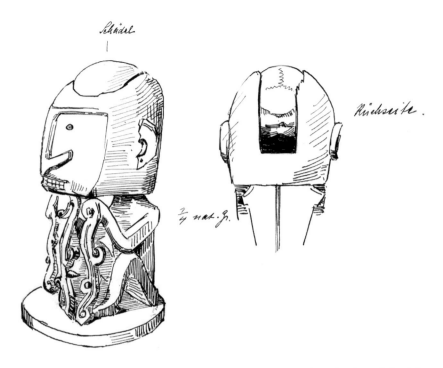

Abb. 5 Zeichnung der Objektdokumentation: Ahnenbild in Gestalt eines Schädel-Korwar (MV Hamburg, Nr. E 3200), Sammlung Palm-Siemsen: Geelvink-Bay (Cenderawasih-Bay/ Irian Jaya), spätes 19. Jahrhundert.

Die für die Geelvink-Bay typischen Korware weisen unterschiedliche Formen auf. Der Schädelkorwar integriert den Schädel des Ahnen in eine hölzerne, mehr oder weniger figurale Fassung.

Neben dieser Vielzahl an Objekten aus Neuguinea und dem vorgelagerten Bismarck-Archipel nehmen sich die 1898 gekauften 50 Sammlungsstücke aus Australien eher bescheiden aus. Unter diesen von E. Clement erworbenen Stücken befinden sich Schwirrhölzer, Materialproben, Schmuckstücke und einige Schilde.

Das 20. Jahrhundert: Wendepunkte der deutschen Geschichte im Spiegel der Sammlung

Mit dem Beginn des neuen Jahrhunderts setzte auch für das Museum eine Zeit des Umbruchs und der Veränderungen ein. Der Raummangel war mittlerweile so gravierend, dass der Senat die Errichtung eines neuen Museumsgebäudes in Erwägung zog. Diese Pläne konnten nach langwierigen Beratungen über Standort und Kosten schließlich doch realisiert werden, so dass die Sammlungen 1912 in den Neubau an der Rothenbaumchaussee umsiedelten. Nicht nur hinsichtlich der räumlichen Situation, auch in Bezug auf die personelle Besetzung verbesserten sich die Arbeitsbedingungen im Haus. Mit der Berufung des Arztes und Naturwissenschaftlers Prof. Dr. Georg Thilenius erhielt das Museum im Oktober 1904 seinen ersten Direktor. Die Ankaufmittel wurden aufgestockt und verschiedene wissenschaftliche Mitarbeiter eingestellt, so dass sich allmählich eine Aufgabenteilung nach unterschiedlichen Abteilungen durchsetzte.[25] Die Zeichen standen damit für die kommenden Jahrzehnte ganz auf Expansion und Ausbau der Sammlung.

Thilenius sollte in den nächsten Jahren wesentlich zum Ansehen des Hauses und dem Anwachsen seiner Bestände beitragen. Vor dem Ersten Weltkrieg beauftragte er zahlreiche Forscher und Reisende mit dem systematischen Erwerb von Sammlungsgegenständen. Die Finanzierung der Reisen des Afrikaforschers Leo Frobenius (1873-1938) ist ebenso mit seinem Einsatz verknüpft wie die Organisation der Hamburger Südsee-Expedition (1908-1910), die insbesondere für die Ozeanien-Abteilung von einschneidender Bedeutung war. Ohnehin besaß Thilenius aufgrund seiner ausgedehnten Forschungsreisen in die Südsee, eine besondere Beziehung zum Großraum Ozeanien.[26] Dies kam

---

[25] Vgl. Zwernemann 1980, S. 36.
[26] Thilenius bereiste zwischen 1897 und 1899 u.a. Neuseeland, Vanuatu, Santa Cruz, die Salomonen, die Küstenregionen Neuguineas und den Bismarck-Archipel mit Schwerpunkt auf den Admiralitätsinseln und den westlichen Inseln: Wuvulu und Aua. Die Ergebnisse dieser Forschungsreise sind in seinem Werk: "Ethnographische Ergebnisse aus Melanesien. 1. Theil: Reisebericht – Die polynesischen Inseln an der Ostgrenze Melanesiens. Halle, 1902" und "2. Theil: Die westlichen Inseln des Bismarck-Archipels. Halle, 1903" verarbeitet.

auch der Sammlung zu Gute, an die Thilenius etliche Stücke seiner auf den Südseereisen getätigten Erwerbungen abtrat.

Die erste Dekade des 20. Jahrhunderts: Aufbruch zu neuen Räumen und Ufern

Verfolgt man den Zuwachs der Ozeanien-Abteilung weiterhin chronologisch, so ist zunächst die 1901 von Otto Willmanns käuflich erworbene Sammlung von ca. 130 Objekten der Admiralitätsinseln und der westlichen Inseln des Bismarck-Archipels zu erwähnen. Sie besteht zum großen Teil aus Waffen, wie Keulen und Speeren, enthält aber auch einige geschnitzte Ahnenfiguren und etliche Accessoires.

1903 tätigte das Museum einen weiteren größeren Ankauf von melanesischen Stücken: Von J.F.G. Umlauff erwarb es knapp 100 Gegenstände aus dem in der Sammlung bislang kaum repräsentierten Gebiet Neukaledonien, darunter diverse Speere, Halsketten und Bekleidungsstücke.

1904/05 erweitern rund 250 von Dr. H. Hallier erworbene Objekte den Anteil der Mikronesien-Kollektion. Dr. Hallier bereiste die deutschen Handelsstationen auf den Karolinen und den Marshall-Inseln, wo er von den Vertretern verschiedener Hamburger Handelshäuser eine Vielzahl von Objekten erhielt, die er an das Museum weiterleitete. In diesen und ähnlichen Ankäufen und Schenkungen mit Schwerpunkt auf dem Bismarck-Archipel und den Karolinen setzte sich die im 19. Jahrhundert geknüpfte Beziehung zum Südseehandel fort. Ins gleiche Jahr datiert auch der Zugang der Sammlung Warburg. Über 50 Stücke aus Melanesien und Australien fanden damit ihren Weg in das Ozeanienarchiv.

Zu den herausragenden Erwerbungen der ersten Dekade zählt jedoch ohne Zweifel die Sammlung Hellwig aus dem Bismarck-Archipel. Die 3.300 Stücke und 100 Fotos waren für 20.000 M zum Verkauf angeboten und gelangten 1905 in die Bestände der Abteilung.[27] Der Sammler Franz Emil Hellwig (1854-1929) arbeitete bereits seit Ende des 19. Jahrhunderts als Kaufmann für

---

[27] Vgl. Zwernemann 1980, S. 38.

unterschiedliche Firmen des Südsee-Handels im Bismarck-Archipel, darunter auch für die DHPG und Hernsheim & Co. Er selbst begann dort Untersuchungen anzustellen und Objekte aufzukaufen, insbesondere von den westlichen Inseln des Bismarck-Archipels: Wuwulu und Aua.[28] Neben diesen vorwiegend in den Jahren 1902 und 1904 erworbenen Gegenständen konnte er seiner Sammlung auch wesentlich ältere Ethnographica hinzufügen, die aus der so genannten Raulai-Sammlung stammen. Hellwig vermerkte hierzu, dass die Firma Hernsheim & Co. seit Jahren ethnographische Sammlungen anlegte, die zumeist das Billardzimmer ihrer Wohnstation Raulai (Raula) auf Matupi (Neubritannien) zierten. Er konnte diese großenteils als Unikate eingeschätzten Stücke erwerben, da die Räumlichkeiten, in denen sie untergebracht waren, abgerissen werden sollten.[29]

Der Lebensweg Hellwigs sollte auch in den kommenden Jahren aufs Engste mit dem Hamburger Völkerkundemuseum verbunden bleiben. Seine Ortskenntnisse und kaufmännischen Fähigkeiten machten ihn zu einem wichtigen Mitglied der Hamburger Südsee-Expedition. Er überwachte ihre Abrechnungen, die Ankäufe der Sammlungsgegenstände und ihre Inventarisierung. Auch an der Publikation des offiziellen Tagebuchs der Expedition war er maßgeblich beteiligt. Thilenius konnte ihn schließlich für den Posten des Magazin- und Inventarverwalters im Museum gewinnen.[30]

Doch die erste Dekade des 20. Jahrhunderts bescherte der Abteilung noch einen weiteren bemerkenswerten Ankauf. Mit ca. 400 Gegenständen aus Australien erwarb das Museum 1907 von Hermann Klaatsch (1863-1916) eine ebenso umfangreiche wie vielfältige Sammlung. Der Breslauer Anthropologe bereiste den australischen Kontinent in den Jahren 1904-07 und sammelte dort auch ethnographisch wertvolle Stücke, wie Ritualobjekte, Waffen und Schmuck der Aborigines.[31]

---

[28] Siehe Fischer 1981, S. 71.
[29] Paul Hambruch veröffentlichte weite Teile der Hellwig-Sammlung 1908 als Monographie in den Mitteilungen aus dem Museum für Völkerkunde Hamburg.
[30] Vgl. Fischer 1981, S. 71f. und Zwernemann 1981, S. 37.
[31] Für einen Bericht über diese Australien-Reise siehe Klaatsch 1907.

Abb. 6 Gürtel aus Menschenhaar mit Anhänger aus Perlmutt (MV Hamburg, Nr. 3362:07), Sammlung Klaatsch: Roebuck-Bay (Broome) / Australien, frühes 20. Jahrhundert (Foto Brigitte Saal).

Um den enormen Zuwachs an Objekten wissenschaftlich zu bewältigen, erweiterte Thilenius seinen Mitarbeiterstab. So kam 1907 Dr. Paul Hambruch (1882-1933) zunächst als freiwilliger wissenschaftlicher Hilfsarbeiter ins Haus. Er wurde später zum ersten Abteilungsleiter der Ozeanien-Sammlung berufen und war im zweiten Jahr auch Mitglied der Hamburger Südsee-Expedition (1908-1910). Mit diesem Stichwort ist zugleich auf ein Unternehmen verwiesen, das wie kein anderes mit der Ozeanien-Abteilung des Hauses verbunden ist und ihr Weltruf eintrug. Nicht nur der Umfang der Abteilung vergrößerte sich durch die Südsee-Expedition, auch die regionalen Schwerpunkte wurden verschoben. Den rund 6.650 Stücken aus Melanesien stehen ca. 8.000 Objekte aus Mikronesien zur Seite.[32] Sie prägen seither deutlich das Profil der Abteilung. Verglichen mit den großen und für einige Regionen weitgehend geschlossenen Sammlungen aus Melanesien und Mikronesien vermögen die Stücke aus Polynesien und Australien nurmehr selektive - aber durchaus reizvolle - Akzente zu setzen. Da die Südsee-Expedition und ihre Ergebnisse vielfach abgehandelt und publiziert wurden, erübrigt es sich an dieser Stelle, weiter auf diesen bedeutenden Beitrag zur Ozeanien-Sammlung einzugehen.[33]

Den krönenden Abschluss eines ausgesprochen erfolgreichen Jahrzehnts bildete für die Abteilung jedoch die Erwerbung eines Objekts, das bis heute als größter Schatz des Hauses gilt: das Maorihaus. Es wurde der Firma Umlauff für 35.000 Goldmark abgekauft. Aufgrund der Tücken der Inventarisierung

---

[32] Über die Sammlungen der Südsee-Expedition kursieren in der Literatur vielfach höhere Angaben. So beziffert Zwernemann (1981, S. 46) das Sammelergebnis auf 9.400 Objekte aus Melanesien und 8.366 Gegenstände aus Mikronesien. Vergleichbare Zahlen finden sich beispielsweise auch bei Schindlbeck (2001, S. 150) und Melanesien Artefacts (1988, S. 39). Diese Zahlen spiegeln das Gesamtergebnis der Forschungstätigkeit – erfassen also auch Dokumente und kulturelle Zeugnisse, die nicht Eingang in das Objektarchiv fanden. Ein am 7. Januar 1910 an die Presse gegebener offizieller Bericht über die Aktivitäten des ersten Jahres schlüsselt die Zahlen wie folgt auf: 6.667 Nummern ethnographische Sammlung, 851 Nummern anthropologische Sammlung, ca. 1.700 Nummern fotografische Aufnahmen und 215 Bleistift- und Aquarellskizzen. Hinzu kommen noch die phonetischen Aufzeichnungen, die Sprachtabellen und die umfangreichen Tagebücher (SSE-Akten des Archivs). Letzte Klarheit über den tatsächlichen Bestand der Ethnographica wird voraussichtlich die aktuell angestrengte Überarbeitung der Abteilungsunterlagen bringen.

[33] Siehe hierzu u.a. Fischer 1981, Wilpert 1972 und den in diesem Band veröffentlichten Beitrag von Antje Kelm. Die offiziellen Ergebnisse der Südsee-Expedition wurden in 17 Bänden mit diversen Teilbänden publiziert. Davon ausgenommen ist ein Großteil des von Wilhelm Müller-Wismar erarbeiteten Materials über Neubritannien (Neupommern), das bislang nicht veröffentlicht wurde.

erhielt es allerdings erst 1977 seine Inventarnummer und den offiziellen Eintrag im Katalog. Ohnehin kann die Geschichte dieses Hauses mit zahlreichen abenteuerlichen und gespenstischen Begebenheiten aufwarten, bevor es seinen Platz im Südwestflügel des Museums erhielt.[34]

Sein einstiger Bauherr Te Waru hatte davon abgesehen, das von ihm in Auftrag gegebene Haus errichten zu lassen, nachdem infolge eines Tabubruchs zahlreiche Todesfälle aufgetreten waren. Charles Nelson, ein europäischer Hotelmanager am Rotorua See und Kenner der Maori-Kultur, hörte von dem abgebrochenen Bauvorhaben und erwarb die geschnitzten Holzteile. 1897 beauftragte er die drei Maori-Schnitzer Anaha te Rahui, Neke Kapua und Tene Waitere - alle Vertreter einer jüngeren Generation von Schnitzkünstlern - mit der Fertigstellung des Hauses.[35] Er legte dabei großen Wert auf die Ausführung nach traditionellen Vorgaben und die Einhaltung der mit der Schnitzkunst verwobenen Vorschriften der Maori. Dennoch weicht seine Gestaltung in einigen Punkten von einem klassischen Versammlungshaus ab. Anstelle der Sippenahnen sind auf Wunsch des neuen Bauherren auf den reich verzierten Hausplanken mythologische Szenen und Heroen aus dem Pantheon der Maori abgebildet. Auch hinsichtlich der figürlichen Gestaltung dieser Gottheiten wagten die Schnitzer Experimente, die stellenweise mit den stark abstrahierten Darstellungen der traditionellen Maorikunst brechen. Stilistisch zeichnet sich das Haus somit durch Mischformen von religiös-traditionellen Elementen und europäischen Einflüssen aus. Bei seiner Einweihung wurde es nach dem Gott der Schnitzkunst "Rauru" genannt. Gleichzeitig hatte diese von Maori-Priestern vorgenommene Einweihungszeremonie den Zweck, den seit dem Tabubruch auf dem Haus lastenden Bann zu brechen.

Seit seiner Errichtung im Museum für Völkerkunde fungiert "Rauru" als Botschafter der Maorikultur und beeindruckendes Beispiel der neuseeländischen Schnitzkunst. Heutigen Besuchern steht "Rauru", bzw. sein Vorhof, als Außenstelle des Standesamtes Eimsbüttel für Trauungszeremonien zur Verfügung.

---

[34] Für Informationen über das Maorihaus vgl. Tischner 1971, Wilpert 1987, S. 149-157 und den 1998 von Antje Kelm verfassten Flyer (im Museumsshop erhältlich).
[35] Siehe hierzu Wilpert 1987, S. 152.

Abb. 7 Frontalansicht von "Rauru" - Versammlungshaus der Maori (MV Hamburg, Nr. 77.2:1), J.F.G. Umlauff: Rotorua-See / Nordinsel Neuseelands, Wende zum 20. Jahrhundert (Foto Brigitte Saal).

Die zweite Dekade des 20. Jahrhunderts: Expansion durch Handel und Forschung

Der im ersten Jahrzehnt des zwanzigsten Jahrhunderts von Thilenius propagierte Ausbau der Sammlungen setzte sich auch jenseits der spektakulären Expeditionsergebnisse in der zweiten Dekade weiter fort. Insbesondere die Beziehungen zu Julius Konietzko (1886-1972) wurden vertieft, was 1917 gar zu seiner Anstellung als wissenschaftlicher Hilfsarbeiter führte.[36] Als Kaufmann und Sammler tat sich Konietzko insbesondere durch sein Wissen über

---

[36] Vgl. Zwernemann 1986, S. 27.

die kulturellen Hintergründe und Zusammenhänge hervor, das er im Rahmen seiner Sammeltätigkeit auf seinen ausgedehnten Reisen erwarb. Dies machte ihn selbst nicht nur zum Besitzer authentischer Objekte, sondern auch zum Informanten über seine Sammlungen. Seine weiten, streckenweise von Museen finanzierten Exkursionen führten ihn u.a. zu so verschiedenen Zielen wie den Aran-Inseln, Lappland, dem Balkan, dem Sudan und Indien. Gleichwohl verzeichnet auch die Ozeanien-Abteilung wiederholt Objekte, die aus dem Besitz von Julius Konietzko stammen und die Produktvielfalt seiner Ethnographica-Handlung bezeugen.[37]

Wichtige Bezugsquelle für Objekte aus dem Südseeraum bildeten in diesem und dem folgenden Jahrzehnt zudem nach wie vor Vertreter der Seefahrt und des Südseehandels, die sich vielfach als Gönner des Museums erwiesen. So schenkte Waldemar Kölle, Kapitänleutnant der S.M.S. "Planet", dem Haus 1914 knapp 150 Objekte aus Neuguinea und den vorgelagerten Admiralitätsinseln. Kapitän Jeschke vom Schoner "Orion" hatte offenbar den Eindruck, dass seine Schenkungen von 1912 und 1921 (insgesamt 12 Objekte von den Marshall-Inseln und dem Nukuoro-Atoll) in Hamburg nicht richtig gewürdigt wurden. Er übergab seine weitere Sammlung an das kleine Rautenstrauch-Joest-Museum in Köln mit der Begründung, dass

> "(...) ihm solche Museen lieber seien, die nicht schon so große Bestände hätten und daher alles nur magazinieren würden."[38]

Diese widrigen Umstände des Platzmangels in den Schauräumen wirkten offenbar weniger abschreckend auf die hanseatischen Kaufleute. So finden sich neben den bereits erwähnten Größen des Überseehandels auch einige neue Namen im Inventarbuch, wie beispielsweise die Gebrüder Kratzmann und die Firma Scharf & Kayser. Insbesondere der Teilhaber Carl Scharf[39] bedachte das Museum 1914 und 1922 mit großzügigen Schenkungen von den Salomonen,

---

[37] Für eine ausführliche Darstellung der Persönlichkeit Konietzkos und seiner Aktivitäten siehe Zwernemann 1986.
[38] Siehe Thode-Arora 2001, S. 16.
[39] Zusammen mit der ebenfalls unter den Spendern des Museums verzeichneten Firma Rosenstern & Co., Otto Thiemer, Konsul Heinrich Rud. Wahlen und M.M. Warburg & Co. gründete C.E. Scharf im November 1913 die Hamburgische Südsee-Aktiengesellschaft.

Manus, Neuirland, Neuguinea und den Marquesas. Unter den zahlreichen Speeren, Beilklingen und Schmuckaccessoires findet sich u.a. auch eine der begehrten Ulifiguren Neuirlands. Diese wuchtigen Holzskulpturen traten nur bei großen Festen, insbesondere bei Totenfeiern für Häuptlinge und Dorfvorsteher, in Erscheinung und blieben ansonsten im Männerhaus. In Museen sind sie erst seit Erschließung des mittleren Neuirland ab 1900 vertreten. Mit ihren rund 85 cm an Höhe ist die Ulifigur aus der Sammlung Scharf kleiner als der Durchschnitt und kann neben den größeren u.a. von der Südsee-Expedition erworbenen Stücken kaum bestehen. Ihre Gestaltung zeigt jedoch die typischen Merkmale, wie gedrungenen Körperbau, großen Kopf und ausgeprägte Geschlechtsmerkmale.[40]

Die vielseitigen und zahlreichen Neuerwerbungen dieser Dekade legen es nahe, sie im Weiteren nach den Großregionen des ozeanischen Raumes zu gruppieren.

Abb. 8 Foto zur Objektdokumentation: Ulifigur (MV Hamburg, Nr. 22.42:360), Sammlung Scharf: Ostküste Neuirlands, frühes 20. Jahrhundert.

---

[40] Vgl. Stöhr 1987, S. 170ff.

Melanesien

Von J. Loag kaufte Thilenius im Jahr 1914 über 100 Ethnographica, die überwiegend aus den deutschen Schutzgebieten in Neuguinea stammen. Weitere knapp 200 Stücke von der Nordostküste Neuguineas und den Salomonen wurden 1913 von Dr. Georg Burchard aus Heidelberg erworben. Darunter überwiegend Waffen und andere Schnitzarbeiten, aber auch Schmuck und einige Masken. Eine reine Muschelgeldsammlung aus Neubritannien und den Duke of York-Inseln erhielt das Haus 1915 von Alfred Trübenbach. Ihr ging eine Schenkung Otto Trübenbachs von knapp 70 Schmuckstücken, Accessoires und Pfeilen aus Neuirland und den Duke of York-Inseln voraus.

Den mit Abstand größten Zuwachs aus dem Kaiser-Wilhelms-Land, wie der Nordostteil Neuguineas damals hieß, verdankt das Haus in diesen Jahren Arnold Fabricius. Fabricius arbeitete zunächst als Stationschef der Neuguinea-Kompagnie, bevor er sich als Pflanzer bei Potsdamhafen selbständig machte und in Rücksprache mit dem Museum Sammlungsstücke aus dem Umland erwarb. Verteilt über die Jahre 1912, 1919 und 1921 verkaufte er dem Museum über 1.000 Objekte, die größtenteils von der Nordostküste Neuguineas und der kleinen ihr vorgelagerten Insel Manam (Vulkaninsel) stammen. Diese hochwertige Sammlung umfasst zahlreiche Schnitzarbeiten in Form von Holzfiguren, Masken, Handtrommeln, Schilden, Nackenstützen und Essschalen. Kleidung, Schmuck, Accessoires und Werkzeug ergänzen diesen Querschnitt durch die materielle Kultur dieser Region. Angesichts dieser Flut an Objekten sah sich Hellwig genötigt, die Bedürfnisse des Museums gegenüber dem Sammler genauer zu formulieren. Gleichzeitig verweisen seine Ausführungen auf die bis in die sechziger Jahre praktizierte Sitte, ähnliche Sammlungsstücke als so genannte Dubletten für weitere Tausch- oder Kaufaktionen auszumustern:

> "Die ethnographischen Gegenstände der Küstenbevölkerung [Neuguineas] fangen an, sich bei uns zu schlecht los zu werdenden Dublettensammlungen anzustauen, mit Ausnahme vielleicht der verschiedenen Kanuformen der Kais. Wilhl. Land-Küste, bzw. deren Modellen, die noch schwach vertreten sind. Dagegen fehlen uns z.B. vom Hinterlande der Hansa-Bucht (Tamberro-Kette), der Moclay-Küste [Maclay-Küste] bis zum Finisterre-Gebirge, von den Bergstämmen hinter Kap König

Wilhelm, ferner der hinter Finschhafen, sowie derjenigen rings um den Huongolf (Rawlinson-Berge, Herzog- u. Kuper-Ketten etc) die allermeisten Gegenstände, um die materielle Kultur dieser Gebiete einigermaßen anschaulich vorführen zu können." [41]

Jenseits der Sammlungsstrategie dokumentiert der weitere Briefwechsel mit Fabricius ein Stück Zeitgeschichte, das eng mit der Geschichte der Objekte verwoben ist. Fabricius wurde 1914/15 während einer Reise nach Deutschland auf Java von den Umwälzungen des Ersten Weltkriegs eingeholt. Er hatte sie angetreten, um in der Heimat Mittel zum Ausbau seiner Plantagen einzuwerben. Es sollte anders kommen. Nicht nur, dass bereits 1914 eine seiner an das Museum adressierten Lieferungen mit über 400 Objekten im Wert von 4.000 M von den Briten konfisziert wurde und somit als Kriegsverlust zu verbuchen war, er selbst verlor den Anspruch auf seine Ländereien im Kaiser-Wilhelms-Land. Seine Bemühungen, eine neue Anstellung bei den einschlägigen Firmen des deutschen Kolonialhandels zu finden, wurden vom Museum in Form von Empfehlungen gefördert, allerdings mit wenig Aussicht auf Erfolg. Nachdem die Idee der kolonialen Expansion zu Grabe getragen worden war, hatte auch der Südseehandel mit massiven Einbrüchen und Umstrukturierungen zu kämpfen. Arbeitslosigkeit und Finanzmisere überschatteten die kommende Epoche.

Die Ära der deutschen Ambitionen in der Südsee ging mit Beginn des Ersten Weltkriegs einem jähen Ende entgegen. Mit ihr versiegten allmählich auch einige der für das Museum relevanten Bezugsquellen für Ethnographica. Vertreter des Überseehandels und des diplomatischen Dienstes sollten in den folgenden Jahren nur mehr in eingeschränktem Maße in den Zugangsbüchern des Hauses verzeichnet sein. An ihre Stelle traten zunächst die privaten Erben des kolonialen Nachlasses und einige Forscher.

Unter den namhaften Ethnologen und Forschungsreisenden, die ihre Sammlungen an das Museum verkauften, befindet sich beispielsweise Dr. Felix Speiser (1880-1949). Der spätere Direktor des Museums für Völkerkunde in Basel

---

[41] F.E. Hellwig in einem Brief an Arnold Fabricius vom 8. Januar 1913 / Briefwechsel aus den Akten des Museums (S. S.1 / Bd. VI).

bereiste Melanesien in den Jahren 1910-1912. Im Jahre 1914 übergab er dem Museum für Völkerkunde in Hamburg über 150 Objekte von den Santa Cruz-Inseln. Diese Sammlung wurde 1917 durch eine Tauschaktion um weitere knapp 30 Stücke ergänzt. Weit umfangreicher fällt jedoch seine Sammlung aus Vanuatu (Neue Hebriden) aus. Mit über 300 Objekten dokumentiert dieses Konvolut die vielfältigen Aspekte der Alltagswelt Vanuatus kurz um die Wende zum 20. Jahrhundert. Neben Kleidung und diversen Accessoires enthält die Sammlung Tanzmasken, Amulette und Haushaltsgeräte. Zu den spektakulären Stücken zählen neben den Schlitztrommeln die Baumfarnfiguren. Diese aufrechten, etwas steif wirkenden Skulpturen mit ihren überdimensionalen Köpfen gelten als Rangmonumente der Sukwe-Gesellschaft. Der Männerbund der Sukwe zeichnete sich durch festumrissene hierarchische Strukturen aus, wobei die einzelnen Mitglieder großen Wert auf die Zurschaustellung der zumeist käuflich erworbenen Ränge legten. Entsprechende Kunstwerke in Form von Statuen und skulptierten Pfosten wurden vor ihrem Zentrum, dem Männerhaus, aufgestellt.[42]

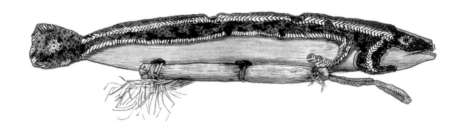

Abb. 9 Zeichnung zur Objektdokumentation: Kopfstück eines Zeremonialschmucks (MV Hamburg, Nr. 20.66:12), Sammlung Wirz: Marind-Anim (Irian Jaya), frühes 20. Jahrhundert. Dieses Kopfstück in Gestalt eines Fisches (Karambu) war Bestandteil eines Zeremonialschmuckes, dessen Träger den Karambu-Dema verkörperte.

---

[42] Siehe hierzu Speiser 1923, S. 389-397 und Stöhr 1987, S. 270ff.

Eine wichtige Ergänzung seines Bestands aus Irian Jaya verdankt das Museum 1920 Speisers Baseler Kollegen Dr. Paul Wirz (1892-1955). Wirz unternahm seit 1915 wiederholt eingehende Feldforschungen bei den als Kopfjägern berüchtigten Marind-Anim. Unter den knapp 200 Objekten, die das Museum 1920 von ihm kaufte, befindet sich vor allem Zeremonialschmuck der Marind-Anim und verwandter Gruppen. Er wurde bei der Aufführung verschiedener Kultzyklen verwendet, in denen Darsteller die als Dema-Gottheiten bezeichneten mythischen Gestalten verkörperten. Sie galten als die Stammväter einzelner Verwandtschaftsgruppen. Auf ihr Wirken wurde die Ordnung der Welt und die Existenz der Kulturgüter zurückgeführt.[43]

Mit Leo Frobenius (1873-1938) ist erstaunlicherweise auch ein namhafter Afrika-Forscher in den Listen der Ozeanien-Abteilung verzeichnet. Thilenius erwarb aus seinen Sammlungen ein Konvolut von knapp 200 Bogen und (vergifteten) Pfeilen aus Neuguinea.

Mikronesien

Die Zugänge aus Mikronesien sind in diesem Jahrzehnt vorrangig mit den Namen Brandeis und Merz verbunden. Frau Antonie Brandeis, die ehemalige Frau des Landeshauptmanns der Marshall-Inseln, bedachte das Museum über Jahrzehnte mit mehreren Schenkungen. So erhielt die Ozeanien-Abteilung von ihr in den Jahren 1911, 1930 und 1931 über 180 Sammlungsgegenstände aus Mikronesien, darunter insbesondere eine Vielzahl alter Speere (Kampf- und Tanzspeere), Matten von den Marshall-Inseln und etliche Schmuckstücke aus Nauru.

Die Geschichte dieser Sammlung konfrontiert uns nicht nur mit der deutschen Kolonialgeschichte, sondern auch mit einem persönlichen Schicksal, das sich von den Rassengesetzen der Nationalsozialisten bedroht sah. Frau Brandeis, die Nachfahrin einer arabischen Prinzessin, fürchtete nach der Machtergreifung durch die Nationalsozialisten offenbar um ihre Rentenbezüge, die ihr von der Stadt einst in Anbetracht der dem Völkerkundemuseum überlassenen wertvollen Objekte zugestanden worden waren. In Thilenius fand sie einen

---

[43] Vgl. Wirz 1922/25.

Befürworter ihrer Ansprüche gegenüber dem Hamburger Senat. Eine Aktennotiz vom 12. Mai 1936 gibt Aufschluss über die Hintergründe:

> "Frau Antonie Brandeis geborene Ruete besuchte mich heute. Sie ist die Witwe des langjährigen Generalkonsuls Brandeis, der zur deutschen Kolonialzeit die Marshall-Inseln verwaltete. Frau Brandeis entstammt der bis ins 16. Jahrhundert in Hamburg verfolgbaren Familie Ruete, die erste Pastoren usw. hervorbrachte. Erst der Vater der späteren Frau Brandeis wurde Kaufmann und heiratete als solcher eine arabische Prinzessin in Sansibar. (...) Angesichts der Verdienste des Generalkonsuls Brandeis hatte der Senat seiner Witwe eine Rente zugesagt, und zwar auf Befürwortung des damaligen Direktors des Museums für Völkerkunde, der die von Frau Brandeis geschenkte und geliehene Marshall-Sammlung angemessen bewertete. Es besteht jetzt die Möglichkeit, dass Frau Brandeis angesichts des arabischen Blutanteils für nichtarisch erklärt wird und dann die Rente verliert."[44]

Leider schweigen die Akten über das Ergebnis dieser Verhandlungen und verzeichnen lediglich, dass Frau Brandeis 1945 in Rethwischdorf verstarb, wohingegen ihre Tochter, die Freifrau M. v. Brand zu Neidstein, in die USA emigrierte.

Vergleichsweise wenig ist bislang über Paul Merz bekannt. In den Akten wird er als Stationsleiter (einer deutscher Firma des Südseehandels?) tituliert, der zum Zeitpunkt des Ankaufs allerdings in Bayreuth ansässig war. Von ihm erwarb das Museum 1913 knapp 300 Objekte von den Marshall-Inseln und den Marianen. Darunter eine Vielzahl an Matten, Fächern, gewebten Schurzen und Haushaltswaren.

Polynesien

Richtet man den Blick auf die Neuerwerbungen aus dem Großraum Polynesien, so ist zunächst die weit über 100 Stücke zählende Sammlung von E. Demandt zu nennen, die im Wesentlichen verschiedene Netzschwimmer, Angelhaken

---

[44] Aktennotiz von Georg Thilenius vom 12. Mai 1936 / Sammlungsakten des Museums S. S. 1 / Bd. VII.

und Fischfanggeräte Samoas dokumentiert. Sie wurde 1913 unter dem Titel: "Die Fischerei der Samoaner" in den Mitteilungen des Museums veröffentlicht. Flechtarbeiten aus Samoa stiftete A.G. Berwin dem Museum im Jahr 1912. Unter den Fächern und Körben befinden sich aber auch einige Tapadecken und Schmuckstücke. Die Neuzugänge aus Samoa wurden bis auf Weiteres durch eine Schenkung von 50 Sammlungsstücken durch Otto Riedel, dem Direktor der DHPG abgerundet. Durch Vermittlung von Prof. Krämer gelangte 1916 auch ein Konvolut von den Marquesas ins Haus: Geheimrat Dr. G. Aufschläger schenkte seine 115 Sammlungsstücke, darunter diverse Keulen, Ruder, Beilklingen und Holzschüsseln.

1917 wurden über J.F.G. Umlauff 42 Stücke aus der Sammlung Ferdinand Worlée erworben, die weite Teile der Südsee abdeckt. Ein Vorstoß von Thilenius, die gesamte Sammlung von knapp 500 Gegenständen zu kaufen, war 1914 an der Finanzierung gescheitert.[45]

Australien

Die Neuerwerbungen aus Australien haben auch in dieser Dekade einen gewissen Sonderstatus. Sie setzen sich nicht aus einer Vielzahl von Transaktionen zusammen, sondern speisen sich im Wesentlichen aus einer Quelle. In den Jahren 1913/14 erhielt

Abb. 10 Foto zur Objektdokumentation: Zeremonialschmuck–Wasserzauber (MV Hamburg, Nr. 14.50:7), Sammlung Liebler; Aranda / Zentralaustralien, frühes 20. Jahrhundert.

---

[45] Vgl. Zwernemann 1980, S. 48.

das Museum vom einem im Herzen Australiens stationierten Missionar namens Oscar Liebler über 750 sorgfältig dokumentierte Sammlungsgegenstände der Aborigines. Unter diesen vorrangig aus Zentralaustralien stammenden Stücken der Aranda und Loritja befinden sich neben Seelensteinen, Tanzschmuck und Totemabzeichen auch Jagdwaffen und Fadenspiele.

Die zwanziger Jahre: Abschied von der Ära des schnellen Wachstums

Nach über drei Dekaden, in denen das Museum reichlich mit Schenkungen bedacht wurde und zahlreiche Neuerwerbungen tätigen konnte, setzte nach dem Ersten Weltkrieg notgedrungen eine Zeit der Bescheidenheit ein. Die zu Beginn der zwanziger Jahre noch eingehenden Konvolute, die vor allem mit den Namen Arnold Fabricius und Carl Scharf verbunden sind, können als letzter Nachhall aus der Ära der deutschen Schutzgebiete im Pazifik verbucht werden. Durch die guten Beziehungen zu einzelnen Vertretern des Südseehandels wurde das Museum zunächst auch weiterhin mit Schenkungen bedacht, allerdings in deutlich anderer Größenordnung. So schenkte Wilhelm Westphal dem Museum 1929 rund 80 Objekte aus dem ehemaligen Kaiser-Wilhelms-Land.

Spärlich waren auch die Ankäufe, die zwar nicht völlig eingestellt wurden, aber offensichtlich ebenfalls unter der allgemeinen Finanzmisere während der Weimarer Republik zu leiden hatten. Neben großzügigen Privatpersonen bildeten in diesem Jahrzehnt vor allem die Händler Konietzko und Umlauff die vornehmlichen Bezugsquellen von Sammlungsstücken, die nunmehr offensichtlich nicht mehr *en gros*, sondern als ausgewählte Einzelstücke zur Ergänzung der Sammlungen erworben wurden.

Eine erwähnenswerte Ergänzung der Bestände aus Irian Jaya, dem damaligen niederländischen Teil Neuguineas, stellte 1927 die Schenkung des Indisch Comité voor Wetenschappelijk Onderzoek dar. Über 300 Objekte aus dem niederländischen Teil Neuguineas gelangten auf diese Weise in den Besitz des Museums.

Die dreißiger und vierziger Jahre:
Drittes Reich und Nachkriegszeit – Verluste für die Sammlungen

In den dreißiger Jahren vollzog sich mehrfach ein Wechsel in der Leitung der Ozeanien-Abteilung. Nach dem Tod von Hambruch am 23. Juni 1933 betraute Thilenius von Juli 1933 bis September 1934 zunächst Dr. Herbert Tischner (1906-1984) als freiwillige wissenschaftliche Kraft mit der Abteilungsleitung. Anfang 1935 übernahm Dr. Wilhlem E. Mühlmann offiziell das Amt des Abteilungsleiters bis Mitte 1936. Ab Herbst 1936 wurde schließlich Herbert Tischner berufen, der die Stelle bis 1968 ausfüllte. Auch die Direktorenstelle wurde 1935 neu besetzt. Franz Termer übernahm das Amt von Thilenius und leitete das Museum bis 1962.

Betrachtet man die Inventareinträge der dreißiger Jahre, so fallen neben den bereits erwähnten Kontakten zu Frau Brandeis, Carl Scharf, J.F.G. Umlauff und Julius Konietzko vor allem einige neue Bezugsquellen des Hauses auf: Eine rege Tauschbeziehung bestand beispielsweise in den Jahren 1932, 1933 und 1935 mit dem Cranmore Ethnographical Museum in Chislehurst, Kent. Das Museum für Völkerkunde erhielt auf diesem Weg vorzugsweise Objekte aus Australien und von den Santa Cruz-Inseln. Die Gesamtzahl der gegen Dubletten ertauschten Objekte beläuft sich auf 111 Sammlungsgegenstände.

Ein weiterer Tauschpartner, mit dem 1938 eine erste Transaktion abgewickelt wurde, ist der zur damaligen Zeit noch in Frankreich ansässige und später in die Schweiz nach Bern ziehende Künstler und Sammler Serge Brignoni. Von ihm erwarb das Museum bis weit in die sechziger Jahre in wiederholten Tauschaktionen diverse Objekte aus Neuguinea, Neukaledonien, den Marquesas und von den Salomonen.

1938 war es dem Museum aber auch möglich, von dem Piloten Wilhelm Schafhausen eine fast tausend Objekte umfassende Sammlung aus dem Inneren Neuguineas zu erwerben. Im April schwärmte Termer in einem Brief an Tischner:

> " (...) eine berückend schöne Sammlung der seltensten z.T. überhaupt bisher noch nicht bekannten Gegenstände, durchweg alte Stücke in herrlicher Arbeit...".

Bereits sein Schreiben an die Kultur- und Schulbehörde hatte ihre Anschaffung für das Museum 1937 dringend empfohlen:

> "Das Hamburgische Museum für Völkerkunde ist in die Lage versetzt worden, eine wichtige, seltene Sammlung aus der Südsee zu erwerben. Diese befindet sich in Besitz des Herrn Wilhelm Schafhausen in München-Gladbach [Mönchengladbach]. Sie stammt von dessen Sohn, der als Pilot der Junkers-Linie im Flugverkehr von Neu Guinea tätig ist. Die Sammlung ist aus dem erst durch den heutigen Flugverkehr erschlossenen Gebiet des Mount Hagen zusammengebracht worden, einem Teil des ehemaligen Deutsch-Neu Guinea, das zur Zeit der deutschen Kolonialherrschaft wegen Unzugänglichkeit und Feindseligkeit seiner Bewohner nicht erforscht werden konnte. Bisher ist nur eine einzige Sammlung aus diesem Gebiet in ein europäisches Museum gelangt, und zwar in das Britische Museum in London."[46]

Abteilungsleiter Tischner nahm zur weiteren Aufarbeitung dieser Sammlung brieflichen Kontakt zu dem in Alexishafen stationierten Piloten auf. Dieser starb allerdings im Alter von 28 Jahren durch einen Unglücksfall im August 1939, kurz bevor seine Sammlung veröffentlicht wurde.[47]

In den vierziger Jahren verzeichnet die Ozeanien-Sammlung, ähnlich wie die anderen Abteilungen des Hauses als Folge des Zweiten Weltkrieges massive Verluste, deren exakte Größenordnung noch zu ermitteln ist. Allein für die Abteilung Indonesien / Ozeanien wird der Schaden an den ausgelagerten Objekten auf ca. 18.000 Sammlungsgegenstände geschätzt – darunter wertvolle Konvolute der Südsee-Expedition. Erfreulich ist jedoch, dass ein aus einem Ausweichlager in den Gewahrsam der DDR-Behörden übergegangenes Konvolut von 2.284 Sammlungsgegenständen in den neunziger Jahren wieder in das Museum für Völkerkunde in Hamburg überführt werden konnte.
Unmittelbar nach Ende des Zweiten Weltkrieges wurde der Aufbau der Samm-

---

[46] Franz Termer in einem Brief vom 27. November 1937 an die Kultur- und Schulbehörde Hamburg / Akten des Museums (S. S.1 / Bd. XII).
[47] Siehe hierzu Tischner 1939.

lungen fortgesetzt, allerdings im bescheideneren Ausmaß als bisher. Über Kauf und Schenkung fand gleichwohl ein Teil der Sammlung Friederici ihren Weg in das Museum. Der Ethnograph Georg Friederici leitete zusammen mit Karl Sapper 1908 eine Expedition zur Erforschung der Natur- und Völkerkunde Neuirlands (Neu-Mecklenburg) und Lavongais (Neu-Hannover). 1909 arbeitete Friederici abermals als Expeditionsleiter in Neuguinea[48]. Über 450 Objekte seiner auf den Karolinen und den Inseln des Bismarck-Archipels zusammengetragenen Sammlung befinden sich nun im Museum für Völkerkunde in Hamburg. Unter zahlreichen Waffen sind auch einige hochwertige Skulpturen und Masken aus Neuirland vertreten.

Die fünfziger Jahre: Missionarssammlungen

Die fünfziger Jahre standen für die Ozeanien-Abteilung ganz im Zeichen der Missionarssammlungen aus den Überseegebieten. Die ersten Kontakte zu den protestantischen Missionaren der Neuendettelsauer Mission in Neuguinea datieren bereits in die dreißiger Jahre. Das Museum fand in den Missionaren orts- und sprachkundige Ansprechpartner, die aufgrund ihrer intensiven und langjährigen Kulturkontakte anders als durchreisende Sammler auch wichtige Hintergrundinformationen zu den Objekten liefern konnten. Wenngleich die ab 1931 stattfindenden Transaktionen zunächst nur von geringer Größenordnung waren, entstand eine Partnerschaft, die in den fünfziger Jahren zur vollen Entfaltung kam. So verzeichnet das Inventarbuch der Abteilung 1951 einen Ankauf von über 150 Sammlungsstücken des Missionars Johann Flierl. Zwischen 1886 und 1930 war Flierl die prägende Gestalt der Neuendettelsauer Mission im Nordosten Neuguineas. Er gilt als der erste evangelische Missionar im Kaiser-Wilhelms-Land. Vor seiner Entsendung nach Neuguinea konnte er bereits umfangreiche Erfahrungen bei der Missionierung australischer Aborigines sammeln. Er und seine Kollegen begannen vor der Wende zum 20. Jahrhundert damit, entlang der Küste des deutschen Schutzgebietes in Neuguinea Missionsstationen zu gründen, dabei wagten sie auch Vorstöße in das schwer zugängliche Bergland.[49]
In den von den Neuendettelsauer Missionaren erworbenen Sammlungsstücken

---

[48] Vgl. Schindlbeck 2001, S. 147.
[49] Vgl. Pech 2001.

zeigt sich der regionale Einzugsbereich ihrer Stationen: Stammten die Stücke Flierls überwiegend aus der Gegend des Sattelbergs und von den Tami-Inseln, so sind die 120 Stücke Konrad Munsels den Gruppen des Finisterre-Gebirges (Hinterland der Maclay-Küste) zuzurechnen. Sammlungsstücke der Wampar des Markhamtals finden sich unter den Objekten G. Schmutterers, wohingegen Stephan Lehner u.a. bei den Bukaua wirkte. Hermann Strauss arbeitete bei den Mbowamb im Morobe District. Er verkaufte ca. 90 Objekte seiner Sammlung an das Museum. Von Rev. G.F. Vicedom erwarb das Haus im Laufe der Jahre ca. 250 weitere Objekte aus dem Gebiet von Mount Hagen. Die Sammlungen der Missionare Hans Wagner und Wilh. Bergmann sind 1955 mit über 230 Stücken aus dem zentralen Bergland Ostneuguineas vertreten. Ergänzt werden sie durch rund 100 weitere Objekte von Heinrich Bamler und 126 Stücke von J.J. Maurer.

Angesichts dieses Querschnitts durch die Sammlungen der Neuendettelsauer Mission befinden sich Stücke des katholischen Herz-Jesu-Missionars[50] P. Carl Laufers mit Abstand in der Minderheit. Gleichwohl geben seine Masken einen guten Einblick in die Rituale der Baining Neubritanniens, über die er zahlreiche Abhandlungen verfasste.[51]

Gänzlich aus der Reihe fällt hingegen eine Sammlung von etwa 170 Objekten des Wellcome Medical Museums, die 1956 ins Haus kam. Sir Henry Wellcome (1853-1936) gründete 1880 den Wellcome Konzern zur Herstellung pharmazeutischer Präparate. Die Einnahmen dieser Firma ermöglichten es ihrem Besitzer, seiner ausgeprägten Sammelleidenschaft nachzugehen, die sich nicht nur auf das Gebiet medizinischer Instrumente erstreckte, sondern zunehmend auch archäologische und ethnographische Objekte umfasste. Angesichts der angehäuften Menge dieser unsystematischen und unüberschaubaren Kollektion sahen sich die Treuhänder seines Nachlasses genötigt, die Objekte in über dreißig Auktionen zu veräußern.[52] Restbestände wurden in Schenkungsaktionen

---

[50] Die Herz-Jesu-Mission kann auf eine lange Tradition in Neubritannien (Neu-Pommern) zurückblicken. Der 29. September 1882 gilt als ihr offizielles Gründungsdatum auf der Gazellehalbinsel. Traurige Berühmtheit erlangte diese Mission 1904 im Rahmen der Baining-Krise, die zahlreiche Opfer unter den Missionaren forderte und als Aufbegehren gegen die massive Überfremdung zu deuten ist (Steffen 2001, S. 355-357).
[51] Siehe Laufer 1946-49 und 1959.

an verschiedene Museen abgegeben, in deren Genuss auch die Ozeanien-Abteilung des Völkerkundemuseums in Hamburg kam.

Von den sechziger Jahren bis zur Jahrtausendwende: Zwischen Kunsthandwerk und Airport-Art

Seit der Mitte des letzten Jahrhunderts sind, rein quantitativ betrachtet, kaum größere Neuzugänge zu verzeichnen. Gleichwohl wurde in den qualitätvollen Ausbau der Sammlung investiert. Dies geschah in den sechziger und siebziger Jahren vorwiegend durch wiederholte Ankäufe und Tauschaktionen mit den Ethnographica-Händlern Loed van Bussel und M.L.J. Lemaire, die beide ihren Sitz in Amsterdam hatten. Erworben wurden in erster Linie herausragende Einzelstücke, wie z.B. ein Maskenaufsatz von den Französischen Inseln oder das große Kultkrokodil vom Korewori-Fluß (Nebenfluss des Sepik / Neuguinea).[53] Diese Investitionen waren zum Teil nur möglich durch die großzügige Unterstützung von Sponsoren und das finanzielle Engagement des 1972 neu gegründeten Vereins "Förderkreis Völkerkunde-Museum Hamburg e.V.".[54]

Unter den Händlern und Galerien, mit denen das Museum in diesen Jahren Beziehungen unterhielt, findet sich auch die Firma Raw Material Processing mit Stammsitz in Melbourne, das Asmat Art Depot in Rotterdam und die Eric Scholes Gallery in Neuseeland. Doch auch jenseits des Kunstmarktes konnten Sammlungen erworben werden. 1967 kaufte das Museum zur Ergänzung seiner Bestände aus Australien ca. 130 Sammlungsstücke des Ozeanisten und Professors für Ethnologie Dr. Helmut Petri. Weitere 200 Objekte von Frau Schultze-Westrum erweitern die Kollektion der Neuguineastücke. Die verglichen mit dem Nordosten Neuguineas verhältnismäßig dünn bestückte Sammlung aus Irian Jaya wurde zudem um weitere 40 Objekte des Missionars Gerd Stanzus bereichert.

---

[52] Vgl. Thode-Arora 2001, S. 22f.
[53] Siehe hierzu Tischner 1965.
[54] Siehe hierzu Zwernemann 1980, S. 100.

Anfang der siebziger Jahre übernahm Dr. Clara Wilpert die Abteilungsleitung. Sie widmete sich zunächst der Indonesien-Sammlung und gestaltete darüber hinaus die neue Dauerausstellung der südostasiatischen und ozeanischen Inselwelt. Sie setzte auch für den weiteren Ausbau des Bestands neue Richtlinien. Der bislang vorwiegend historisch ausgerichteten Sammlung wurden nun verstärkt auch moderne Gegenstände des zeitgenössischen Kunsthandwerks und der Souvenirproduktion[55] hinzugefügt. Zu diesem Zweck unternahm Frau

Abb. 11 Geschnitzte Skulptur (MV Hamburg, Nr. 85. 109:8), Künstler: Dhukal Wirrpanda (Djapu), Nordaustralien, 1985 (Foto Brigitte Saal). Diese von Frau Wilpert in der Aboriginal Heritage Gallery erworbene Schnitzerei basiert auf traditionellen Motiven. Der mythologisch bedeutsamen Figur des Vogels *Danggultji* sind Szenen aus der Traumzeit eingeritzt.

---

[55] Selbst bei vielen der "alten" Stücke, die um die Jahrhundertwende datieren, ist jedoch nicht auszuschließen, dass sie bereits als Souvenirs für die weißen Händler und Reisenden angefertigt wurden. In vielen Gegenden der ozeanischen Inselwelt setzte die Produktion für den europäischen Markt bereits sehr früh ein. Siehe hierzu Meyer 1995, S. 87 und Thode-Arora 2001, S. 23.

Wilpert ausgedehnte Forschungsreisen, auf denen sie nicht nur die Entwicklung des Handwerks dokumentierte, sondern auch zahlreiche Gegenstände für das Museum erwarb.[56] Authentische Erzeugnisse des traditionellen Handwerks wie Körbe und Flechtarbeiten bilden neben der meist in Taiwan und Hongkong angefertigten klassischen Massenware des Touristenmarktes wie T-Shirts, Schmuck und Tischsets eine bedeutende Aktualisierung der Sammlung. Sie gewinnt damit an historischer Tiefe und verdeutlicht zugleich das Ausmaß der Vermarktung unserer Südseeträume, die einen wichtigen Faktor für ganze Industriezweige darstellen. Zugleich werden dabei Kulturkontakt und Kulturwandel im Pazifik auf anschauliche Weise greifbar.

Dieser Brückenschlag zwischen Vergangenheit und Moderne war auch zentrales Anliegen von Dr. Antje Kelm, die seit 1996 als Abteilungsleiterin wirkte. Auch nach ihrer Pensionierung im Jahr 2002 recherchierte sie zu den Hintergründen der Sammlungsstücke. Auf der Spurensuche nach alten Traditionen in den zeitgenössischen Gesellschaften Papua Neuguineas förderten ihre Feldforschungen wichtige Erkenntnisse für die Bearbeitung und Interpretation der alten Museumsstücke zutage. Ein Ansatz, der auch die weitere Aufbereitung und Ergänzung der Sammlung in den nächsten Jahren prägen wird.

Zum Schluss: Zahlen – Prozente – Vermutungen

Reduziert man diese vielschichtige und hier lediglich in groben Zügen skizzierte Geschichte der Sammlung auf reine Zahlen, so verdeutlicht die Aufstellung der Objektzugänge nach Jahrgängen, dass die Phase des Sammlungsaufbaus schwerpunktmäßig in den zwei Jahrzehnten nach der Jahrhundertwende anzusetzen ist. Die Ergebnisse der Südsee-Expedition mit ihren umfangreichen Kollektionen sind in Abbildung 12 nicht berücksichtigt. Selbst unter Ausschluss dieser dominanten Sammlungsbestandteile ist augenfällig, dass die enormen Zuwachsraten der ersten und zweiten Dekade des 20. Jahrhunderts nie wieder erreicht wurden. Besonders magere Jahre für die Abteilung bildeten die Jahre des Zweiten Weltkriegs und die Nachkriegszeit.

---

[56] Die Ergebnisse ihrer Feldforschung hat Frau Wilpert in verschiedenen Artikeln publiziert. Vgl. Wilpert 1982, 1983 und 1984.

Zugang der Objekte nach Jahrzehnten

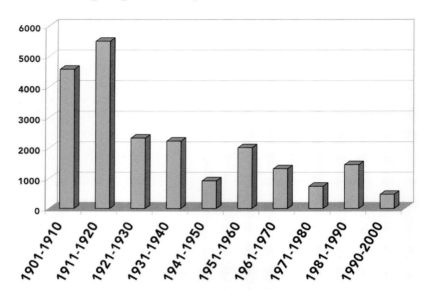

Abb. 12 Das Diagramm zeigt den Zugang der Objekte nach Jahrzehnten, ausgenommen sind die Sammlungen der Südsee-Expedition.

Das Profil der Sammlung, das sich vorwiegend im ersten Quartal des letzten Jahrhunderts herauskristallisierte, zeigt ganz eindeutige Schwerpunkte hinsichtlich der geographischen Einzugsgebiete der Objekte. Melanesien hat mit fast 70% den größten Anteil am Gesamtbestand der Ozeanien-Abteilung. Dieser fällt umso schwerer ins Gewicht, da auch hier die Ergebnisse der Südsee-Expedition nicht berücksichtigt sind. Mikronesien und Polynesien halten sich mit jeweils 11 % bzw. 12 % nahezu die Waage, wohingegen Australien mit knapp 8 % das Schlusslicht bildet.

Wie groß die Abstriche an diesen rein aktenkundigen Beständen ausfallen, wird die bevorstehende Inventur erweisen. Die Torte wird sich mit Sicherheit wesentlich kleiner gestalten – inwiefern dies auch Verschiebungen in der Gewichtung der einzelnen Anteile zur Folge hat, bleibt im Augenblick Spekulation.

Objektanteile der Großregionen Ozeaniens
(ohne Berücksichtigung der Ergebnisse der Südsee-Expedition)

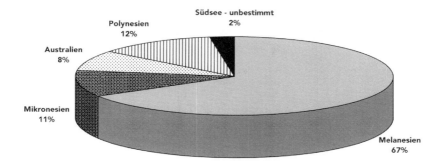

Abb. 13 Objektanteile der Großregionen Ozeaniens an den Sammlungen des Archivs (ohne Berücksichtigung der Südsee-Expedition).

Bibliographie

Bierbach, Annette und Horst Cain
1997   Soomá – Soope. Good and Evil Spirits in Chuuk. In: **Baessler-Archiv** (Beiträge zur Völkerkunde: Gestern und heute – Traditionen in der Südsee. Festschrift zum 75. Geburtstag von Gerd Koch), 45. S. 237-258.

Demandt, Ernst
1913   **Die Fischerei der Samoaner. Eine Zusammenstellung der bekanntesten Methoden des Fanges der Seetiere bei den Eingeborenen.** (Mitteilungen aus dem Museum für Völkerkunde in Hamburg III,1). Hamburg.

Fenner, Burkhard
1996   Europa entdeckt die Kokosnuß – Eine Handelsgeschichte. In: Jutta Beate Engelhard und Burkhard Fenner, **Wer hat die Kokosnuß...? Die Kokospalme – Baum der tausend Möglichkeiten.** S. 117-129. Köln.
1999   Anthropomorphe Figur. In: Gisela Völger (Hrsg.): **Kunst der Welt im Rautenstrauch-Joest-Museum für Völkerkunde Köln.** S. 136. München.

Fischer, Hans
1981   **Die Hamburger Südsee-Expedition. Über Ethnographie und Kolonialismus.** Frankfurt/Main.

Grunne, Bernard de
1994   La quintessence de la beauté: la Statue de Nukuoro du Musée Barbier-Mueller / Beauty in abstraction: the Barbier-Mueller Nukuoro Statue. In: **Art Tribal.** S. 25-40. Genf.

Gründer, Horst
2001   Die historischen und politischen Voraussetzungen des deutschen Kolonialismus. In: Hermann Joseph Hiery (Hrsg.): **Die Deutsche Südsee 1884-1914.** S. 27-58. Paderborn u.a.

Hambruch, Paul
1908 **Wuvulu und Aua (Maty- und Durour-Inseln) auf Grund der Sammlung F.E. Hellwig aus den Jahren 1902 bis 1904.** (Mitteilungen aus dem Museum für Völkerkunde in Hamburg II,1). Hamburg.

Hardach, Gerd
2001 Die deutsche Herrschaft in Mikronesien. In: Hermann Joseph Hiery (Hrsg.): **Die Deutsche Südsee 1884-1914.** S. 508-534. Paderborn u.a.

Hiery, Joseph Hermann
2001 Die Deutsche Verwaltung Neuguineas 1884-1914. In: Hermann Joseph Hiery (Hrsg.): **Die Deutsche Südsee 1884-1914.** S. 277-311. Paderborn u.a.

Klaatsch, Hermann
1907 Schlussbericht über meine Reise nach Australien in den Jahren 1904-1907. In: **Zeitschrift für Ethnologie.** S. 633-690. Berlin.

Köpke, Wulf und Bernd Schmelz (Hrsg.)
2002 **Ein Dach für alle Kulturen.** Das Museum für Völkerkunde Hamburg. Hamburg.

Kubary, Johan Stanislaus
1900 **Beitrag zur Kenntnis der Núkuóro- oder Monteverdi-Inseln (Karolinen-Archipel).** (Separatabdruck aus den Mittheilungen der Geographischen Gesellschaft in Hamburg 16), Hamburg.

Laufer, P. Carl
1946-49 Rigenmucha, das Höchste Wesen der Baining (Neubritannien). In: **Anthropos,** 41-44. S. 497-560. Freiburg/Schweiz.

1959 Jugendinitiation und Sakraltänze der Baining. In: **Anthropos**, 54. S. 905-938. Freiburg/Schweiz.

Melanesian Artefacts / Artefactos Melanésios
1988 **Melanesian Artefacts – postmodernist reflections / Artefactos Melanésios – reflexões pós-modernistas.** Lisboa.

Meyer, Anthony J.P.
1995 **Oceanic Art / Ozeanische Kunst / Art Océanien.** Köln.

Museum für Völkerkunde Hamburg (Hrsg.)
1998 **Bedeutung, Aufgaben, Ziele des Museums für Völkerkunde Hamburg.** Hamburg.

Pech, Rufus
2001 Deutsche evangelische Missionen in Deutsch-Neuguinea 1886-1921. In: Hermann Joseph Hiery (Hrsg.): **Die Deutsche Südsee 1884-1914**. S. 384-416. Paderborn u.a.

Schindlbeck, Markus
2001 Deutsche wissenschaftliche Expeditionen und Forschungen in der Südsee bis 1914. In: Hermann Joseph Hiery (Hrsg.): **Die Deutsche Südsee 1884-1914**. S. 132-155. Paderborn u.a.

Schmeltz, Joh. D. E. und R. Krause
1881 **Die ethnographisch-anthropologische Abteilung des Museum Godeffroy in Hamburg. Ein Beitrag zur Kunde der Südsee-Völker.** Hamburg.

Schnee, Heinrich (Hrsg.):
1920 **Deutsches Kolonial-Lexikon**. 3 Bde. Leipzig.

Speiser, Felix
1923 **Ethnographische Materialien aus den Neuen Hebriden und den Banks-Inseln.** Berlin.

Steffen, Paul
2001 Die katholischen Missionen in Deutsch-Neuguinea. In: Hermann Joseph Hiery (Hrsg.): **Die Deutsche Südsee 1884-1914.** S. 343-383. Paderborn u.a.

Stöhr, Waldemar
1987 **Kunst und Kultur aus der Südsee.** (Sammlung Clausmeyer Melanesien). Köln.

Thilenius, Georg
1902/03 **Ethnographische Ergebnisse aus Melanesien. 1. Theil: Reisebericht – Die polynesischen Inseln an der Ostgrenze Melanesiens. / 2. Theil: Die westlichen Inseln des Bismarck-Archipels.** Halle.

Tischner, Herbert
1939 **Eine ethnographische Sammlung aus dem östlichen Zentral-Neuguinea (Hagen-Gebirge / Wagi-Tal / Ramu).** (Mitteilungen aus dem Museum für Völkerkunde in Hamburg XXI). Hamburg.
1965 **Das Kultkrokodil vom Korewori.** (Wegweiser zur Völkerkunde, 7). Hamburg.
1971 **Rauru. Ein Versammlungshaus von Neuseeland in der alten Kultur der Maori.** (Wegweiser zur Völkerkunde, 11). Hamburg.

Thode-Arora, Hilke
1992 Die Familie Umlauff und ihre Firmen – Ethnographica-Händler in Hamburg. In: **Mitteilungen aus dem Museum für Völkerkunde Hamburg,** N.F. 22. S. 111-132. Hamburg.
2001 **Tapa und Tiki. Die Polynesien-Sammlung des Rautenstrauch-Joest-Museums. Bestandskatalog.** Köln.

Wilpert, Clara B.
1972 Hamburgische Südsee-Expedition: Neubritannien. In: **Mitteilungen aus dem Museum für Völkerkunde Hamburg**, N.F. 2. S. 81-93. Hamburg.
1982 Traditionell und touristisch: Kunsthandwerkliche Holzarbeiten in Samoa. In: **Mitteilungen aus dem Museum für Völkerkunde Hamburg**, N.F. 12. S. 15-36. Hamburg.
1983 Körbe für Touristen. Flechtarbeiten in West-Samoa. In: **Mitteilungen aus dem Museum für Völkerkunde Hamburg**, N.F. 13. S. 59-87. Hamburg.
1984 "Made in Western Samoa" Zu Herkunft und Vertrieb von Südsee-Souvenirs In: **Mitteilungen aus dem Museum für Völkerkunde Hamburg**, N.F. 14. S. 111-132. Hamburg.
1987 **Südsee. Inseln, Völker und Kulturen.** (Wegweiser zur Völkerkunde, 34). Hamburg.

Wirz, Paul
1922/25 **Die Marind-Anim von Holländisch-Süd-Neu-Guinea.** 2 Bde. Hamburg.

Zwernemann, Jürgen
1980 **Hundert Jahre Hamburgisches Museum für Völkerkunde.** Hamburg.
1986 Julius Konietzko – ein "Sammelreisender" und Händler. In: **Mitteilungen aus dem Museum für Völkerkunde Hamburg**, N.F. 16. S. 17-39. Hamburg.

Sonstige Quellen

"Die Ethnographische oder Sammlung für Völkerkunde im Anschluß an das Naturhistorische Museum in Hamburg". Hamburg 1867.
"Führer durch das Museum Godeffroy". Hamburg 1882.
"Verzeichnis über den Bestand des Museum für Völkerkunde in Hamburg im Jahre 1893. 4. Abtheilung: Oceanien". Hamburg 1893.
Das Maori-Haus im Museum für Völkerkunde Hamburg. Hamburg 1998. (Flyer, verfasst von Antje Kelm).
Briefwechsel in den Akten des Museums.

Anhang 1: Zur Katalogisierung und Vergabe der Inventarnummern im Museum für Völkerkunde Hamburg

Die Entschlüsselung des numerischen Verwirrspiels der Objektdokumentation stellt in der Regel eine erste Hürde bei der Bearbeitung der Sammlungen dar: Für die Eingänge vor 1904 ist eine Kombination aus Zahlen und Buchstaben charakteristisch, z.B. E 324 oder A 412. Die Nummerierung nach dem Buchstaben erfolgte fortlaufend nach Eingang in der Abteilung. Der Buchstabe entspricht jeweils einer geographischen Herkunftsangabe. E steht für Zugänge aus der Südsee. A verweist auf Asien und Indonesien. Aufgrund ihres Mischbestands aus indonesischen und ozeanischen Objekten verfügt die Ozeanien-Abteilung sowohl über E- als auch über A-Nummern, die über weite Strecken in getrennten Büchern geführt sind. Diese Trennung zwischen südostasiatischem und pazifischem Inselraum wurde bei der Dokumentation in Postenkladde/Inventarbuch bis 1959 durchgehalten. Für Australien wurde der Versuch unternommen, eine eigene Postenkladde/Inventarbuch anzulegen. Dies wurde jedoch nicht konsequent eingehalten, so dass ein Großteil der Objekte des australischen Kontinents in den Büchern der eigentlichen Ozeanien-Sammlung aufgenommen ist.

Ab 1905 wird mit diesem System der Katalogisierung gebrochen. Die zwischen 1905 und 1910 eingehenden Objekte erhalten fortlaufende Nummern, ohne Rücksicht auf ihre Herkunft oder Zuteilung zu einer Abteilung. Lediglich die mit einem Doppelpunkt abgesetzte Jahreszahl lässt Rückschlüsse auf die Zeit des Eingangs zu. Beispielsweise verweist die Kombination 234:05 auf den Objektzugang im Jahr 1905.

Von 1911 bis heute bedient sich das Haus einer dreiteiligen Inventarnummer, die zwar keine unmittelbaren Hinweise auf die Abteilungszugehörigkeit enthält, dafür aber das Jahr des Eingangs und die Zuordnung zu einem so genannten Posten ersichtlich macht. Diese Posten dokumentieren in Kombination mit der entsprechenden Jahreszahl die geschäftlichen Transaktionen des Museums. Sobald eine Person in Form einer Schenkung, eines Tausches oder Kaufs verschiedene Objekte an das Museum abtritt, wird ein neuer Posten angelegt, dessen Umfang an Objekten unterschiedlich groß sein kann. Verwaltungstechnisch fällt damit größeres Gewicht auf den Nachweis, wie, mit welchen Mitteln und von wem ein Objekt erworben wurde. Die Nummer 62.15:12 verweist somit auf das zwölfte Objekt des Postens 15, der im Jahre 1962 ins Museum kam.

Um die Verwirrung noch zu erhöhen, verfügt die Ozeanien-Abteilung über einen weiteren Typ von Inventarnummern, der speziell den Objekten vorbehalten ist, die von der Hamburger Südsee-Expedition (1908-1910) gesammelt wurden. Diese Nummern zeichnen sich durch einfache Zählung ohne die für die Jahrgänge 1905 bis 1910 charakteristische Kombination mit einer Jahreszahl aus. Eine hochgestellte römische I oder II am Ende der Ziffer verweist auf das erste, respektive zweite Jahr der Expedition.

Die Tücken dieses Systems liegen im Detail. Zum einen ist es aufgrund der mehrfachen Umstellung bei der Vergabe der Inventarnummern nicht möglich, einfache Rückschlüsse auf den Gesamtbestand der Abteilung zu ziehen. Zum anderen wurde die Vergabe der einzelnen Nummern unterschiedlich gehandhabt. Beispielsweise konnte ein Bündel aus sieben Pfeilen als Einheit betrachtet werden, die mit einer einzigen Nummer versehen wurde - eventuell noch aufgesplittet durch alphabetische Zählung (a-g). Andererseits war es auch möglich, jeden Pfeil einzeln mit einer eigenen Nummer zu versehen.

Auch die Praxis der so genannten Nachinventarisierung aus dem alten Bestand ist nicht völlig unproblematisch. Stücke, die ohne näheren Herkunftsnachweis und ohne Inventarnummer in den Archiven lagern, erhalten dabei eine Nummer zugewiesen, die zwar ihre weitere Handhabung und Katalogisierung ermöglicht, zugleich aber auch Trugschlüssen über den Zeitpunkt ihrer Erwerbung Vorschub leistet. Ein Objekt mit der Nummer 2001.3:5 muss somit keineswegs 2001 erworben worden sein, sondern kann auch in diesem Jahr von einem Museummitarbeiter ohne Nummer aufgefunden und bearbeitet worden sein.

Anhang 2: Sammler und Forscher im Auftrag der Firma Godeffroy & Sohn

Dem Führer durch das Museum Godeffroy von 1882 ist zu entnehmen, dass insbesondere folgende Wissenschaftler durch ihre Forschungs- und Sammlungsreisen im Pazifik einen wesentlichen Beitrag für den Aufbau des Museums Godeffroy geleistet haben.

- Dr. Eduard Graeffe aus Zürich bereiste von 1861 bis 1872 Samoa, die Fiji-, die Phönix-Inseln und einige mikronesische Gruppen.
- Frau Amalie Dietrich legte zwischen 1863 und 1873 in Australien eine botanische und ethnographische Sammlung an.
- Johann Stanislaus Kubary aus Warschau trug zwischen 1869 und 1875 auf den Marshall-Inseln und auf den Karolinen ethnographisches und zoologisches Material zusammen.
- Ab 1867 sammelte auch der Amerikaner Andrew Garret auf den Gesellschafts-Inseln und den Marquesas für Godeffroy.
- Theodor Kleinschmidt arbeitete vor allem in Neubritannien und auf den Fiji-Inseln. Neben der Erstellung anthropologischer und zoologischer Sammlungen fertigte er diverse Zeichnungen und Skizzen.
- Franz Hübner aus Nauen sammelte zwischen 1875 und 1877 Höhlenfunde auf Tonga und legte eine Schädelsammlung in Neubritannien an.
- P.H. Krause trug durch seine Tätigkeit auf Upolu / Samoa ebenfalls zur anthropologischen Sammlung bei.
- Eduard Dämel, ein Assistent des Museums, bereiste Australien und die Fiji-Inseln.

HAMBURG : SÜDSEE
EXPEDITION
INS PARADIES

Ausstellung im
Museum für
Völkerkunde
Hamburg

Wissenschaftliche Beiträge

Hamburg : Südsee Expedition ins *Paradies*
Einführung

Antje Kelm

"Ganz von selbst ergab sich mir aus solchen", d.h. früheren selbst gemachten "Erfahrungen der Plan einer Expedition in die Südsee, die ein eigenes Schiff benützen sollte", schreibt der erste Direktor des Museums für Völkerkunde Hamburg, Georg Thilenius im Jahre 1911. Und er fährt fort: "...in greifbare Nähe rückte die Ausführung, als er (d.h. der Plan) der 1907 begründeten Hamburgischen Wissenschaftlichen Stiftung vorgelegt wurde. In seiner Sitzung vom 17. Dezember 1907 beschloss ihr Ausschuss für Forschungsreisen einstimmig, ‚dem Kuratorium die Ausrüstung einer Expedition in die Südsee auf etwa zwei Jahre auf Grund des von Professor Thilenius vorgetragenen Programms'"[1] zum Beschluss vorzulegen. Dem Antrag des Ausschusses gab das Kuratorium drei Tage später einstimmig statt, und damit war auch die Finanzierung des wohl ehrgeizigsten, umfassendsten und erfolgreichsten Projektes gesichert, das je von einem deutschsprachigen Völkerkundemuseum aus gestartet worden ist.

"Für eine deutsche Expedition war aber die" – damals – "deutsche Südsee das gegebene Ziel," fährt Thilenius[2] in seiner Einleitung weiter fort, "für eine Hamburgische das Gebiet, in denen (sic) Hamburger Firmen die grössten Niederlassungen besitzen und ein Hamburger Kaufmann" – gemeint ist Johann Cesar VI Godeffroy – "schon vor einem Menschenalter die systematische Erforschung betrieb."

Erfolgreich war die Expedition zunächst einmal wegen der von der Hamburgischen Wissenschaftlichen Stiftung publizierten dreissig Bände mit den

---
[1] Thilenius 1911, S. X.

[2] Thilenius, l.c.

Forschungsergebnissen der beteiligten Ethnologen. Während die Resultate aus den Forschungen des zweiten Reisejahres 1909/10 – einschliesslich der Beschreibungen und Abbildungen der Zeugnisse der materiellen Kultur – bereits in der ersten Hälfte des 20. Jhdts. der Öffentlichkeit in 25 Bänden vollständig schriftlich vorgestellt worden sind, konnten mit Ergebnissen aus dem ersten Expeditionsjahr bislang nur vier Bände erscheinen, davon drei mit ethnologischem Inhalt. So sind die Kunstwerke und Gebrauchsgegenstände vom Sepik 1913 von Otto Reche, damals Mitarbeiter des Museums und Teilnehmer an der Expedition, in einem umfangreichen Band vorgestellt worden. Gesammelt wurden die Objekte aus den Uferdörfern dieses grössten Stromes der Insel Neuguinea 1909 in einer kurzen, gerade einmal fünfzehntägigen Erkundungsfahrt. Daneben sind sehr viel später – erst 1933 und 1934 – zwei von dem Berliner Ethnologen Hans Nevermann erarbeitete Publikationen über die St. Matthias-Gruppe einerseits und die Admiralitätsinseln andererseits veröffentlicht worden. Darin werden die Sammelergebnisse der Hamburger Südsee-Expedition, wie im Sepik-Band auch, vergleichend neben Objekten vorgestellt, die später von anderen Forschungsreisenden in andere Museen verbracht worden sind.

Erfolgreich war die Hamburger Südsee-Expedition aber auch – und das weiss die Fachwelt heute mehr denn je zu schätzen – wegen der erworbenen Zeugnisse der materiellen Kultur der besuchten Ethnien. Insgesamt sind etwa 15.000 Objekte mit nach Hamburg gebracht worden, davon 6.667 Gegenstände von den verschiedensten Ethnien der im ersten Jahr angelaufenen zahlreichen Inseln des Bismarck-Archipels und einiger Gebiete Neuguineas. Jedoch hat es aufgrund von aussergewöhnlichen Umständen wie dem Ausbruch des ersten Weltkriegs und anderen Widrigkeiten bislang nie eine Gelegenheit gegeben, die angekauften oder eingetauschten Ethnographica - soweit es geht vollständig und in einen gemeinsamen Kontext gestellt - in einer Ausstellung zu präsentieren.

Bei diesen Ethnographica handelt es sich einerseits um kostbare Kunstwerke, von denen zahlreiche heute zu den bedeutendsten Zeugnissen der Weltkunst gerechnet werden, Kunstwerke, die, wären sie damals nicht in ein Museum verbracht worden, längst verfallen wären. Viele der Kultobjekte von Ethnien aus dem Bismarck-Archipel werden nämlich nach dem Gebrauch schlicht im

Busch entsorgt. Andererseits handelt es sich bei den während der Südsee-Expedition gesammelten Objekten aber auch um Gerätschaften und andere Gegenstände des alltäglichen Bedarfs, deren Gebrauch und Herstellungsweise längst weitgehend aufgrund der allgemeinen Globalisierung moderner Technologie in Vergessenheit geraten sind. Einige Masken und andere Kunstwerke aus verschiedenen Regionen Melanesiens und Mikronesiens stellen seit langem Highlights der jetzigen Südsee-Schausammlung des Museums dar, ohne dass jedoch eine Verbindung zur Forschungsreise, auf der sie erworben worden sind, hergestellt worden ist.

Da das Museum bei Ausstellungen schon seit einiger Zeit die eigenen Schätze hervorhebt, scheint es sinnvoll, für die Besucher – und damit sind in erster Linie wegen des evidenten Hamburg-Bezugs die Hamburger Bürger, aber auch interessierte Kunstliebhaber aus der ganzen Welt gemeint - das Südsee-Magazin weit zu öffnen und alles zu zeigen, was der Leiter der Expedition im ersten Jahr, Prof. Dr. Friedrich Fülleborn, und seine Begleiter für das Museum und für die Hamburger Öffentlichkeit zusammengetragen haben. Daneben werden auch kostbare Objekte aus dem regionalen Umfeld mit ausgestellt, die aus anderen Sammlungen stammen. Zu nennen seien da nur die Teilbestände aus dem Museum Godeffroy, die in Hamburg verblieben sind, die Sammlung Thiel oder die Sammlung Friederici.

Wegen der Fülle des vorhandenen Materials und auch wegen der Vielfalt der erfassten Kulturen kann in dieser Ausstellung allerdings, was die Südsee-Expedition anbetrifft, nur das erste Jahr Berücksichtigung finden. Das auf Mikronesien bezogene zweite Jahr der Reise muss einer späteren Präsentation vorbehalten bleiben.

Zwar ist nicht mehr jeder einzelne damals gesammelte Gegenstand noch vorhanden. Manches Stück wurde entsprechend einer früheren Gepflogenheit der Museen als Doublette weggetauscht, manches - und das trifft auf eher unspektakuläre Objekte zu - ging einfach im Verlaufe vielfältiger Umschichtungen und Umlagerungen im Hause verloren oder zerbrach aufgrund der Empfindlichkeit des verwendeten Materials. Die oft angesprochenen Kriegsverluste hat es sicherlich auch gegeben, jedoch ist das Gros der von den Mitgliedern der Südsee-Expedition im ersten Jahr erworbenen Gegenstände, und das trifft insbesondere auf die hervorragenden Kunstgegenstände zu, noch vorhanden. Den einzelnen Regionen zugeordnet, aus denen sie entstammen, erfüllen sie im Rahmen der Ausstellung eines der Ziele, die sich Thilenius beim Planen der Forschungsreise gesetzt hatte: Sie zeigen, dicht nebeneinander präsentiert, die "hohe Variabilität der Menschen"[3] auf engem Raum. Etwas weiter vorn in derselben Denkschrift erläutert Thilenius, was er mit der "Variabilität" meint, nämlich folgendes: "..ein von Distrikt zu Distrikt verschiedenes Bild der gleichen ‚steinzeitlichen' Kultur; ausserordentliche Zersplitterung und Isolierung kleiner Gemeinwesen hat eine höchst interessante Mannigfaltigkeit auf dem Gebiet der stofflichen Erzeugnisse und der Sprachen gezeitigt....."[4]

Um auch die 1908/09 nicht immer leichten Arbeitsbedingungen der Ethnologen vorzustellen, beginnt die Ausstellung, die von den Künstlern Mikael Hansen und Knud Knabe in einer sehr einfühlsamen und harmonischen Zusammenarbeit mit der Autorin gestaltet worden ist, mit einer Anmutung der PEIHO, des Expeditionsschiffes. Dass spätere Fachwissenschaftler, die am Museum für Völkerkunde Hamburg tätig waren, unter ganz anderen Voraussetzungen, aber auch mit modernen Zielsetzungen und Fragestellungen in jüngerer Zeit in verschiedenen Regionen Neuguineas Feldforschung betrieben und Sammlungen u.a. für das hiesige Museum erbracht haben, wird neben der Darstellung der Arbeitsweise der Mitglieder der Hamburger Südsee-Expedition vorgestellt.

Danach folgt die Ausstellung in etwa der Route, die das Schiff im ersten Jahr genommen hat und die wiederum vom Kapitän und dem Expeditionsleiter entsprechend den gegebenen nautischen und versorgungstechnischen Notwendigkeiten festgelegt wurde. Denn es mussten die meteorologischen Bedingungen, d.h. vor allem die Richtung der Monsunwinde, einerseits und die technischen Erfordernisse eines Dampfschiffes andererseits – die PEIHO musste von Zeit zu Zeit Kohlen und Wasser aufnehmen, und Kohlen gab es nur in Matupi auf Neubritannien - Berücksichtigung finden. Die beigefügte Karte, die der Publikation Vogels[5] entstammt, des die Expedition begleitenden

---

[3] Thilenius 1905, S. 10.

[4] Thilenius, l.c.

[5] Vogel 1911; siehe Thilenius 1911.

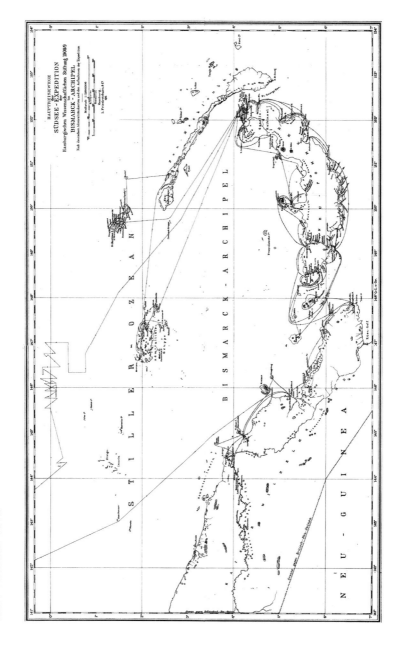

Abb. 1 Übersichtskarte über die Hauptreisewege der Hamburger Südsee-Expedition im ersten Jahr im Bismarck-Archipel. Aus der Publikation von Hans Vogel 1911, siehe Thilenius 1911.

Malers und Fotografen, zeigt, welchen Weg das Schiff genommen hat. Die Insel Neubritannien wurde dabei zweimal umrundet, ihre Südküste sogar dreimal befahren.

Die Beiträge dieser Publikation stehen fast alle in engem Zusammenhang mit der Hamburger Südsee-Expedition, ihrem Verlauf und ihren Ergebnissen. Sie bieten einerseits Hintergrundsinformationen hinsichtlich der verschiedenen sozialen Strukturen und religiösen Vorstellungswelten der Ethnien, aus deren reichem kulturellem Besitz die Gegenstände des Museums für Völkerkunde Hamburg stammen. Andererseits gehen sie aber auch auf herausragende Objekte oder Objektgruppen selbst ein, deren kultureller Kontext sich dem Laien nicht so ohne weiteres erschliesst. Insoweit füllen die Autoren mit ihren Beiträgen eine Lücke in den wissenschaftlichen Ergebnissen der Hamburger Südsee-Expedition, die einfach dadurch entstanden ist, dass die für das erste Jahr gewählte Form der Schiffs-Expedition, die mehr auf ein Erkunden als auf ein gründliches Erforschen ausgerichtet war, ihren Teilnehmern nicht die Möglichkeit zu umfassenden Untersuchungen vor Ort gelassen hat.

Die Autorin dieses einleitenden Beitrags selbst zeigt in ihrem Bericht über das erste Jahr der Expedition weitere Gründe auf, die dazu geführt haben, dass der grösste Erfolg dieses Forschungsabschnitts in der Fülle der hervorragenden und für die Zeit ungewöhnlich gut dokumentierten Objekte selbst, nicht jedoch in der umfassenden Darstellung der Ethnographie der jeweiligen Regionen zu sehen ist. In ihrem Beitrag geht sie dabei von einem ganz anderen Ansatz aus als Hans Fischer, der sich in der bisher einzigen zusammenfassenden Publikation über die Hamburger Südsee-Expedition auf das Problem "Ethnographie und Kolonialismus" konzentriert hat[6]. Die Autorin dieses Beitrags hingegen hat statt einer theoretischen Fragestellung das im Museum vorhandene Material, d.h. Objekte, Fotos, Tagebücher und Sammlungsverzeichnisse der Forschungsreisenden zum Ausgangspunkt ihrer Überlegungen gemacht. Von da aus hat sie Rückschlüsse auf die Arbeitsweise und -bedingungen der Mitglieder der Südsee-Expedition gezogen und ist so zu einer Einschätzung des Unternehmens gelangt, die ein neues Licht auf die Forschungen der Expedition wirft. Auch die Zielsetzungen von Thilenius sowie

---

[6] Fischer 1981.

die Vorstellungen von Fülleborn, dem Expeditionsleiter im ersten Jahr, hinsichtlich der Möglichkeiten einer Schiffexpedition zu der damaligen Zeit unterzieht sie kritischen Gedanken. Schliesslich wird auch auf die gesellschaftspolitische und wirtschaftliche Situation der Freien und Hansestadt Hamburg zu Beginn des 20. Jhdts. Bezug genommen, eine Situation, die überhaupt erst das Engagement der Stadt und ihrer Bürger für ein wissenschaftliches Unternehmen wie die Hamburger Südsee-Expedition ermöglicht hat.

Die Ausführungen von Maren Mohr de Collado, die u.a auf das Sprach-Problem hinweist, schildern auch noch einmal einige der Schwierigkeiten, mit denen die Forschungsreisenden in jener frühen Zeit zu kämpfen hatten. Es gab einfach damals, als zahlreiche der besuchten Ethnien noch kaum Kontakte zu Europäern gepflegt hatten, nicht genügend Dolmetscher, die die Verständigung auch nur über die Verkehrssprache, das heute Tokpisin genannte Pidgin-Englisch, hätten ermöglichen können. Allein in Neubritannien, das in der Kolonialzeit Neupommern genannt wurde, werden 25 unterschiedliche Sprachen benutzt.

Das reiche Kunstschaffen Neuirlands, der während der deutschen Kolonialzeit Neu-Mecklenburg genannten Insel, stellt der Bremer Ethnologe Dieter Heintze in seinem Beitrag über die Malagan-Kunst vor, Kunstwerke, die im Zusammenhang mit Totenerinnerungsfesten von den Bewohnern einer bestimmten Region dieser Insel hergestellt werden. Teils aufgrund eigener intensiver Feldforschungen, teils auch unter Heranziehung neuerer und neuester Literatur kann er dabei Aspekte nicht nur hinsichtlich der Bedeutung, sondern auch beispielsweise hinsichtlich rechtlicher und sozialer Zusammenhänge aufzeigen, nach denen frühe Ethnologen, etwa Zeitgenossen der Wissenschaftler der Hamburger Südsee-Expedition, gar nicht gefragt hätten. Gleichzeitig sind seine Ausführungen schon deshalb notwendig und von grösster Bedeutung, weil die Expeditionsteilnehmer selbst auf Neuirland gar keinen Kontakt zu den Einheimischen aufgenommen hatten. Sie bedienten sich vielmehr aus einem offenbar opulenten Lager des dortigen Bezirksamtmanns Franz Boluminski. Dieser hatte zusammen mit seiner Ehefrau Frieda, einer gebürtigen Hamburgerin, sicher nicht zuletzt aufgrund der zu Beginn des 20. Jahrhunderts schon reichen Nachfrage aus Deutschland, aber auch aus anderen Teilen der Welt, nach der in Kennerkreisen geschätzten Malagan-Kunst Belege für die Kunst der Neuirländer gesammelt und weiter verkauft. So stammen alle vier Uli-Figuren der Hamburger Südsee-Expedition von Boluminski und wurden für den damals sicher sehr hohen Preis von je 150 Goldmark von ihm abgekauft. Der Betrag war für die Verhältnisse der Südsee-Expedition so hoch, dass Fülleborn erst bei Thilenius nachfragte, ob dieser zum Erwerb der Figuren überhaupt bereit sei.

Ganz von den Hamburger Museumsobjekten aus geht die Ethnologin Sylvia Ohnemus, eine Spezialistin vom Übersee-Museum Bremen für die Kulturen der Admiralitätsinseln. Einige der Objektgruppen im Hamburger Museum, die teils während der Südsee-Expedition erworben, teils bereits früher ins Haus gekommen sind – in dieser Region hatte z.B. die Hamburger Firma Hernsheim schon im 19. Jhdt. eine Station, später sogar zwei Niederlassungen – stellt sie den Lesern hinsichtlich ihrer Herstellungsweise und ihres Verwendungszwecks vor. Sie ergänzt ihre Darstellung dann mit Kenntnissen aus der eigenen wiederholten Feldforschung auf Manus, der grössten der Admiralitätsinseln, oder aus der Literatur.

Die Manus-Sammlung des Museums ist insofern lückenhaft, als einerseits, wie Fülleborn in seinem fünften Bericht "über den Verlauf der Südsee-Expedition der Hamburgischen Wissenschaftlichen Stiftung" vom 18. November 1908 beklagt, gerade künstlerisch besonders eindrucksvolle grössere Objekte wie Hausverzierungen oder holzgeschnitzte Skulpturen in den Dörfern bereits kaum noch vorhanden waren. Die Einwohner der Admiralitätsinseln, selbst gute Geschäftsleute, hatten sie bereits an die ersten durchreisenden oder niedergelassenen europäischen oder amerikanischen Händler verkauft.[7] Andererseits sind die Expeditionsmitglieder in das Innere der grössten der Admiralitätsinseln, Manus, gar nicht vorgedrungen. Denn auch zu Beginn des 20. Jhdts. waren dort Stammesfehden immer noch an der Tagesordnung, und die Deutschen hätten sich nicht ohne Begleitung einer grösseren Schutztruppe dort bewegen können. Bewaffnete Auseinandersetzungen mit Einheimischen wären sicherlich nicht ausgeblieben. Dennoch zeigte sich Fülleborn überzeugt, noch hinreichend gute Belegstücke für die alte Manus-Kultur erworben zu haben.

---

[7] "Eine Menge guter alter Stücke von den Admiralitätsinseln" sei "in letzter Zeit nach Amerika gegangen", stellt Fülleborn in seinem Bericht auf S. 7 fest.

Die Stuttgarter Ethnologin und Abteilungsleiterin am Linden-Museum, Ingrid Heermann, hat selbst erst kürzlich eine vielbeachtete Ausstellung über die Kunst Neubritanniens gezeigt. In ihrem Aufsatz über den *dukduk-* und den *iniet-*Geheimbund der Tolai auf der Gazelle-Halbinsel Neubritanniens schildert sie den tiefgreifenden Einfluss, den beide Männer-Geheimbünde auf die Gesellschaft der Tolai stets ausgeübt haben und auch heute noch – oder wieder – ausüben. Im Auftrag jener Geheimbünde treten bei zahlreichen gesellschaftlichen Anlässen maskierte Gestalten auf und finden Tänze mit einer ausgeklügelten Choreographie statt. Diese weisen in sich schon einen hohen künstlerischen Anspruch auf. In ihrem Umfeld werden zahlreiche Kunstwerke produziert, die, wie die Masken selbst oder wie verschiedene in den Händen getragene Geräte oder Figuren, die am Rande des Tanzfelds aufgestellt werden, den feinen Kunstsinn dieses Volkes belegen, das auch, wie die Autorin nachweist, wirtschaftlich nicht unbegabt ist.

Auch die Objekte der Tolai im Hamburger Museum entstammen, wie jene aus Neuirland, wohl schon vorhandenen Sammlungen von Kolonialbeamten oder Pflanzern. Denn die Expedition selbst hielt sich doch eher zu administrativen Zwecken, zum Verpacken und Verschiffen der Gegenstände, im Tolai-Gebiet auf der Gazelle-Halbinsel auf, auf der die Einheimischen ohnehin meist in verschiedenen Funktionen in den Diensten der Kolonialherren standen. So war die Erforschung ihrer Kultur damals kaum von Interesse für die Expeditionsteilnehmer.

Von einem ganz anderen Ansatz geht der amerikanischen Kunsthistoriker George Corbin aus. Überzeugt davon, dass die teils recht komplizierten und abstrakten, nur selten einmal eher gegenständlichen Muster auf Objekten wie Schilden oder Masken nicht ohne inhaltliche Bedeutung sein könnten, hat er bereits in den siebziger und den achtziger Jahren Kunstwerke aus Neubritannien in europäischen und amerikanischen Völkerkundemuseen, darunter auch in Hamburg, fotografiert. Mit den Abbildungen hat er später zwei unterschiedliche Ethnien in Neubritannien, die Baining und die Sulka, aufgesucht. Dort fand er Informanten, die in der Lage waren, ihm das Design zu erläutern und etwa zu verschiedenen mythischen Vorstellungen in Beziehung zu setzen. Was ihm die Informanten vermittelt haben, schildert Corbin in seinem Beitrag.

In der Tat hat die Bevölkerung Neubritanniens trotz mehr als hundertjähriger Beeinflussung durch die westlich-europäische Kultur und durch die Missionierung das Wissen um die alten einheimischen Traditionen bewahrt und auch an die nachfolgenden Generationen weitergegeben. Zwar musste Corbin etwa in Bezug auf die Kriegsschilde von einigen Sulka hören, dass man deren Muster nicht mehr erklären könne, weil die Kriegführung zwischen den einzelnen Ethnien seit mehr als hundert Jahren untersagt sei. Doch die Autorin dieses Beitrags konnte im Mai 2003, mit Fotos einiger Sulka-Kriegsschilde des Museums in dem auch von der Südsee-Expedition besuchten Ort Ganai an der Mündung des Flusses Warangoi weilend, deren mythische Bezüge von einigen älteren Sulka-Herren in Erfahrung bringen.[8]

"Farbflecken im Tropengrün" hat der erfahrene Sepik-Kenner und Abteilungsleiter am Baseler Museum der Kulturen, Christian Kaufmann, seinen Beitrag für dieses Heft genannt. Er war beeindruckt von der noch immer gegebenen intensiven Farbigkeit mancher kultischer, aber auch von Gebrauchsgegenständen, die von der Hamburger Südsee-Expedition am Sepik-Strom in Neuguinea erworben werden konnten. Daher war es ihm ein Anliegen herauszustellen, dass viele der Eigentümlichkeiten der einheimischen Kulturen, nicht nur am Sepik, sehr schnell unter dem Einfluss der Europäisierung verloren gegangen sind, so etwa die Verwendung von Naturfarben, aber auch die Benutzung der einheimischen Kleidung. Da die Sepik-Sammlung der Hamburger Südsee-Expedition eine der ältesten wirklich dokumentierten aus dieser Region ist, enthält sie Gegenstände, die andernorts nicht zu finden sind. Dazu gehören etwa, ausser farbig bemalten Wandpaneelen, die aus den rindenartigen Basisteilen der Blattstengel von Sagopalmen hergestellt sind, aus Bast geflochtene Frauenhauben. Einige von ihnen sind noch immer von einer sehr intensiven Farbigkeit. Vor allem Gelb spielt hier eine dominante Rolle. Zu welchen Gelegenheiten Frauen diese Hauben trugen und wie sie im kultischen Bereich auch Männer in die Rolle von Frauen schlüpfen liessen, das schildert der Baseler Autor in überzeugender Weise.

---

[8] Dank der Unterstützung der Hamburgischen Wissenschaftlichen Stiftung konnte die Autorin in den Jahren 2002 und 2003 je eine kurze Erkundungsreise nach Papua Neuguinea unternehmen, um festzustellen, ob sich einige der aus bereits genannten Gründen entstandene Lücken in den Forschungsergebnissen der Hamburger Südsee-Expedition auch heute noch schliessen liessen.

Einem ganz anderen Themenkreis ist der Beitrag des französischen Ethnologen Philippe Peltier gewidmet. In mehreren Feldforschungsaufenthalten in den achtziger Jahren und zu Beginn der neunziger Jahre hat er bei den Adjirab, einer Ethnie, die zwischen dem unteren Sepik und dem unteren Ramu, einem anderen Strom auf der Insel Neuguinea, beheimatet ist, Untersuchungen hinsichtlich der früher in der gesamten weiteren Region üblichen Kopfjagd und der Kriegführung angestellt. Zwar wurde die Kriegführung im Bereich des unteren Sepik schon zu Beginn des 20. Jahrhunderts eingestellt, während sie in anderen weiter im Inneren von Neuguinea gelegenen Gebieten noch bis weit nach dem zweiten Weltkrieg stattgefunden hat. Trotzdem konnte Peltier Informanten gewinnen, die sich einer Fülle von Details der mit der Kopfjagd und der Kriegführung verbundenen profanen und rituellen Handlungen erinnerten bzw. sie als Überlieferungen bewahrten. So stellt sein Bericht ein eindrucksvolles Dokument über die Hintergründe dar, die zur Herstellung der vielen übermodellierten oder mit Eingravierungen versehenen Schädeltrophäen geführt haben, welche sich heute in den Südsee-Abteilungen der Völkerkunde-Museen finden und von denen einige auch auf die Hamburger Südsee-Expedition zurückgehen. Eine Seltenheit in der Hamburger Sammlung stellt das in der Sprache der Adjirab "Maro" genannte Kultobjekt dar, ein an einem figürlich geschnitzten schmalen Stab angebrachter Trophäenschädel, dessen Bedeutung im Rahmen von Kopfjagd und Kriegführung in den Ausführungen des französischen Autors erläutert wird.

Während alle bisher angesprochenen Autoren in ihren Beiträgen direkt oder indirekt von Objekten der Hamburger Südsee-Expedition ausgehen, konnten zur Mitwirkung an diesem Band zwei Ethnologen gewonnen werden, die sich mehr theoretischen Fragen widmen. So stellt Joachim Görlich aufgrund eigener Feldforschungen in den Schrader-Mountains im nördlichen Hochland von Neuguinea ein dem mitteleuropäisch-christlichen Denken zunächst schwer zugängliches Weltbild vor, das keinen Unterschied macht zwischen "belebten" und "unbelebten" Wesen, ein Weltbild, das den Menschen in eine bestimmte Beziehung nicht nur zu seinen Mitmenschen, sondern auch zu allen Dingen setzt, die nach der europäischen Sichtweise als "unbeseelt" gelten. Besonders die Konzeption von Land, d.h. des Bodens, auf dem die Ethnie sesshaft geworden ist, spielt hier eine wichtige Rolle. Diese Sichtweise ist, wie es scheint, keine Besonderheit der Ethnien in den Schrader Mountains, sondern im Grunde vielen, wenn nicht allen melanesischen Völkern eigen. Aber sie ist von Ethnologen erst in jüngerer Zeit genauer erforscht worden.

Einer der ersten freilich, der diese von der europäischen so abweichende Sichtweise schon sehr früh festgehalten hat, ist Wilhelm Müller-Wismar gewesen, ein Teilnehmer der Hamburger Südsee-Expedition. Während eines nur vierzehntägigen Aufenthaltes auf den "Lieblichen Inseln", wo er auf eigenen Wunsch, getrennt von den übrigen Mitgliedern der Expedition, Erhebungen anstellte, konnte er Daten über steinerne Wesen aufnehmen, die, im Wasser vor der Küste "lebend", zum Teil recht komplizierte verwandtschaftliche Beziehungen zueinander aufwiesen. Sie schienen gewissermassen ein Spiegelbild der menschlichen Gesellschaft zu sein. Müllers Blick war offensichtlich nicht von einem eigenen Weltbild verstellt, und sicherlich hätte er, wäre ihm die Möglichkeit gegeben worden, intensiver an dieser Frage weiterzuarbeiten, Einzelheiten über die Denkweise der Menschen in Neubritannien erfahren, die so erst in sehr viel jüngerer Zeit die Aufmerksamkeit europäischer Ethnologen erfahren haben.

Einen anderen, ebenfalls für viele neuguineische Gesellschaften wichtigen Aspekt, der allerdings erst in der christlichen Zeit zum Tragen gekommen ist, spricht Wolfgang Kempf an. Er berichtet aufgrund von eigenen Feldforschungen über Jenseitsvorstellungen bei den Ngaing, einer Ethnie im Hinterland der auch von den Mitgliedern der Hamburger Südsee-Expedition bereisten Rai-Küste. Dieser Autor begibt sich damit in ein sehr komplexes Feld im Zusammenhang mit den religiösen Vorstellungen vieler Melanesier, in denen Heilsvorstellungen, aber auch Vorstellungen über die Verteilung von Gütern und Kenntnissen sowohl auf Europäer als auch auf den einheimischen farbigen Teil der Menschheit eine besondere Rolle spielen.

An dieser Stelle ist es der Autorin ein besonderes Anliegen, allen oben genannten Autorinnen und Autoren - in der Mehrzahl durch das Erarbeiten von Ausstellungen sowie administrative Museumstätigkeiten ausserordentlich belastete Kolleginnen und Kollegen - für ihre Mitwirkung an diesem Band ihren besonderen Dank auszusprechen. Die Mehrheit von ihnen hat weder Kosten noch Zeitaufwand gescheut, um die Hamburger Objekte noch einmal im Magazin zu besichtigen, ehe sie in Abendstunden oder Urlaub ihre Beiträge zusammengestellt hat. Der Artikel des Baseler Kollegen kam per e-mail von einem Kongress aus Neuseeland, ein anderer Kollege meldete sich aus Tahiti. Dass trotzdem alle Angesprochenen ihre Beiträge pünktlich geliefert haben, erfüllt die Autorin mit besonderer Freude.

In gleicher Weise gilt ihr Dank den externen Redakteuren, Helga Rammow und Volker Harms. Sie haben in freundschaftlicher Weise der Autorin mit klugem Rat und auf Erfahrung beruhenden Hinweisen zur Seite gestanden und in zum Teil langen Telefonaten viele Einzelheiten unermüdlich diskutiert.

Äusserst wichtig für das Zustandekommen der Ausstellung in der gegebenen Form und in Anlehnung an ein Konzept, das die inzwischen nicht mehr am Museum fest angestellte Autorin in der Diskussion mit externen Fachkollegen und den schon genannten Designern Mikael Hansen und Knud Knabe entwickelt hat, war die finanzielle Unterstützung durch die Hamburgische Wissenschaftliche Stiftung. Sie hat es der Autorin ermöglicht, während der Vorbereitungszeit der Ausstellung zweimal für einige Wochen nach Papua-Neuguinea zu reisen. Sie hat dort mehrere Ziele verfolgt. Einmal ging es ihr darum festzustellen, inwieweit heute noch, fast hundert Jahre nach der Durchführung der Hamburger Südsee-Expedition, Lücken in der Erforschung der damals besuchten Kulturen geschlossen werden könnten. Zu diesem Zweck hat sie unter Mitnahme von Objekt-Fotos verschiedene von der Expedition angelaufene Ortschaften aufgesucht und dort auch Informanten gefunden, die ihr, wie weiter oben schon angedeutet, u.a. Muster auf den Kunstobjekten des Museums erläutern konnten. Diese Einzelheiten werden jetzt auch in die Informationen zur Ausstellung Eingang finden.

Ferner konnte die Autorin in beiden Jahren Zeugin verschiedener traditioneller Rituale werden, die heutzutage besonders in Neubritannien ganz stark und auch bewusst von den Einheimischen gepflegt werden. Das dabei entstandene Fotomaterial ergänzt wie Verbalinformationen und Musikaufnahmen ethnographische Daten aus der Kolonialzeit, die für bestimmte Bereiche gerade Neubritanniens immer noch die einzigen Quellen unserer Kenntnis darstellen.

Schliesslich galt die Aufmerksamkeit der Autorin besonders während des Aufenthalts im Jahre 2003 einer wenn auch kurzen Dokumentation des Alltagslebens der Neubritannier heute. Um Lebenssituation, Ziele, Möglichkeiten und Hoffnungen einiger von ihnen den Museumsbesuchern in Hamburg vorstellen zu können, hat sie kurze Lebensgeschichten von Angehörigen verschiedener Ethnien und Menschen unterschiedlicher sozialer Herkunft aufgenommen und diese Informanten auch fotografisch porträtiert. So erzählen die Bewohner verschiedener Südsee-Inseln selbst in einem Ausstellungsteil, der Papua-Neuguinea heute gewidmet ist, aus ihrem Leben. Da sie alle aus nicht vergleichbaren Situationen kommen, verschiedene Interessen verfolgen und jeder eigene, sein Leben in entscheidender Weise bestimmende Erlebnisse hatte, wird hier, wie die Autorin meint, ein recht rundes Bild von den Menschen in Papua-Neuguinea heute entstehen.

Dass sich die Zusammenarbeit mit den beiden Designern Mikael Hansen und Knud Knabe zu grosser Zufriedenheit auf beiden Seiten entwickelt hat, wurde oben bereits angedeutet. Beide sind hervorragende Zuhörer und einfühlsame Diskussionspartner und konnten so auf alle Vorstellungen der Autorin eingehen, ohne dabei ihren eigenen Stil aufzugeben.

Eine ebensolche Freude war die von stets freundschaftlicher Kollegialität getragene Zusammenarbeit mit der Fotografin Brigitte Saal. Sie hat die meist von den einzelnen Autorinnen und Autoren selbst herausgesuchten Objekte sehr sensibel fotografiert. Das belegen die Abbildungen in diesem Band sehr eindrucksvoll. Darüber hinaus hat sie, aus eigenem Interesse an den alten Fotos im Museum heraus, immer wieder in Archivschränken gekramt und so Bildmaterial zutage gefördert, dessen Existenz schon lange in Vergessenheit geraten war.

Unermüdlich für diese Publikation tätig war auch Anja Battefeld, die enge Kontakte zu den Autoren gepflegt hat. Anke Blanck war für die Gestaltung und das Layout des Bandes zuständig und hat mit großer Geduld die immer wieder notwendigen Korrekturen durchgeführt.

Schliesslich soll auch der Hamburgischen Wissenschaftlichen Stiftung ausdrücklich gedankt werden. Sie hat es der Autorin ermöglicht, wie oben mitgeteilt, zweimal nach Neuguinea zu reisen, um an die Arbeiten der Wissenschaftler der Hamburger Südsee-Expedition anzuknüpfen.

Bibliographie

Fischer, Hans
1981 **Die Hamburger Südsee-Expedition.** Über Ethnographie und Kolonialismus. Frankfurt.

Fülleborn, Friedrich
1908 **V. Bericht über den Verlauf der Südsee-Expedition der Südsee-Expedition der Hamburgischen Wissenschaftlichen Stiftung.** Maschinenschriftliches Manuskript. Hamburg.

Thilenius, Georg
1905 **Denkschrift.** Maschinenschriftliches Manuskript. Hamburg.
1911 Einführung. In: **Vogel, Hans: Eine Forschungsreise im Bismarck- Archipel.** Hrsg.: Hamburgische Wissenschaftliche Stiftung, Hamburg.

Ein Innenraum als Landschaft betrachtet
Exkurs über die Gestaltung der Ausstellung 'Hamburg : Südsee. Expedition ins *Paradies*'

Wulf Köpke

Bei der Planung der Ausstellung 'Hamburg : Südsee' waren wir eines großen Interesses der Fachwelt an den überwiegend erstmals gezeigten Objekten des Museums aus Melanesien sehr sicher. Es war uns aber gleichzeitig bewusst, dass der Zugang zu diesen Objekten für ein nicht fachlich versiertes Publikum vielleicht nicht ganz einfach sein könnte. Gelegentliche Befragungen von potentiellen Besuchern, aber auch von Journalisten ergaben, dass sehr viele Menschen mit dem Begriff 'Melanesien' nichts anfangen konnten. Auch 'Neuguinea' war vielen erstaunlich fremd. Die Herausforderungen an die Gestaltung der Ausstellung schienen uns daher bei diesem Projekt noch größer als es ohnehin bei ethnographischen Präsentationen der Fall zu sein pflegt.

Unsere Anforderungen waren vielfältig:
- Gestaltung eines 'sanften' Übergangs von der Straße und der marmornen Eingangshalle des Museums in die Ausstellung
- Vermittlung eines Landschaftseindrucks beim Betrachten der Ausstellung
- Schaffung einer Art ethnographischen Kontextes für einen Teil der Objekte, um deren Gebrauch nachvollziehbar zu machen
- Möglichkeit, den Gebrauch der Objekte auf alten Fotos zu verstehen
- Möglichkeit der Erfahrung der Menschen Melanesiens und ihrer Kultur
- Sinnliche Erfahrbarkeit der Ausstellung für Menschen verschiedener Altersstufen, insbesondere für Familien mit Kindern
- Didaktisch und ästhetisch sinnvolle Unterbringung von etwa 2.500 bis 3.000 Objekten
- Vermittlung des ästhetischen Reizes und Wertes der Objekte

- Vermittlung des wissenschaftlichen Hintergrundes der Ausstellung auch für Laien
- Flexible Gestaltung von Teilen der Ausstellung, um ein Auswechseln von einzelnen Objekte und Objektgruppen zu ermöglichen
- Vermitteln interessanter Aspekte auch für ein Fachpublikum

Klar war uns, dass wir diese Wünsche nicht mit einem einfachen 'Design' befriedigen könnten. Uns schwebte eine künstlerische Umsetzung mit starkem theatralischen Einschlag vor, da sich unserer Auffassung nach die Grundbedingungen für eine Theater- und für eine Ausstellungsinszenierung in vielen Punkten ähneln - der wichtigste Unterschied dürfte wohl sein, dass im Theater das Publikum auf einem festen Platz sitzt und das Geschehen auf der Bühne sich bewegt, während im Museum die Objekte an einem Platz bleiben und die Besucher beweglich sind.

Es gelang uns, für diese ambitionierten Gestaltungswünsche die beiden Bildhauer Knud Knabe (Hamburg) und Mikael Hansen (Kopenhagen) zu gewinnen. Hansen, Träger des Pollock-Krasner-Stiftungs-Preises 1993, gilt als einer der Pioniere der 'land art' in Dänemark. Gerade das Zusammenspiel zwischen weitgehend unberührter Natur, menschengestalteter Landschaft und Kunst fasziniert ihn. Dies führt zu einem vermehrten Einsatz von Naturmaterialien in seiner bisherigen bildhauerischen Arbeit. Sich selbst sieht der Künstler in der Gestaltung der Ausstellung 'Hamburg : Südsee' in der Rolle des Geschichtenerzählers: Nicht mit Worten, aber mit dem Zusammenspiel verschiedener Materialien und Objekte in einer einzigen Installation. Sie versucht, dem Publikum ein ähnliches Gefühl zu vermitteln, wie es die deutschen Forschungsreisenden hatten, als sie die Objekte für unser Haus erwarben.

Auch Knud Knabe, Träger des Edwin-Scharff-Preises 1971, hat große Erfahrung als Bildhauer und Landschaftsgestalter. Aus der Erfahrung früherer Arbeiten, vornehmlich mit 'Kunst im öffentlichen Raum' hat er nach eigener Aussage gelernt, dass die Geschichte des Ortes und der Raum, in dem das bildnerische Geschehen stattfindet, die Grundlage für den Gestaltungsaufbau bilden. Seine Arbeitsweise ist, einen Rahmenplan zu strukturieren, der die inhaltlichen Ziele mit den Raumbildungen verknüpft. Dabei läßt er größtmöglichen Spielraum für die spätere Detailarbeit und verknüpft, inspiriert durch die Gestaltungsaufgabe, die Details intuitiv zu einem erlebbaren Objekt. Dass dieses Verfahren sorgfältiger inhaltlicher Vorbereitung durch die begleitenden Wissenschaftler verlangt, intensiven Austausch und auch viel Vertrauen, versteht sich von selbst.

Den Leitfaden für die Ausstellung bilden die eindrucksvollen Objekte selbst, außerdem ein Stück weit die Abenteuer der Südsee-Expedition. Der Ausstellungsbesucher soll sich wie ein Teilnehmer der Expedition fühlen, obgleich die Ausstellung, räumlich etwas abgegrenzt, durchaus auch Material aus anderen Regionen präsentiert, die nie von der Südsee-Expedition berührt

Raum 1
Darstellung der Expeditionsarbeit
1.1 Bootsdeck
1.2 Wassersimulation mit Kanus
1.3 Steg
1.4 Sammelplatz für Objekte
1.5 Zelt der Wissenschaftler
1.6 Regenmacher-Figur Neuirland
1.7 Vitrinen mit thematisch zugeordneten Objekten
1.8 Halbtransparente Urwaldkulisse mit eingestreuten Objekten

Raum 2
Darstellung eines Tanzfestes
2.1 Tanzgruppen in Originalmasken Neubritannien
2.2 Masken und Tanzzubehör in Vitrinen
2.3 Videoinstallation
2.4 Halbtransparente Urwaldkulisse mit eingestreuten Objekten

Raum 3
Darstellung einer Hausgruppe
3.1 Vitrinen mit thematisch zugeordneten Objekten
3.2 Wohnhaus Admiralitätsinseln
3.3 Wohnhaus der Frauen Sepik
3.4 Männerhaus unterer Sepik
3.5 Sulka Männerhaus Neubritannien
3.6 Tami Siassi Bootsbau
3.7 Totenerinnerungsschrein Neuirland
3.8 Halbtransparente Urwaldkulisse mit eingestreuten Objekten

Raum 4
Einblicke in die Gegenwart
Fotos, Videos, Dias

Lageplan zur Ausstellung

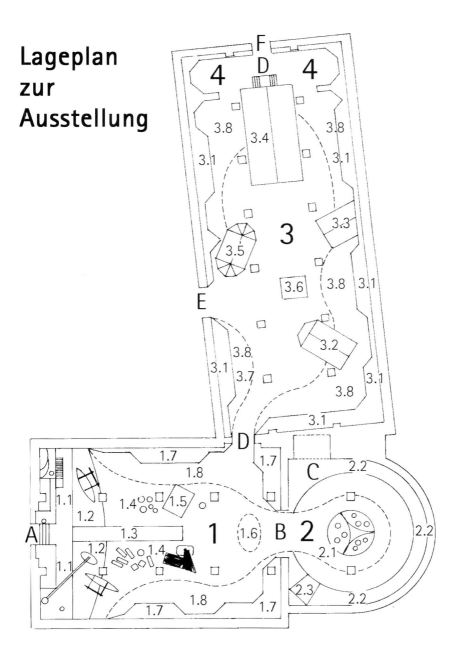

wurden. Die Besucher werden wie die Expeditionsteilnehmer mit dem Dampfschiff anlanden und dann in die ihnen fremdartig erscheinende Kultur der Melanesier um 1908 eintauchen. Sie entdecken die Objekte dieser Insel-Kulturen Stück für Stück, um etwas über die Lebensumstände dieser Völker zu erfahren. Um sowohl das Expeditionserlebnis als auch den Gestaltungsreichtum der Objekte nebeneinander bestehen zu lassen, werden die zentralen Erlebnisräume der 1.000m² großen Ausstellungsfläche von einem durch eine Art Urwald halbverborgenen Vitrinengalerie-Umgang umschlossen, in denen die Sammlungsstücke mit besonderer Betonung ihres ästhetisch-künstlerischen Potenzials gezeigt werden.

Der Plan auf der nächsten Seite verdeutlicht die Grundidee: Die Besucher betreten durch die zeitgleich um 1910 erbaute reichverzierte Marmor-Eingangshalle des Museums den Ausstellungssaal bei Punkt A. Hier gelangen sie erst einmal auf das Deck des ausschnittweise nachgebauten Forschungsschiffes 'PEIHO'. Dieser Kunstgriff gibt ihnen Gelegenheit, sich allmählich auf eine andere Umgebung einzustellen. Gleichzeitig bietet sich in den Deckskabinen des Schiffes die Möglichkeit, sich einen ersten Eindruck von der Hamburger Melanesien-Forschung zur Zeit der Südsee-Expedition, also um 1908/10 zu verschaffen. Das Oberdeck des Dampfers eröffnet einen Perspektivwechsel. Vom Schiff aus betritt man über einen Bootssteg den Strand einer melanesischen Insel mit einigen einheimischen Booten, wie sie sich um 1910 den europäischen Reisenden darbot. Diese Zeitperspektive bestimmt auch die weitere Ausstellung ganz konsequent. Am Strand stehen, neben einem Zelt der Expeditionsteilnehmer, scheinbar frisch erworbene Objekte aus der Region (es gibt noch eine Reihe von Bündeln mit den Originalknoten von 1908!), fertig zum Abtransport nach Deutschland. Seitlich an der Wand werden in Vitrinen die wissenschaftlichen Ergebnisse anderer Ethnologen gezeigt, die später Südsee-Forschung betrieben haben und mit dem Museum für Völkerkunde Hamburg in Verbindung stehen. In der zweiten Raumhälfte ist als Hintergrund eine halbtransparente Urwaldkulisse mit eingestreuten Objekten zu sehen. Die Rückseite der Kulisse bilden oben offene, für den Standort nach Maß gefertigte Vitrinen, die einen der Fensterfront zugewandten Rundgang bilden.

Im zweiten Saal gelangen die Besucher auf eine Lichtung im Urwald, auf der gerade ein Masken-Tanzfest stattfindet. Sie dringen also geographisch wie inhaltlich tiefer in die Inselkultur ein. Auch hier wieder auf der Rückseite der Urwaldkulisse der Vitrinenumgang, in denen außerordentlich kunstvoll gestaltete Masken zu sehen sind. Es ist geplant, diesen Raum zu bestimmten Tageszeiten nur mit (leihweise ausgegebenen) Taschenlampen zugänglich zu machen, um die besondere Atmosphäre eines solchen Maskenfestes, das, findet es nachts statt, eigentlich nur durch ein Feuer erleuchtet wird, wenigstens annäherungsweise erlebbar zu machen. Dies ist insbesondere für Kinder interessant.

Kulisse und Umgang setzen sich ebenfalls im dritten, dem größten Raum fort. Den Schwerpunkt dieses Raumes bilden verschiedene Häuser, Nachbauten möglichst in Originalgröße und zum Teil begehbar. Sie repräsentieren Kulturen unterschiedlicher Inseln. Den kulturellen Umständen entsprechend sind sie in zwei Fällen nach Geschlechtern getrennt einzusehen. Durch Punkt C verläßt man die Ausstellung zum anliegenden Restaurant. Am anderen Ende des Raumes, bei Punkt D, wird der Bezug der Ausstellung zur Moderne hergestellt. Um die Atmosphäre der übrigen Ausstellungsteile nicht zu stören, werden die hierzu nötigen Fotos und Filme ziemlich deutlich vom Rest des Raumes abgetrennt. Sie sind im Zuge des hier bereits Gewohnheit gewordenen rückwärtigen Vitrinenumgangs zu erschließen.

Die Ausstellung enthält zahlreiche Elemente, die sie auch für Kinder bzw. für einen Familienbesuch attraktiv macht, unter anderem ein Kanu, in das sich die Kinder setzen dürfen, begehbare Häuser, Klettermöglichkeiten auf dem Schiff und weitere haptische Erlebnismöglichkeiten. Außerdem wird die im Raum darüber gelegene ständige Südseeausstellung in Teilen umgebaut. Dies wird insbesondere Schulklassen zugute kommen, die hier ihre Einführung bekommen und dann - höchst geheimnisvoll - mit dem Lastenfahrstuhl des Museums in die Sonderausstellung transferiert werden.

Im ersten Jahr vom Schiffe aus
Die Hamburger Südsee-Expedition in der Inselwelt von Neuguinea

Antje Kelm

> "Das Museum für Völkerkunde Hamburg ..... nimmt unter den Museen des gleichen Faches alles andere als die erste Stelle ein. .... Die mächtige Entwicklung der Völkerkunde in den letzten zwanzig Jahren ist an ihm vorüber gegangen, und nur bedingt darf es als wissenschaftliche Anstalt bezeichnet werden. Diese Stellung des Museums entspricht weder der Würde Hamburgs noch dem Range seines weltumspannenden Handels, und ist umso schmerzlicher, als es einst unbestritten die erste Stelle einnahm."

Diese Feststellung galt vor hundert Jahren. Im März 1905 trifft sie der damals seit knapp einem halben Jahr als neuer Direktor im Amt befindliche Georg Thilenius in einer Denkschrift ohne Titel[1], die er u.a. an den Bankier Moritz Warburg sendet. Um diesem Zustand abzuhelfen, fordert er in derselben Denkschrift[2], das Museum müsse eine außerordentliche Leistung vollbringen, die "ihm seinen Anteil an dem Besitz vollständiger Sammlungen sichern und den alten wissenschaftlichen Ruf wieder schaffen kann." Diese besondere Leistung sieht er in der Durchführung einer von den üblichen Gepflogenheiten anderer Völkerkunde-Museen abweichenden Expedition und schreibt wörtlich: "Hier kann etwas Neues, bisher nicht Gewagtes ausgeführt, eine Hamburger Schiffsexpedition vorbildlich werden."[3]

---

[1] Thilenius 1905, S. 1.
[2] a. a. O., S. 7.
[3] a. a. O., S. 9.

Als Gebiet, das die Expedition erforschen und in dem sie sammeln soll, schlägt er aus verschiedenen Gründen Melanesien vor, das "die reichste und wertvollste wissenschaftliche Ausbeute sicher verspricht."[4]

Dass diesen Forderungen, alle in ein und derselben 25 Schreibmaschinenseiten umfassenden Denkschrift des neuen Museumsdirektors an den Senat enthalten, auch tatsächlich entsprochen worden ist, dass das Museum für Völkerkunde Hamburg eine insgesamt zwei Jahre dauernde Expedition in die Südsee unternehmen lassen und auf ihr seinen noch heute gültigen weltumspannenden Ruhm als Archiv wertvollster und unwiederbringlicher Belege von Südsee-Kunst vom Feinsten begründen konnte, scheint heute völlig unvorstellbar. Vor fast hundert Jahren war das jedoch anders.

Hamburg – zu Beginn des 20. Jahrhunderts eine Stadt im Aufbruch

Hamburg befand sich um 1905 herum in den prosperierenden Jahren eines auf vielen Gebieten sichtbar werdenden wirtschaftlichen Aufschwungs. "Der Hafen war im 1. Jahrzehnt des 20. Jahrhunderts weiterhin der Motor der Hamburger Wirtschaft. Schifffahrt und Handel machten die Bedeutung der Stadt aus, die 1912 hinter New York und London der drittwichtigste Welthafen war"[5], stellt Ortwin Pelc im Begleitband zur Dauerausstellung über das 20. Jahrhundert des Museums für Hamburgische Geschichte fest. Dass diese Prosperität in engem Bezug zur allgemeinen Entwicklung des Deutschen Reiches gesehen werden muss, zeigt Volker Plagemann auf, der 1988 schreibt: "Zu dieser Zeit – am Beginn des XX Jahrhunderts – hatte das Reich die Hinwendung zur Küste, zur Seefahrt, zur überseeischen Welt vollzogen ..... Man wusste, dass das Reich die zweitgrößte Seefahrtsnation der Welt geworden war. Man hatte von den kaiserlichen Werften gehört.... Hamburg war vor allem als größter Hafen des Kontinents – also nur noch London nachstehend –

---

[4] a. a. O., S. 4.
[5] Pelc 2002, S. 15 f.

bekannt."[6] Auch auf die Konsequenzen dieses wirtschaftlichen Booms für Hamburg als städtisches Gebilde geht Plagemann ein: "Vor allem das Mehrstädtegebilde an den Elbhäfen – Hamburg, Altona, Harburg, Wilhelmsburg .... ist bis heute von dieser Zeit gekennzeichnet: In rasantem Tempo wurden die Spuren der alten Stadtstruktur beseitigt und durch charakteristische Monumente dieser Zeit, Hafenanlagen, Speicherstadt, Kontorhaus-City, aber auch Rathaus und Kulturbauten, ersetzt, deren signifikante Bedeutung für die Stadtidentität erst heute erkannt wird; aus eigener Kraft und ohne fürstlichen Grundstock wurde eine bedeutende bürgerliche Stadtkultur geschaffen."[7]

Dass dieses Hamburg nicht nur eine Stadt der Pfeffersäcke war, sondern in ihm auch Kunst und Kultur einen reichen Nährboden fanden, darauf weist wiederum zu Recht Ortwin Pelc hin, wenn er schreibt: "Zu Unrecht hat Hamburg den Ruf, während des Kaiserreichs vom Kaufmanns-Geist geprägt gewesen zu sein und der Kultur keinen Platz eingeräumt zu haben. Großzügige Neubauten für das Völkerkunde-Museum (1908/12) und die Kunsthalle (1914/21) sowie der Aufbau des Museums für Hamburgische Geschichte seit 1908 sind Beispiele für das Gegenteil. Darüber hinaus gab es vielfältige Initiativen von Vereinigungen – z. B. der Patriotischen Gesellschaft –, kulturfördernden gesellschaftlichen Gruppen oder Einzelpersonen."[8]

Weitere Neuerungen für die Stadt sind 1907 die Eröffnung eines Tierparks in Stellingen durch Carl Hagenbeck und der Beschluss der Bürgerschaft, an der Moorweide ein Grundstück für den Bau eines von Edmund J. A. Siemers gestifteten Vorlesungsgebäudes zu erwerben, in dem ein Jahr später das Kolonial institut – übrigens unter der Leitung von Georg Thilenius – seinen Lehrbetrieb aufnimmt, aus dem später die Universität Hamburg hervorgeht. Schließlich fällt in das Jahr 1908 die Eröffnung der Hamburger Musikhalle – eine Stiftung des Reeders Carl Heinrich Laeisz – mit einem feierlichen Konzert.

Freilich darf bei alldem nicht übersehen werden, dass der Handel als eine Quelle des blühenden Wirtschafts- und Geisteslebens in Hamburg nicht nur

---
[6] Plagemann 1988, S. 308.
[7] a. a. O.
[8] Pelc 2002, S. 20.

mit beiden Amerikas oder dem fernen Osten, sondern in zunehmendem Masse auch mit anderen überseeischen Gebieten betrieben wurde. Bereits ab etwa 1857, lange vor der Gründung deutscher Kolonien, war es das Handelshaus des Johann Cesar Godeffroy, das Waren in die Südsee verkaufte und von dort schon damals vor allem Kokosöl oder Kopra, Trepang[9] und Perlen sowie andere Güter importierte und dazu nach kurzer Zeit eigens Kokosplantagen anlegte, um das wichtige Handelsgut Kopra auch selbst zu produzieren. Auch ein "Werk großbürgerlichen Mäzenatentums für die Wissenschaft", so vermutet Volker Harms[10], war dabei in Hamburg die Einrichtung des Museums Godeffroy nicht nur als Museum über die Kulturen der Südsee, sondern auch als wissenschaftliches Institut, das selbst verschiedene Gelehrte nach Ozeanien aussandte, um dort die Erforschung der in Europa damals so bewunderten Kulturen Ozeaniens, vor allem der polynesischen Inselwelt zu betreiben – Godeffroy hatte seine Hauptniederlassung in Samoa, weitete sein Unternehmen aber bald auch nach Fiji und Kiribati, in das übrige Mikronesien und schließlich, 1876, auf die Insel Mioko im Bismarck-Archipel aus. Den Grundstock der Südsee-Abteilung des Museums für Völkerkunde Hamburg bilden heute noch etwa 700 Objekte dieses Museums, die 1886 an das 1879 gegründete Haus kamen, nachdem das Handelshaus Godeffroy kurz zuvor erheblicher finanzieller Fehlspekulationen Johann Cesar VI Godeffroys wegen 1879 Insolvenz anmelden und damit auch das gleichnamige Museum schließen musste.

Wenn Thilenius in seiner eingangs zitierten Feststellung besonders die missliche Entwicklung der Völkerkunde in Hamburg "in den letzten zwanzig Jahren" bedauert, so denkt er dabei auch daran, dass das vorher anders war, dass nämlich Sammlungen und Gelehrte des Museums Godeffroy da durchaus ein Lichtpunkt im Geistesleben der Hansestadt waren, die weit über sie hinausgestrahlt haben mögen. Daran möchte er mit dem von ihm geleiteten Hause wieder anknüpfen. Gleichzeitig ist auch die Wahl Melanesiens als Zielgebiet für die geplante Expedition unter anderem dahingehend zu verstehen, dass Thilenius hier wichtige wirtschaftliche Interessen Hamburgs sieht.

---

[9] Getrocknete Seewalzen, in Ostasien als Speise beliebt.
[10] Harms 1988, S. 355.

Denn das Handelshaus Godeffroy war nicht das einzige Hamburger Unternehmen geblieben, das sich im Südsee-Handel engagierte. Bereits zu Anfang der 70er Jahre war es die Firma Hernsheim & Co, die sich auf der Insel Matupi bei Rabaul/Neubritannien niederließ, aus der 1909 die Hernsheim & Co AG hervorging, ein mächtiges Unternehmen mit eigenen Pflanzungen auf verschiedenen Inseln im Bismarck-Archipel mit einer Gesamtfläche von 3000 ha. Thilenius empfiehlt in einem Schreiben an Fülleborn, den Leiter der Südsee-Expedition im ersten Jahr, die Kohlen für den Dampfer sowie weitere Waren, welche die Expedition benötigte, möglichst exklusiv bei Hernsheim zu erwerben,[11] da hier eine Hamburger Firma bevorzugt werden sollte gegenüber der damals auch bereits existierenden Neuguinea-Kompagnie, die ihren Sitz in Berlin hatte.

Abb. 1 Die Macher vom Bismarck-Archipel – Repro von einer Seite aus einem Fotoband über Deutsch-Neuguinea im Heimatmuseum von Kokopo – Neubritannien. Mit Ausnahme von Queen Emma sind die angesprochenen Personen Hamburger.

---

[11] Thilenius 1908, S. 2

Die letztgenannte Gesellschaft war zwar die größte, die während der Kolonialzeit Handelsinteressen des Kaiserreichs in der Südsee vertrat – die Kolonie Deutsch-Neuguinea mit Kaiser-Wilhelms-Land und dem Bismarck-Archipel wurde durch Flaggenhissen im Jahre 1884 auf verschiedenen geographischen Plätzen dort, u.a. der Insel Matupi, durch Otto Finsch[12] gegründet und hatte bis zum Beginn des 1. Weltkriegs 1914 Bestand. Doch es kamen zur Firma Hernsheim nach und nach weitere Hamburger und andere Handelsniederlassungen in Ozeanien hinzu, sodass es schließlich 1914 12 Firmen waren, die in Deutsch-Neuguinea Handel betrieben. Fast alle besaßen sie eigene Plantagen und hatten eigene Schiffe im Archipel laufen, teils um Arbeiter anzuwerben, teils auch nur, um den Personen- und Warenverkehr zwischen den einzelnen Filialen der Firmen aufrechtzuerhalten. Von den sechs größten war nur eine, die bereits genannte Neuguinea-Kompagnie, in Berlin ansässig, fünf weitere hatten ihre Mutterhäuser in Hamburg. Wenn also Thilenius die Südsee als Sammlungsschwerpunkt für das von ihm auszubauende Museum für Völkerkunde wählt, so ist, wie schon angedeutet, sicher einer der Gründe dafür – zusätzlich zu dem Gesichtspunkt, dass mit der Sammlung Godeffroy bereits ein Kern von höchster Qualität für eine solche Sammlung im Haus besteht – die Berücksichtigung der erheblichen wirtschaftlichen Interessen der Hansestadt in Ozeanien. Schließlich sind es gerade hier wohlhabende Bürger, die mit ihren Stiftungen kulturelle Projekte fördern.

Das Lieblingsprojekt des ersten Direktors des Hamburgischen Museums für Völkerkunde – eine Südsee-Expedition

Der Gedanke zur Durchführung einer Schiffsexpedition ist Thilenius bereits im Zusammenhang mit seinen eigenen Südsee-Forschungen 1898/99 gekommen[13], und bereits während seiner Berufungsverhandlungen auf den neu geschaffenen Posten des Direktors des Museums für Völkerkunde entwirft er, noch in Breslau, eine erste Denkschrift im Februar 1904, die er an den zuständigen

---
[12] Gründer 2001, S. 45.
[13] Siehe Fischer 1981, S. 27.

Senator Werner von Melle sendet. Erst am 1. Oktober 1904 ist die Berufung zum Direktor perfekt[14], aber schon vorher, nämlich am 29.5.1904, hat er seine Forschungspläne dem ihm bekannten Gouverneur von Deutsch-Neu-Guinea, Dr. Albert Hahl, unterbreitet[15], und nur wenige Tage nach seinem Amtsantritt am 3.10., nämlich am 11.10., sendet er die erwähnte Denkschrift an Senator von Melle. In seinem Begleitschreiben erwähnt er, dass er schon vorher mit dem Reichskolonialamt seines Projekts wegen Kontakt aufgenommen hat: "Die Denkschrift ist mit Absicht auch auf die praktische koloniale Arbeiterfrage zugeschnitten. Ich habe sie bisher nur dem mir befreundeten Dezernenten für die Südsee im Kolonialamt vertraulich mitgeteilt, um die Mitwirkung des Amtes in den deutschen Kolonien et. (sic) zu erlangen. Diese ist für viele Aufgaben absolut unentbehrlich."[16]

Die Arbeiten an den Vorbereitungen für das Expeditionsvorhaben gehen nun zügig voran. Von Melle sendet Thilenius' Schreiben mit den Anlagen (auch ein Kostenplan mit Erläuterungen ist beigefügt) als vertrauliches Schriftstück an folgende Senatoren und andere Herren mit der Bitte um Stellungnahme: Dr. Dehn, Mr. M. Warburg, Dr. Warburg, Ed. Woermann, Edm. Siemers sowie an Konsul Hernsheim.[17]

In den Akten des Museums für Völkerkunde befinden sich nur ein paar Vermerke zum zeitgerechten Rücklauf der jetzt wohl kommentierten Schriftstücke sowie ein kurzes Schreiben von Konsul Hernsheim an Thilenius, dem der Kaufmann einen Kommentar seines Bruders zur Kostenaufstellung mit konstruktiven Vorschlägen beifügt und erwähnt, dass eine vorgesehene Sitzung zum Thema bis nach Weihnachten verschoben werden muss[18]. Auf jeden Fall scheint die Anfrage von Melles ein positives Echo gefunden zu haben, geht die Diskussion in diesem Kreise doch nun weiter. Sie führt zur Verfassung des bereits oben angesprochenen 25-seitigen Papiers, das unserer Aktenlage entsprechend Thilenius an Moritz Warburg, möglicherweise aber auch an alle übrigen an dem Projekt mitdenkenden Herren gesandt hat.

---

[14] Siehe Zwernemann 1980, S. 30.
[15] Schreiben von Albert Hahl an Georg Thilenius vom 6.12.1904.
[16] Schreiben von Thilenius an Senator von Melle vom 11.10.1904.
[17] Schreiben von von Melle vom 22.10.1904.
[18] Schreiben von Konsul Hernsheim an Thilenius vom 18.12.1904.

Bei diesem *brainstorming* über die Möglichkeit der Verwirklichung von Thilenius' kühnem Plan muss es auch um Wege zur Finanzierung des gesamten Projekts gegangen sein, und der Gedanke an die Gründung einer Wissenschaftlichen Stiftung wurde wahrscheinlich in diesem Zusammenhang geboren oder, sollte er bereits bestanden haben, im Hinblick auf die Pläne des Museums für Völkerkunde konkretisiert. Auf jeden Fall ist in der Chronik Hamburg[19] folgendes zu lesen: "Am 12. April 1907 haben mehrere vermögende Privatleute im übrigen eine wissenschaftliche Stiftung mit einem Grundkapital von 3.815 Mio. Mark begründet." Das in der Chronik genannte Datum ist nur der offizielle Termin; denn bereits am 4. März 1907 liegt eine 21 Seiten umfassende gedruckte, von Georg Thilenius gezeichnete Denkschrift mit einer logoartigen Kopfzeile dieser Hamburgischen Wissenschaftlichen Stiftung vor.[20]

Die Ziele der Expedition

In seiner grundlegenden Publikation über die Hamburger Südsee-Expedition geht Hans Fischer[21] ausführlich auf die von Thilenius formulierten Ziele der Forschungsreise ein. Dabei trennt er das wissenschaftliche Ziel von der "kolonialen Aufgabe" und kommentiert die meisten in den bereits genannten Denkschriften erwähnten Überlegungen Thilenius[22]. Da sich aus diesem Grunde ein nochmaliges intensives Eingehen darauf erübrigt, sollen diese Ziele hier nur kurz für diejenigen angerissen werden, denen das inzwischen vergriffene Fischersche Buch nicht zur Verfügung steht.

In seinem bereits vor Antritt seines Direktoren-Amtes verfassten Papier über die Aufgaben einer ethnografischen Expedition in die Südsee nennt Thilenius zuvörderst die Klärung der Abgrenzung der Kulturen der Melanesier von denen der Mikronesier, eine Frage, zu deren Lösung einerseits eine vollständige Sammlung der jeweiligen materiellen Kultur, andererseits aber auch die Erforschung des geistigen Hintergrundes, der physischen Anthropologie sowie der Erfassung der das Leben der Menschen beeinflussenden Umwelt notwendig

---
[19] Schütt 1997, S. 364.
[20] Hamb. Wiss. Stiftung, Denkschrift vom 4.3.1907.
[21] Fischer 1981, S. 26 ff.
[22] Bei Fischer 1981, S. 27 werden sie alle noch einmal aufgeführt.

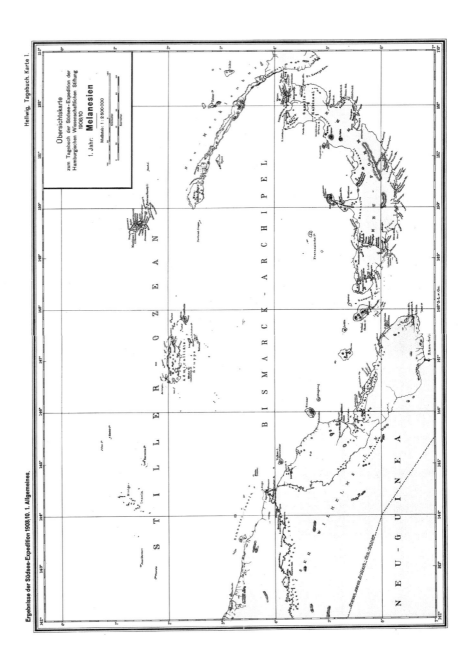

sein werden.²³ In seiner etwa ein Jahr später verfassten Denkschrift bezieht Thilenius auch die Steigerung des Rufs des Museums für Völkerkunde Hamburg als weiteres Ziel mit ein und schreibt:

> "Die Aufgabe, welche danach das Museum für Völkerkunde in Hamburg zu lösen hat, um auch heute noch eine geachtete Stellung unter den gleichnamigen Museen zu erlangen und einen reichen Besitz an einzigartigen Sammlungen zu gewinnen, ist die erschöpfende Darstellung Melanesiens und seiner Beziehungen zu den Nachbargebieten".²⁴

"Erschöpfend" meint Thilenius an dieser Stelle, wie Fischer²⁵ schon erschrocken feststellt, in bezug auf das Sammeln auch ganz wörtlich, indem er in seinem Papier von 1905 fordert: "Für die Praxis des Museums handelt es sich damit um eine Spezialsammlung, welche so vollständig ist und das zu wählende Gebiet so gründlich erschöpft, dass ein späterer, von anderer Seite zu planender Versuch der gleichen Art von vornherein als aussichtslos erscheinen muss."²⁶ Der Gedanke, der Thilenius bei dieser Überlegung leitet, ist jener, dass es Sinn macht, dass die einzelnen Museen jeweils exklusiv Spezialsammlungen anlegen, die nicht nur Besucher, sondern auch Wissenschaftler zwingen, von weither extra eine Reise zum Standort des Museums, in diesem Fall also Hamburg, zu unternehmen, um dort die jeweils einzigartigen Objekte zu studieren.²⁷

Nicht mehr so rigoros äußert sich Thilenius hinsichtlich des Anlegens von Sammlungen in einem später ausgearbeiteten Papier vom 5.5.1908: "Die Sammlungen aus dem Gebiete der materiellen Kultur", heißt es dort, "sind lediglich

Abb. 2 Übersichtskarte über den Teil Melanesiens, der von der PEIHO bereist worden ist. Aus dem Tagebuch von F. E. Hellwig. In Hellwig 1927.

---

²³ Vgl. Thilenius 1904, S. 1; Fischer 1981, S. 34.
²⁴ Thilenius 1905, S. 5; diese Textstelle führt auch Fischer (1981, S. 31) an, jedoch eher zum Nachweis der Eingrenzung des geographischen Zieles der Forschungsreise.
²⁵ 1981, S. 29.
²⁶ Thilenius 1905, S. 2 f.
²⁷ Thilenius a. a. O.

als Belegstücke anzusehen. Nicht die Quantität, sondern die Qualität steht im Vordergrunde, daher sind Serien nur soweit zusammenzustellen, als sie bedeutend und beweisend sind".[28]

Diese Überlegungen scheinen eher der wahrhaften Absicht Thilenius' zu entsprechen, stehen sie doch in der ausdrücklich an den Leiter der Expedition gerichteten Arbeitsanweisung, nach der dieser sich unbedingt zu richten hatte. Aus dem zuletzt zitierten Satz geht auch hervor, dass das Sammeln von Gegenständen nicht nur als Selbstzweck zum Füllen der Regale des Museums oder von Museen – es wird auch daran gedacht, befreundete Häuser mit zu bedenken – gedacht ist, sondern dass die Objekte zuvörderst als Belegstücke dienen sollen, und zwar u.a. als Belegstücke für die Variationsbreite menschlicher Kulturen, wie der Autor an anderer Stelle[29] ausführlich darlegt.

Stellt man die Überlegungen Thilenius' hinsichtlich der Forschungsziele, die er zu verschiedenen Zeiten angestellt und an verschiedene Personen gerichtet hat, nebeneinander, so muss man zu dem Schluss kommen, dass bei ihm taktische Überlegungen im Hinblick auf die jeweilige Gewichtung seiner einzelnen Gedankengänge eine ganz starke Rolle gespielt haben.[30] Das scheint auch aus seinen folgenden Bemerkungen hervorzugehen, die er in einem Schreiben vom 24.9.1908 an Fülleborn, den Expeditionsleiter im ersten Jahr, macht, nachdem dieser ihm von seinem positiv verlaufenen Antrittsgespräch bei Gouverneur Hahl in Herbertshöhe, dem Sitz der deutschen Kolonialverwaltung in Deutsch-Neuguinea, berichtet hatte. Dieses Gespräch, meint Thilenius, habe dem Gouverneur "zum Bewusstsein" gebracht, "dass unsere Expedition keine Sammelreise des Museums darstellt, sondern dass die Stiftung die Erforschung des Bismarck-Archipels fördern will und vor allem das Studium der Eingeborenen in den Vordergrund stellt, weil hier die vergänglichen Elemente vorliegen und die Frage der Eingeborenen-Arbeiter zu den dringlichsten gehört."[31]

---

[28] Thilenius 1908a, S. 7.
[29] Thilenius 1905, S. 10.
[30] Ähnliches hat auch Fischer beobachtet, wenn er schreibt (1981, S. 41): "Übrigens vertrat Thilenius seine Ziele anderen gegenüber durchaus mit jeweils leicht geändertem Zungenschlag".
[31] Thilenius 1908b, S. 1.

Folgt man den oben gemachten Ausführungen hinsichtlich des spezifischen Vorgehens von Thilenius und akzeptiert die Überbetonung der Frage der einheimischen Arbeiter als taktische Auslassung gegenüber dem Gouverneur, auf dessen Unterstützung die Expeditionsteilnehmer ja massiv angewiesen sind, so bleibt die Erforschung des Bismarck-Archipels im weitesten Sinne mit der Anlage von Sammlungen, der "Umgrenzung des geistigen Besitzes"[32], der "Ermittlung der körperlichen Beschaffenheit"[33] und dem Studium der "physikalischen Umwelt"[34] als das vordergründige Ziel der Südsee-Expedition der Hamburgischen Wissenschaftlichen Stiftung bestehen. Hinsichtlich der im weiteren Verlauf des erwähnten Zielpapiers von Thilenius genannten "praktischen Aufgaben der Expedition"[35] äußert bereits Fischer (1981, S. 39) Bedenken, ob "Thilenius ganz allein diese Ziele formuliert haben sollte". Vielmehr scheinen ihm hier von vornherein weitgehend Hahlsche Überlegungen eingeflossen zu sein.

Inwieweit die Expeditionsteilnehmer die genannten Ziele verfolgen konnten, inwieweit sie dabei überhaupt auf die "praktische Frage" eingegangen sind

Abb. 3 Das von der HAPAG gecharterte Forschungsschiff, der Dampfer PEIHO, hier im Hafen von Matupi, längsseits des Kohlenhulks der Firma Hernsheim & Co.

---

[32] Thilenius 1904, S. 1.
[33] Thilenius a. a. O.
[34] Thilenius a. a. O.
[35] Thilenius 1904, S. 2.

und inwieweit sie die Ziele erreicht haben, wird im folgenden zu untersuchen sein. Dabei wird es vor allem darum gehen, die gegebenen Arbeitsbedingungen aufzuzeigen, die Methode der "Schiffsexpedition" zu hinterfragen und zu erörtern, welche hemmenden und welche fördernden Einflüsse auf das Vorhaben insgesamt von diesen Voraussetzungen ausgegangen sind.

Die gewählte Form des Forschungsvorhabens, die Schiffsexpedition

"Wie in Asien die Karawane, in Amerika das fliegende Zeltlager die Forscher beherbergt und ihre Ergebnisse aufnimmt, so muss in Inselgebieten das Schiff an ihre Stelle treten,"[36] so beginnt Thilenius in seinem Papier von 1905 an Mitglieder des Senats und andere Herren seine Begründung für die Wahl der Expedition vom Bord eines Schiffes aus. Immer auch von gewissen Publicrelations-Gedanken geleitet, ist sein erstes Argument für diese Form der Reise, dass es sich dabei um ein völliges Novum handelt, und selbst jene beiden kurz zuvor von Cambridge aus in die Torres-Straße bzw. von den USA in die Philippinen entsandten Expeditionen zu Schiff wertet er insofern geringer, als dort das Schiff nur das Transportmittel, nicht aber die Wohnstatt der Forscher gewesen sei. An eine Gesamterfassung der melanesischen Inselwelt – von Mikronesien, dem Ziel des zweiten Expeditionsjahres, ist in diesem Zusammenhang erst einmal nicht mehr die Rede – denkend, schwebt ihm ein rasch zu gewinnender Überblick über die Fülle der Kulturen auf den einzelnen größeren und kleineren Inseln sowie auch entlang der Küsten der größeren von ihnen wie Neupommern, heute Neubritannien, oder Manus vor – im Hinblick auf das Ziel der Erfassung der Variationsbreite menschlicher Kulturen dort durchaus das Mittel der Wahl. Zum Erreichen dieses Forschungszieles sei ein längerer Landaufenthalt keineswegs erforderlich, vielmehr genüge es, von Bord aus jeweils die meist küstennah gelegenen Dörfer aufzusuchen.

Ganz stark leitet die Frage der Sicherheit der Wissenschaftler Thilenius bei der Wahl des Schiffes als Wohnstatt, steht ihm doch die erst drei Jahre zuvor

---
[36] Thilenius 1905, S. 8f.

Abb. 4 Die Wissenschaftler des ersten Forschungsjahres sowie einige Mitglieder der Besatzung an Bord der PEIHO.

erfolgte Ermordung Bruno Menckes, eines Hannoveraner Sammlers ethnografischer Gegenstände, und dreier seiner Begleiter auf der Insel St. Matthias[37] noch als Schreckgespenst vor Augen. Dabei denkt Thilenius interessanterweise nicht so sehr an das furchtbare Schicksal, das Menschen in einem solchen Fall widerfahren kann, sondern er sieht in den möglicherweise zu Tode kommenden Wissenschaftlern Spezialisten für die Forschung, die dann einen vielleicht gerade erst erlangten, unwiederbringlichen Wissensschatz mit ins Grab nehmen würden.

Als Arzt interessiert ihn ferner die Gesundheit der Expeditionsteilnehmer, deren Erhaltung ihm angesichts der hygienischen Verhältnisse an Land sowie

---
[37] Eine ausführliche Erörterung dieses Vorfalls findet sich bei Fischer 2003, S. 58 ff.

der dortigen Ernährungssituation an Bord weit mehr gesichert scheint. Auch stellt er sich die Arbeitsbedingungen auf dem Schiff ideal vor, sollen doch auf diesem gleichzeitig auch die gesammelten Objekte gelagert werden und jederzeit als Anschauungsmaterial zur Verfügung stehen, sodass die Forscher in ständigem Kontakt untereinander, zu ihren Sammlungsgegenständen und unter Zuhilfenahme der an Bord zur Verfügung stehenden Bibliothek konzentriert ihren jeweiligen Fragestellungen nachgehen können sollten.

Der letzte Gedanke Thilenius' bei der Begründung der Wahl der Schiffsexpedition gilt wiederum Hamburg, der Stadt, der als "deutscher Handelshauptstadt" die "völlige technische Neuheit einer Schiffsexpedition"[38] am nächsten liegen müsse. Am Schluss der Denkschrift von 1905 geht Thilenius noch einmal auf alle Vorteile ein, die die Benutzung eines Schiffes für die Forschungsreise mit sich bringen würde, und er stellt seinen möglichen Geldgebern auch die ideale Form, Größe, Beschaffenheit usw. dieses Schiffes vor. Zu diesem Zeitpunkt scheint ihm ein Motorsegler ideal, der günstigstenfalls nicht gechartert, sondern eigens für die Expedition gebaut werden sollte.[39]

In einer späteren vertraulichen Schrift ohne Datum, den "Leitsätzen für die Expedition der Hamburgischen Wissenschaftlichen Stiftung in die Südsee" legt Thilenius nochmals, jetzt sehr viel knapper gefasst, die Vorzüge einer Schiffsexpedition dar, diesmal vor allem im Hinblick auf das rasche Schwinden der einheimischen Kulturen unter dem Einfluss der Europäisierung, was das Sammeln von Belegstücken der materiellen Kultur und die Erfassung von möglichst vielen Details der geistigen Kultur zu Prioritäten erhebt.

Es wurde an dieser Stelle besonders deshalb soviel Wert auf Thilenius' Begründung für die Wahl einer Schiffsexpedition gelegt, weil diese ganz offensichtlich während des ersten Expeditionsjahres von den teilnehmenden Gelehrten immer wieder kritisiert und diskutiert worden ist. Unter den sechs mitreisenden Wissenschaftlern unterschiedlicher Disziplinen ist es ganz besonders Müller, der Ethnologe und Linguist, der darauf drängt, längere Zeit an einem Ort zu verweilen, um im intensiven Kontakt mit den Einheimischen

---
[38] Thilenius 1905, S. 9.
[39] Thilenius 1905, S. 20.

gründlichere Studien treiben zu können. In seinen inoffiziellen Briefen nach Hamburg spielt der Leiter der Expedition im ersten Jahr, Stabsarzt Professor Dr. Friedrich Fülleborn, des öfteren auf derartige Diskussionen an. Thilenius, der auch von Müller in einem Schreiben vom 9.10.1908 auf die Nachteile einer solchen Schiffsreise mit nur kurzen Stippvisiten in den Dörfern hingewiesen worden ist, nimmt darauf in einem Brief vom 16.1.1909 an Fülleborn Bezug, den er bittet, Müller "den Unterschied zwischen extensiver und intensiver Forschungsarbeit klarzumachen und ihm zu sagen, dass eine Schiffsexpedition ganz selbstverständlich nur extensiv zu arbeiten vermag". Es scheint jedoch Fülleborn nicht gelungen zu sein, Müller das zu vermitteln; denn die entsprechenden Diskussionen an Bord und die Kritik an der Expeditionsplanung und –leitung müssen weitergegangen sein. Schließlich teilt Fülleborn in einem vertraulichen Schreiben vom 16.5.09 Thilenius mit, "dass Dr. Duncker" – der Zoologe – "mit Müllers" – des Linguisten – "Unterstützung Material gegen die ganze Organisation sammeln soll, ... in dem Sinne, dass das Geld zweckmäßiger als für die kostspielige Schiffsexpedition hätte verausgabt werden können"[40]. Im übrigen ist die Frage des Wechsels der ethnografischen Arbeitsmethode von der extensiven Erkundungsreise, wie sie Thilenius eben noch ausdrücklich vorgeschwebt hatte, zur intensiven Feldforschungsarbeit mit längeren stationären Aufenthalten der Wissenschaftler an einzelnen Orten, wie sie dann im zweiten Jahr der Expedition in Mikronesien auch tatsächlich durchgeführt wurde, einer der Hauptpunkte der Arbeit Fischers von 1981, und es erübrigt sich deshalb, hier näher darauf einzugehen.

Das Schiff – damals die sicherste Wohnstatt

Unwidersprochen recht mit seinen Überlegungen mag Thilenius hingegen hinsichtlich der Frage der persönlichen Sicherheit der Expeditionsmitglieder gehabt haben, waren doch die Beziehungen zwischen der einheimischen Bevölkerung auf zahlreichen der Inseln im Archipel und Europäern noch ziemlich gespannt, sicherlich nicht zuletzt wegen des immer wieder von Vorurteilen und eurozentrischer Sichtweise gekennzeichneten Verhaltens der Weißen den Inselbewohnern gegenüber. Bemerkenswert ist hier schon allein

---
[40] Fülleborn, Brief an Thilenius vom 16.5.1909.

die niemals hinterfragte, aber von allen benutzte Einteilung der an Bord des Expeditionsschiffes lebenden Menschen in "Herren", als die alle Deutschen verstanden wurden, und "Leute", als die die mitreisenden Melanesier, nämlich die der Expedition zu ihrer Sicherheit vom Gouverneur mitgegebenen Soldaten sowie die Diener der Wissenschaftler bezeichnet wurden. Wenn hier auch eine damals und bis weit ins 20. Jahrhundert hinein in Europa allgemein übliche

Abb. 5 Der Leiter der Expedition im ersten Jahr, Prof. Dr. Friedrich Fülleborn, gehörte zusammen mit dem Maler Hans Vogel, der das Foto gemacht hat, und dem ersten Offizier der PEIHO, Ferdinand Hefele, zu den ersten Europäern, die das Innere von West-Neubritannien betraten. Hier ist Fülleborn mit drei Frauen aus dem Dorf Mulowate zu sehen.

soziale Sichtweise zugrunde liegt, so ist sicherlich niemandem eingefallen, auch nur die *bikman*, d.h. die Chefs der einzelnen Dörfer beispielsweise zu den "Herren" zu zählen, obwohl die Mitglieder der Südsee-Expedition an verschiedenen Orten von der Hilfe ausgesprochen prominenter und mächtiger Einheimischer profitiert haben. Als solche seien hier nur der Manus *bikman* Po Minis oder der Arawe *bikman* A Liwa erwähnt, der die kleine Gruppe Deutscher bei ihrer ersten Durchquerung von Neubritannien geführt und Müller als Hauptinformant gedient hat. Die Frage, ob sie vielleicht beim Betreten von Dörfern oder Häusern in bestimmte geschützte Privatsphären eindrängen oder Tabus verletzten, ist den Wissenschaftlern anscheinend nie gekommen, auch Müller nicht. Von ihm, aber auch von anderen, berichtet Vogel, der mitreisende Maler, in seinem Reisebericht,[41] dass er auch gegen den Widerstand der Dorfbewohner gewaltsam in Männerhäuser am Sepik eingedrungen sei, um dort Ethnographika zu sichten und gegebenenfalls auf ihren Erwerb zu drängen.

Auf jeden Fall hat es auf verschiedenen Inseln mehrmals bewaffnete Auseinandersetzungen mit den jeweiligen Einheimischen gegeben, die sich das plötzliche und unvermittelt forsche Einmarschieren von Fremden – viele der Dorfbewohner hatten mit Sicherheit noch nie einen Europäer zu Gesicht bekommen – nicht erklären konnten. Dass es dabei unter der jeweiligen Dorfbevölkerung auch Tote zu beklagen gegeben hat, lässt sich nur mit Schwierigkeiten herauskristallisieren. In den offiziellen Berichten des Leiters der Expedition im ersten Jahr, Fülleborn, an die Hamburgische Wissenschaftliche Stiftung steht darüber nur wenig. Überhaupt sind diese Berichte, parallel zu denen es auch ausdrücklich als vertraulich gekennzeichnete Briefe an Thilenius gibt, die bis zum heutigen Tage anscheinend auch als vertraulich behandelt und noch nicht einmal transkribiert worden sind, ein Musterbeispiel dafür, wie an eine geldgebende Institution nur geschönte Mitteilungen gerichtet werden, in denen auf die Erweckung eines positiven Eindrucks gezielt wird und jegliche Mängel oder Probleme von vornherein ausgeschlossen werden. So schreibt Fülleborn z.B. über das durchaus problematische Zusammenleben an Bord: "Die allgemeine Stimmung und das gegenseitige Zusammenarbeiten könnte nicht besser sein" (am 5.8.1908); am 7.10. steht dazu zu lesen: "Das Verhältnis zwischen den Expeditionsmitgliedern untereinander und ebenso auch zu Kapitän und Schiffsoffizieren ist ein vortreffliches"; "das Einvernehmen und Zusammenarbeiten der Expeditionsmitglieder unter sich und mit den Herren vom "PEIHO"[42]

---

[41] Vogel 1911, S. 282 f, S. 287.
[42] Die PEIHO (chinesisch für "Drache") war das Expeditionsschiff. Von der HAPAG aus dem Besitz des Königs von Siam erworben, lag er zur fraglichen Zeit im Hafen von Hongkong und konnte, nach einigen Umbauten, an die Hamb. Wiss. Stiftung zum Selbstkostenpreis von damals M. 10.000,— monatlich verchartert werden. Die Schiffsbesatzung wurde von der HAPAG gestellt. In seinen Briefen und Berichten verwendet Fülleborn den maskulinen Artikel, indem er "der Dampfer" oder "der Drache" meint.

war ebenfalls dauernd ein gutes" (18.11.08). Das endet schließlich im 8. und letzten Bericht, dessen Datum nicht lesbar ist, mit der wiederum stereotypen Bemerkung: "Das Verhältnis zwischen Schiffs- und Expeditionsleitung ist auch während dieses Expeditionsabschnittes ein gutes geblieben".[43] Dass hier etwas anderes steht als vorher, lässt sich nur aus dem jetzt Weggelassenen ablesen.

Zu den bewaffneten Zwischenfällen, die auch Vogel in seiner Reisepublikation[44] und der mitreisende Sammler Hellwig in dem offiziellen Reisetagebuch[45] anführen, ist als erster ein Überfall von Einheimischen auf der Insel Tench zu nennen. Dazu erklärt Fülleborn in seinem offiziellen Bericht, dass er und andere bereits friedlich im Dorf mit Tauschgeschäften befasst waren, als das zwischen den Wissenschaftlern vereinbarte Notsignal ertönte. Als alle zu der entsprechenden Stelle rannten, sei ihnen der Künstler Vogel "mit stark blutender Armwunde" entgegengekommen[46]. Vogel war, wie er selbst berichtet, von einer Lanze getroffen worden, während einige Tench-Insulaner zwei bewaffneten, die Expedition als Schutztruppe begleitenden Melanesiern die Gewehre weggerissen hatten. Vogel wehrt sich mit Pistolenschüssen. Aber er trifft anscheinend nicht, "denn niemand fällt und flieht."[47] Eines der erbeuteten Gewehre wurde auf Verlangen sofort zurückgegeben. Da jedoch das zweite, ausgerechnet das Jagdgewehr des Expeditionsmitglieds Hellwig, erst einmal verschwunden blieb, nahm die Expedition einen der *bikman*, d.h. einen Chef, des besuchten Dorfes als Geisel mit an Bord und gab ihn erst am nächsten Tag wieder frei, als schließlich nach langen Verhandlungen das Hellwigsche Gewehr wieder auftauchte.

Feindliche Konfrontationen fanden auch an der Südküste von Neupommern, in der Nähe der Jacquinot-Bucht, statt, wo die Bewohner mehrerer Dörfer, wohl auch aus Angst, für die Plantagenarbeit angeworben zu werden, bei Annäherung der Europäer die Siedlungen verlassen hatten. In dieser Region passierte dann das, was, wohl auf Fülleborn zurückgehend, von den Expeditionsteilnehmern als "anonymer Ankauf" bezeichnet wurde: Die Europäer ent-

---

[43] Fülleborn, Berichte an die Hamburgische Wissenschaftliche Stiftung, insgesamt 8.
[44] Vogel 1911, S. 71, 160, 230, 289.
[45] Hellwig 1927, S. 99, 127, 171.
[46] Fülleborn, Bericht an die Hamb. Wiss. Stiftung vom 8.10.1908
[47] Vogel 1911, S. 71.

Abb. 6 Mitglieder der Expedition, nämlich Hellwig (rechts) und – wahrscheinlich – der 2. Offizier der PEIHO, Schirlitz (links), am 2. Oktober 1908 bei Erkundungen in einem Dorf auf Tench, kurz bevor an einer anderen Stelle der Insel der Überfall auf Vogel stattfand.

nahmen den Dörfern attraktive Objekte und legten stattdessen ihnen passend scheinende Tauschobjekte hin.[48] Dass sie nach solchem Tun aus dem Hinterhalt mit Speeren und Steinwürfen angegriffen wurden,[49] hätte sie eigentlich für die Zukunft eines besseren belehren müssen.

Ebenfalls an der Südküste von Neupommern ereignete sich ein folgenschwererer Zwischenfall. Zwei der Reiseteilnehmer, der Anthropologe Reche und Hellwig, die sich in Begleitung von ein paar melanesischen Soldaten auf dem Rückweg

---

[48] Vgl. dazu Fischer 1981, S. 121 f.
[49] Vogel 1911, S. 160

zum Schiff befanden, wurden von Kriegern angegriffen, wobei "Hellwig mit großer Wucht einen Felsblock gegen seinen Fußknöchel" erhielt, "dass er sich nur mühsam noch aufrecht halten konnte."[50] "Ein blind abgefeuerter Schuss blieb ohne jede Wirkung," fährt Vogel fort. "Doch als zugleich mit einem zweiten Luftschuss ein Soldat unerlaubterweise einen gezielten Schuss abgab, hörten die Angreifer wenigstens auf, weiter vorzudringen." Trotzdem geht die Schießerei anscheinend weiter, und Vogel schließt die Schilderung dieses Vorfalls mit der Bemerkung, erstaunlicherweise hätten die Expeditionsteilnehmer unbehelligt das Boot erreicht: "Das ließ darauf schließen, dass die Soldaten mit ihrer Behauptung, sie hätten fünf oder sechs Buschleute fallen sehen, nicht so ganz im Unrecht sein konnten."[51] Fülleborn schreibt darüber in seinem siebenten Bericht an die Hamburgische Wissenschaftliche Stiftung vom 27.3.1909, dass Hellwig an der Innenseite seines rechten Knöchels von einem großen Korallenstein getroffen worden sei und fährt fort: Darauf schossen "natürlich auch die Herren und unsere Leute."[52] Von möglichen Getroffenen ist hier aber nicht die Rede. Anders hört sich die Schilderung des Vorfalls in Füllebornigenen vertraulichem Brief an Thilenius vom 18.3.1909 an. In der Tat hat es, heißt es dort, "einen kleinen Zusammenstoß mit den Eingeborenen gegeben, indem die Küstenleute uns angeblich zu den ihnen befreundeten Inlandsleuten führen wollten, in Wirklichkeit die Gelegenheit offenbar nur benutzten, um mit den Inlandsleuten auf unsere Kosten abzurechnen".[53] Hier steht jetzt gar nichts mehr darüber, dass auch die Expeditionssoldaten und sogar die Europäer geschossen haben. Dieser Zusammenstoß ist später vom Kaiserlichen Bezirksamtmann Klug mit dem Ergebnis untersucht worden, dass ein Einheimischer dabei zu Tode gekommen ist.[54]

Schließlich ereignet sich ein weiterer Zwischenfall, bei dem Einheimische zumindest verletzt und wahrscheinlich auch getötet worden sind, im Juni 1909 bei dichtem Nebel auf dem Sepikstrom, als der Kapitän mangelnder Sicht wegen Anker werfen muss. Vogel, der selber kein Augenzeuge war, da er die Sepikfahrt

---

[50] Vogel 1911, S. 230f.
[51] Vogel a. a. O.
[52] Fülleborn, Berichte an die Hamburgische Wissenschaftliche Stiftung, Nr. 7, S. 3.
[53] Fülleborn, Vertraulicher Brief an Thilenius v. 18.3.1909.
[54] Fischer 1981, S. 135.

nicht mitgemacht hatte, berichtet aufgrund der Tagebücher Dritter, dass zunächst Speere aus zahlreichen Booten Einheimischer gegen die PEIHO geschleudert worden waren, und dass dann Reche einen Warnschuss abgab, den die von ihm geführten melanesischen Soldaten anscheinend als das Signal zum Angriff werteten und scharf schossen. Danach sollen die Boote sich zurückgezogen haben.[55]

Dieser Vorfall scheint freilich sehr ernster Natur gewesen zu sein, berichtet doch Fülleborn darüber in seinem 8. Bericht an die Hamburgische Wissenschaftliche Stiftung – das Datum ist in dem Maschinenmanuskript unleserlich –, dass die ankernde PEIHO von insgesamt 130 z.T. sehr großen Einbäumen umgeben gewesen sei, in denen bis zu 18 Menschen gesessen hätten. Auch gemäß Fülleborn seien dann plötzlich Speere von den Einbäumen her geflogen gekommen, sodass die Melanesier an Bord der PEIHO mit ihren Schusswaffen zurückschossen. "Leider," heißt es dann wörtlich weiter, "werden aber auch einige der harmlosen Zuschauer den Übermut ihrer Stammesgenossen haben büßen müssen (wahrscheinlich ist auch ein Weib verwundet worden), da die Melanesier natürlich blind drauflos knallten. Wir haben natürlich pflichtgemäß genaue Protokolle über den Vorgang dem Kaiserlichen Bezirksamte in Friedrich-Wilhelms-Hafen eingereicht. Für unsere Nachfolger ist es wahrscheinlich nur von Nutzen, dass die Eingeborenen, die bisher die Wirkung von Schusswaffen offenbar nicht kannten, gesehen haben, dass man den weißen Mann nicht ungestraft angreifen darf."[56]

In seinem diesen Zeitraum betreffenden letzten vertraulichen Brief an Thilenius spricht Fülleborn den Vorfall nur ganz kurz mit folgenden Worten an: " Anbei sende ich noch einen Bericht von Dr. Reche über den Zusammenstoß mit Eingeborenen im Kaiserin-Augusta-Fluss; ich selbst war bei der Schießerei, die sich in wenigen Sekunden abspielte, nicht zugeen."[57] Es muss dahingestellt bleiben, ob Fülleborn, der stets darauf bedacht war, bei seinen Vorgesetzten den bestmöglichen Eindruck zu hinterlassen, tatsächlich an Land oder unter Deck war, oder ob er versucht, sich hier einfach aus der

---

[55] Vogel 1911, S. 291.
[56] Fülleborn, Berichte an die Hamb.Wiss. Stiftung, Nr.8, S. 11.
[57] Fülleborn, Vertraulicher Brief an Thilenius v. 7.7.1909.

Verantwortung zu ziehen. Der erwähnte Bericht von Reche ist der Autorin bisher nicht in die Hände gefallen.

Wer auch immer in den oben genannten Fällen eine Schießerei begonnen haben, wie hoch auch immer die Zahl der Opfer gewesen sein mag, eines scheint ganz sicher aus den Schilderungen hervorzugehen: das Verhältnis zwischen Einheimischen und Europäern in Deutsch-Neuguinea war zum Zeitpunkt der Durchführung der Hamburger Südsee-Expedition nicht ohne Spannungen. Insofern muss einem auf die Sicherheit seiner wissenschaftlichen Mitarbeiter bedachten Museumsdirektor unwidersprochen zugestimmt werden, wenn er sich für eine Expeditionsform entscheidet, bei der das Schiff die sichere Wohnstatt derjenigen Menschen darstellt, für deren Wohl er verantwortlich zeichnet. Was immer junge forsche Ethnologen wie Müller oder auch den Zoologen Duncker bewogen haben mag, sich gegen die Form der extensiven Feldforschung von Bord aus auszusprechen, für diesen Teil Melanesiens war in jenen Jahren die Zeit noch nicht reif für eine stationäre ethnologische Tätigkeit vor Ort.

Stress an Bord

Ein weiterer Punkt bei der Wahl der Methode der Schiffsexpedition, der, wie das Hamburger Beispiel zeigt, unter Umständen einen massiven Einfluss auf die erzielten Arbeitsergebnisse haben kann, ist die Harmonie im mitreisenden Wissenschaftlerteam. Mit dieser Frage setzt sich Thilenius zwar auseinander, scheint aber der Meinung gewesen zu sein, dass es sich hier eher um eine technische Frage handelt, die mit entsprechenden Dienstvorschriften beeinflusst werden kann, weniger um eine der gründlichen Auswahl der Beteiligten. Vielleicht erwartete er auch als Kind der wilhelminischen Gesellschaft von den einzelnen Mitgliedern einer solchen Gruppe eine eiserne Disziplin, die das Ausleben individueller Eigenheiten einzelner nicht zuließ. Auf jeden Fall richtet er am 10. Dezember 1907 eine vertrauliche Anfrage an den Leiter der Deutschen Südpolar-Expedition, Professor Dr. E. von Drygalski, um ihn nach dessen entsprechenden Erfahrungen zu fragen. Er teilt Herrn von Drygalski mit, dass das Schiff bereits bestimmt sei, und fährt dann fort: "dagegen ist die Technik der Expedition noch nicht ausgearbeitet, die ganz besondere Sorgfalt mit Rücksicht darauf erfordert, dass aus dem dauernden nahen Zusammenleben der Teilnehmer Schwierigkeiten entstehen können und andererseits leicht Konflikte zwischen Schiffsleitung und Expeditionsleitung möglich sind."[58]

Drygalski verweist in seiner Antwort auf die Dienstanweisung für die Deutsche Südpolar-Expedition, die er Thilenius übersendet, aber auch zurückerbittet, sodass sie für jetzige Überprüfung nicht mehr zur Verfügung steht. Über das darin Gesagte hinaus schreibt er dann: "Das Zusammenleben bei einer Expedition mit dem Plan, wie Sie ihn mir schildern, ... wird wesentlich erleichtert, ja, ich möchte direkt sagen, auf die Dauer nur möglich durch die möglichst weitgehende Auflösung und Trennung der Wohnräume, sodass jeder für sich allein sein kann. Ein dauerndes Zusammenleben ohne die Möglichkeit der zeitweiligen Absonderung für jeden muss zu Unzuträglichkeiten führen."[59]

Nun erhielt zwar jeder der mitreisenden Wissenschaftler auf der PEIHO seine eigene Kammer, aber die Fläche an Deck war doch so klein, dass es kaum Auslauf gab, weil alles mit Booten und anderen Ausrüstungsgegenständen vollgestellt war und sich außerdem dort die einheimische Crew, die Soldaten

Abb. 7 Der Zoologe der Expedition, Dr. Georg Duncker, in seiner Kammer, zusammen mit seinem persönlichen Diener Hendrick, einem Singhalesen aus Sri Lanka.

---

[58] Thilenius, Brief an Prof. Dr. von Drygalski vom 10.12.1907.
[59] Drygalski, Brief an Thilenius v. 17.12.1907.

und die Diener aufhielten. Vogel beklagt in seiner Reisebeschreibung das enge, kleine Deck, auf dem man nirgends allein war: "dass man nur wie ein gefangenes Raubtier im Käfig zehn Schritte auf und ab laufen konnte."[60]

Auch während des einzigen längeren Landaufenthaltes der Gruppe in einem Zeltlager auf St. Matthias nervten sich die Teilnehmer gegenseitig: "Im Lager hatte unsere eintönige Tätigkeit ihren Fortgang genommen," schreibt Vogel.[61] "Es wurden alle erreichbaren Dörfer besucht; jeder hatte sein festes Ressort und arbeitete maschinemäßig. Hitze und Insektenplagen, dann wieder starke Regengüsse, die langweilige und doch anstrengende Arbeit, mangelhafte Ernährung und die häufigen Schlafstörungen hatten schließlich alle ziemlich nervös gemacht. Lange lief man spät abends noch am Strande auf und ab, um erst zu Bett zu gehen, wenn einen die Müdigkeit vollständig überwältigt hatte."

War also schon in der Beschränktheit des Raums nicht nur an Bord, sondern auch im Zeltlager ein Grund für Probleme beim Zusammenleben der Teilnehmer untereinander zu vermuten, so waren die Wissenschaftler auch durch den von Thilenius in Hamburg festgelegten Tagesablauf, der sie alle immer wieder zu denselben festen Mahlzeiten an denselben Tisch zwang, niemals getrennt. Als ein weiteres erschwerendes Moment für ein gedeihliches Zusammenwirken und für das Aufkommen von Arbeitsfreude kommt die große Hitze an Bord hinzu, über die sich Vogel beklagt.[62] Zwar soll der Salon mit seinen Fenstern nach drei Seiten hin einigermaßen kühl gewesen sein, auch der Zoologe schildert seine Kammer als kühl und luftig; jedoch waren manche der Kammern auf dem Dampfer extrem heiß.

Die geschilderten Unzulänglichkeiten hätten wahrscheinlich schon ausgereicht, um auch Menschen, die eigentlich miteinander harmonierten, dazu zu führen, sich gegenseitig auf die Nerven zu gehen. Bei der Hamburger Südsee-Expedition kommt aber noch ein offensichtlicher Mangel an Sorgfalt bei der Auswahl der Teilnehmer dazu, die zwar wohl entsprechend ihren Fachkenntnissen und

---

[60] Vogel 1911, S. 3.
[61] Vogel 1911, S. 48.
[62] Vogel, Brief an Thilenius vom 17.5.1909.

Erfahrungen, nicht aber im Hinblick auf ihre Charaktereigenschaften ausgesucht worden waren, sodass hier Menschen zum Zusammenleben gezwungen waren, von denen einige offenbar von vornherein absolut nicht miteinander konnten. Besonders ausgeprägt muss das zwischen dem Leiter Fülleborn und Duncker, dem mitreisenden Zoologen, der Fall gewesen sein.

Die Menschen an Bord:
Europäische Wissenschaftler und Seeleute, melanesische Diener und Soldaten, eine chinesische Crew

"An Bord ist es jetzt sehr ungemütlich," schreibt Georg Duncker, der einzige, von dem bis jetzt private Korrespondenz aus dem Feldforschungsgebiet aufgetaucht ist, nach Ankunft in Simpsonhafen, dem heutigen Rabaul, an seine Familie.[63] Insgesamt lebten und arbeiteten auf dem etwa 70 m langen Expeditionsschiff, der von der HAPAG gecharterten PEIHO, 75 Menschen, von denen nur die dreizehn Europäer, zumindest jedenfalls die Wissenschaftler, eigene Kammern besaßen, während neben Gemeinschaftsunterkünften für die Crew unter Deck anscheinend für die zwanzig Melanesier, zwölf davon als Schutztruppe vom Gouverneur mitgegebene Soldaten und acht weitere Hilfspersonen – Duncker nennt sie "Boot boys" – nur das Deck als Aufenthalts- und Schlafraum zur Verfügung stand.

Die sechs deutschen Expeditionsmitglieder des Melanesien-Teils der Forschungsreise werden von Fischer[64] zusammen mit den Wissenschaftlern des zweiten Jahres, das Mikronesien zum Untersuchungsziel hatte, vorgestellt, soweit die vorhandenen Daten das zulassen. Deshalb seien sie hier zunächst nur namentlich und hinsichtlich ihrer Funktion genannt. Stabsarzt Prof. Dr. Friedrich Fülleborn[65], 1866 in Kulm an der Weichsel geboren, Tropenmediziner

---
[63] Duncker, Brief vom 3.8.1908.
[64] Fischer 1981, S. 64ff.
[65] Bei der Senatskommission für die Reichs- und auswärtigen Angelegenheiten bedankt sich Fülleborn für die Ausstellung eines Senatspasses und zeichnet mit dem Titel "Stabsarzt in der Kaiserlichen Schutztruppe für Deutsch-Ostafrika kommandiert zum Institut für Schiffs- und Tropenkrankheiten, zur Zeit betraut mit der Leitung der Südsee-Expedition der Hamburgischen Wissenschaftlichen Stiftung."

Abb. 8
Prof. Dr. Friedrich Fülleborn

und Ethnograf und bereits aufgrund eines längeren Ostafrika-Aufenthalts erfahren im Leben in einer tropischen Kolonie, ist der für das erste Jahr bestellte Leiter. Seinen Anordnungen haben sich gemäß einer von Thilenius aufgestellten Dienstanweisung alle Mitglieder der Expedition zu fügen, zu denen der Kapitän, die Offiziere und die Besatzung des Schiffes ausdrücklich nicht zählen.

Das älteste Expeditionsmitglied, ein Kaufmann, ist der 1854 geborene Franz Emil Hellwig, der, schon als erfahrener Sammler von Ethnographica in Melanesien ausgewiesen, zum einen in erster Linie mit dem Sammeln, darüber hinaus aber auch mit der Durchführung aller Verwaltungsangelegenheiten der Forschungsreise beauftragt ist.

Abb. 9 Franz Emil Hellwig   Abb. 10 Dr. Otto Reche

Altersmäßig folgt ihm, nächst Fülleborn, Dr. Georg Duncker, ein ebenfalls aufgrund längerer Forschungsaufenthalte im südostasiatischen und melanesischen Raum tropenerfahrener Zoologe, 1870 als Sohn eines vermögenden Kaufmanns in Hamburg geboren. Er nimmt an Bord eine Sonderstellung ein, weil es ihm in Teilnahmeverhandlungen vor Beginn der Reise gelungen ist, Thilenius klarzumachen, dass seine wissenschaftliche Tätigkeit nicht der Aufsicht eines Arztes mit Ethnologie-Kenntnissen unterstellt werden könne. Insofern arbeitet – und lebt – Duncker ganz selbstständig an Bord.[66]

---

[66] In den Akten der Expedition befindet sich ein Exemplar der "Leitsätze für die Expedition der Hamburgischen Wissenschaftlichen Stiftung in die deutsche Südsee", das Thilenius am 19.12.1907 mit handschriftlichem Vermerk Georg Duncker "zur gefl. Kenntnisnahme" überreicht. Dieses Exemplar ist mit einer Reihe von Bleistiftmarginalien, nicht in Dunckers Handschrift, versehen, die jeweils die Notwendigkeit einer Abweichung der Aufgaben und Stellung des Zoologen von den übrigen Teammitgliedern hervorheben. Möglicherweise hat Duncker sich hier Rückendeckung bei Kräpelin, dem damaligen Direktor des Naturhistorischen Museums, geholt. Außerdem liegt ein handschriftlicher Vertragsentwurf auf einem Kopfbogen von Prof. Kräpelin, aber offenbar in Thilenius' Handschrift abgefasst, vor.

Otto Reche, Jahrgang 1879, ist physischer Anthropologe und als Wissenschaftlicher Hilfsarbeiter und Assistent des Museums für Völkerkunde Hamburg im ersten Jahr der einzige Teilnehmer aus dem Kreise der Angestellten des Museums. Ihm obliegt die Wahrnehmung der Aufgaben der physischen Anthropologie, der zu Beginn des 20. Jahrhunderts noch eine sehr große Bedeutung zugemessen wurde.

Der, wie Fischer[67] treffend urteilt, "beste Ethnograf in der Gruppe" ist Wilhelm Müller-Wismar, der, 1881 dort geboren, zunächst mit einer anthropologischen Arbeit über die Kraniologie der Neu-Britannier promovierte und sich dann, als Mitarbeiter des Berliner Museums für Völkerkunde der Linguistik zuwandte. "Er hatte", so Fischer[68], "die Art von monomaner, selbst überzeugter Begabung, die zu Erfolg in der Wissenschaft führt". Damit gepaart ist bei ihm ein Anspruchsdenken, das ihn immer wieder neue, eigene Vorstellungen etwa für eine ideale ethnografische Arbeitsmethode entwickeln lässt. Mit seinen daraus erwachsenden sprunghaft wechselnden Forderungen kommen, wie noch zu zeigen sein wird, Verwaltungsmenschen wie Thilenius und Fülleborn nur schwer zurecht.

Der jüngste Expeditionsteilnehmer ist Hans Vogel, 1885 als Sohn eines vermögenden Kaufmanns in Hamburg geboren und noch in einer Ausbildung zum Künstler in München begriffen, als ihn ein Schreiben Dunckers, offenbar eines Freundes seiner Familie, erreicht mit der Anfrage, ob er als Maler zur Teilnahme an der geplanten Südsee-Expedition Lust hätte. Vogel holt sich zunächst Rat bei Alfred Lichtwark, dem Direktor der Hamburger Kunsthalle und seinem Mentor in der Ausbildung zum Künstler, und bewirbt sich dann nach dessen positiver Stellungnahme bei Thilenius[69].

Wenn auch Thilenius in seiner gründlichen Art, das ganze Unternehmen Südsee-Expedition durch minutiöse Dienst- und Arbeitsanweisungen vorzubereiten, sich über die Aufgaben jedes einzelnen genaue Gedanken gemacht und auch Vogel in einem ausführlichen Schreiben vom 19.12.1907 auf die von

---

[67] Fischer 1981, S. 69.
[68] a. a. O., S. 68.
[69] Vgl. dazu Kelm 2003, S. 1.

Abb. 11 Dr. Wilhelm Müller-Wismar   Abb. 12 Hans Vogel

ihm erwarteten Tätigkeiten vorbereitet hat, so konnte er damit doch kaum erreichen, dass es zu einer gedeihlichen und harmonischen Zusammenarbeit zwischen allen Mitgliedern des Forschungsteams gekommen wäre. Zu verschieden waren die einzelnen Expeditionsteilnehmer allein schon von ihrer sozialen Herkunft, von ihrer Ausbildung und von ihren persönlichen Strebungen her. Dass bei dieser Forschungsreise Menschen mit teilweise unvereinbaren Charaktereigenschaften aufeinander trafen, hat Thilenius bei der Auswahl der Teilnehmer weder vorhergesehen noch verhindert.

Ganz ausgeprägt war der Gegensatz zwischen Fülleborn und Duncker, mit dem Dienst in der Truppe vertrauter und damit an Disziplin und Gehorsam gewöhnter Soldat ohne persönliches Vermögen der eine, und finanziell unabhängiger, durch langjährige wissenschaftliche Reisen besonders in durch die angelsächsische Kultur gekennzeichnete Regionen geprägter selbstbewusster Hanseat der andere. Während Fülleborn als Leiter der Nyassa-und Kinga-Gebirgsexpedition Erfahrungen im Landesinneren einer deutschen Kolonie hatte sammeln können, war der Hamburger Kaufmannssohn Duncker, privat leidenschaftlicher Segler, der einzige See-erfahrene wissenschaftliche Teilnehmer der Schiffsexpedition. Für seine Sammeltätigkeiten auf dem Riff hatte er sich mit Mitteln der Stiftung in Hongkong ein nur ihm zur Verfügung stehendes Segelboot kaufen können, in dessen Handhabung er zwei ihm unterstellte Chinesen einführte. Ihm waren aufgrund seiner Sonderaufgaben mehr Hilfspersonen zugesichert worden als den übrigen Wissenschaftlern.

In dem in den Akten vorhandenen handschriftlichen, anscheinend nie zur Unterschriftsreife gelangten Vertragsentwurf für die Teilnahme eines Zoologen an der Expedition findet sich ein mehrfach korrigierter Passus, entsprechend dem der Zoologe zwar wissenschaftlich selbstständig arbeitet, sich aber in allen technischen Fragen nach dem Leiter des Unternehmens zu richten hat. In dem Exemplar der "Leitsätze" für die Expedition, das Duncker möglicherweise an den Direktor des Naturwissenschaftlichen Museums, Kräpelin, zur Stellungnahme weitergeleitet hat, ist dort, wo es um die Frage der technischen Leitung geht, handschriftlich vermerkt: "Das kann doch nicht für den Zoologen gelten!" Dennoch hat später auch Georg Duncker den Vertrag für die Teilnehmer der Expedition unterschrieben, in dem auch für ihn vermerkt ist: "In allen die allgemeinen Ziele und die Technik der Expedition betreffenden Fragen untersteht er jedoch jederzeit dem Leiter."[70]

Diesen Satz hat Duncker wohl nur sehr weit gefasst akzeptiert und unter "Technik" auf jeden Fall nicht verstanden, dass er sich auch dem von Thilenius festgelegten Tagesablauf mit Wecken um 5:30 morgens etc.[71] anzuschließen hätte. Er stand erst um 8:30 auf, nahm dann Tee und Toast in seiner Kammer[72] und arbeitete anschließend selbstständig mit seinen Hilfskräften nach einem durchaus geregelten, aber von dem der anderen völlig abweichenden Tagesplan. Dass der an Strenge und Disziplin gewöhnte und offensichtlich auch persönlich sehr eitle Fülleborn mit dieser Situation nur sehr schwer umgehen konnte, liegt auf der Hand. Wenn Fischer[73] in seiner Beurteilung Dunckers ebenso wie Fülleborn und Thilenius zu dem Schluss kommt, dass "Herr

---

[70] Vertrag § 4.
[71] siehe Fischer 1981, S. 94.
[72] Brief Dunckers vom 27.7.1908.
[73] Fischer 1981, S. 75f.

Dr. Duncker von Anfang an das unzufriedene Element bildete und zwei andere Herren ständig aufhetzte", so Thilenius an Krämer, den Leiter der Expedition im zweiten Jahr, dann liegt das daran, dass er nur Einsicht in die Sichtweise der Ethnologen hatte, ihm jedoch die Briefe Dunckers selber nicht zur Verfügung standen. Diese sind wahrscheinlich erst nach Erscheinen von Fischers Buch in den Besitz des Museums für Völkerkunde gelangt.

Entsprechend diesen Briefen präsentiert sich der Zoologe als ein welterfahrener, sehr selbstsicher und gelassen wirkender Mann, dem einfach die von dem äusserst ehrgeizigen Fülleborn immer wieder verbreitete Hektik und häufige Änderungen in den Tagesabläufen, die Duncker insofern etwas angehen, als die Liegezeiten des Schiffes davon abhängen, auf die Nerven gehen.[74] Schon gleich zu Beginn der Reise, noch von Hongkong aus, wo offensichtlich aufgestellte Pläne immer wieder umgeworfen werden, schreibt er am 6.7.1908 nach Hause: "Es geht hier draußen, wie immer in den Tropen: Eile mit Weile, und nimm di niks vör, denn sleit di niks fehl.[75] Thilenius würde hier sein blaues Wunder erleben."

Ein Punkt, in dem die Gegensätzlichkeit der beiden Charaktere ganz deutlich zum Ausdruck kommt, ist die Einstellung gegenüber den nicht-europäischen Mitreisenden und den Einheimischen. Da vertritt Fülleborn den Standpunkt des eurozentrisch denkenden Kolonialbeamten. Wenn nämlich Vogel in seinem Reisebericht über die Tragleistung der Neubritannier schreibt: "Die Höchstleistung eines Trägers ist eine Last von 30 Pfund, die Hälfte von dem, was der Neger trägt, und der Umstand, dass der Kanaker dreimal soviel Lebensunterhalt wie der Afrikaner braucht, macht ihn auch nicht gerade tauglicher[76]", so lässt sich nachweisen, dass er dies aus Füllleborns Tagebuch übernommen hat.[77] An anderer Stelle berichtet Vogel, dass Fülleborn "es sich nicht nehmen" ließ, "diesen lieben Reisegefährten" – gemeint ist ein einheimischer Führer, der eine Gruppe Expeditionsteilnehmer anscheinend des öfteren in die Irre geführt hat – "eigenhändig mittels einer kräftigen Ohrfeige abzulohnen."[78]

---

[74] Über die Unausgeglichenheit in seinen Anweisungen als Expeditionsführer beschwert sich auch Hans Vogel in einem Schreiben an Thilenius vom 17.5.1908.
[75] Diesen Standpunkt sollten in Neuguinea tätige Ethnologen auch heute noch tunlichst einnehmen.
[76] Vogel 1911, S. 191.
[77] Fülleborn, Tagebuch S. 203.
[78] Vogel 1911, S. 218.

Demgegenüber zeigt sich zwar Duncker auch nicht gerade entzückt über die Melanesier, die mit ihrer Betelspucke das ganze Deck verschmutzen, aber er äußert sich sehr positiv über seinen persönlichen Diener, den Singhalesen Hendrick, sowie zwei chinesische Labor- und Bootsgehilfen, und es scheint ihm Spaß zu machen, mit ihnen zusammenzuarbeiten.[79] So nimmt es auch nicht wunder, wenn die medizinische Behandlung der nicht-europäischen Schiffsbesatzung allmählich von Fülleborn, der eigentlich für die ärztliche Versorgung aller an Bord zuständig ist, auf Duncker übergeht, und zwar offenbar auf Wunsch der Chinesen.

Dazu gibt es einen Brief vom 9.10.1911 von Fülleborn an Vogel, in dem Fülleborn den Maler um eine Änderung im Manuskript seines Reiseberichts bittet: "Sie schreiben im letzten Absatze dieser Seite: Während Duncker, der auf früheren Reisen vorzüglich mit Chinesen umzugehen gelernt und sich bald das Vertrauen unserer Schiffsbesatzung erworben hatte, sich zur Hauptaufgabe machte, diese in durchgreifende ärztliche Behandlung zu nehmen, begannen etc." Das könnte nun für einen Unbeteiligten so aussehen, als ob ich zu einer "durchgreifenden Behandlung" nicht befähigt gewesen wäre und eine solche Deutung würde mir natürlich nicht lieb sein." Da ganz offensichtlich diese Änderung nicht mehr möglich war, richtet Fülleborn seine Bitte dann auch noch mit Datum vom 18.10.1911 an Thilenius und endet sein Schreiben mit dem Satz: "Ich wäre Ihnen überaus dankbar, wenn Sie die Freundlichkeit haben würden, die entsprechende Änderung bei Friedrichsen (d.i. der Verlag) durchzusetzen, da mir tatsächlich viel daran gelegen ist." Diese kleine Angelegenheit wirft noch einmal ein Licht auf den Charakter Fülleborns einerseits und das Verhältnis zwischen Fülleborn und Duncker andererseits.

Mit ihren gegensätzlichen Standpunkten sind Fülleborn und Duncker gleichzeitig die Exponenten zweier Gruppen, die sich unter den Deutschen bilden und zu denen sich auch die in den offiziellen Berichten zwar oft ausgesparten, aber als Menschen und Gesprächspartner an Bord natürlich vorhandenen Schiffsoffiziere und Maschinisten gesellen. Am 27.7.1908 berichtet Duncker nach Hause: "Wir sind im Ganzen 12 Weiße an Bord.[80] Am sympathischsten von ihnen ist mir der 1. Offizier, Hefele, ein Stuttgarter Juristensohn. Der

---

[79] Brief von Duncker an seine Familie vom 1.10.1908.

1. Maschinist ist auch sehr nett, nicht so fein wie der 1. Offizier, aber sehr liebenswürdig und ruhig. Der Kapitän folgt als 3. Ich persönlich habe wenig mit ihm zu thun und vertrage mich daher gut mit ihm. ....Von unserer Gesellschaft gewinnt Müller bei näherer Bekanntschaft, während Reche, seiner Dummheit wegen, verliert und Hellwig mit seinen entsetzlichen Manieren unleidlich ist. Da ich mir meine Bude gemütlich eingerichtet habe, bin ich von allen ziemlich unabhängig und sehe sie nur bei Tisch und spät abends beim Whisky Soda."

Auffallend ist das Nichterwähnen von Vogel, von dem aber Fülleborn an Thilenius schreibt, er sei Dunckers Freund.[81] Auf jeden Fall zeichnet sich hier eine Fraktionsbildung unter den Expeditionsteilnehmern ab, bei der Fülleborn, Reche und Hellwig auf der einen und Duncker, Müller und Vogel auf der anderen Seite stehen. Zahlreiche Hinweise von Fülleborn in seinen vertraulichen Briefen an Thilenius bestätigen das. So beschwert sich z.B. die Duncker-Gruppe über zu hohe Kosten bei den privat zu zahlenden Getränken an der Bar oder fordert die Zahlung bestimmter zusätzlicher Gelder für die Rückreise ein.[82] Reche und Hellwig hingegen scheinen mit allen Anordnungen Füllleborns stets einverstanden zu sein und erheben keine Forderungen.

Mit Müller, anscheinend in gewisser Hinsicht ein geborener Querulant und unfähig, sich in ein Team einzuordnen, hat Fülleborn seine besonderen Schwierigkeiten.[83] In seinen offiziellen Berichten an die Hamburgische Wissenschaftliche Stiftung gibt er sich wohlwollend väterlich gegenüber den Sonderwünschen des jungen Kollegen, wenn er schreibt: "Ich hatte beabsichtigt, Herrn Dr. Müller seinen Wünschen entsprechend, für einige Tage in Talasea abzusetzen, damit er ungestört seinen Spezialstudien obliegen kann. Leider verhinderte eine Fiebererkrankung von Dr. Müller diesen Plan." Weiter unten heißt es in demselben Bericht,[84] er habe Dr. Müller den Platz Kilenge für seine Forschungen

---

[80] Eigentlich müssten es damals 13 gewesen sein. Von Hellwig werden in seinem offiziellen Reisetagebuch 14 erwähnt, jedoch kam der Maschinisten-Assistent Albert Kropp auf Anforderung des Chiefs Walter Hansen erst zu einem späteren Zeitpunkt in Herbertshöhe an Bord.
[81] Vertraulicher Brief von Fülleborn an Thilenius vom 21.5.1909.
[82] Vertraulicher Brief von Fülleborn an Thilenius vom 24.12.1908.
[83] Vgl. dazu die ausführliche Schilderung Fischers 1981, S. 68ff.
[84] Es ist der 8. Bericht, ohne lesbares Datum.

angeboten, dem habe dieser Platz aber nicht gefallen. In den vertraulichen Briefen hört sich das freilich anders an. Da vergeht kein Schreiben, in dem er sich nicht über Müller beschwert. Schon am 20.10.1908 heißt es: "Müller jammert immerfort", und etwas weiter unten mit demselben Datum: "Müller, der fast täglich jammert ..." Am 24.12. geht Fülleborn auch wieder auf das Thema ein und schreibt: "Müller ..... tut so, als ob die ganze Expeditionszeit für ihn verloren wäre."

Später äußert er dann, auch noch am 24.12., "Er", gemeint ist Müller, "soll ja auch in Berlin ... gejammert und geschimpft haben, wie das nun einmal in der Natur mancher Leute liegt." Je näher das Ende des ersten Expeditionsjahrs und damit der Zeit von Fülleborns Leitung kommt, desto mehr steigern sich auch die Spannungen zwischen den beiden. Müller möchte nämlich noch länger in Neuguinea bleiben und verlangt einen eigenen Vertrag, den er auch bekommt, dann zerschlägt er wieder alles. Des weiteren möchte er die Expedition zuerst nicht mit an den Sepik begleiten, fährt dann aber zu aller Erstaunen doch mit. Genauso verhält es sich mit seiner Teilnahme am zweiten Jahr der Expedition.[85]

Interessanterweise stellt sich Fülleborn völlig anders zu Vogel, der seinerseits sicherlich ebenso reichliche Klagen bei ihm führt, und zwar des Inhalts, dass ihm nicht genug Zeit zum Malen gegeben und er stattdessen für vielerlei Hilfsarbeiten herangezogen würde.[86] So berichtet Fülleborn in seinem vertraulichen Brief an Thilenius vom 20.10.1908: "Vogel ist ... ein sehr netter und auch gefälliger junger Mann," und weiter unten geht er nochmals auf ihn ein: "Über Vogel habe ich mich bereits geäußert. Wir haben ihn alle sehr gern mit seiner frischen und heiteren Künstlernatur."

Bedenkt man einmal die Verschiedenheit der Charaktere der wenigen bei dieser Forschungsreise aufeinander angewiesenen Menschen, die ein Jahr lang tagein, tagaus beieinander zu hocken gezwungen waren und eben nicht, wie Drygalski es Thilenius empfohlen hatte, genügend Privatraum besaßen, um Abstand voneinander zu nehmen, dann versteht man sehr wohl, dass da bald

---

[85] Vgl. hierzu nochmals Fischer 1981, S. 68ff.
[86] Auch hierzu hat sich Fischer ausführlich geäußert:1981, S. 73ff.

kein privater Gesprächsstoff, außer vielleicht in der kleinen Fraktion um Duncker, mehr vorhanden war. "Man hält es ... nicht für möglich, dass 10 Menschen so schnell ihren Unterhaltungsstoff erschöpft haben können ... Wir waren Tag und Nacht ununterbrochen auf ein paar Quadratmeter zusammengepfercht ... Bei Tisch wurden eigentlich nur 4 Themata aufs Tapet gebracht", so schildert Vogel[87] die Situation. Zählt man zu dem Stress, der sich allein aus dieser Situation heraus in jedem einzelnen aufgebaut hat, die übrigen Unzulänglichkeiten hinzu, als da sind gesundheitliche Probleme wie Fieber, Tropengeschwüre u.dgl., unter denen alle mehr oder weniger zu leiden hatten, aber auch das Klima, die letztendlich eintönige Nahrung an Bord oder die strenge Kleiderordnung – abends musste im weißen Dinneranzug bei Tisch erschienen werden – dann wundert es einen schon, wie Fischer[88] zu dem Urteil gelangen kann: "Eine traumhafte Art, Feldforschung zu betreiben!" Das kann er sicherlich nur so äußern, weil ihm einige der erst nach dem Erscheinen seiner Publikation aufgetauchten Unterlagen damals nicht zugänglich waren.

Die Ergebnisse des ersten Jahres
Das Sammeln

Vergegenwärtigt man sich einmal die angeführten keineswegs erfreulichen äußeren Arbeitsbedingungen und stellt sich den Stress in vielerlei Bereichen vor, der den Mitgliedern der Expedition zugesetzt haben muss, dann sollte man meinen, dass unter solchen Umständen nur begrenzte Arbeitsleistungen möglich gewesen sind. In der Tat war aber genau das Gegenteil der Fall.

Nach der Rückkehr von Fülleborn nach Hamburg veranstaltet Thilenius am 7. Januar 1910 eine Pressekonferenz, auf der die Resultate dieses ersten Teils der Südsee-Expedition der Hamburgischen Wissenschaftlichen Stiftung vorgestellt werden. Demnach sind 6667 ethnografische Objekte gesammelt worden. 851 Nummern bezeichnen Belegstücke von anthropologischem Interesse. Die Ausbeute der fotografischen Tätigkeit betrug etwa 1700 Aufnahmen von zumeist

---

[87] Vogel 1911, S. 74.
[88] Fischer 1981, S. 57

vorzüglicher Qualität, und vom Maler Hans Vogel sind 215 Bleistift- und Aquarellskizzen angefertigt worden. "Dazu kommt noch," heißt es dann weiter in dem offiziellen Pressetext, "das Material an kinematografischen, fonografischen und ähnlichen Aufnahmen, die Sprachtabellen und die umfangreichen Tagebücher."

Die Objekte und sonstigen Daten, die Duncker für das Naturhistorische Museum erbracht hat, werden in diesem Zusammenhang nicht erwähnt. Das Naturhistorische Museum mag eine eigene Pressekonferenz durchgeführt haben. In jenem Haus sind leider alle schriftlichen Unterlagen im Krieg verbrannt, die gesammelten Objekte allerdings, soweit es Fische und andere Wassertiere waren, noch in großer Zahl vorhanden.

Für sich allein gesehen, mögen die damals vom Museum für Völkerkunde der Presse angegebenen Zahlen erst einmal nicht viel aussagen. Wie groß die Arbeitsleistung der einzelnen Expeditionsmitglieder wirklich war, mit welcher

Abb. 13 Ein Expeditionsteilnehmer, wahrscheinlich Müller, beim Anfertigen von Notizen in einem Dorf auf St. Matthias.

Vehemenz und Akribie sie sich in ihre Tätigkeit gestürzt haben und wie reich die Resultate tatsächlich gewesen sind, das geht erst aus den Sammelbüchern hervor, die jeder einzelne minutiös geführt und mit seinem übrigen Arbeitsmaterial abgegeben hat.

Kleinformatige, dicke Büchlein mit hartem Einband, weisen diese Sammelbücher zum Teil erstaunlich detaillierte Eintragungen auf. Jedem der Sammler, mit Ausnahme von Vogel, waren von vornherein immer je 2000 Nummern zugeteilt worden, für die in den Büchern normalerweise je eine Seite zur Verfügung stand. Auf diesen Seiten sind zu jedem Objekt neben Nummer und Bezeichnung das Erwerbsdatum, der Erwerbsort und fast immer auch der einheimische Name des eingehandelten Gegenstandes eingetragen. Allein diese Daten verleihen der Sammlung der Südsee-Expedition einen Wert, der den fast aller anderen in der Ozeanien-Abteilung des Museums vorhandenen Sammlungskomplexe bei weitem übersteigt. Ähnlich gut dokumentierte Sammlungen gibt es nur aus jüngerer Zeit, nicht aber von so frühen Objekten.

Sehr häufig befinden sich auf den Seiten der Feldnotizbücher viel mehr Einträge, besonders bei Hellwig und bei Fülleborn. Manchmal auch hat eine Seite allein nicht ausgereicht, um alle Hintergrundsinformationen zu einem Objekt zu notieren. Dass Hellwig die meisten zusätzlichen Daten gesammelt hat, liegt sicherlich an seinen perfekten Pidgin-Kenntnissen, während die übrigen ja, wie Fischer ausführlich schildert[89], hinreichend mit dem Sprach- und Dolmetscher-Problem zu kämpfen hatten.

Um nur ein paar Beispiele der Angaben zu nennen, die sich in diesen Büchern finden, seien hier einige Eintragungen von Hellwig genannt. So schreibt er unter der Nummer 8056: "Original-Beutel (essbare) Erde *dab* (wurde als essbar bezeichnet). Schmeckt essigsauer bzw. alaunartig." Gleich anschließend heißt es unter 8057: " Ein Stück Rinde von Bodenliam (Boduliam) *talis*, beides zum Schwarzfärben der Zähne und mancher Geräte (Schüsseln *djul*). *Dab* wird von den Jabim-Leuten, von einem ihrer Bergflussbetten, geliefert. Die Erde wird abwechselnd in der Sonne und im Rauch getrocknet vor Verwendung. Die

---

[89] Fischer 1981, S. 98 f.

Einreibung mit Erde (des betreffenden Gegenstandes) wird dann mit der Rinde überrieben, deren Saft sie haften macht und dunkel färbt (siehe Schüssel Nr. 3972)."

Bei der erwähnten Schüssel handelt es sich um eine der damals stets schwarz gefärbten hölzernen Tami-Schalen. Das genannte Beispiel zeigt außerdem die Spannweite, in der gesammelt worden ist. Nicht allein, wie zu erwarten, Kunstgegenstände oder verzierte Gebrauchsobjekte wurden erworben, sondern eben auch scheinbar unscheinbare Hilfsmittel wie Erde oder Rindenstücke und als Beleg für die Wirksamkeit dieser Dinge der damit bearbeitete Gegenstand. Gerade von Hellwig gibt es neben schon benutzten auch halbfertige Objekte, die Aufschluss über deren Herstellungsweise erlauben. Eine solche Sammelweise steht jener von Ethnografen, die längere Zeit an einem Ort verweilt haben, in keiner Weise nach, ist aber in dieser frühen Phase ethnografischen Sammelns, in der viele Techniken und Gegenstände, die später europäischen Dingen gewichen sind, noch vorhanden waren, kaum durchgeführt worden und deshalb von besonderem Wert.

Aber auch um die Details von Designs auf künstlerisch ausgestalteten Objekten haben die Ethnografen der Südsee-Expedition sich bemüht. So notiert Hellwig am 13.1.1909 zur Tami-Schale Nr. 3778: "Eine lange Essschale aus Tami, *schiu* (Tami: *djul*); Holz: *kaboen*." Darunter zeichnet er eine Skizze der Verzierung und gibt den einzelnen Teilen des Designs Nummern, die er dann folgendermaßen benennt: "1 *Guam, bwam*: (Geist? Stammvater? Ein großer alter Häuptling?) ‚*big fellow master before, he make plenty kaikai'*, so wohl die wörtliche Formulierung seines Gewährsmannes auf Pidgin. "2. Fisch *matabang*; 3. *waiba* Baumfrucht (Mango) (Guam, Gwan, soll für reichlich Nahrung sorgen, Taro, Sago, Fisch etc. und Tabak). Er erhält täglich Essen (Kokosnuss, Taro, Saksak, Fisch und 1 Zigarre) ins Männerhaus gestellt. (Vor der Bekehrung durch die Mission). (Ich zweifle an dem "täglich", da das dann sicher schon öfters beobachtet worden wäre, während eine gelegentliche Speisung, wie auf den Hermiten-Inseln, oder wenn ich nicht irre, auch auf Manus, dem Beobachter entgehen kann. H.)"

Solche Bemerkungen, die sich hinsichtlich des Namens und anderer Details des Geistwesens Guam an anderer Stelle mehrfach wiederholen, auch an anderen Tagen eingetragen, sind besonders wichtig, weil gerade die Tami, um deren Schüssel es hier geht, schon ganz zu Beginn der Kolonialzeit missioniert worden sind und es heute zwar noch viele der traditionellen Objekte gibt, sich aber der religiöse Hintergrund schon früh verloren hat.

Auch Fülleborn hat in einem seiner Sammelbücher eine Eintragung zu einer Tami-Schale gemacht. Bei ihm heißt es, an einem anderen Ort, nämlich an der Langemak-Bucht am Festland von Neuguinea – Hellwig hat auf Tami selbst gesammelt, während Fülleborn gleichzeitig auf dem gegenüberliegenden Festland unterwegs war – mit Datum vom 16.1.1909 – "(Von Schnabel erworben) Holzschale aus Tami. (Auskunft von Herrn Architekt Meier: diese Schalen sind die so genannten ‚*Balum*-Schalen' (*Balum* heißt Geist). Diese *Balum*-Schalen hängen mit den Ceremonien beim Schweine-Verkauf und der Beschneidung zusammen. Die Schweine werden, um das Gedeihen zu befördern, ab und zu, z.B . bei Vollmond, erst aus den Mulden gefüttert, und zwar muss 1 der ersteren bes. Steine bzw. Zaubersteine darin liegen; das Bespeien der Steine durch einen berühmten Zauberer spielt dabei eine Rolle um sie zu weihen. Besonders treten die Schalen beim Schweine-Ankauf in Aktion, indem die Schweine ....aus den Schalen gefüttert werden. Sind die Schweine angekauft, so müssen einige Jungen aus dem Dorf, wohin das Schwein verkauft worden ist, solange in dem Junggesellenhause (oder in einem abseits stehenden für sie bestimmten Hause resp. einer Feldhütte) sich bestimmter Speisen enthalten und aus ähnlich geschnitzten Schalen mit Zaubersteinen ihr Essen nehmen. Sie dürfen während dieser Zeit das Haus nicht verlassen und bestimmte Worte nicht aussprechen. Wenn das Schwein geschlachtet wird, was oft erst nach ca. 1 Woche geschieht, dürfen sie heraus und dürfen sich auch am Schweineessen beteiligen. Alles geschieht, um das Schwein vom Krepieren abzu-halten." Seitlich hat Fülleborn dann noch folgende Marginalie angefügt: "Auf der großen erworbenen Schale seitlich eine Eidechse (guándium, Jabim-Dialekt) dargestellt. An einer Seite ein Menschenkopf und auf der anderen ein Fisch mit Menschenkopf, angeblich ein *búbu* (wahrscheinlich ein Delphin)."

Neben Aufschlüssen ethnografischer Art enthalten die Sammelbücher auch Daten, die andere Schlüsse zulassen, z.B. über das jeweilige Arbeitspensum der einzelnen Expeditionsteilnehmer. So finden sich bei Hellwig des öfteren mehr als hundert Eintragungen von einem einzigen Tag, d.h. er hat in wenigen

Stunden hundert und mehr Objekte erhandelt, jedes für einen Extra-Preis. Er hat die Basisdaten dazu erfragt, jedem Objekt ein Schildchen damit umgehängt und für eine zumindest provisorische Verpackung und den Abtransport gesorgt. Im Falle der Tami-Inseln hieß das, dass diese Objekte an Bord der zur Expeditionsausrüstung gehörenden Dampfbarkasse, die für kürzere Fahrten diente, verbracht und dort gesichert werden mussten. Im offiziellen Tagebuch schildert Hellwig die raue See zwischen den Tami-Inseln und Neuguinea, und von Vogel[90] gibt es eine Schilderung sowie eine eindrucksvolle Kohlezeichnung jener gefährlichen Seefahrt.

Mit der Sammel- und Befragungstätigkeit war freilich das Pensum der Expeditionsteilnehmer noch keineswegs erschöpft. Abends in den Kammern musste das Reisetagebuch geführt und mussten dort alle ethnografischen Beobachtungen eingetragen werden. Müller[91] notiert in seinem Tagebuch: "… auch das Inventarisieren beansprucht eine lange Zeit, die für die ethnologische Tätigkeit verloren geht." Dieser Tagebucheintrag macht aber auch deutlich, worin das eigentliche Problem bei der Unzufriedenheit gerade Müllers gelegen hat, nämlich ganz offensichtlich in einer falschen Erwartungshaltung, galt ihm doch das Inventarisieren von Museumsgegenständen, mit dem auch heute noch manche Museumswissenschaftler ihre Probleme haben, nicht als fachliche Tätigkeit.

Einen ähnlichen Tagesablauf hatte sich übrigens auch Duncker eingerichtet, der, wie er selbst schildert, jeweils einige Stunden am Tag gesammelt und den Rest damit zugebracht hat, seinen Fang zu bestimmen, in Alkohol einzulegen und zu beschriften. Er hatte damit aber keine Probleme. So schreibt er am 5.8.1908 nach Hause: "Gestern war ein arbeitsreicher Tag bei der Vulkaninsel; in einer Stunde hatte ich ein ganzes Boot voll z.B. mit Seesternen von 5-6 Pfund in Massen. Natürlich hatte ich den ganzen Tag daran zu konservieren und komme erst heute zum Etikettieren. Hoffentlich ist Gutes darunter." Am 8.11. berichtet er seinen Verwandten: "Kräpelin (der Direktor des Naturhistorischen Museums) bekommt mit gleicher Post meinen vierten Reisebericht und nicht weniger als acht Kisten mit Präparaten, es müssen weit über 1000 Nummern sein."

---

[90] Vogel 1911, S. 181f.
[91] Tagebuch am 8.9.1908.

Abb. 14 Außer der Dampfbarkasse stand den Wissenschaftlern ein Ruderboot für kürzere Erkundungsfahrten zur Verfügung, die sie immer wieder auf verschiedenen Inseln, wie hier auf Umboi, durchführten.

Im Zusammenhang mit dem Sammeln sei kurz das Problem der Bezahlung der Objekte angesprochen, dem Fischer[92] einen breiten Raum widmet. Nicht alle Gegenstände sind eingetauscht, viele, vor allem jene aus von ansässigen Europäern schon vorher zusammengetragenen Sammlungen erstandene, auch mit barem Geld bezahlt worden. Problematisch ist sicherlich das Verfahren des "anonymen Ankaufs"[93], ein Ausdruck, den Fischer Vogel zuschreibt, der aber eher von Fülleborn als von dem jungen Maler zu stammen scheint. Vogel gibt nur wieder, was er in anderen Tagebüchern findet. In den meisten von der Expedition besuchten Regionen wäre das Anbieten von Geld sowieso für die Einheimischen nicht von Nutzen gewesen, war Geld als Zahlungsmittel damals dort noch gar nicht im Umlauf. Die Metallwerkzeuge hingegen, die

---

[92] Fischer 1981, S. 120 ff.
[93] Fischer 1981, S. 122.

wohl den größten Anteil unter den Tauschgütern einnahmen, wie Äxte und Beile, große und kleinere Messer, erleichterten den Männern ihre alltägliche Arbeit sehr. Andere Tauschobjekte waren *laplaps,* d.h. baumwollene Lendentücher, Streichhölzer und auch farbige Glasperlen, letztere ebenso wie *laplaps* zwar nicht unbedingt lebensnotwendig, aber sie befriedigten doch das Schmuckbedürfnis der Einheimischen. Die Expeditionsteilnehmer haben sich auf jeden Fall bemüht, bei Abwesenheit der Dorfbewohner besonders wertvolle Tauschgegenstände zu hinterlegen, und es wird auch berichtet, dass man hinterher, falls sich die Gelegenheit dazu gab, noch zu einem Einverständnis über den Preis gekommen ist. Aus Müllers Tagebuch[94] geht hervor, dass er

Abb. 15 Ein Bewohner eines Dorfes am mittleren Sepik streckt seine Hand nach Tauschwaren aus, die ihm von Fülleborn entgegengereicht werden.

---

[94] Tagebucheintrag vom 21.2.1909. Müller wollte an der Südküste von Neubritannien einen bestimmten Typ Steingeld mit Namen *singan* gegen eine Axt und Messer tauschen. Die Besitzer des seltenen Geldes wollten das aber nicht gegen die Tauschobjekte hergeben. So musste Müller unverrichteter Dinge wieder abziehen.

Abb. 16 Häufig boten Einheimische von ihren Booten aus Objekte zum Tausch an. Hier sind Bewohner von der Insel Tench zu sehen, die Gegenstände feilbieten; Foto Fülleborn 1908.

zumindest noch in Neubritannien, wenn auch mit Bedauern, den Wunsch der Eigentümer, einen bestimmten Gegenstand nicht zu veräußern, respektiert hat.

Dass die Art und Weise, mit der die Einheimischen manchmal erst zum Verkauf von bestimmten Gegenständen verlockt werden sollten[95], von Vogel in seinem Reisebericht überhaupt erwähnt wird, geht auf eine Anregung von Fülleborn zurück, eine schriftliche Äußerung in seinem Brief vom 9.10.1911 an den jungen Autor, die zugleich noch einmal Licht auf die eurozentrische Einstellung des Expeditionsleiters wirft, die sicherlich nicht von allen Teilnehmern an der Forschungsreise geteilt wurde. In dem Schreiben heißt es: "Übrigens ist mir noch eine Kleinigkeit aufgefallen, nämlich dass Sie bei unserem

---

[95] Vogel 1911, S. 65 f und Fischers Kommentar dazu (Fischer 1981, S. 119 f).

Besuche bei Kap Beechy unsere amüsante Art einzukaufen, nicht eingehender ausgeführt haben; Sie erinnern sich wohl noch daran, wie erst ein Messer von uns deponiert wurde, nachdem Aggerleck seine Wirkung an einigen schuldlosen Palmen demonstriert hatte und wie er ebenso zum Staunen der ferne stehenden Eingeborenen ein Streichholz anzündete; wie er dann über den Fluss zurückging, die Eingeborenen ihr Geschenk abholten und dafür einen ethnografischen Gegenstand, den wir ihnen pantomimisch angedeutet hatten, hinlegten etc. etc. Diese Scene hat sich mir als eine unserer amüsantesten eingeprägt."

Weitere Ergebnisse

Wie vom zweiten, so sind auch aus dem ersten Jahr Teile der erworbenen Sammlungen publiziert worden. Das gilt besonders für den von Otto Reche erstellten Band der Veröffentlichungen der Südsee-Expedition aus dem Jahre 1913 mit dem Titel "Der Kaiserin-Augusta-Fluss", in dem die Objekte aus den Dörfern am Sepikstrom zusammen mit den damals erfragten Hintergrundinformationen vorgestellt werden. Der Reche-Band gilt immer noch als ein Basis-Werk über die Sepik-Kulturen.[96]

Nicht von einem Expeditionsmitglied und auch erst viel später, nämlich Anfang der dreißiger Jahre erarbeitet ist der Band über "Die St. Matthias-Gruppe", 1933 erschienen, der ebenso wie der Band über die "Admiralitätsinseln" (veröffentlicht 1934) von dem Berliner Südsee-Spezialisten Hans Nevermann zusammengestellt wurde.

Schließlich gibt es, wiederum von Reche, aus dem Jahre 1954 einen schmalen Band über Neubritannien, der allerdings nur die naturräumlichen Grundlagen jener Insel enthält.

So harren Hunderte von Objekten von dieser Expedition noch immer im Museum für Völkerkunde Hamburg der Publikation. Es sind vor allem Alltags- und Ritualgegenstände von verschiedenen Ethnien Neubritanniens, besonders der Sulka,

---

[96] Vgl. dazu auch den Artikel von Christian Kaufmann in diesem Heft.

der Baining, aber auch der Mengen, der Arawe und von einigen kleineren Völkern von der Südküste dieser Insel, die, noch heute schwer zugänglich, ethnografisch bis jetzt noch kaum untersucht ist. Zu den Arawe im westlichen Teil der Südküste liegt noch unveröffentlichtes ethnografisches Material von Speiser aus dem Jahr 1930, von Beatrice Blackwood von 1927 und ein recht ausführliches Tagebuch mit wertvollen Daten von Wilhelm Müller von 1909 vor, die er während eines knapp 14-tägigen Aufenthalts im Rahmen der Südsee-Expedition auf den Lieblichen Inseln erfasst hat. Die Manuskripte der drei genannten Autoren sollen demnächst gemeinsam publiziert werden.

Abb. 17 „Hellwig wird ins Boot gepackt" ist der Titel dieser Aufnahme von Fülleborn vom 13.5.1909. Für Erkundungsgänge ließen sich die Wissenschaftler mit Beibooten der PEIHO an Land rudern. Rechts im Boot ist Vogel zu sehen.

Noch nicht veröffentlicht ist ferner die äusserst reichhaltige Tami-Siassi-Sammlung der Südsee-Expedition. Diese Gegenstände stellen schon an sich eine große Besonderheit dar, weil sie in dieser Komplexität später nicht wieder erworben worden sind. Da die Träger dieser Kulturen auf zahlreichen kleinen, auch heute noch nicht immer leicht zugänglichen Inseln leben, hat hier Thilenius' Konzept von der Schiffsexpedition volle Früchte getragen.

Noch Fischer[97] bewertet die Ergebnisse des zweiten Jahres der Südsee-Expedition höher als jene aus dem ersten, insbesondere deshalb, weil dort wegen des stationären Aufenthaltes an Land erheblich mehr Daten zur geistigen Kultur erhoben werden konnten. Heute, fast hundert Jahre nach der Forschungsreise der Hamburger in die Südsee und nachdem die Globalisation der Kultur überall ihren Fortgang genommen hat, sehen Ethnologen in den Stücken der materiellen Kultur aus jener Zeit einen Schatz, denn sie erkennen in ihnen eben das, was Thilenius seinerzeit zu erwerben gefordert hat, Belegstücke für Kulturen, von denen einige bereits für immer verschwunden sind. Schon 1983 bestätigt Tiesler das in seiner Rezension über Fischers Südsee-Expeditions-Publikation: "Aus den von der Hamburger Expedition bereisten Gebieten sind beispielsweise die in Museen bewahrten Sammlungen neben sporadischen Literaturquellen oft das umfassendste Zeugnis für deren alte Kultur."[98] Heute lernen Ethnologen die Sprache jener Gegenstände immer mehr zu verstehen und setzen aus vielen ihrer Details mosaiksteinartig eine ganze Fülle von Daten zusammen, die Auskunft geben über die Menschen der von den Hamburger Ethnologen seinerzeit besuchten melanesischen Inselwelt und ihre z.T. längst verschwundene Denkungsart und Lebensweise.

---

[97] 1981, S. 114.
[98] Tiesler 1983, S. 202.

Bibliographie

Drygalski, Erich von
1907   Brief an Thilenius. Maschinenschriftlich HMV.

Duncker, Georg
1908   Briefe an eine unbekannte Person. Handschriftliche Abschrift. Hamburg.

Fischer, Hans
1981   Die Hamburger Südsee-Expedition. Über Ethnographie und Kolonialismus. Frankfurt.
2003   Randfiguren der Ethnologie. Gelehrte und Amateure, Schwindler und Phantasten. Berlin.

Fülleborn, Friedrich
1908/09   Berichte über den Verlauf der Südsee-Expedition der Hamburgischen Wissenschaftlichen Stiftung an das Kuratorium. Maschinenschriftliche Abschrift HMV. Hamburg.
1908/09   Tagebuch. Maschinenschriftliche Abschrift. Hamburg.
1908/09   Vertrauliche Briefe an Thilenius. Handschriftliche Originalschreiben.

Gründer, Horst
2001   Die historischen und politischen Voraussetzungen des deutschen Kolonialismus. In: Hiery, Hermann Joseph (Hrsg.), Die deutsche Südsee. Paderborn.

Hahl, Albert
1904   Schreiben an Georg Thilenius. Herbertshöhe.

Hamburgische Wissenschaftliche Stiftung
1908   Vertrag betreffend Teilnahme an der Südsee-Expedition der Hamburgischen Wissenschaftlichen Stiftung. 21.4. Hamburg.

Harms, Volker
1988 Nützlichkeit von ethnografischen Museen in Staaten, die Kolonien besitzen. In: Plagemann, Volker (Hrsg.), **Übersee. Seefahrt und Seemacht im deutschen Kaiserreich.** München.

Hellwig, Franz Emil
1927 Tagebuch der Expedition. 1. Reisejahr, Melanesien. In: Thilenius, Georg (Hrsg.), **Ergebnisse der Südsee-Expedition 1908-1910.** Bd. I. Allgemeines. Hamburg.

Kelm, Antje
2003 **A European Artist sees Melanesia:** Hans Vogel, a member of the Hamburg South Seas Expedition. Ms. im Druck. Hawai'i.

Müller, Wilhelm
1908 **Brief an Thilenius.** Handschriftlich. 9.10.1908. Kavieng.
1908/09 **Tagebuch.** 268 S. Maschinenschriftliche Abschrift.

Pelc, Ortwin
2002 **Hamburg. Die Stadt im 20. Jahrhundert.** Hamburg.

Plagemann, Volker
1988 Literatur und Kunst stellten sich bewusst oder unbewusst in den Dienst des Vaterlandes: Kultur, Wissenschaft, Ideologie. In: Plagemann, Volker (Hrsg.), **Übersee. Seefahrt und Seemacht im deutschen Kaiserreich.** Hamburg.

Schnee, Heinrich (Hrsg.)
1920 **Deutsches Koloniallexikon.** Leipzig.

Schütt, Ernst Christian
1997 **Chronik Hamburg.** Hamburg.

Thilenius, Georg
1904 Die Aufgaben einer ethnografischen Expedition in die Südsee. Maschinenschriftliches Manuskript, 4 S. Breslau.
1905 Denkschrift. Ohne Titel. Maschinenschriftliches Manuskript, 25 S. Hamburg.
1908a Anweisungen für den Leiter der Südsee-Expedition. Maschinenschriftliches Manuskript, 16 S. Hamburg.
1908b Brief an Fülleborn. Maschinenschriftlich. 24.9., Hamburg.
1909 Brief an Fülleborn. Maschinenschriftlich. 16.1., Hamburg.
o.J. Leitsätze für die Expedition der Hamburgischen Wissenschaftlichen Stiftung in die Südsee. Maschinenschriftliches Manuskript. Hamburg.

Tiesler, Frank
1983 Hans Fischer. Die Hamburger Südsee-Expedition. Über Ethnographie und Kolonialismus. Rezension. In: **Tribus** Nr. 32. 1983, S. 200-202. Stuttgart.

Vogel, Hans
1911 Eine Forschungsreise im Bismarck-Archipel. Hamburg.

Zwernemann, Jürgen
1980 Hundert Jahre Hamburgisches Museum für Völkerkunde. Hamburg.

Der Admiralitäts-Insulaner *Po Minis*
Vom "ungemein aufgeweckten" Informanten zum "notorischen Lumpen"?

Maren Mohr de Collado

Etwa drei Monate nachdem die Hamburger Südsee-Expedition von Hongkong aus zu ihrer Reise in den Bismarck-Archipel aufgebrochen war, erreichten die Forscher am 10. Oktober 1908 ihre zweite Station, die Admiralitäts-Inseln. In etwas weniger als einem Monat erkundeten sie vom Schiff PEIHO aus die Nord- und Südküste der Hauptinsel Manus mit den vorgelagerten kleinen Inseln der Admiralitäts-Gruppe, um Kunstobjekte und Gebrauchsgegenstände der dort ansässigen Bevölkerungsgruppen zu sammeln und ethnographische Studien durchzuführen. Die Admiralitäts-Inseln waren von 1884–1914 Teil der Kolonie Deutsch-Neuguinea und gehören heute als Manus-Distrikt politisch zu Papua-Neuguinea.

Eines der größten Probleme für die damalige wissenschaftliche Arbeit auf den Admiralitäts-Inseln war das Fehlen von einheimischen Dolmetschern, welche die unterschiedlichen indigenen Sprachen ins Pidginenglisch, das in der Gegenwart Tokpisin genannt wird, übersetzen konnten. Selbst wenn diese gefunden waren, ergab sich das zusätzliche Problem, dass die meisten Wissenschaftler am Anfang der Reise das Pidginenglisch noch nicht beherrschten. So benötigte man anfänglich regelrechte "Dolmetscher-Ketten", um eine Verständigung zu ermöglichen.[1]

Obgleich die ohnehin wenigen Dolmetscher, die für die Expedition tätig wurden, in den Berichten der Wissenschaftler und späteren Veröffentlichungen meist nur am Rande und kaum mit Namen erwähnt wurden, stößt man in den Berichten jener Zeit über die Admiralitäts-Inseln immer wieder auf einen Dolmetscher namens *Po Minis* (zuweilen auch *Pominis* geschrieben). Er wird

---
[1] Vgl. Fischer 1981, S. 97.

als besonders schillernde Persönlichkeit dargestellt und hatte bereits anderen Deutschen, die früher in diesem Gebiet gearbeitet hatten, Dolmetscherdienste geleistet. Auffallend ist hierbei, dass die Aussagen über diesen Mann sehr unterschiedlicher Natur sind und von Bewunderung bis zu regelrechter Verachtung reichen. Anhand von Notizen über *Po Minis*, die in einigen Publikationen des frühen 20. Jahrhunderts wie auch in den Tagebüchern der Südsee-Expedition zu finden sind, sollen im Folgenden die Kontakte des Admiralitäts-Insulaners mit den in der ehemaligen Kolonie arbeitenden Deutschen ein wenig näher beleuchtet werden.

Als Erstes taucht der Name *Po Minis* in den Arbeiten des Steyler Missionars Josef Meier auf, der Anfang des 20. Jahrhunderts auf Neupommern, dem heutigen Neu-Britannien, wirkte. *Po Minis* diente dem Geistlichen, der selbst nie auf den Admiralitäts-Inseln gewesen war, als Hauptinformant für seine Abhandlungen über die Mythen und Sagen der Admiralitäts-Insulaner.[2]

Nach Aussagen Meiers stammte *Po Minis* aus dem Ort Papitalai im Nordosten der großen Admiralitäts-Insel Manus und gehörte der gleichnamigen Ethnie an. *Po Minis* war nicht irgendein gewöhnlicher junger Mann, sondern der Sohn des damaligen *bikman* namens *Po Sing*, eines bedeutenden Mitgliedes seiner Gesellschaft. Dieser genoss bei der Insel-Bevölkerung weit über sein Stammesgebiet hinaus Einfluss. Bereits Parkinson erwähnte den Ruhm von *Po Sing* um die Jahrhundertwende.[3]

Über die Umstände, durch welche der junge *Po Minis* ins weit entfernte Neupommern gelangte, schreibt Pater Meier, *Po Minis* habe sich nach dem Tode seines Vaters von "dem Schiffe einer hiesigen Firma [aus Neu-Pommern], das seine Heimat besuchte, anwerben lassen und war so nach Neu-Pommern gekommen."[4]

Meier schreibt weiter, dass *Po Minis* bei seiner Ankunft auf Neupommern "kränkelte" und aus diesem Grund wieder nach Hause gebracht wurde. Auf den Admiralitäts-Inseln angelangt, stellte die deutsche Verwaltung ihn dennoch als Dolmetscher in Dienst:

---

[2] Meier 1907.
[3] Parkinson 1907, S. 383.
[4] Meier 1907, S. 646.

> "Doch da bedurfte das Gouvernement seiner [Po Minis] Dolmetscherdienste. Seine Landsleute sollten wegen verschiedener Mordtaten bestraft werden. Po Minis blieb nun nach Beendigung der [Straf-] Expedition nicht in seiner Heimat, sondern kam hierher [ins ehemalige Neu-Pommern] zurück. Und nun führte ihn sein ureigener Wille zur katholischen Mission, um dort Lesen und Schreiben zu lernen, eine Kunst, die er immer an den Weißen bewundert hatte. Von da ab war er mein Schüler und auch wiederum mein Lehrer, indem er mich in einer der Sprachen seiner Heimat unterrichtete, nämlich der Manussprache." [5]

Parkinson berichtet eine etwas andere Variante, wie der junge *Po Minis* zurück nach Neupommern gelangte: Der damalige Gouverneur von Benningsen unternahm mit dem Kriegsschiff KORMORAN die bereits erwähnte Straf-Expedition zu den Admiralitäts-Inseln, von wo er *Po Minis* mit anderen jungen Männern "von dort mitnahm, die dem Pater P. J. Meier übergeben wurden."[6]

Ob *Po Minis* nun freiwillig oder unfreiwillig nach Neupommern gelangte, muss ungewiss bleiben. Es ist in diesem Kontext zu vermuten, dass *Po Minis* es vorzog, seine Heimat wieder zu verlassen, nachdem er als Dolmetscher in den Dienst der deutschen Kolonialverwaltung gestellt wurde und von den Mitgliedern seines Volkes, das sich im Konflikt mit den Deutschen befand, sicherlich als aufseiten der Weißen stehend angesehen wurde.

Nun begann also die Lehrzeit bei dem Steyler Missionar und die Transformation des *Po Minis* vom "eingeborenen Wilden" zum "zivilisierten Katecheten", wie die beiden Fotografien in Meiers *Abhandlungen zu Mythen und Sagen der Admiralitäts-Insulaner* (1907) verdeutlichen sollen. Wann und unter welchen Umständen diese beiden Bilder entstanden sind, ist nicht bekannt. Sie wirken allerdings auffallend gestellt, und der Triumph über die äußerlich augenscheinlich "gelungene Bekehrung" wird nur durch die verschlossenen Mienen der beiden fotografierten Personen geschmälert, die eher weniger mit ihrer Ablichtung einverstanden gewesen zu sein scheinen (siehe Abb. 1 und Abb. 2).

---

[5] Meier 1907, S. 647.
[6] Parkinson 1907, S. 375.

Abb. 1 *Po Minis* mit seiner Frau in traditioneller Manus-Tracht.

Nachdem *Po Minis* bei Pater Meier Lesen und Schreiben gelernt hatte, schickte man ihn in sein Heimatdorf Papitalai zurück. Nach Aussagen Meiers blieb *Po Minis* jedoch mit dem Geistlichen in Kontakt und schrieb ihm weitere Mythen für seine Publikationen auf.

Parkinson macht über die Rückkehr von *Po Minis* in seine Heimat eine interessante Andeutung, die nicht ganz in das Bild des fortschrittlich denkenden und von Pater Meier bekehrten Katechisten passt:

> "Es ist zu bedauern, daß Po Minis, nach etwa zwei Jahren nach seiner Heimat zurückgesandt wurde, wo er bald in die alten Gewohnheiten zurückverfiel und schließlich abermals in die Hände der Verwaltung geriet, die ihn zur Strafe nach der Regierungsstation Käwieng auf Neu-Mecklenburg [dem heutigen New-Ireland] verbannte." [7]

Wie und unter welchen Umständen *Po Minis* nach seiner Strafversetzung nach Neu-Mecklenburg nun endgültig in sein Heimatdorf Papitalai zurückkehrte, wird aus den eingesehenen Quellen nicht deutlich.

Im Zusammenhang mit der Ankunft der Hamburger Südsee-Expedition auf den Admiralitäts-Inseln erhalten wir jedoch weitere Nachrichten über das Leben des *Po Minis*: Am 19. Oktober 1908 erreicht die Expedition sein Heimatdorf Papitalai, das im Nord-Westen der Manus-Hauptinsel liegt. Dort treffen sie auf *Po Minis*, der inzwischen von der deutschen Regierung als Dorfvorsteher eingesetzt worden war.[8] Aufgrund seiner Deutschkenntnisse war *Po Minis* für die Wissenschaftler von außerordentlichem Nutzen und wurde sogleich als Dolmetscher für die ethnologischen Arbeiten auf den Admiralitäts-Inseln engagiert. In den Tagebüchern der teilnehmenden Wissenschaftler sind verschiedene Bemerkungen über ihn zu lesen. Der Ethnologe der Südsee-Expedition, Wilhelm Müller-Wismar, beschreibt in seinem Bord-Tagebuch zwei indigene religiöse Praktiken des *Po Minis* und bestätigt damit, dass der Admiralitäts-Insulaner seine alten Traditionen in der Tat fortführte:

---

[7] Parkinson 1907, S. 375.
[8] Vgl. Hellwig 1908, S. 79.

Abb. 2 *Po Minis* mit seiner Frau in Katechisten-Kleidung.

"Vor seinem Hause standen einige trockene Bambuszweige als tamou [Tabu?] für Areca-Nüsse. Im Hause befand sich das Grab seines Vaters." [9]

Es scheint, dass *Po Minis*, nachdem er der deutschen Kolonialregierung diverse Übersetzungsdienste geleistet hatte, zu irgendeinem Zeitpunkt bei den Deutschen in Ungnade gefallen war, denn diese äußerten sich gegenüber den Teilnehmern der Südsee-Expedition bereits vor ihrer Ankunft in Papitalai negativ über ihn, wie aus dem Tagebuch des Südsee-Expeditionsteilnehmers Hellwig zu entnehmen ist:

"[...] für ganz lammrein konnte die Expedition nach entsprechenden Mitteilungen vom Gouvernement und anderen Quellen den Häuptling nicht halten, hatte doch eben erst auch Dolmetscher Lili berichtet, dass unser Freund neulich sich eine weitere Frau zu der Anzahl schon vorhandener Arbeitsweiber zugelegt habe und zwar lediglich kraft des zwingenden Einflusses seiner Winchesterbüchse." [10]

Der Expeditionsmaler und Fotograf Hans Vogel gibt in seinem Tagebuch weitere Gründe an, weshalb sich *Po Minis* unbeliebt gemacht hatte:

"Papitalai ist der Sitz des mächtigen Häuptlings Pominis, des berühmtesten Missionszöglings. Es ist eine große Anzahl von Mordtaten und Raubzügen von ihm bekannt. Er besitzt, wie mancher andere auch, verbotenerweise ein Gewehr und hält damit die Umgebung in Schrecken. Wenn man ihn aber besucht, steht in seiner Hütte ein kleines Tischchen mit einer Mariastatue, ein paar religiösen Büchern und Schreibheften, denn er spricht - wenn auch mühsam -, liest und schreibt Deutsch. Natürlich ist ihm Pidgin vollkommen geläufig, ebenso einige Usiai-Dialekte. Er war für uns daher von großen Nutzen, und wir verdanken ihm die ungestörte und erfolgreiche Arbeitsmöglichkeit in seinem Dorfe." [11]

---

[9] Müller-Wismar 1908, S. 91.
[10] Hellwig 1908, S. 79.
[11] Vogel 1911, S. 82.

Obgleich die Dolmetscherdienste des *Po Minis* von den Expeditionsteilnehmern gelobt werden,[12] scheint er also doch nicht ganz in das Bild eines beispielhaften "eingeborenen Missionszöglings" zu passen. Parkinson charakterisiert *Po Minis* als "ungemein aufgeweckt und intelligent".[13] Und auch Pater Meier beschreibt seinen Hauptinformanten als einen "außergewöhnlichen Menschen", der ihm viele nützliche Informationen für seine Studien zu den Admiralitäts-Inseln lieferte.[14] Nun erfahren wir hier aber plötzlich ganz andere Dinge über denselben *Po Minis*: Er verfiele in seine alten Traditionen zurück, besäße unerlaubterweise ein Gewehr und sei durch eine Reihe von Mordtaten und Raubzügen bekannt geworden. Auch zwischen den Expeditionsteilnehmern gab es unterschiedliche Meinungen über seine Person. Der Leiter der Südsee-Expedition, Prof. Dr. Friedrich Fülleborn, beschrieb ihn mit lobenden Worten:

> "19.10.1908: Besuch des Dorfes Papitalai, wo wir den berühmten Missionszögling Pominis treffen, der uns als Dolmetscher sehr gute Dienste leistet." [15]

Aus den Tagebuch-Eintragungen von Dr. Wilhelm Müller-Wismar entnehmen wir hingegen bereits eine eher skeptische Einschätzung über den Admiralitäts-Insulaner:

> "[...] andererseits war Pominis Vater Häuptling und er selbst ist es auch. Vielleicht hat er die Würde nur usurpiert mithilfe seines Winchester [Gewehrs]." [16]

Während die Teilnehmer der Expedition in *Po Minis* Heimatdorf Papitalai diverse Ethnographica, die in den Tagebüchern der Teilnehmer nicht sonderlich beschrieben werden, sammelten, findet man unterschiedliche Einträge zu einer gefundenen Waffe, einem so genannten "Kriegsbogen", der mit *Po Minis* in Zusammenhang gebracht wurde und alle teilnehmenden Wissenschaftler zu Nachforschungen veranlasste. Fülleborn schreibt dazu:

---

[12] Vgl. Fülleborn 1908, S. 3; Hellwig 1908, S. 79.
[13] Parkinson 1907, S. 357.
[14] Meier 1907, S. 646.
[15] Fülleborn 1908, S. 93.
[16] Müller-Wismar 1908, S. 94.

> "Es wird ein Kriegsbogen hier gefunden, wennschon unbespannt; es ist zweifellos, dass es sich nicht um zufällige Einschleppung handelt." [17]

Hellwig äußert sich ebenfalls zu dem besagten Objekt:

> "Auch das Pominis unterstellte Tän, ein Anhängsel des Dorfes Papitalai, wird besucht, um Nachforschungen wegen eines vorgefundenen Kriegsbogens anzustellen."[18]

Da ein solcher Kriegsbogen für den Kulturraum der Admiralitäts-Inseln völlig untypisch zu sein schien, müssen sich die Wissenschaftler mit der Herkunft dieses Objektes eine Weile beschäftigt haben. Müller-Wismar[19] publiziert fünf Jahre nach dem Ende der Südsee-Expedition die Lösung des Rätsels in seinem Artikel über die Religionen der Südsee und wirft *Po Minis* schwere Täuschung vor:

> "Auch den Referenten als Ethnologen der hamburgischen Südsee-Expedition hat der genannte Po Minis zu beschwindeln versucht, indem er ihm einen Bogen von der Astrolabe-Bucht als Manus-Produkt anzupreisen versuchte."

Diese Erkenntnis muss Müller-Wismar tief verletzt haben, denn in seiner Publikation bezieht sich der Ethnologe auch auf den eingangs erwähnten Artikel Pater Meiers, dem damaligen Standardwerk über die Mythen der Admiralitäts-Insulaner. Meier hatte ja von seinem Hauptinformanten *Po Minis* geradezu geschwärmt. Diesbezüglich übt Müller-Wismar[20] nun vernichtende Kritik an jenem.

> "Beeinträchtigt wird ihr inhaltlicher Wert [von Meiers Artikel] in etwas dadurch, dass der Gewährsmann des Autors, Po Minis, ein notorischer Lump ist, der wenig geneigt erscheint zur gewissenhaften Wiedergabe von Mythen."

---

[17] Fülleborn 1908, S. 93.
[18] Hellwig 1908, S. 79.
[19] Müller-Wismar 1913, S. 199.
[20] Müller-Wismar 1913, S. 199.

Die Gründe, weshalb *Po Minis* den Teilnehmern der Südsee-Expedition mit dem Kriegsbogen "einen Bären aufbinden" wollte, bleiben ungewiss. War es einfach nur Spaß eines Admiralitäts-Insulaners, dessen Volk nach Aussagen Meiers[21] "eine große Lust zum Fabulieren und Erzählen" besaß? Oder war es eine Rache des Einheimischen an den Wissenschaftlern als Vertretern der deutschen Kolonialmacht, welche ihn ja offensichtlich mindestens einmal strafversetzt hatte? Die Gründe hierfür bleiben ungewiss. Interessant ist es auch, dass keiner der Expeditions-Teilnehmer während des Aufenthaltes in Papitalai je ein Foto von dem so berühmten *Po Minis* angefertigt zu haben scheint, während ansonsten fast alle Dorfbewohner und auch *Po Minis* Frau abgelichtet wurden (Abb. 3). Lehnte er selbst dies ab? Einzig in Vogels Publikation existiert eine Zeichnung ohne Titel, die, vergleicht man sie mit frühen Fotografien von *Po Minis*, durchaus seine Person darstellen könnte.[22]

Abb. 3 Die Frau von *Po Minis* (in europäischer Kleidung) mit Frauen aus Papitalai.

---

[21] Meier 1907, S. 648.
[22] Vgl. Vogel 1991, S. 91.

Der spätere Werdegang von *Po Minis* liegt bisher leider im Verborgenen und bedarf weiterer Quellenforschung. Er bleibt allerdings eine ungewöhnliche Persönlichkeit in der kurzen deutschen Geschichte im Bismarck-Archipel. Aus dem frühen Kontakt mit der Kolonialverwaltung scheint der junge *Po Minis* als ein selbstbewusster Mann hervorgegangen zu sein, der sich kurzerhand über die eingeführten Gesetze der Deutschen hinwegsetzte und den Teilnehmern der Südsee-Expedition nicht als Untertan, sondern als ebenbürtiger Partner gegenübertrat. Dieses Verhalten hat offensichtlich nicht nur den damaligen deutschen Kolonialherren und Händlern missfallen, sondern ebenfalls manchen Ethnologen.

Bibliographie

Fischer, Hans
1981 **Die Hamburger Südsee-Expedition. Über Ethnographie und Kolonialismus.** Syndikat. Frankfurt.

Fülleborn, Friedrich
1908 **Berichte über den Verlauf der Südsee-Expedition der Hamburgischen Wissenschaftlichen Stiftung. Abschriften der Berichte I-VI, 1908-1909.** Museum für Völkerkunde, Hamburg.

Hellwig, Franz Emil
1908 Tagebuch der Expedition. In: Thilenius, Georg. **Ergebnisse der Südsee-Expedition 1908-1910.** Bd. 1: Allgemeines. Friederichsen, Hamburg, 1927.

Meier, Pater Josef
1907 Mythen und Sagen der Admiralitätsinsulaner. In: **Anthropos II**, S. 647-667.

Müller-Wismar, Wilhelm
1908-1909 **Tagebuch der Südsee-Expedition.** Maschinelle Abschrift, Museum für Völkerkunde, Hamburg, unveröffentlicht.

1913 Die Religionen der Südsee 1905-1910. In: **Archiv für Religionswissenschaft XVI**, Leipzig.

Nevermann, Hans
1934 **Admiralitäts-Inseln. Ergebnisse der Südsee-Expedition 1908-1910.** Band 3. Friederichsen, de Gruyter, Hamburg.

Parkinson, R.
1907 **Dreißig Jahre in der Südsee.** Von Strecker und Schröder, Stuttgart.

Thilenius, Georg
1927 **Ergebnisse der Südsee-Expedition 1908-1910.** Bd. 1: Allgemeines. Friederichsen, Hamburg.

Vogel, Hans
1911 **Eine Forschungsreise im Bismarck-Archipel.** L. Friederichsen & Co, Hamburg.

"Eine machtvolle Sache bei uns"
Zu den Malagan des nördlichen Neuirland

Dieter Heintze

Die Malagankunst Neuirlands ist in Ethnologie und Kunstgeschichte seit Jahrzehnten ein geläufiger Begriff: Kunstwerke aus dem nördlichen Teil jener Südsee-Insel, meist bemalte Holzskulpturen, die vor Ort als *Malagan*[1] bezeichnet werden. Diesen Werken, in Stil und Gehalt unverwechselbar, sind wiederholt eigene Ausstellungen gewidmet worden, zuletzt seitens des Minneapolis Institute of Arts 1987. Die Malagan dienen heutzutage neben Tauchsport, Naturbeobachtung und der besonderen Art des neuirländischen Haifangs ("shark-calling") als eine der touristischen Hauptattraktionen der Insel.[2]

Land und Leute

Neuirland liegt zwischen 3° und 5° südlich des Äquators, in den feuchtheißen Tropen. Die ursprüngliche Vegetation ist tropischer Regenwald. Die Insel ist von Saumriffen umgeben und hat nur wenige geschützte und seeschiffgeeignete Häfen. Sie erstreckt sich von Nordwest nach Südost mit einer Länge von rund 400 km. Nur im Südteil erreicht sie eine Breite von rund 50 km, sonst ist sie schmal, an einigen Stellen sogar nur 5 – 8 km breit. Vom flachen Nordende abgesehen ziehen sich Gebirge die Insel entlang, im Norden das Schleinitzgebirge[3] mit Höhen bis 800m, in der Mitte das Lelet-"Plateau" mit bis zu 1200m und im Südteil das Rossel-Gebirge, unzugänglich und

---

[1] *Malagan* oder *Malanggan*, je nach Sprachgruppe, sind die in die Fachliteratur eingegangenen Schreibungen. Bühler 1933 übernahm die damals bei ortsansässigen Angelsachsen übliche Schreibung *Mulligan*, vgl. Groves 1932/3, S. 339, N. 13.
[2] Vgl. http://www.discovernewireland.org.pg - Im Folgenden stützen sich eigene Daten auf Feldforschungen in Neuirland 1968 (damals dankenswerterweise von der Deutschen Forschungsgemeinschaft unterstützt) und 1980 sowie einen kurzen Besuch 1993.
[3] Benannt nach dem ersten Landeshauptmann des ehemaligen deutschen Schutzgebiets Kaiser-Wilhelmsland und Bismarck-Archipel.

unbewohnt, mit einem höchsten Gipfel von 2150m. Die Kammhöhe der Gebirge liegt näher an der Südwestküste, auf der Nordostküste gibt es ausgedehnteres hügeliges Vorland, also mehr anbaugeeignete Fläche. Daher ist die Nordostküste auch dichter besiedelt als die Südwestküste. Zu Neuirland zählen einige kleinere Inseln: Lavongai westlich des Nordendes, die Tabar-Inseln (Tabar, Tatau, Simberi), Lihir, die Tanga-Inseln entlang der Nordostküste sowie Dyaul vor der Südwestküste. Seit der Unabhängigkeit Papua-Neuguineas 1975 bildet Neuirland (einschließlich der kulturell nicht dazugehörenden St. Matthias-Inseln im Norden) eine eigene Provinz mit Parlament und Provinzregierung. Hauptstadt ist Kavieng am Nordende, zugleich der wichtigste Hafen – es war übrigens in Kavieng, dass Emil Nolde zu seinem berühmten Gemälde "Tropensonne" inspiriert wurde. Die Provinz Neuirland hat 9600 qkm Landfläche und rund 87000 Einwohner.[4]

Nach neueren archäologischen Erkenntnissen reicht die Anwesenheit von Menschen auf Neuirland über 30 000 Jahre zurück.[5] Was seitdem geschehen ist, welche kulturellen Entwicklungen stattgefunden haben, darüber kann man aufgrund von wenigen Indizien aus Archäologie und kulturvergleichender Betrachtung nur Vermutungen anstellen. Besonders verführte die zweifellos interessante Frage, wie und wann sich die Tradition der Malagan herausgebildet hat, ob z. B. indische und indonesische Einflüsse nachweisbar sind, zu mancherlei Spekulationen. Denn unverkennbar hat die Institution der Malagan eine zentrale Bedeutung für jene gesellschaftlich-kulturelle Ordnung der Neuirländer, die man in den vergangenen zwei Jahrhunderten kennengelernt hat, und zwar im nördlichen und mittleren Teil der Insel, denn die Kultur des Südens weicht davon ab und hat mehr Ähnlichkeit mit der des Tolai-Volkes auf der Gazelle-Halbinsel Ost-Neubritanniens.

Jene traditionelle gesellschaftlich-kulturelle Ordnung Nord-Neuirlands hat, bei allen Veränderungen, die der Globalisierungsprozeß seit Anfang der Kolonialzeit vor 120 Jahren mit sich brachte, in wesentlichen Zügen überdauert, selbst solche Einschnitte wie japanische Besatzung und Bombenkrieg 1942 bis 1945.

---

[4] Zensus 1990, vgl. http://www.niugini.com/pngonline/provinces/nip.HTM.
[5] Vgl. zuletzt Leavesley, Matthew G.: "Thirty-five thousand years in New Ireland." *Paradise* 145 (2001), S. 45-47. = http://arts.anu.edu.au/swp/paradise%story.htm.

Die Neuirländer leben noch immer in ihrer Mehrzahl in Dörfern, nur 9,4 % leben in den Hauptorten Kavieng und Namatanai.[6] Die heutigen kompakten Dörfer gehen auf eine Maßnahme des deutschen Bezirkshauptmannes Franz Boluminski nach 1900 zurück, der auch die verstreut im Binnenland Wohnenden an die Küste umsiedelte, um dort genügend Arbeitskräfte für Anlage und Wartung einer Straße zu haben, des heute so genannten Boluminski Highway. Die ursprüngliche Siedlungsform war die in einzelnen Weilern, die politisch eine Dorfschaft oder Landschaft bildeten. Stände, Schichten und amtliche oder erbliche Herrschaft gab es nicht. Die Geschicke der Dörfer lenkte eine informelle Gruppe von *bikman*[7] der einzelnen Verwandtschaftsgruppen. Erst die deutsche Kolonialverwaltung schuf das Amt von "Dorfchefs", *luluai*, an deren Stelle seit 1957 gewählte *komitiman* (eine Art Gemeindevorsteher) getreten sind. Die andere übergreifende traditionelle soziale Einheit neben der Dorfschaft ist die Verwandtschaftsgruppe, der Clan. Die Zugehörigkeit vererbt sich nur über die Mutter, nicht über den Vater, also "matrilinear". Das bedeutet auch für die reguläre Weitergabe von Rechten und Ansprüchen die Erbfolge vom Mutterbruder auf die Schwesterkinder, nicht vom Vater auf seine Kinder. Innerhalb der Clans und der im täglichen Leben noch wichtigeren "Unterclans" hat jeweils die führende Stellung, eben die des *bikman*, ein Mann inne, der sich, im normgerechten Fall, durch seine Erfahrung und seine Fähigkeiten im Management der Aktivitäten und Obliegenheiten seiner Verwandtschaftsgruppe auszeichnet. Einen Heiratspartner darf man nur außerhalb des eigenen Clans suchen ("Clan-Exogamie"), ein Verstoß dagegen zieht eine gewisse Verachtung nach sich.[8] Diese Regel garantiert die Aufrechterhaltung der Beziehungen zwischen den Verwandtschaftsgruppen.

Nach alter Auffassung sind den Clans bestimmte Vogelarten zugeordnet ("Totemtiere"), wie Fischadler, Seeadler, Buschhuhn usw. Die einzelnen Untergruppen der Clans fühlen sich jeweils aufs engste mit einem Stück Land verbunden, ihrem Ursprungsplatz. Dort haust auch ein dieser Gruppe zugehöriger Geist, *masalai*, der sich meist positiv zu Angehörigen dieser Gruppe,

---

[6] Zensus 1990, s. http://www.niugini.com/pngonline/population/nip.HTM.
[7] Fachterminus im Tokpisin, der seine Äquivalente in den einheimischen Sprachen hat, z. B. im Nalik *a piren*.
[8] Früher hatten solch unzulässige Verbindungen härtere Konsequenzen, wie Selbstmord "aus Scham".

negativ zu ihr Fremden verhält. Im Norden Neuirlands gibt es rund zehn verschiedene Clans. Im mittleren Neuirland sind die Clans zusätzlich in zwei Gruppen zusammengefasst, die ganze Gesellschaft ist also in zwei Hälften ("Moieties") geteilt. Die Exogamie gilt hier für die Hälften, also: jemand aus den Clans der Moiety A muß Heiratspartner aus den Clans der Moiety B suchen.

Außer den beiden Einheiten Dorfschaft und Clan – die sich überschneiden, in jeder Dorfschaft gibt es mehrere Clans, jeder Clan ist in mehreren oder allen Dorfschaften vertreten – gab es ursprünglich keine übergreifende Organisation, z. B. Stämme oder Staaten. Im täglichen Leben ist diese traditionelle Struktur noch immer wirksam. Die Exogamieregeln werden weitgehend noch befolgt, die täglichen Aktivitäten gemäß den verwandtschaftlichen Beziehungen organisiert. Eigentums- und Nutzungsrechte an Grund und Boden sind nach wie vor Sache der Clans. Die *bikman* haben viel von ihrer Macht behalten, selbst in modernen Gebilden wie Genossenschaften oder in Angelegenheiten, in denen eigentlich formale Amtsträger wie *komitiman* zuständig sind. Die Bekleidung solcher formalen Ämter sieht man wohl eher als Baustein für eine *bikman*-Karriere an.

Die sprachliche Zersplitterung ist, wie überall in Melanesien[9], groß. Auf Neuirland gibt es 18 verschiedene Sprachen. Die heutige Benennung der Sprachen ist erst von einem australischen Linguisten eingeführt worden, nach dem Wort für "Sohn", das in allen Sprachen Neuirlands anders lautet. Das erwies sich offenbar als recht praktisch, denn es wurde von den Neuirländern selbst übernommen, sie sprechen inzwischen von sich als "wir Nalik", "wir Kara" usw. Mehrsprachigkeit ist heute bei Neuirländern die Regel, alle sprechen neben ihrer Muttersprache auch die Verkehrs- und zweite Landessprache Papua-Neuguineas, das Tokpisin, viele ausserdem eine benachbarte neuirländische Sprache; ein erheblicher Teil kann Englisch mindestens lesen.

Wirtschaftlich spielt die traditionelle Produktion für den Eigenbedarf noch immer eine große Rolle. Angebaut werden Taro, Süßkartoffeln und Yams sowie Bananen, und zwar in Gärten, die man durch Brandrodung des Urwalds

---

[9] Die Inseln im Bogen von Neuguinea bis Neukaledonien.

anlegt. Nach einer Taro-und einer Süßkartoffelernte ist der humusarme tropische Regenwaldboden erschöpft, und man muß ein neues Stück roden. Die abgeernteten Gärten benötigen eine zehn- bis fünfzehnjährige Brache. Braucht man größere Mengen an Nahrungsmitteln, z. B. anlässlich eines Malagan-Festes, kann man auf die Sagopalmbestände zurückgreifen, d. h. durch Auswaschen des Marks der Palme Stärke gewinnen, die zur Bereitung verschiedener Speisen verwendet wird. Kokosnüsse gehören ebenfalls zur täglichen Nahrung, vor allem die jungen mit ihrem erfrischenden Saft. Schweinezucht ist für Neuirländer von überragender Bedeutung, hängt doch das Prestige eines Mannes und die Karriere als *bikman* davon ab, wie viele Schweine er zu einem Fest beizutragen vermag. Schweine werden nur anlässlich besonderer Ereignisse geschlachtet. Alltäglich aber bietet die See mit Fischen und Schalentieren eine weitere Nahrungsquelle. Gelegentlich jagt man verwilderte Schweine und kleine Baumkänguruhs. Längst werden zu den selbst erzeugten täglichen Nahrungsmitteln Reis und Dosenfleisch hinzugekauft. Denn man muß einen Teil seiner Arbeitskraft inzwischen in andere Tätigkeiten investieren, die seit Beginn des Kontakts mit der übrigen Welt dazugekommen sind. Man betreibt selbst kleinere Kokosplantagen – oder auch größere in genossenschaftlicher Form, z. B. im Rahmen einer Pfarrgemeinde. Neuirland ist in Papua-Neuguinea ein Haupterzeugungsgebiet von Copra, dem getrockneten Kokosnußfleisch als Ausgangsprodukt für Fette und Öle. Auf den Plantagen werden Kontraktarbeiter aus Neuguinea beschäftigt. Neuirland war zwischen 1870 und 1910 selbst einmal ein Hauptanwerbungsgebiet für Kontraktarbeiter, mit schwerwiegenden Folgen in den Dörfern: Arbeitskräfte fehlten, wenn z. B. ein großes Malagan-Fest durchgeführt werden sollte, zu viele Männer starben auswärts, junge Männer konnten nicht zeitgerecht initiiert werden. Heute sind Neuirländer auswärts nur noch in qualifizierten Berufen wie Vorarbeiter, Techniker, Krankenschwestern, Lehrer, Polizisten, Verwaltungsangestellte usw. tätig. Weitere moderne Erwerbsmöglichkeiten bieten der kommerzielle, von ausländischen Unternehmen betriebene Fischfang, die Hafenarbeit, die Tourismusbranche. Diese neuere Entwicklung hat sich unmittelbar auf die traditionellen Riten und Feste ausgewirkt, und zwar in erster Linie auf den Faktor Zeit: Die Abläufe sind erheblich kürzer, als sie noch 1906/8 von Völkerkundlern beobachtet wurden.[10] Noch nicht abzusehen sind die sozialen und wirt-

---

[10] Vgl. Krämer 1925, S. 77-80.

schaftlichen Auswirkungen des beginnenden Goldabbaus auf der Insel Lihir auf die gesamte Provinz.

Die Bevölkerung Neuirlands bekennt sich seit mehreren Generationen zum Christentum, 44% gehören der United Church (Methodisten) an, 41% der katholischen Kirche.[11] Nach zeitweise ablehnenderer Haltung gegenüber vielen Traditionen, auch den Malagan, üben sich heute beide großen Konfessionen nicht nur in einem hohen Maß an Toleranz, sondern fördern sogar diese alten Traditionen und die Integration von Christlichem und Altneuirländischem. Man kann ein Malagan-Fest z. B. in katholischen Dörfern mit einer Messe beginnen, ein kirchliches Fest mit alten Tänzen und Vorführungen bereichern. Diese Haltung der Kirchen ist sicher ein überaus wichtiger Faktor für die Kontinuität der neuirländischen Kultur und das Selbstverständnis der Neuirländer. Diese Kontinuität und dieses Selbstverständnis sind also nicht gefährdet durch ein (nicht-fundamentalistisches) Christentum, wie man vor Jahrzehnten gelegentlich beklagte, sondern durch andere Elemente des Globalisierungsprozesses.

Malagan: Was ist das?

Ein älterer Herr in Fisoa nannte Mikrofon und Tonbandgerät des Ethnologen gelegentlich, halb im Scherz, *a malagan sin a mono*, Malagan des weißen Mannes, und fügte erläuternd hinzu: *a zan dogho sin a mono*, eine gute Sache des weißen Mannes.[12] Bei anderer Gelegenheit lauteten auf die Frage, was denn Malagan sei, die spontanen Antworten: eine Sache der Vorfahren und: eine machtvolle Sache bei uns. Diese Bestimmung von Malagan als guter, althergebrachter, machtvoller Sache drückt eine gewisse Verlegenheit aus: Malagan gehört offenbar zu jenen Schlüsselbegriffen einer Kultur, deren komplexe und weitreichende Bedeutung sich einer bündigen Definition entzieht. Der australische Ethnologe William C. Groves 1933:

---

[11] Prozentzahlen s. http://www.niugini.com/pngonline/population/nip.HTM.
[12] Zitate in Nalik. z=stimmhaftes s, gh=velarer Reibelaut wie das "Rachen"-r im Deutschen, in der halb offiziellen Orthographie des Nalik (vgl. Volker 1998, S. 16) mit x wiedergegeben, was für deutsche Leser, die nicht Linguisten sind, eher irritierend wäre.

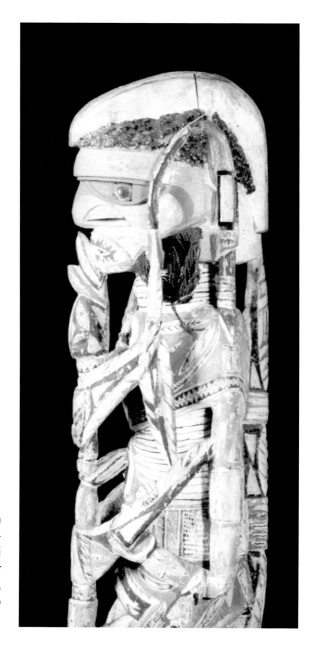

Abb. 1 Eine typische, in Ajour-Technik hergestellte Malagan-Schnitzerei aus dem Museum für Völkerkunde Hamburg, Nr. 87.84:22 (Foto Brigitte Saal).

> "Einen solchen Umriß [der zahlreichen Aspekte von Malagan] geben zu wollen hieße, das Gesamt der Kultur von Fisoa zu skizzieren, denn jeder andere Gegenstand ist auf die eine oder andere Weise verbunden mit diesem beherrschenden kulturellen Einfluß von Malagan..."[13]

Ein andermal sagte man, Malagan, das sei ein Bild: "Wir arbeiten ein Bild des Verstorbenen, das man *a ghuap* nennt." In der älteren Fachliteratur findet man wiederholt die Feststellung, Malagan habe eine doppelte Bedeutung, es bezeichne einmal die Bildwerke, andererseits die Totengedenkfeste, aus deren Anlaß jene hergestellt werden.[14] Das ist wohl un-neuirländisch gedacht, man muß von einem einheitlichen Begriff ausgehen. Vielleicht kann man es sich so verständlich machen: Malagan sind die konkreten Darstellungen, die aber nur zugleich mit dem ihnen jeweils zugehörenden rituellen und sozialen Kontext realisiert werden. Den faßte ein neuirländischer Gesprächspartner einmal so zusammen: Wenn jemand gestorben ist, "dann begräbt man diesen Menschen; wenn man ihn nicht begräbt, dann verbrennt man ihn, oder: früher pflegte man ihn zu verbrennen. Wenn jemand gestorben ist und man ihn nun herausträgt, dann singt man für ihn *a mbuma*, und dieser Gesang kündigt an, dass es später ein *a lemani* geben wird.[15] Gut, man schlägt nun das Holz, das Malagan. Wenn die Gärten soweit sind, für genügend Schweine gesorgt ist, dann wird das Malagan nun kommen. Die Männer gehen und fällen jenen Baum, den man *a zebaf* nennt.[16] Man holt ihn, der Schnitzer schnitzt aus ihm das Bild eines Menschen. Die Schlitztrommel tönt; wenn die Schlitztrommel ruft, dann wissen die Leute jetzt, in diesem Dorf gibt es Malagan. Man schlachtet Schweine, zum Beispiel vier Schweine, wenn der Schnitzer ein Malagan zu arbeiten anfängt. Gut, die Frauen gehen Nahrung holen,..., man stellt sie auf die Plattform: Taro, Yams usw..." Der Gesprächspartner schilderte dann die *lemani*-Zeremonie, die Reden der *bikman* und so fort.

---

[13] Groves 1932/3, S. 340 (Übers. D.H.) Groves arbeitete in Fisoa (Nalik-Sprachgruppe) und auf Tabar.
[14] Z. B. Bühler 1948, S. 82; Bodrogi 1987, S. 18. – Brigitte Derlon ist zuzustimmen, dass kein bisheriger Versuch einer Etymologie des Wortes Malagan völlig überzeugt, s. Derlon 1990/1, S. 185.
[15] Eine der verschiedenen Abschlusszeremonien eines Malagan-Festes.
[16] Alstonia villosa, ein Baum mit geradem Stamm und lindenartig weichem Holz, aus dem die meisten Malagane geschnitzt werden.

Die Malagan sind also Darstellungen, die zum Gedenkfest für Verstorbene geschaffen werden. Diese Gedenkfeste schließen die lange Trauerperiode ab, sie "beenden das Denken an die Toten." Mit dem Ableben eines Menschen tritt eine Reihe von Verhaltensregeln und Tabus in Kraft, die erst im Laufe einer längeren Zeit schrittweise aufgehoben werden. Ein Beispiel: Die Plattform, auf der eine Verstorbene 1980 in Madine gemäß ihrer Verfügung nach alter Weise verbrannt worden war, durfte erst abgerissen werden, nachdem bestimmte Masken mit tabu-aufhebender Kraft, *marua*, aufgetreten waren. Alle Aufhebungen von Tabus (Abwaschen der schwarzen Trauerfarbe, Wiederermöglichung von Baumaßnahmen am Sterbehaus usw.) sind von Festen begleitet. Deren aufwendigstes ist dann das abschließende Gedenkfest, das monatelange Vorbereitungen verlangt, eine Herausforderung für die Managementqualitäten der *bikman*. Wegen des Umfangs der Vorbereitungen legt man, wenigstens heutzutage, die Gedenkfeiern für mehrere Tote der vergangenen Jahre gern zusammen.[17] Da Hunderte von Gästen teilnehmen und große Zahlungen in Geld und Naturalien zwischen den Verwandtschaftsgruppen geleistet werden, müssen zusätzliche Gärten angelegt, ausreichend Schweine für die Schlachtung reserviert und Finanzierungs- und Arbeitsbeiträge innerhalb der Clans und Unterclans organisiert werden. "Ein Malagan bedeutet ein hartes Stück Arbeit."

Ein rechteckiges Gehege, in dem die wichtigsten Zeremonien stattfinden und die Malagan ausgestellt werden, wird an dem alten Ritualplatz eines Gehöfts (Weilers) errichtet. Jedes Gehöft verfügt an sich über einen solchen Platz, in Küstendörfern zwischen Wohnbereich und Strand gelegen. Hier stand früher das Männerhaus, heute ist der Platz Begräbnisstätte. Früher stellte man über doppelmannshohe Bambuszäune auf[18], heute begnügt man sich mit einem hüfthohen Bambusstangenzaun, an den dicht an dicht Kokospalmwedel gelehnt werden. Innerhalb des Geheges arbeitet, häufig in einem eigenen kleinen Gebäude, ein Künstler die Malagan, verborgen vor den Augen der Öffentlichkeit. Nur die *bikman* und ihre Helfer haben Zutritt, andere Männer gegebenenfalls gegen Entrichtung eines Obolus.

---

[17] Z. B. in Munawai (Nalik-Sprachgruppe) 1968 für 34 Verstorbene
[18] Vgl. Krämer 1925, Taf. 36u., Taf. 41.

An den abschließenden Festtagen finden außerhalb des Geheges zunächst zahlreiche Tänze statt, Beiträge der teilnehmenden Dörfer. Die nord-neuirländischen und die heute recht beliebten Tänze der Tolai Neubritanniens sind durchchoreographierte Formationstänze, die wochenlanges Üben verlangen, denn man legt Wert auf makellose Aufführungen. Auch die Nächte hindurch wird getanzt, vor allem *bot*, ein geselliger und lustbetonter (darum früher zeitweise von der Mission verbotener) Rundtanz um die Schlitztrommel.

Den Höhepunkt bilden die Abschlusszeremonien, deren es eine ganze Reihe verschiedener gibt, je nach spezieller Malagan-Tradition. Das Gehege wird geöffnet, der Blick fällt auf die vor einer Blätterwand aufgestellten Malagan - bei gelungener Inszenierung ein von allen erlebter großer Augenblick. Danach halten die verantwortlichen *bikman*, von denen manche auch die Würde eines *maimai* bekleiden, eines offiziellen Rhetors und Herolds, ihre Reden, bei manchen Malagan-Traditionen auf einer erhöhten Plattform, benannt nach dem mythischen Riesenschwein *Lunganga*[19], auf der die geschlachteten (aber nicht gegarten) Schweine aufgereiht sind. Deren Fleisch wird am Schluß verteilt, die wertvollsten Teile, z. B. der Kopf, gehen an die *bikman*. Die Festgäste nehmen ihren Anteil mit nach Hause, wo das Fleisch entweder sofort im Erdofen gegart oder im Kühlschrank, über den manche Haushalte verfügen, kurzzeitig aufbewahrt wird. Gibt es zu viele *bikman*, die zu Wort kommen müssen, können die Reden sehr lange dauern, und nicht ohne Schadenfreude erzählte man die – sich vielleicht auch nur der Pointe verdankende – Anekdote von einem Fest in NN, bei dem die Reden so lange gedauert hätten, dass man 70 Schweine habe ins Meer werfen müssen, weil ihr Fleisch schlecht geworden sei.

Früher war mit diesen Festen offenbar auch die Initiation junger Männer eng verknüpft.

> "Malanggan-Zeremonien verbinden dem Gedenken geltende abschließende Riten für die Verstorbenen und die Initiationsriten für Jungen.

---

[19] Ein oft erzählter Mythos: Lunganga, ein Riesenschwein, zog Menschen fressend und zerstörend die Insel entlang, sodass die Bewohner nach Tabar flüchteten. Erst als zwei Brüder, Söhne einer Frau und eines Strandvogels, Lunganga getötet hatten, konnten die Bewohner zurückkehren.

> Typischerweise werden verstorbene Personen eines bestimmten Clan zur selben Zeit geehrt, da Jungen dieses Clan initiiert werden, so dass man Malanggan als eine Art Ablösung toter Clanmitglieder durch neue Mitglieder betrachten kann, die Erwachsenenstatus erreichen,"

schreibt der Ethnologe Phillip Lewis, der Initiationsriten im Notsi-Sprachgebiet noch 1953/4 beobachten konnte.[20]

Ein Malagan-Fest, immer mit seinem Charakter des Gedenkens an Verstorbene, kann auch aus anderen Anlässen als dem Abschluß der Trauerperiode durchgeführt werden: Zur Beilegung eines Konflikts[21] oder zur Bestätigung der Übertragung von Nutzungsrechten an Grund und Boden sowie zur Etablierung eines neuen Unterclan.[22]

Malagan: ein System und seine rechtlichen Aspekte

Nach äußeren Grundformen die traditionellen nord-neuirländischen Bildwerke einzuteilen, ist für Außenstehende nicht schwer. Man findet im wesentlichen:

1. Freistehende bemalte Rundskulpturen aus Holz, als einzelne Figuren oder als vertikal angeordnete Figurenfolgen, als Menschenfiguren oder Tierfiguren (Fische, Vögel). Sie enden unten in einem Pflock, mit dem sie in einer in den Boden gesteckten Bambusröhre aufgestellt werden. Horizontal ausgerichtete Fisch- oder Vogelfiguren werden auf einen Pfosten gesteckt.
2. Horizontale plankenförmige Schnitzereien, in der Fachliteratur als Friese bezeichnet, die an einer mit Blättern ausgekleideten Wand aufgehängt werden. Die Friese werden wegen der in der Regel symmetrischen Anordnung der Motive zu einem Zentrum wohl auch mit dem propellerförmigen Schwimmer des neu irländischen Haifanggeräts verglichen und so benannt.[23]

---

[20] Lewis 1969, S. 45; vgl. Powdermaker 1933, S. 102-139.
[21] Vgl. Heintze 1987, S. 42; Gunn 1987, S. 75.
[22] Vgl. Gunn 1987, S. 75.
[23] Peekel 1927, S. 17.

Abb. 2a/b "Einfache" Gesichtsmaske mit kompliziert gearbeitetem Helm aus Pflanzenfasern; MV Hamburg, Nr. E 1348 (Fotos Brigitte Saal).

3. Geflochtene und mit verschiedenen Motiven bemalte Scheiben, die ebenfalls an der Schauwand angebracht werden.
4. Figuren, die aus Pflanzenmaterial hergestellt und mit einem aus Holz geschnitzten und bemalten Kopf versehen werden, in der Literatur meist als "Puppen" bezeichnet.

5. Masken, entweder erstens als "einfache" bemalte Gesichtsmasken mit einem aus Pflanzenfasern, Stoff, Kalk usw. über einem Gestell aus Holzstäben gearbeiteten Helm, meist mit einer aus gelb gefärbten Fasern hergestellten Helmraupe, ähnlich den früheren Raupenhelmen der Dragoner, oder zweitens als komplexe Masken mit reichgeschnitzten Ergänzungen an Ohren, Nase, Kinn und auf dem Kopf.

6. Tanzgerät, wie geschnitzte und bemalte Vögel oder Vogelköpfe, die man bei bestimmten Tänzen mit dem Mund hält ("Tanzmundstücke"), oder Tanzschilde -

wenn es denn solche sind[24] - in der Regel in Gestalt eines Vogels mit ausgebreiteten Schwingen.
7. Aus Holz geschnitzte und bemalte Bug- und Heckverzierungen der Auslegerkanus.
8. Architekturteile wie reliefartig beschnitzte und bemalte vertikale und horizontale Fassadenbretter und Seitenwände oder geflochtene und bemalte Wände.
9. Ein nur auf Neuirland vorkommendes Musikinstrument in Form eines länglichen abgerundeten Holzblocks mit drei aus dem Block gearbeiteten Lamellen, die durch Reiben zum Klingen gebracht werden, mit Gesicht und Rosette in Relief ("Neuirländisches Reibholz").

Charakteristische Merkmale der meisten dieser Werke sind die durchbrochene Arbeit, die Bemalung, die Vielfalt zusätzlich verwendeter Materialen wie Pflanzenfasern, Federn, Flaum, Früchte, Kalk, Stoff und vor allem die Deckel der Meeresschnecke Turbo petholatus für die Augen. Charakteristisch ist die oft außerordentlich komplexe Verschränkung von Motiven, das raffinierte Spiel mit Symmetrien und Asymmetrien sowie, zumindest bei den Objekten, die im Gehege auszustellen sind, eine Ausrichtung auf die frontale Betrachtung, so dass nicht nur bei den ohnehin an der Wand hängenden Friesen, sondern manchmal selbst bei freistehenden Figuren die Rückseite flüchtiger behandelt ist.

Malagan dient nur als Oberbegriff, der auch keineswegs alle der aufgezählten bildnerischen Produktionen umfassen muß, doch ist die Abgrenzung ein Problem für sich. So heißt es oft von den "einfachen", *tatanua* genannten Masken, sie seien "nur halb ein Malagan." Kein Malagan kann man nur als Malagan bezeichnen, alle Malagan haben einen eigenen Namen. Es gibt zunächst umfassende Kategorien, "große Namen", "Familien", z. B. *marua*, Masken des komplexen Typs, deren jede einzelne bestimmte Motive und eine eigene Bezeichnung hat. Malagan-Kategorien werden gelegentlich einer Region als ihrer Hochburg zugeschrieben – die Nalik-Region sei "der wahre

Abb. 3 Zwei geschnitzte und bemalte Hauswand-Paneele; MV Hamburg, Nr. E 3306 (Foto Brigitte Saal)

---

[24] Oder Friese? Zu den divergierenden Angaben Heintze 1969, S. 90f; Gunn 1997, S. 110 zeigt sie an einer Malaganwand. Beide Verwendungen schließen sich aber m. E. nicht aus.

Platz der Marua." Andere solcher Kategorien sind Kulepmu, Wawara usw. In diese Kategorien, bzw. sie noch einmal aufgliedernde Unterkategorien, "gehen alle die kleinen Namen hinein", d. h. die Eigennamen der konkreten Darstellungen. Rund 20 große Kategorien zählte man Anfang der 80er Jahre des 20. Jahrhunderts auf Tabar. "Jede dieser Gruppierungen großen Namens wird durch den eigenen Namen, die Herkunft, die Verhaltensregeln, die Gesänge, die Handlungsabläufe, die Gesichtsbemalung, die Verbindungen mit der Welt außerhalb der Malagan und die dem Malagan angepassten architektonischen und skulpturalen Formen definiert."[25] Innerhalb dieser Großkategorien gibt es "Stränge" von Malagan verschiedener Form und Wertigkeit, die im Laufe seines Lebens vollständig zu sammeln ein Mann, dem es auf seine gesellschaftliche Karriere ankommt, versuchen muß, vom geringwertigen zum höchstwertigen Malagan-Typus. Nur wenige erreichen das und das damit verbundene Ansehen. Sie werden die Rechte an diesen Malagan eines "Stranges" ihrerseits wieder an die nachfolgende Generation schrittweise weitergeben. Stirbt jemand, bevor er das vollständig getan hat, können Malagan-Traditionen für immer verloren gehen.[26]

An jedem einzelnen Malagan mit seiner speziellen Motivkombination[27], seinem Namen, seiner "Geschichte" und seinen besonderen Zeremonien besteht ein Eigentumsrecht, ähnlich dem westlichen Copyright. Nur wer dies Recht hat, darf ein Malagan herstellen. Kaum ein Malagan-Fest, an dem nicht irgendwer von Plagiat redet oder, wie auf Tabar beobachtet, wortlos den Plagiatvorwurf durch Aufklatschen von Kalk auf den Rücken des Veranstalters äußert.[28] – Man fragt sich allerdings, wie man bei der Unüberschaubarkeit des Motivrepertoires und der Kombinationsmöglichkeiten von Motiven den Verdacht erhärten, noch das Gerede vermeiden will... Auf die Frage nach Sanktionen bei einem Copyrightverstoß hieß es einmal, der Plagiator müsse mit Todeszauber gegen ihn rechnen,[29] ein andermal, die Plagiatoren müssten ein

---

[25] Gunn 1984, S. 81.
[26] Gunn 1984, S. 85-87. Gunn 1987, S. 81-83. Ein konkretes Beispiel, dass einer sein Wissen mit ins Grab nahm, s. Heintze 1987, S. 42.
[27] Der "Markierung" des Malagan: "... zum Beispiel das Malagan NN's, es gibt einige Sachen, die man daran arbeiten kann. Gesetzt den Fall, NN sieht, dass man es an einem anderen Ort gemacht hat, kann er fragen: Was machst Du da? Wo hast Du das her?"
[28] Gunn 1987, S. 80.
[29] Ähnlich Gunn 1984, S. 89 für Tabar.

großes Essen veranstalten und umfangreiche Zahlungen leisten und so das Recht an dem Malagan erwerben, man könnte sagen, die Aneignung also nachträglich durch eine Entschädigung legalisieren. Gegebenenfalls kann auch die Zerstörung eines Malagan vor dem Fest erzwungen werden.[30]

Nicht alle nennen eine gleiche Menge Malagan ihr eigen. Es kommt auch vor, dass jemand kein Recht an einem Malagan besitzt. Dann muß er bei Bedarf, etwa für ein Gedenkfest für verstorbene Angehörige, die Rechte an einem Malagan käuflich erwerben, z. B. von einem Verwandten. Die Übertragung der Rechte erfolgt sonst auf zwei Wegen: Von Mutterbruder auf Schwestersohn oder vom Vater auf den Sohn, und stets mit der Produktion und Ausstellung des Malagan und der Durchführung der Zeremonien. Der neue Eigentümer erlernt das Wissen um das Malagan mit allen seinen Aspekten im Vollziehen.[31] Das Wissen um Malagan ist Männersache, Frauen kennen nur ihre Anteile am spezifischen Ablauf der Zeremonien. Will eine Frau ein Malagan durchführen lassen, so wendet sie sich an einen männlichen Verwandten, in der Regel einen Bruder, denn nur der kennt die Art des Malagan wirklich.[32]

Auch wenn es immer wieder heißt: Das Malagan des Soundso, bedeutet das nicht, dass der Eigentümer das absolute Verfügungsrecht über das Malagan nach europäischem Verständnis hätte. Die bestimmten Malagan werden auch als einem Clan oder Unterclan zugehörig betrachtet, und gerade die "Eigentümer" zahlreicher Malagan müssen stets auch das Interesse ihrer Verwandtschaftsgruppe im Auge behalten. Sie sind eher "Kontrolleure" und "Hüter" der Rechte als absolute Eigentümer, ähnlich wie sie als *bikman* auch "Kontrolleure" und "Hüter" des Grund und Bodens der Clans und Unterclans sind.[33] Es liegt auf der Hand, dass damit die *bikman* wie bei Grund und Boden so auch bei Malagan ein politisches Instrument haben, Abhängigkeiten und Anhängerschaften aufzubauen und die Beziehungen zu den anderen Verwandtschaftgruppen zu gestalten.

Der matrilinearen Ordnung entspricht die Weitergabe der Rechte an einem Malagan vom Mutterbruder auf den Schwestersohn, wobei der Kreis der

---

[30] Gunn 1984, S. 91 für Tabar.
[31] Derlon 1994, S. 33; Gunn 1987, S. 79.
[32] Derlon 1994, S. 33.
[33] Aufschlussreiche Parallelen entwickelt Derlon 1994.

betroffenen Personen aufgrund der "klassifikatorischen" Verwandtschaftsbegriffe weitgefaßt sein kann, denn alle männlichen Clanangehörigen der Mutter in ihrer Generation sind "Mutterbrüder" und für diese alle Söhne aller clanangehörigen Frauen ihrer Generation "Schwestersöhne". Ist die Übertragung der Rechte während eines Malagan-Festes öffentlich erfolgt, verliert sie der bisherige Inhaber, er kann das Malagan nicht mehr selbst herstellen lassen. Doch die Rechte bleiben innerhalb des Clan oder Unterclan.

Schwieriger ist der andere mögliche Weg: die Weitergabe der Rechte vom Vater auf den Sohn, denn dann gehen die Rechte in einen anderen Clan über. In diesem Fall sind besonders hohe Zahlungen in Form von Schweinen, Muschelgeld und moderner Währung notwendig. Auf den Tabar-Inseln sind die Rechte, die der Sohn von seinem Vater erwirbt, nur Nutzungsrechte an dem Malagan, er darf das Bild ein- oder mehrmals verwenden, aber dieses Recht erlischt mit seinem Tod. Unbeschadet der Weitergabe von Nutzungsrechten an dem Malagan dürfen die eigentlichen Eigentümer es jederzeit auch selbst herstellen lassen. Das Nutzungsrecht darf auch nicht weitergegeben werden – mit einer Ausnahme, wenn der Sohn seinerseits eine Frau aus dem Clan des Vaters geheiratet hat; denn dann gehört sein Sohn zu diesem und die Rechte kehren in den Clan zurück, aus dem sie stammen. Solche ehelichen Verbindungen waren in alten Zeiten bevorzugt, man versuchte sie schon durch Kinderverlobung sicherzustellen.[34]

Prinzipiell kann man aus gegebenem Anlaß auch sein Malagan, also eine Motivkombination, erfinden–"träumen"– im Rahmen der übergeordneten Kategorien und es in das System einzuführen versuchen, was von der Zustimmung der älteren Männer abhängt, die für diese Kategorie etwas zu sagen haben. Die Erfindung eines Malagan gilt allerdings als Wagnis. Bei der Unüberschaubarkeit des Malagan-Repertoires ist die Gefahr groß, dass man nicht doch ein fremdes Copyright verletzt.[35] Auf Tabar sollen Leute, die selbst nicht genügend Malagan-Rechte hatten, auf die Hauptinsel gegangen sein, dort zu Gedenkfesten für entlegene Verwandte ein Malagan eigener Kreation beigetragen haben und dann mit diesem "ihrem" Malagan nach Hause zurückgekehrt sein.[36]

---

[34] Gunn 1984, S. 88; Gunn 1987, S. 81f.
[35] Gunn 1987, S. 80.
[36] Gunn 1986, S. 464.

Malagan: Die Deutung des Dargestellten

Die Notwendigkeit, dass die Malagan sich unterscheiden und mit ihren spezifischen Motivkombinationen bezeugen, wer an ihnen das Copyright hat, ist, denkt man noch Stil und Gestaltungsspielraum der einzelnen Künstler hinzu, der Grund, dass man zwar Typen erkennen kann, doch kaum zwei Malagan findet, die einander gleich sind. Das Repertoire möglicher Malagan, bei aller Wiederkehr bestimmter Typen in den vergangenen 150 Jahren, wandelt sich: Sterben die Wissenden, bevor sie einzelne Malagan weitergegeben haben, verschwinden diese, andererseits kommen auch immer neue Formen dazu.

Abb. 4 "Einfache" Maske mit Fischdarstellung (Hai?) auf beiden Wangen; MV Hamburg, Nr. E 3306 (Foto Brigitte Saal)

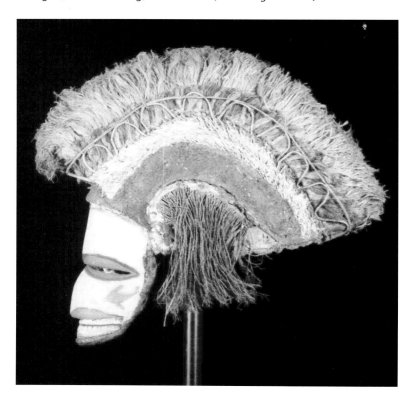

Abb. 5 Komplex geschnitzte Maske mit einer Fischdarstellung an jeder Wange und einem Hahn oder Nashornvogel in der Mitte; MV Hamburg, Nr. E 133 (Foto Brigitte Saal)

Dasselbe gilt für die Motive, die für die Komposition der einzelnen, bestimmten Malagan verwendet werden. Schon um 1900 werden an den Malagan z. B. gelegentlich europäische Kleidungsstücke dargestellt, Hüte, oder Gürtel mit Koppelschloß – übrigens eine Amtsinsignie der *luluai*, ein möglicher Hinweis auf den Verstorbenen, zu dessen Gedenken das Malagan angefertigt wird.[37] So umfangreich und offen aber das Motivrepertoire auch ist, zeigt es andererseits Auswahl und Begrenzung. So tauchen bestimmte Vogelarten immer wieder auf, wie Eulen, Drongo (mit langen schwarzen Schwanzseitenfedern), Nashornvogel, Fregattvogel, Hahn, Adler u. a. Unter den dargestellten Vögeln sind einige die "Totemvögel" der Clans, jedoch auch eine ganze Reihe, die das nicht

---

[37] Singulär in der Häufung "moderner" Sujets allerdings ist eine Hausfassade im Übersee-Museum Bremen (1. Jahrzehnt d. 20. Jahrhunderts), deren Reliefs Pferde und in Hemd und Hose gekleidete Reiter mit Tatanua-Masken zeigen.

sind. Weshalb sie zu den Motiven an den Malagan gehören, müsste eine Untersuchung ihrer Rolle in der traditionellen Vorstellungs- und Ideenwelt der Neuirländer erschließen, z. B. dass der Drongo als Ankündiger des Morgens gilt. Doch über solche Vorstellungen weiß man zu wenig, und vieles ist, undokumentiert, inzwischen in Vergessenheit geraten.[38] An anderen Tierarten begegnen immer wieder Schlangen – häufig eine Erscheinungsform der *masalai* genannten Geister – Fliegende Fische, Fischarten der Hochsee (z. B. Haie) und des Riffs, Schweine, oder auch nur deren Köpfe; Hummer, Muscheln, Tritonschnecken – die, mit einem Blasloch versehen, als Schneckentrompeten gebraucht werden – Waran usw. Man sieht Kokosnuß, Arekanuß, Taro; Himmelsphänomene wie Wolken oder Morgenstern; Geräte wie Paddel, die Wasserflasche aus Kokosnussschale; Musikinstrumente wie Panpfeifen oder das Neuirländische Reibholz. Die Liste ließe sich fortsetzen.

Häufig kehren bestimmte Motivkonstellationen wieder: Vögel, die mit ihrem Schnabel eine Schlange halten; Vögel auf und unter menschlichen Figuren; Fliegende Fische vor einer Figur; Vögel und Schlangen, die eine menschliche Figur in Kinn oder Ellbogen "beißen"; menschliche Figuren im Fischmaul. An Friesen häufig ist ein zentrales, durchbrochen gearbeitetes rundes, ovales oder (an den Ecken gerundetes) rechteckiges Motiv mit Kreuzbalken, wobei die Felder zwischen diesen Kreuzbalken mit Zickzackleisten in Viertelkreisen gefüllt sind und sich über dem Mittelpunkt ein Auge erhebt, das "Auge des Feuers", die "Glut", ein Motiv, das man mit dem Verbrennungsplatz für Verstorbene in Verbindung brachte.[39] Menschenfiguren, oft unter einem Mantel von Motiven in Durchbruchsarbeit, lassen in der Regel, nicht immer, das Geschlecht erkennen. An Kleidung und Schmuck sieht man wiedergegeben den Schurz, Muschelarmreifen, die früher übliche Frauenmütze aus Pandanusblatt und den Brustschmuck *kapkap*, eine aus der Riesenmuschel geschliffene flache Scheibe mit einer Schildpattauflage in feinster durchbrochener Arbeit, an sich eine Insignie der *maimai* und *bikman*. Gelegentlich endet die Menschenfigur mit dem skelettierten Brustkorb, oder der Körperraum zwischen skelettiertem Brustkorb und der nicht skelettiert wiedergegebenen Körperpartie von den Lenden bis zu den Füßen ist leer. Hinweise zur Deutung dieses Motivs gibt es

---
[33] Vgl. Heintze 1987, S. 50.
[39] Vgl. Krämer 1925, S. 82; Heintze 1987, S. 48.

kaum, man könnte einen Anknüpfungspunkt in der gelegentlich erwähnten Vorstellung von einem Auffressen der Eingeweide durch ein (*masalai*?-) Tier sehen.[40] Auffällig sind an manchen Figuren die reich beschnitzten Ohren. Da die Figuren oder Figurenfolgen in der vom Baumstamm vorgegebenen Grenze bleiben, müssen diese Ohren, ebenso wie ausgebreitete Arme und andere Ergänzungen, eingezapft und mit Rotang zusätzlich befestigt werden.

Eine Besonderheit des Mandak-Sprachgebiets im mittleren Neuirland sind die – heute nicht mehr hergestellten – Uli gewesen, massig wirkende Menschenfiguren mit, wie es scheint, den Merkmalen beider Geschlechter: Brüsten und Penis. Die Interpretation als doppelgeschlechtlicher Wesen ist umstritten. Man hat die "Brüste" nur als Zeichen der Wohlgenährtheit ansehen wollen, die Ausdruck der Bedeutung und Macht eines *bikman* sei.[41] Andere haben sich zugunsten jener Deutung ausgesprochen: Die Uli-Figuren symbolisierten die Transformation der, gemäß der Ideenwelt der Mandak, grundlegenden Rolle der Frau als Nährender in eine, im Wortsinn, bildliche Übernahme dieser Rolle ebenfalls durch Männer. So wird der in der profanen Welt gegebene komplementäre Gegensatz der Frau als Nährender, des Mannes als Substanzgebendem aufgehoben, und zwar in der "sakralen" Sphäre des Männerhofs, der folgerichtig für Frauen tabu war, hätte ihre Anwesenheit doch als Einbruch der realen Welt die rituelle Fiktion gestört.[42] Solche Denkmuster der komplementären Gegensätze in der "Sprache" der sexuellen Differenz und ihre Transformationen in Ritus, Bild und Mythos scheinen für die Kulturen dieser Region besonders charakteristisch zu sein.[43]

Das Beispiel der Uli macht die Schwierigkeiten deutlich, der sich ein Versuch der Deutung der einzelnen Motive und ihrer charakteristischen Kombinationen gegenübersieht. Alle heutigen Interpretationsversuche der konkreten Inhalte der Bilder müssen mehrere Faktoren berücksichtigen: 1. dass die überwiegende Zahl von Malagan in Museen und Privatsammlungen vor einem Jahrhundert

Abb. 6 Uli-Figur, MV Hamburg, Nr. 502 I (Foto Brigitte Saal)

---

[40] Vgl. Walden 1940, S. 28; Lincoln 1987, S. 121 (nach Gunn).
[41] Krämer 1925, S. 60f.
[42] Vgl. Clay 1977, S. 136f.
[43] Vgl. besonders Clay 1977 für das Mandakgebiet, Errington 1974 für die Duke of York-Inseln.

und allzu oft gleichgültig gegen ihren kulturellen Kontext gesammelt worden ist[44]; 2. dass unter dem Einfluß neuer Glaubensinhalte, Erfahrungen und Tagesprobleme vieles an überlieferten Vorstellungen, Ideen, Mythen und Legenden, auf die man die Bildinhalte beziehen könnte, vergessen worden ist; 3. dass die Wissenden nicht wie selbstverständlich geneigt sein müssen, ihr Wissen mitzuteilen; 4. dass, wie in anderen Gesellschaften auch, keineswegs bei allen Neuirländern gleiche Kenntnisse und gleiches Nachdenken über die eigene Tradition vorausgesetzt werden kann und dass daher Dokumentationen auch von dem Zufall abhängen, wer Auskunft gibt; 5. dass die Überlieferungen mündliche und durch keine Autorität kanonisierte sind, nach sozialen Konstellationen formbar und nicht widerspruchsfrei. Die Deutung der Bildinhalte der Malagan befindet sich im Wesentlichen noch auf der Ebene der Beschreibung und Identifizierung der Motive. So ist z. B. eine menschliche

Abb. 7 Als *Ges* bezeichnetes Geistwesen, reich mit Tiergestalten verziert. Objekt aus dem Museum Godeffroy; MV Hamburg, Nr. E 1412 (Foto Brigitte Saal)

[44] Zum vergeblichen Kampf einiger damaliger Ethnologen wie Felix v. Luschan und Edgar Walden um gründlicher dokumentiertes Sammeln von Malagan s. Buschmann 1996.

Figur mit diagonal die Gesichtshälften schneidenden mandelförmigen Augen als *Ges* anzusehen, eine Gattung meist negativ wirkender Buschgeister. Von einer umfassenden Analyse aber der jeweiligen Bildinhalte, aus der sich – für die an ihrer eigenen Geschichte interessierten Neuirländer wie für die an ihrer Kultur interessierten Außenstehenden - ein Einblick in die traditionelle neuirländische Vorstellungs- und Ideenwelt ergäbe, ist man noch weit entfernt.

Eine solche Betrachtung der Malagan scheint andererseits für die Neuirländer selbst auch nicht im Vordergrund zu stehen, vielmehr ist es die soziale Dimension[45]: die Erfüllung der Pflichten gegenüber den Verstorbenen und gegenüber denen, mit denen einen die Verstorbenen verknüpft hatten; die Manifestation der Identität und der Solidarität der Verwandtschaftsgruppen; die Gewährleistung durch die Weitergabe der Rechte, dass es immer Malagan und Malagan-Feste geben wird; die Demonstration der Stärke und des Ansehens der Verwandtschaftsgruppen. Sie müsse, gab man der Ethnologin Hortense Powdermaker beim Verpacken einiger von ihr erworbener Malagan mit auf den Weg, ihre Landsleute zu verstehen lehren "all die Arbeit und all den Reichtum, den ihre Herstellung gekostet hat – die vielen Taroknollen, die vielen Schweine, all das *tsera* [Muschelgeld], das Garmachen der Speisen für das Fest und andere wesentliche Dinge der Riten. Das, sagten die alten Männer von Lesu, sind die wichtigen Dinge, die man über das Malagan im Gedächtnis behält."[46] Die früheren Realisierungen eines Malagan, die Bedeutung der Feste und die Namen der *bikman*, die sie organisiert hatten, die Weitergabe der Rechte von wem an wen, der Ursprung des Malagan und seine Wanderung, das bildet die wesentliche Geschichte, die das Malagan transportiert und von der die Reden bei den Festen handeln.[47]

Zur Lebensdauer der Bilder

Die meisten Malagan werden nur für eine einmalige Verwendung im Rahmen der Malagan-Feste hergestellt und verlieren nach ihrer effektvollen Präsenta-

---

[45] Vgl. Gunn 1987, S. 74.
[46] Powdermaker 1933, S. 319 (Übers. D. H.)
[47] Vgl. Heintze 1987, S. 42.

tion ihre Bedeutung. Mit dem abschließenden Gedenkfest der Trauerperiode werden die gegenseitigen Verpflichtungen der Lebenden, soweit sie mit den Personen der Verstorbenen zusammenhingen, abgegolten, bildlich gesprochen: die Verstorbenen werden aus dem Netz der sozialen Beziehungen endgültig gelöst. Folgerichtig sind auch die Malagan, die das Gedenken an sie symbolisieren, mit dem Schluß dieses Aktes funktionslos geworden, ihre Beseitigung oder Veräußerung zeigt an, wie es auf Tabar heißt[48], dass der Schutt der Toten endgültig weggeräumt ist. Früher ließ man die Bildwerke verrotten. Erst das Interesse der Weißen an ihnen, als Souvenir, völkerkundliches Belegstück und Kunstwerk, hat den traditionellen Funktionen eine neue hinzugefügt: als Handelsware. Die Neuirländer konnten sie gegen europäische Güter, zunächst vor allem Bandeisen, Messer und Stahläxte, eintauschen oder sich durch ihren Verkauf willkommene zusätzliche Einnahmen verschaffen. Zumal in der ersten Hälfte des 20. Jahrhunderts wurden Malagan in großen Mengen veräußert, ein Vorgang, der im Rückblick gelegentlich auch auf Kritik stößt. "Ich weiß nicht, warum mein Vater das weggegeben hat", kommentierte ein älterer Herr aus Lawaupul 1968 das ihm vorgelegte Foto, auf dem er ein jenem gehörendes Malagan identifizierte. Heute weiß man übrigens recht gut, was Malagan auf dem Ethnographica- und Kunstmarkt einbringen. Nicht alle Malagan überläßt man dem Verfall oder verkauft sie, bei einigen liegt ein Tabu auf ihrer Weitergabe. Die geflochtenen und bemalten Scheiben, *wawara*, mussten und müssen auch heute noch nach dem Fest verbrannt werden – ein Grund, dass nur wenige Exemplare in Museen gelangt sind. Eine dauerhafte Existenz haben die meisten Malagan nur als Muster im Gedächtnis ihrer Besitzer und der erfahrenen Künstler, ihre Materialisation dagegen ist eine flüchtige Erscheinung. Wer sich die Neuherstellung eines Malagan nicht leisten kann, kann wohl auch ein gebrauchtes aufheben und wieder verwenden, was freilich dem guten Stil widerspricht und eher das Ansehen schädigt. Auf jeden Fall aber ist das Malagan dann zu waschen, neu mit Kalk zu grundieren und frisch zu bemalen.[49] Masken, im Unterschied zu den meisten Standbildern, Friesen und Scheiben, bewahrt man auf, und zwar meist in eigens dafür errichteten Masken-Schauhäusern auf Pfählen. Die rituellen Funktionen der Masken gehen über eine Verwendung im Rahmen der Gedenkfeste für Verstorbene hinaus. Sie

---

[48] Gunn 1997, S. 63.
[49] Gunn 1987, S. 80.

behalten z. B. ihre tabu-aufhebende Macht, man benötigt sie für entsprechende Zeremonien. Erhalten blieben auch die in der Literatur so genannten Regenmacherfiguren, Statuen, oft aus widerstandsfähigerem Eisenholz geschnitzt, aufgestellt an tabuierten Stellen im Busch, wo Wetterzauber von den darin erfahrenen Spezialisten praktiziert wurde. Dort wurden auf einer Plattform ebenfalls die Schädel berühmter Regenmacher in Schalen der Riesenmuschel verwahrt.[50]

Ursprünge

Die Geschichte jedes Malagan erzählt in der Regel auch von seinem Ursprung. Der liegt häufig in der Geisterwelt, bei einem *masalai*, oder *Ges* (s. o.), oder den *lulura*, zwergenhaften Wesen von außergewöhnlicher Körperkraft.[51] Diese Geister haben zuerst ein Malagan hergestellt und es dann an die Menschen, gegebenenfalls gegen beträchtliche Muschelgeldzahlungen, weitergegeben. Bei vielen Malagan auf der Hauptinsel werden die Tabar-Inseln als Herkunftsplatz genannt, eine Aussage, deren Richtigkeit sich durch biographische und genealogische Daten oft bestätigen lässt. Besonders die geflochtenen Scheiben, *wawara*, kämen in großer Zahl von Tabar und verdrängten die Schnitzereien, wurde einmal angemerkt. Ganz allgemein wird auf die Tabar-Inseln als Ursprung der Malagan überhaupt verwiesen, genauer auf die nördlichste, Simberi. Die Völkerkunde hat daraus einmal historische Schlüsse ziehen wollen: Da manches an der neuirländischen Kunst Ähnlichkeiten mit hinduistischer und indonesischer Kunst aufzuweisen scheint, hat man einen direkten Einfluß aus Indonesien rekonstruieren wollen, vermittelt durch kleine Gruppen von Einwanderern, die mit ihren Schiffen hierher verschlagen worden seien. Die Insel Simberi, als kleinste und daher sicherste für diese Einwanderer, biete sich als Einfallstor für solche die neuirländische Kunst erst "als Ableger" einer Hochkultur erschaffenden Einflüsse an.[52] Ganz abgesehen davon, dass man damit unausgesprochen die Neuirländer zu Nachahmern und Epigonen

---

[50] Krämer 1925, S. 49f.; 75; Taf. 11 u. links; Taf. 50 u.
[51] Nalik-Sprachgruppe; vgl. Heintze 1987, S. 44 u. 52; Walden 1940, S. 16.
[52] Bühler 1933, S. 260; vgl. auch von Koenigswald 1951. – Das soll nicht heißen, dass sich eine erneute, allerdings kritischere Analyse der Ähnlichkeiten und ihrer Gründe nicht lohnte.

macht, sollte man solche Überlegungen mit Skepsis betrachten. Zu bedenken wäre z. B., dass Simberi der exponierteste Punkt des nördlichen Neuirland ist und daher wohl für eine Rolle in einer (mythisch-) historischen Topographie bestens geeignet. Zu bedenken wäre ferner, dass auf den Tabar-Inseln sich der institutionelle Kontext der Malagan in den vergangenen 150 Jahren wahrscheinlich am vollständigsten und ungebrochensten erhalten konnte und deshalb die Neuirländer der Hauptinsel gern nach dort verweisen als das Zentrum der Malagan und des Wissens über sie. Man sollte auch nicht übergehen, dass Aussagen über einen Ursprung der Malagan überhaupt neben den Tabar-Inseln andere Plätze nennen: z. B. den Ort Kanam in Mittel-Neuirland, oder dass als erster Malagan-Schnitzer einer der beiden Helden der *Lunganga-*Sage (s.o.) bezeichnet wird, also in der mündlichen Überlieferung eine Mehrzahl von Ursprungsversionen existieren.[53]

Zum Alter der Malagan-Kunst gibt es bisher keine gesicherten Erkenntnisse. Die Abbildung eines Bootes von den Tabar-Inseln in Abel Tasmans Reisebericht – er passierte die Inseln am 3. und 4. April 1643 – zeigt einige charakteristische Elemente der Malagan in den Bug- und Heckverzierungen, so dass man wohl ein Alter dieser Kunst von wenigstens 3 Jahrhunderten annehmen darf.[54]

Die Künstler

Die Herstellung der Malagan aller Arten ist Sache einzelner Spezialisten, der *itak*[55], die sich durch ihr Können und Wissen einen Namen gemacht haben und bei Bedarf von den Eigentümern der Malagan mit der Ausführung beauftragt werden. Man kennt sie in Neuirland, und der Ruf einiger von ihnen geht heute über die Insel hinaus, wie der Edward Salle's aus Tatau.[56] Neuirländer erinnern sich auch längst verstorbener berühmter *itak*. Anders die sammelnden Weißen: Sie vergaßen nach den Künstlern zu fragen, und das gerade in jenen Jahrzehnten, in denen der Großteil der Malagan, die sich heute in Museen

---

[53] Walden 1940, S. 16.
[54] Leicht zugänglich in der Ausgabe Tasman 1985, Abb. 153.
[55] Nalik-Sprachgruppe.
[56] Eins seiner Werke steht z. B. im Centre Culturel Jean-Marie Tjibaou in Nouméa, Neukaledonien.

und Privatsammlungen befinden, zusammengetragen worden ist. Man hatte es entweder zu eilig, sich der Objekte zu bemächtigen, oder hielt die Frage nach den Künstlern ohnehin für überflüssig, verführt von der romantischen Idee eines Volksgeistes, der auf primitiveren Zivilisationsstufen anonyme Werke hervorbringe. Eine Vorstellung, von der wohl selbst Emil Nolde nicht frei gewesen ist, der doch seine berühmte Anklage gegen den zerstörerischen Einfluß der westlichen Zivilisation auf den "Urzustand der Naturvölker" gerade auf "Käwieng. März 1914" datierte.[57] Könnten wir die Werke in den Sammlungen einzelnen Künstlern zuschreiben, ließe sich wohl jeweils die individuelle künstlerische "Handschrift" erkennen, und man könnte auch die Frage nach dem Maß der Gestaltungsfreiheit schlüssiger beantworten. Vergleicht man Arbeiten von Künstlern aus jüngerer Zeit, scheinen die Spielräume trotz des durch Copyright vorgegebenen Musters nicht gering zu sein.[58]

Ein junger Mann, der Neigung und Begabung zur Tätigkeit eines Malagan-Spezialisten hat, schließt sich einem bekannten Künstler an. Er wächst durch Beobachtung, Assistieren und fortschreitendes Selbermachen in seine Aufgabe hinein. Zeitgenössische *itak*, wie Edward Salle, haben es sich zum Ziel gesetzt, durch planvolles Ausbilden jüngerer Leute dafür zu sorgen, dass die Kunst der Malagan nicht ausstirbt. Ein Malagan-Spezialist übt seine Tätigkeit nicht in dem Sinne beruflich aus, dass er damit seinen Lebensunterhalt bestreitet. Den erwirtschaftet er sich wie jeder andere durch Bodenbau, Schweinezucht, Fischfang, Lohnarbeit, Anstellungen. Er wird nur von Fall zu Fall als *itak* tätig. Er arbeitet dann im Gehöft seines Auftraggebers, der ihn in dieser Zeit versorgen muß. Darüberhinaus erhält der Künstler eine Bezahlung, sowohl in moderner Währung als auch in Muschelgeld.

Handwerkszeug des Malagan-Schnitzers waren früher Steinbeile, angeschärfte Muschelschalen, Haizähne und zum Schmirgeln und Polieren rauhe getrocknete Blätter, Rochen- und Haihaut. Wie es heißt, wurden früher auch Brand und Glut zum Austiefen angewandt. Diese traditionellen Instrumente sind seit langem durch moderne ersetzt, Stahläxte, Dechsel mit geschärftem Bandeisen, Messer oder komplette Schnitzwerkzeugsätze. Das Holz erhält nach dem

---

[57] Nolde 1965, 88 f.
[58] Vgl. auch Gunn 1984, S. 91.

Fällen und nach der ersten gröberen Bearbeitung jeweils einige Wochen Zeit zum Trocknen, um vorzeitiges Reißen zu vermeiden. Der Schnitzvorgang schließt mit dem Einsetzen der Schneckendeckel als Augen ab. Der Farbauftrag beginnt mit dem Grundieren mit Kalk, der im Erdofen aus Kalkkorallen gewonnen wird. Die Farben außer diesem Weiß sind: Rot aus roter Erde, die an einigen Orten ansteht und von dort besorgt werden muß (man muß sie meist kochen); Schwarz aus Ruß, vor allem der verbrannten Frucht des Calophyllumbaumes, gebunden mit Brotfruchtbaummilch; Gelb aus der ausgepressten Rinde eines Urwaldbaums, versetzt mit Kalk oder Ingwerwurzel.[59] Gemalt, oder wie es auch heißt, "geschrieben", wird mit einem ca. 10 cm langen Stengelabschnitt einer Alpinia-Art, der an beiden Enden angeschrägt oder auch, um ihn pinselartig aufzufasern, angekaut wird. Das eine Ende braucht man für die schwarze, das andere für die rote Farbe. Zu den traditionellen Naturfarben ist schon in den 1890er Jahren ein Import gekommen: Indigo, "Berliner Waschblau". Heute kauft man zur Zeitersparnis oft importierte synthetische Farben, doch stößt das stets auf Kritik als eigentlich nicht richtig. Neben den Farben wird eine Reihe anderer Materialien zur Gestaltung der Oberfläche eingesetzt, z. B. Pflanzenfasern, faseriges Wurzelwerk oder kleine faserige Früchte für Kopf-, Bart- und Schamhaare.

Malagan als Handelsware und Museumsgut

Zum erstenmal nach Europa und Nordamerika kamen, soweit bekannt, Malagan-Objekte in den sechziger und siebziger Jahren des 19. Jahrhunderts, zunächst vereinzelt, zum Beispiel ins Britische Museum (1866) oder ins Peabody Museum in Salem, Massachusetts (1867).[60] Als Sammler kommen die Kapitäne der europäischen und US-amerikanischen Schiffe in Frage, die sich schon um die Mitte des 19. Jahrhunderts, in zunehmender Zahl, auf der Fahrt zu Walfang, Robbenschlag und Handel in den Gewässern um Neuirland aufhielten und Plätze an den Küsten zur Frischwasseraufnahme und Proviantergänzung anliefen, vor allem die – freilich vom Malagan-Gebiet weit entfernten – Buchten

---

[59] Die Angaben teilweise nach Krämer 1925, S. 79 f., der ausführlichsten Darstellung von Materialien und Bearbeitungsvorgängen, die auf den Schnitzer Teringa von Hamba 1908 zurückgeht.
[60] Katalogeintrag im BM; zum Objekt in Salem s. Lincoln 1987, S. 86 f.

unmittelbar nordwestlich der Südspitze der Insel. Von deren Anwohnern hatte man schon 1875 festgestellt: "Dieselben standen anscheinend bereits in ziemlich regem Verkehr mit fremden Schiffen."[61] Eine erste größere Kollektion von Malagan-Objekten brachte dann das deutsche Kriegsschiff "Gazelle" von einer Forschungsreise um die Welt 1874 – 1878 mit zurück und übergab sie dem Königlichen Museum für Völkerkunde in Berlin. Sie stammte von den Landeplätzen der "Gazelle" 1875 an der Nordwestküste Lavongais und an der Südwestküste des nördlichen Neuirland. "An diesen Schnitzwerken ist vor allen Dingen, ganz abgesehen von der technischen Ausführung, die Komposition zu bewundern," vermerkt der Reisebericht.[62] Durch diese Sammlung und die gleichzeitig auch an anderen Orten wie Hamburg zunehmend eingehenden Malagan wurden Museen, Sammler sowie Naturalien- und Ethnographica-Händler auf diese eigenartigen und attraktiven Gegenstände, Schöpfungen "primitiver Kannibalen" (Neuirländer standen bei Weißen vor Ort in diesem Ruf)[63] aufmerksam.

Die Begehrlichkeit war geweckt. In den folgenden Jahrzehnten konkurrierten die großen Völkerkundemuseen in Deutschland (und nicht nur dort), also Berlin, Hamburg, Leipzig, Stuttgart, Bremen, Dresden, München, Köln, Frankfurt darum, möglichst umfassende und spektakuläre Neuirland-Sammlungen zu erwerben. Die im Bismarck-Archipel tätigen Weißen: Händler, Pflanzer, Seeleute, Missionare, Wissenschaftler und dann auch die Kolonialbeamten erkannten und nutzten, und zwar fast alle, das kommerzielle Potential der neuirländischen Objekte. Oder auch ihr gesellschaftliches: Dadurch, dass man sich durch eifriges Zuliefern die großen Museen in den diversen Königreichen oder Freien Städten des Deutschen Reiches zu Dank verpflichtete, erhoffte man sich die Auszeichnung mit Orden und Ehrenzeichen zur Hebung der eigenen gesellschaftlichen Position.[64] 1885 erklärte das Deutsche Reich einen Teil Neuguineas und den Bismarck-Archipel zum deutschen Schutzgebiet, Neuirland wurde dabei auf "Neu-Mecklenburg" umgetauft. Für die 30 Jahre der

---

[61] Forschungsreise S.M.S. "Gazelle" 1889, S. 231.
[62] Forschungsreise S.M.S. "Gazelle" 1889, S. 219.
[63] Elisabeth Krämer-Bannow, die an der Deutschen Marine-Expedition nach Neuirland 1906 – 1908 teilgenommen hatte, spielte das Aufreizende dieser Vorstellung im Titel ihres 1916 veröffentlichten Reisebuches aus: "Bei kunstsinnigen Kannibalen der Südsee."
[64] Vgl. (am Beispiel des Kapitäns des Nordd. Lloyd, Karl Nauer) u. a. Buschmann 2000.

Existenz dieser deutschen Kolonie bildeten die völkerkundlichen Gegenstände als Exportgüter einen wichtigen Wirtschaftsfaktor, besonders in den Anfangsjahren, denn neu angelegte Kokosplantagen – die Kopragewinnung wurde zum Hauptwirtschaftszweig Deutsch-Neuguineas – brauchen eineinhalb Jahrzehnte, bis sie ausreichend Ertrag abwerfen. Man musste auf andere bereits vorhandene Güter und Rohstoffe zurückgreifen, wie Muscheln, Perlmutter, Trepang, Gold, den eingesammelten Überschuß der Einheimischen an Kokosnüssen und – quasi als Naturvorkommen – auf die völkerkundlichen Objekte. Dem kam in Neuirland der Umstand entgegen, dass die meisten Malagan als konkreter Gegenstand nach Erfüllung ihrer rituellen Funktion für die Neuirländer selbst wertlos geworden waren.

Hamburger sind an diesen Sammelaktivitäten von Anfang an beteiligt gewesen, und gerade die – im Vergleich auch mit anderen Museen – frühen Malagan-Objekte im Bestand des Museums für Völkerkunde Hamburg tragen nicht unwesentlich zur heutigen Bedeutung seiner Neuirland-Sammlung bei. Die frühen Objekte stammen vor allem aus zwei Quellen:

1. Das Südsee-Handelshaus Joh. Cesar (VI.) Godeffroy & Sohn, dessen "Imperium" mit dem Zentrum in Samoa weite Teile der südpazifischen Inselwelt umfasste, dehnte seine Tätigkeit nach 1870 auch in den Bismarck-Archipel aus, 1874 wurde die erste dauerhafte Station auf den Duke of York-Inseln zwischen Neuirland und Neubritannien errichtet. Hauptmotiv war wohl, den Zugriff auf das Reservoir melanesischer Arbeitskräfte für die Plantagen in Samoa sicherzustellen, gegen die Konkurrenz anderer deutscher oder australischer Unternehmen. Joh. Cesar (VI.) Godeffroy hatte seine Kapitäne angewiesen, naturwissenschaftliche und völkerkundliche Objekte für das von ihm in Hamburg angelegte private "Museum Godeffroy", einer Mischung aus wissenschaftlicher Anstalt und Naturalien- und Ethnographica-Handel, zu erwerben. Er hatte auf Kosten seines Unternehmens eine Reihe von Wissenschaftlern auf Jahre in die Südsee entsandt – die heute noch bekannteren unter ihnen sind Amalie Dietrich (Botanik Australiens) und Johann Stanislaus Kubary (Ethnographie Mikronesiens) – und ließ durch das Museum ein wissenschaftliches Journal herausgeben. Das "Museum Godeffroy" genoß international einen guten Ruf. Dank der Aktivitäten im Bismarck-Archipel gelangten schon vor 1880 auch neuirländische Objekte nach Hamburg. Als

das Handelshaus 1879 in Konkurs ging, standen bald die Sammlungen zum Verkauf. Nach länger sich hinziehenden Verhandlungen mit verschiedenen Museen, wobei der Konkurrenzkampf deutscher Museen um die ethnographischen Bestände eine erhebliche Rolle spielte, wurde deren Hauptteil 1885 durch das Museum für Völkerkunde in Leipzig gekauft. Für Hamburg konnte wenigstens der restliche Teil 1886 erworben werden.[65] Darunter befanden sich u. a. ein ungewöhnliches kleines Schnitzwerk, das eine menschliche Figur im Fischmaul darstellt, inzwischen vielfach in Kunstbüchern reproduziert, Tanzschilde, eine Reihe von Masken des komplexen Typs, aber auch der "einfachen" Art, die in Neuirland mit dem Tokpisin-Namen *tatanua* bezeichnet werden, was in einigen der Sprachen der Region "Geist" oder "Seele" bedeutet.[66]

2. Ein weiteres Hamburger Handelshaus, Hernsheim & Robertson, zunächst aktiv in Mikronesien, eröffnete 1876 ebenfalls im Bismarck-Archipel eine Handelsstation, zuerst auf den Duke of York-Inseln, dann auf der Insel Matupi in der Blanche-Bucht, südlich des heutigen Rabaul gelegen. Von dort aus wurden Stationen auf Nusa an der Nordspitze Neuirlands, gegenüber dem heutigen Kavieng, und in Kapsu an der Nordostküste eröffnet, die sich trotz mehrfacher blutiger Konflikte mit den Einheimischen auf Dauer halten konnten. Kapsu, nur rund 20 km südlich von Kavieng gelegen, hat sich offensichtlich später zu einem der bevorzugten Umschlagplätze für Malagan entwickelt, vergegenwärtigt man sich, wie häufig "Kapsu" als Herkunftsangabe in Museumskatalogen auftaucht. Von Kavieng aus war diese Handelsstation, später auch Plantage, für durchreisende Sammler und Museumsleute schnell zu erreichen, so dass eine gewisse "Vorratshaltung" für den dortigen Plantagenmanager sich gewiß lohnte. Die Neuirland-Objekte, die das Museum für Völkerkunde Hamburg 1880 und 1884 von R. J. Robertson, dem Onkel und Geschäftspartner der Brüder Eduard und Franz Hernsheim, erhielt, darunter einige ungewöhnliche Maskenformen, sind ebenfalls zu den ältesten Malagan zu rechnen.

---

[65] Anstelle der umfangreichen Literatur zur Geschichte des Hauses Godeffroy sei nur die jüngste und leicht zugängliche Publikation genannt, Hoffmann 2000, mit allen notwendigen wissenschaftlichen Hinweisen. Zu den Vorgängen um den Verkauf der Sammlungen Penny 2000 und Zwernemann 1980, S. 16.

[66] Sie treten meist als Gruppe auf und sollen Verstorbene repräsentieren, was mit der Tatsache zusammenstimmt, dass stets einige Frauen unter den Zuschauern das rituelle Klageweinen anstimmen. Zur Diskussion der Bedeutung vgl. auch Helfrich 1973, S. 20 - 26.

Ein späterer Sammler wäre noch zu erwähnen, auf den ein weiterer wesentlicher Zuwachs an Malagan zurückgeht: Franz Emil Hellwig. Er war als Kaufmann im Bismarck-Archipel bei den wichtigsten Firmen dort tätig gewesen, bei der Deutschen Handels- und Plantagengesellschaft der Südsee-Inseln zu Hamburg (die von dem Unternehmen der Godeffroys vor dessen Zusammenbruch abgetrennte Firma) und bei Hernsheim & Co. Er hatte sich auf naturwissenschaftliche und völkerkundliche Sammlungen spezialisiert. Er war in der Kolonie als Sammler und Naturforscher, wie ihn der Gouverneur Dr. Albert Hahl nannte, angesehen.[67] 1905 bot er seine 3300 Nummern zählende und besser als üblich dokumentierte Sammlung aus dem Bismarck-Archipel dem Hamburger Museum an. Dessen Direktor, Thilenius, gelang es, die Finanzierung des Ankaufs sicherzustellen. Zur Hellwig-Sammlung gehören u. a. das Boot mit der Menschenfigur und dem Hahn am Bug, eine Maske in Form eines "Schweinekopfs mit Geweih", deren Bedeutung immer noch rätselhaft ist[68], und eine Reihe von Friesen und Statuen. Thilenius hat einige Jahre später Hellwig als Mitglied der Südsee-Expedition der Hamburgischen Wissenschaftlichen Stiftung anwerben können, als kaufmännischer Geschäftsführer zugleich zuständig für den Erwerb völkerkundlicher Gegenstände.

"Neu-Mecklenburg" gehörte, in Abänderung ursprünglicher Pläne[69], nicht zum eigentlichen Forschungsgebiet der Expedition. Die Gründe liegen auf der Hand: Hier hatte gerade erst 1906 - 1908 die "Deutsche Marine-Expedition", so genannt, weil sie unter der Schirmherrschaft des Reichs-Marineamts stand, ethnographisch gearbeitet, eine weitere geographisch-ethnographische Expedition (Sapper und Friederici) des Reichskolonialamts folgte ihr 1908 unmittelbar nach. Dennoch wurde der Aufenthalt im Bismarck-Archipel durch die Hamburger Südsee-Expedition auch dazu genutzt, weitere wichtige Ergänzungen zur Neuirland-Sammlung während eines Zwischenstopps des Expeditionsschiffes in Kavieng zu kaufen, u. a. mehrere Uli-Figuren. Auch für diese wichtige Region melanesischer Kulturen galt schließlich die Maxime der

---

[67] Hahl 1980, S. 105. Eine Kurzbiographie Hellwigs bei Fischer 1981, S. 71 f.
[68] Das exakte Gegenstück befindet sich in der Sammlung des Ethnologischen Museums Berlin, ebenfalls von Hellwig, s. Helfrich 1973, Taf. 108a, 108b, S. 126. Soll Rotwild dargestellt werden, nach Abbildungen gearbeitet, oder hatte der Schnitzer eingeführtes Rotwild selbst gesehen? Wer hat ihn zu diesem ungewöhnlichen Motiv veranlasst? Hellwig?
[69] Vgl. Fischer 1981, S. 31; 33.

Abb. 8 Komplex gearbeitete Maske aus der Sammlung Hellwig; MV Hamburg, Nr. 2637:05 (Foto Brigitte Saal)

möglichst vollständigen Repräsentanz in den Sammlungen des Museums. Hatte doch Thilenius in seiner Denkschrift von 1905 zur geplanten Expedition erklärt: "Die Aufgabe, welche danach das Museum für Völkerkunde in Hamburg zu lösen hat, um auch heute noch eine geachtete Stellung unter den gleichartigen Museen zu erlangen und einen reichen Besitz an einzigartigen Sammlungen zu gewinnen, ist die erschöpfende Darstellung Melanesiens..."[70].

---

[70] Zit. bei Fischer 1981, S. 31.

Bibliographie

Bodrogi, Tibor
1987   New Ireland Art in Cultural Context. In: **Assemblage of Spirits. Idea and Image in New Ireland.** Edited by Louise Lincoln. S. 17 – 32. New York, Minneapolis.

Bühler, Alfred
1933   Totenfeste in Nord-Neuirland. In: **Verhandlungen der Schweizerischen Naturforschenden Gesellschaft.** 114. Jahresversammlung Altdorf 1933. S. 243 – 270. Aarau.
1948   **Neuirland und Nachbarinseln.** Führer durch das Museum für Völkerkunde Basel. Basel.

Buschmann, Rainer
1996   Franz Boluminski and the Wonderland of Carvings. Towards an Ethnography of Collection Activity. In: **Baessler Archiv** N. F. XLIV. S. 185 – 210. Berlin.
2000   Karl Nauer and the Politics of Collecting Ethnographic Objects in German New Guinea. In: **Pacific Arts** 21 u. 22. S. 93 – 102. Honolulu.

Clay, Brenda Johnson
1977   **Pinikindu. Maternal Nurture, Paternal Substance.** Chicago.

Derlon, Brigitte
1990/1   L'objet Malanggan dans les anciens rites funéraires de Nouvelle Irlande. In : **RES** 19/20. S. 179 – 210.
1994   Droits de reproduction des objets de culte, tenure foncière et filiation en Nouvelle-Irlande. In : **L'homme** 130 (XXXIV, 2). S. 31 – 58. Paris.

Errington, Frederick Karl
1974   **Karavar. Masks and Power in a Melanesian Ritual.** Ithaca and London.

Fischer, Hans
1981   **Die Hamburger Südsee-Expedition.** Über Ethnographie und Kolonialismus. Frankfurt a. M.

Forschungsreise S.M.S. "Gazelle"
1889   **Die Forschungsreise S.M.S. "Gazelle" in den Jahren 1874 bis 1876. I. Theil. Der Reisebericht.** Berlin.

Groves, William C.
1932/3   Report on Field Work in New Ireland. In: **Oceania** 5. S. 325 – 361. Sydney.

Gunn, Michael
1984   Tabar Malagan – An Outline of the Emic Taxonomy. In: **Development Of The Arts In The Pacific:** Edited by Philip J. C. Dark. Occasional Papers No. 1 of the Pacific Arts Association. S. 81 – 92. Wellington, NZ.
1986   Rock Art on Tabar, New Ireland Province, Papua New Guinea. In: **Anthropos** 81. S. 455 – 467. St. Augustin.
1987   The Transfer of Malagan Ownership on Tabar. In: **Assemblage of Spirits. Idea and Image in New Ireland.** Edited by Louise Lincoln. S. 74 – 83. New York, Minneapolis.
1997   **Ritual Arts of Oceania, New Ireland, in the Collections of the Barbier-Mueller Museum.** Geneva.

Hahl, Albert
1980   **Governor in New Guinea.** Edited and Translated by Peter G. Sack and Dymphna Clark. Canberra.

Heintze, Dieter
1969   **Ikonographische Studien zur Malanggan-Kunst Neuirlands.** Untersuchungen an ausgewählten Vogeldarstellungen. Himmelsthür.
1987   On Trying to Understand some Malagans. In: **Assemblage of Spirits. Idea and Image in New Ireland.** Edited by Louise Lincoln. S. 42 – 53. New York, Minneapolis.

Helfrich, Klaus
1973   **Malanggan – 1. Bildwerke von Neuirland.**
                Veröffentlichungen des Museums für Völkerkunde Berlin,
                N. F. 25 (Abteilung Südsee X). Berlin.

Hoffmann, Gabriele
2000   **Das Haus an der Elbchaussee.** Die Geschichte einer
                Reederfamilie. München.

Koenigswald, G. H. R. v.
1951   Über sumatranische Schiffstücher und ihre Beziehungen
                zur Kunst Ozeaniens. In: **Südseestudien.** Gedenkschrift
                zur Erinnerung an Felix Speiser. S. 27 – 50. Basel.

Krämer, Augustin
1925   **Die Málanggane von Tombara.** München.

Krämer-Bannow, Elisabeth
2000   **Bei kunstsinnigen Kannibalen der Südsee.** Berlin.

Lewis, Philipp H.   The Social Context of Art in Northern New Ireland.
1969   Fieldiana: **Anthropology**, Vol. 58, Chicago.

Lincoln, Louise
1987   Catalogue of the Exhibition. In: **Assemblage of Spirits.**
                Idea and Image in New Ireland. Edited by Louise Lincoln.
                S. 85 – 160. New York, Minneapolis.

Linton, Ralph, and Paul S. Wingert
1946   **Arts of the South Seas.** New York.

Nolde, Emil
1965   **Welt und Heimat.** Die Südseereise 1913 – 1918. 2. Aufl.
                Köln.

Peekel, Gerhard
1927   Die Ahnenbilder von Nord-Neu-Mecklenburg. Eine
                    kritische und positive Studie. Zweiter Teil. In: **Anthropos**
                    22. S. 16 – 43. Mödling b. Wien.

Penny, H. Glenn
2000   Science and the Marketplace: The Creation and Contentious
                    Sale of the Museum Godeffroy. In: **Pacific Arts** 21 & 22.
                    S. 7 – 22. Honolulu.

Powdermaker, Hortense
1933   **Life in Lesu.** The Study of a Melanesian Society in New
                    Ireland. London.

Speiser, Felix
1937   Über Kunststile in Melanesien. In: **Zeitschrift für
                    Ethnologie** 68 (1936). S. 304 – 369. Berlin.

Tasman, Abel J.
1985   **Entdeckung Neuseelands, Tasmaniens und der Tonga-
                    und der Fidschi-Inseln 1642 – 1644.** Stuttgart.

Volker, Craig Alan
1998   **The Nalik Language of New Ireland, Papua New Guinea.**
                    New York etc.

Walden, Edgar
1940   Totenfeiern und Malagane von Nord-Neumecklenburg.
                    Nach Aufzeichnungen von E. Walden bearb. v. Hans Never-
                    mann. In: **Zeitschrift Für Ethnologie** 72. S. 11 – 38. Berlin

Zwernemann, Jürgen
1980   **Hundert Jahre Hamburgisches Museum für Völkerkunde.**
                    Hamburg

Was Objekte erzählen
Aus dem Alltag und von Festen auf den Admiralitäts-Inseln, Papua Neuguinea

Sylvia Ohnemus

In vielen völkerkundlichen Sammlungen Europas gibt es Gegenstände, die von Bewohnern der Admiralitäts-Inseln hergestellt worden sind. Nicht immer sind der genaue Herstellungsort und schon gar nicht die Namen der Hersteller bekannt. Auch der Weg der einzelnen Objekte ins Museum ist selten genau dokumentiert; sie wurden vielleicht erworben als persönliche Erinnerung, als Mitbringsel, als wissenschaftlicher Beleg oder als reine „Exotika" von einem Zwischenhändler. Einige Objekttypen sind besonders häufig anzutreffen: Dolche und Speere mit Obsidianklingen, Stäbchenkämme mit verzierten Griffteilen, geschnitzte Figuren, Bootsverzierungen und Holzschalen. Auch Textilien wie geflochtene Gürtel, Armbänder und Basttaschen sowie Schurze aus Rindenbast oder Schneckenschalenscheibchen ergänzen die Sammlungen von den Admiralitäts-Inseln. Doch was erzählen uns diese Einzelobjekte über deren Bewohner? Da in vielen Fällen keine weiteren Sammlungsdokumente vorhanden sind, muss ergänzende Literatur zurate gezogen werden. Eine wichtige Publikation stammt von Hans Nevermann (1934). Er selbst war zwar nicht Mitglied der Hamburger Südsee-Expedition (1908-10), die viele Objekte von den Admiraltäts-Inseln für das Hamburger Museum erworben hat. Aber er hat sehr detailliert die Angaben der Sammler mit Objektbeschreibungen, einheimischen Namen, Zeichnungen und Fotos zusammengestellt. Diese Zusammenstellung ist für das Hamburger Museum, wie auch für andere Museen mit Sammlungen aus diesem Gebiet, eine wichtige Informationsquelle. Für weitere Publikationen zur materiellen Kultur auf den Admiralitäts-Inseln sei auf Bühler (1935), Mitton (1979) und Ohnemus (1996) hingewiesen.

Der vorliegende Artikel versucht anhand von Gegenständen der Hamburger Sammlung einige Aspekte aus dem Leben auf den Admiralitäts-Inseln zu schildern und gleichzeitig eine Brücke zwischen der damaligen und der heutigen Lebenswelt zu schlagen. Neben kurzen Objektbeschreibungen sollen historische Feldfotos der Hamburger Südsee-Expedition, ältere Beschreibungen[1] sowie Ergebnisse neuerer Forschung[2] mit einbezogen werden.

Blick auf die Admiralitäts-Inseln

„Admiralitäts-Inseln" ist die deutsche Bezeichnung für eine Inselgruppe in Melanesien, die einst zum ehemaligen deutschen Kolonialgebiet in Ozeanien gehörte. Als westlichster Teil des so genannten Bismarck-Archipels liegt die Inselgruppe nördlich der großen Insel Neuguinea und ist heute als Provinz „Manus" Teil des seit 1975 unabhängigen Staates Papua Neuguinea. Die Provinz Manus umfasst die Inselgruppen Wuvulu-Aua, Ninigo, Hermit und Admiralitäts-Inseln. Es sind insgesamt 208 Inseln, wovon 32 bewohnt sind.[3] Die Bevölkerungszahl wurde für das Jahr 2000 mit 42.964 Personen angegeben. Die Admiralitäts-Inseln wiederum setzen sich aus der großen Hauptinsel Manus (100 km lang und 30 km breit), zahlreichen vorgelagerten flachen Koralleninseln (vor allem im Norden) und einigen hohen Inseln im Süden und Südosten zusammen.

Siedlungen

Die Menschen haben sich auf den unterschiedlichen Inseltypen niedergelassen und sich dem jeweiligen tropischen Naturraum angepasst. Auf Fotos von 1908 der Hamburger Südsee-Expedition kann man erkennen, dass sie sich nicht nur auf dem Land angesiedelt hatten. Die Aufnahmen zeigen Häuser, die auf Stelzen über Wasser gebaut waren.[4] Die weit heruntergezogenen Hausdächer sind mit Dachziegeln aus Blattmaterial bedeckt. Vor den Eingangstüren befinden sich

---

[1] Nevermann 1934, Bühler o.J., Vogel 1911.
[2] Ohnemus 1996, 2003.
[3] Minol 2000, S. 155.
[4] Z. B. Nr. 275 Fülleborn, Nr. 243 Fülleborn (Fotoarchiv MV Hamburg).

Abb. 1 Das Pfahldorf Lala 1908; Foto Fülleborn.

Plattformen, die auch als Anlegestelle für die Boote dienten. Die Bewohner dieser Dörfer gehörten zur Titan-Sprachgruppe[5], die vor allem durch Publikationen des Ethnologenpaares M. Mead und R. Fortune bekannt geworden sind. Die übrigen Bevölkerungsgruppen im Inland und auf den umliegenden Inseln sind erst durch Forschungen in neuerer Zeit besser dokumentiert.

Die historischen Fotos der Hamburger Südsee-Expedition zeigen natürlich auch Siedlungen auf dem Land – mit Männerhäusern und Wohnhäusern.[6] Der Grundriss der Häuser variiert von rund über oval bis rechteckig. Die Männerhäuser stehen ebenerdig, während Wohnhäuser zum Teil auf Stelzen gebaut sind. Um in diese Häuser zu gelangen, ist eine Treppe nötig. Dies führt zu den ersten Objekten der Hamburger Sammlung, die hier beschrieben werden sollen. Es handelt sich um längliche Holzobjekte, die an einem Ende mit einem geschnitzten Krokodilskopf verziert sind. Regelmäßig herausgearbeitete Teile

---

[5] Nach Kernntnisstand von 1994 (Luke Master, Litracy Officer, Manus Provincial Government) gibt es 27 Sprachen, die in 4-5 Gruppen zusammengefasst werden können.
[6] Z. B. Nr. 154 Fülleborn (Fotoarchiv MV Hamburg).

an einer Längsseite verraten die Funktion; es sind Steigbalken[7], die das Betreten der Häuser ermöglichten. Ein Feldfoto aus den 1930er Jahren dokumentiert, wie ein geschnitzter Steigbalken von unten in einer Einstiegsluke im Hausboden angelehnt wurde.[8] Die Steigbalken in der Hamburger Sammlung weisen reiche Verzierungen auf; kleine Krokodile, Schildkröten und geometrische Musterbänder überziehen fast lückenlos den ganzen Balken. Ob sie in dieser reich verzierten Form verwendet oder so bereits für den Verkauf an Reisende oder Händler hergerichtet wurden, ist nicht klar. Heute betritt man die Häuser auf Manus durch eine Tür und nicht durch eine Luke im Fußboden und zweitens benützt man dazu eine Vorrichtung in Leiterform und nur selten grob geschnitzte Steigbalken.

Abb. 2 Ebenerdige Bootshäuser auf der Insel Háus 1908; Foto Fülleborn.

---

[7] Nr. 2914 Lála (Südküste), Südsee-Expedition, F. E. Hellwig, 28.10.1908, und Nr. 740 Lála (Südküste), Südsee-Expedition, Dr. Müller, 1.11.1908.
[8] Feldfoto A. Bühler (F) Vb 1404 (Fotoarchiv Museum der Kulturen Basel).

Auch die erwähnten Dorfanlagen über dem Wasser sieht man heute nicht mehr. Nur vereinzelte Häuser sind noch über Wasser gebaut. Die Titan-Bevölkerung lebt mittlerweile in Dörfern auf dem Land. Aber das Baumaterial für die Häuser stammt auch heute noch in den meisten Gebieten vorwiegend aus dem Busch, zum Teil kombiniert mit modernen Baumaterialien. Als Dachbedeckung verwendet man neben den traditionellen Dachziegeln aus Sagopalmblättern vermehrt Wellblech, da dies das Auffangen und das Sammeln des Regenwassers in einem Wassertank ermöglicht. Solche Veränderungen betreffen eher die Wohnhäuser. Die Männerhäuser sind zum großen Teil in traditionellerem Baustil gebaut.

Liest man die alten Berichte, so waren die Männerhäuser zu Beginn des 20. Jahrhunderts reich mit Schnitzereien an Pfosten und Balken ausgestattet. Heutzutage sieht man als Besucher vor Ort solche Verzierungen selten. Nach heutigen Aussagen von Schnitzern aus Manus besaßen die Mitglieder eines Männerhauses das Copyright auf bestimmte Darstellungen und Motive. Die Geschichten der einzelnen Figuren in den zahlreichen Museumssammlungen lassen sich leider nicht mehr rekonstruieren. Als Beispiel sei hier eine markante Figur der Hamburger Sammlung

Abb. 3 Figur aus Manus, MV Hamburg, 2004:5; Foto Brigitte Saal.

beschrieben.[9] Die Figur steht in einer für Manus-Schnitzereien typischen Haltung da, mit den Armen auf der Seite und Betonung der Kniee. Durch Ritzmuster und Bemalung sind die üblichen Verzierungen angedeutet; mehrere Armbänder, Narbenta-tauierung über der Brust und durchbohrte Ohrläppchen. Doch mehr zur Geschichte der Figur, zum Beispiel über einen möglichen Bezug zu einer verstorbenen Persönlichkeit, kann leider nicht gesagt werden. Das Rautenmuster auf dem Bauch des Hamburger Objektes verweist auf eine weibliche Verzierung,[10] aber die angedeutete Haartracht mit Nackenschmuck lässt die Figur eher männlich deuten. Die weitere Verzierung auf dem Kopf löst noch zusätzliche Fragen aus. An vielen großen und kleinen Figuren erscheinen diese kugelförmigen Kopfaufsätze. Die Verdickung erinnert an die heute nicht mehr getragene, aber auf alten Feldfotos häufig zu sehende Frisur der Männer, mit langem, dichtem Kraushaar, das ballonförmig mit Bändern zusammengehalten und zusätzlich verziert wurde. Aber die rohrförmige Verbindung und der Abschluss mit einem Tierkopf an dieser Figur ist eher ungewohnt. Der Tierkopf sieht den Hundeköpfen ähnlich, die zum Beispiel an Griffen der Ölfässer und an den Griffen der Holzschalen herausgeschnitzt sind. Die Abgrenzung zwischen einem Schnitzwerk, das seine Funktion im Leben der Dorfgemeinschaft hatte, und dem attraktiv geschnitzten Verkaufsobjekt kann in diesem Fall leider nicht mehr bestimmt werden.

Arbeitsgeräte

Die Siedlungen haben sich in den letzten Jahrzehnten leicht verändert. Es hat sich auch ein Verwaltungszentrum – ein Hauptort, die Stadt Lorengau – herausgebildet. Gehen wir nun der Frage nach, welchen wirtschaftlichen Aktivitäten die Bewohner heute nachgehen, und ob in der Hamburger Sammlung Objekte vorhanden sind, die sie zur Ausübung ihrer Tätigkeiten benötigen. Zur Zeit der Hamburger Südsee-Expedition ernährten sich die Bewohner in Manus vorwiegend von einheimischen Nahrungsmitteln, die das Meer und das Land boten. Meerestiere, Gartenprodukte und Sagostärke wurden auf

---

[9] Nr. 2004:05.
[10] Vgl. Feldfoto Bühler (F) Vb 1427; Fotoarchiv Museum der Kulturen Basel.

lokalen Märkten getauscht. Heute spielt die Subsistenzwirtschaft weiterhin eine wichtige Rolle, vor allem auch in wirtschaftlichen Krisensituationen. In der Ernährung haben sich aber seit längerer Zeit importierte Produkte wie Reis, Konservenfisch, Konservenfleisch, Kaffee, Zucker, Mehl etc. fest etabliert.

Ein Objekt der Hamburger Sammlung weist auf ein Problem, das in Vergangenheit und Gegenwart aktuell war und ist: die Wasserversorgung. Das als Tragholz[11] bezeichnete lange Holzobjekt ist wunderschön verziert (Vögel und Krokodil?). Historische Fotos zeigen die frühere Verwendung solcher Traghölzer; an beide Enden konnten ausgehöhlte Kokosnussschalen – gefüllt mit Wasser - gehängt werden. Die Frauen trugen so das Wasser auf ihren Schultern nach Hause.[12]

Wasser ist auch heute noch ein begehrtes Gut. Im Inland wird es aus den zahlreichen kleinen Flüssen und Bächen geholt. Meist sind es Frauen und Kinder, die es in unterschiedlichen Behältern (oft Plastik) die steilen Hänge hochschleppen. Auf den flachen Koralleninseln ist Süßwasser häufig eine Mangelware und wird in Notzeiten von der Hauptinsel geholt. Traghölzer mit Behältern aus Kokosschalen sind heute kaum noch in Gebrauch, dafür die unterschiedlichsten Plastikbehälter, getragen auf dem Kopf oder in den Händen.

Ein weiterer Objekttyp, der auf wirtschaftliche Aktivitäten verweist, findet sich in mehreren Ausführungen in der Hamburger Sammlung. Es sind geflochtene Basttaschen – ein wichtiges Utensil der Frauen früher wie heute.

Heutige Bewohner des Inlandes beschreiben die Gartenarbeit als Gemeinschaftsarbeit von Mann und Frau. Die Männer übernehmen die größeren Rodungsarbeiten und die Frauen die tägliche Pflege der Pflanzung. Morgens kochen die Frauen das Essen für ihre Familien, die schulpflichtigen Kinder machen sich auf den Weg zur Schule, und die Frauen begeben sich auf den Markt oder in die Pflanzung. Erst im Verlauf des Nachmittags kehren sie

---

[11] Nr. 3539, Admiralitäts-Inseln, Otto Willmanns 1901.
[12] Vgl. Feldfoto A. Bühler (F) Vb 1442.

zurück, um dann wieder eine größere Mahlzeit für die Familie zuzubereiten. Hauptnahrungsmittel sind Knollenfrüchte wie Taro und Tapioka sowie Kochbananen, Blattgemüse und die pflanzliche Stärke, die aus dem Mark der Sagopalme gewonnen wird. Als proteinhaltige Nahrung im Inland dienen das Opposum, ab und zu ein Schwein, Flusskrebse und von den Küsten- und Inselbewohnern eingehandelter Fisch.

Gartenarbeit ist nach wie vor eine Hauptbeschäftigung im Inland, und dazu sind die Taschen ein unerlässliches Hilfsmittel. Heute verwenden die Frauen zwar häufig auch so genannte Netztaschen (*bilum*) aus anderen Provinzen Neuguineas; die typische geflochtene Manus-Tasche aus Bast ist aber weiterhin in Gebrauch. Es können zwei Hauptformen unterschieden werden; rechteckig und länglich-oval. Die länglich-ovale Tasche wird bei der Gewinnung der Sagostärke benötigt. Nach dem Herausschlagen des Sagomarks und dem anschließenden Auswaschen setzt sich die Stärke in einem Auffangbecken nieder. Die Frauen füllen die noch feuchte Sagostärke in Taschen ein und hängen diese an Stangen, um das restliche Wasser abtropfen zu lassen. Die Taschen sind sowohl Sieb als auch Trocknungsbehälter.

Rechteckige Taschen gibt es in unterschiedlichen Größen und Ausführungen. Sie sind das Traggerät für vielfältige Produkte. Schwere Lasten wie Gartenprodukte und Reissäcke werden von den Frauen in solchen Taschen auf dem Rücken getragen. Die Länge der Tragriemen wird jeweils der Last angepasst, die Enden der Riemen werden verknotet und auf den Kopf geschoben. Arbeitstaschen sind nicht reich verziert und aus gröberem, dunklerem Bast geflochten als die feinen, schön verzierten Taschen, die hochgeschätzte Gaben in Zeremonien darstellen. Besonders wichtig sind dabei die eingeflochtenen Muster. In der Hamburger Sammlung sind häufig auftretende Motive zu sehen. Sie sollen im folgenden kurz beschrieben werden, mit heutigen Angaben zu den Musterbezeichnungen:

3128 I[13] : Ein großes Rautenmuster überzieht die ganze Tasche. Drei Linien aus jeweils zwei versetzt erscheinenden Elementen (Fäden) bilden einen Farbstreifen. Dieses Muster ist relativ einfach zu flechten, da es keine Richtungs-

---

[13] Batussi, Südsee-Expedition, F.E. Hellwig, 31.10.1908.

änderungen oder Bindungswechsel erfordert. Mustername: Im Dorf Ndranou gab es keine spezielle Bezeichnung dafür.

2002.1:11[14]: Drei Zickzacklinien, wieder zusammengesetzt aus drei Linien, die parallel zueinander verlaufen. Mustername: Dorf Ndrapitou: *muat* (Schlange). Dorf Kari: *barandrilgi* (*stik bilong coconut*; eigentlich Stamm der Kokospalme, aber auch als Schatten einer Kokospalme auf der Wasseroberfläche erklärt, durch die Wellen leicht gebrochen und in Bewegung).

Abb. 4 Zwei geflochtene Manus-Taschen, MV Hamburg, Nr. 3126 I und 2749 I (Foto-Archiv Museum für Völkerkunde Hamburg).

3125 I[15]: Rautenmuster, sich überkreuzend und an den Schnittpunkten kleinere Rauten bildend. Mustername: Dorf Ndranou: *peleindramat* (Brustbein). Dorf Ndrapitou: *penembue* (chew of betelnut, der Betelbissen). Beides sind interessante Bezeichnungen. Über dem Brustbein laufen die Tragriemen zuerst diagonal zusammen, bevor die Frau die Enden verknotet und sie sich auf den Kopf schiebt. Der Betelbissen könnte im weitesten Sinne, rein spekulativ auf die asiatische Art des Betelkauens verweisen – kleine rechteckige Blätterpäckchen.

2575 I[16], Erste Seite: Ähnlich wie oben, aber an der Kreuzungsstelle keine Überkreuzung der farbigen Fäden, sie verlaufen versetzt zueinander, ohne sich zu

---

[14] Pak, Sammler unbekannt.
[15] Batussi, Südsee-Expedition, F.E. Hellwig, 31.10.1908.
[16] Pak, Dorf Walún, Südsee-Expedition, F.E. Hellwig, 11.10.1908.

berühren. Musternamen: Dorf Kari: die Überschneidungsstelle: *pake leh'mue* (Perlenketten mit Hundezähnen), Dorf Ndranou: *sangau* (kleine Flusskrebse), Dörfer Tingou und Mundrau: *bunkekaharat* und *bukenkarha* (Schildkrötenrücken, bzw. deren Panzer).

2553 I[17]: Verbindung von zwei Motiven: ein breites vertikales Band (Dorf Ndranou: *parniu,* Stamm der Kokospalme) und ein Rhombenmuster (Dorf Ndranou *penpame*). Weitere Musternamen: Dorf Mundrau: *mbatmbulol* (Steine im Wasser, unterschiedliche Färbung). Auf den Inseln wird diese Kombination als Schildkröte und Vogel (*naruboi* und *sikadah*) oder große und kleine Schildkröte bezeichnet.

2575 I[18], Zweite Seite: Ähnlich wie oben, aber das vertikale Band ist kleiner gestaltet und das Rhombenmuster nicht flächendeckend, sondern eher eine Zickzacklinie. Mustername: Dorf Ndranou: *marpokot* und *buskalai* (Öffnung eines Tontopfes und eine gelbe Schneckenart).

2547 I[19]: Hier wird das Farbmuster noch mit einem Flechtmuster kombiniert. Das Flechtmuster entsteht durch Wechsel in den Bindungen und zeichnet hier vertikale und horizontale Linien. Darüber zieht sich ein Farbmuster. Beide Muster werden im gleichen Arbeitsschritt eingearbeitet. Diese Kombination soll eine Spezialität der Flechterinnen vom Dorf Loniu sein. Mustername: Dorf Ndranou *pohiou* (Schmetterling).

Die Namensgebung für die Muster scheint sich an den äußeren Formen zu orientieren. Sie ist nicht einheitlich und kann von Dorf zu Dorf variieren. Der Name an sich ist nicht so wichtig, sondern vielmehr die Tatsache, wer das Recht hatte, das Muster anzuwenden. Nach Erzählungen vieler älterer Frauen wurde die Einhaltung der Rechte früher streng beachtet.[20] Die Muster wurden von den Müttern an ihre Töchter weitergegeben, und erst durch Heiratsverbindungen (von ihr selbst oder einer ihrer Verwandten) konnte eine Frau

---
[17] Pak, Dorf Walún, Südsee-Expedition, F.E. Hellwig, 11.10.1908.
[18] Pak, Dorf Walún, Südsee-Expedition, F.E. Hellwig, 11.10.1908.
[19] Pak, Dorf Walún, Südsee-Expedition, F.E. Hellwig, 11.10.1908.
[20] Ohnemus 1997.

ihr Musterrepertoire erweitern. Sie hatte kein Recht, Muster von Frauen zu verwenden, mit denen sie nicht über Heirat (und damit durch Gabentausch) in verwandtschaftlicher Verbindung stand. Heute wird dies nicht mehr streng befolgt, aber gewisse Gestaltungen können immer noch bestimmten Regionen zugewiesen werden (z.B. das zusätzliche Aufnähen von roten Stoffbahnen).

Das Herstellen dieser Taschen war und ist Frauenarbeit.[21] Sowohl die Behandlung des Rohmaterials wie auch das Flechten erfordert gute Kenntnisse und Konzentration. Es gibt Taschen in unterschiedlicher Qualität; von rötlich braunen Arbeitstaschen bis zu besonders feinen Taschen. Diese zeichnen sich durch hellen Bast, dichte und straffe Flechtstruktur und den gleichmäßigen Verlauf eines komplizierteren Musters aus. Die flechtenden Frauen sitzen meist auf dem Boden ihres Wohnhauses, umgeben von langen Bastfäden, die dem unerfahrenen Beobachter als ungeordneter Wirrwarr erscheinen. Die Flechterin wirft die Fäden von einer Seite auf die andere und plaudert dabei mit anwesenden Frauen.

Das Bild der fliegenden Fäden wird auch in mythischen Erzählungen aufgegriffen. Darin wird die Geschichte von Frauen erzählt, die auf der Suche nach Feuer und möglichen Heiratspartnern sind. Zu diesem Zweck werfen sie Baststreifen in alle Himmelsrichtungen. Frauen sind die aktiven Bindeglieder zwischen Verwandtschaftsgruppen. Deutlich wird dies bei Heiratszeremonien, in denen eine reich geschmückte Braut vom Gehöft ihres Vaters zu dem ihres Bräutigams geführt wird. Sie ist reich behängt mit schönen, neu geflochtenen Taschen, Schmuckstücken und Geld. Über ihren Körper wird ein Austausch von Gaben zwischen den beiden Verwandtschaftsgruppen vollzogen. Taschen aus ihrer Verwandtschaft werden an die des Bräutigams gegeben, und Geldscheine, die ihr von Verwandten des Bräutigams in die Kleidung gesteckt wurden, erhalten nun die Verwandten der Braut. Erst später werden die weiteren Gaben, die im Gehöft gestapelt sind (vor allem Nahrung und Geld), getauscht.

---

[21] Ohnemus 2003, im Druck.

Kleidung und Schmuck

Frauen schmücken sich gern mit schönen Taschen – sehr weiblich gewerteten Gegenständen. So gesehen können Taschen zu Schmuckobjekten gezählt werden. In der Hamburger Sammlung finden sich zum Bereich Kleidung und Schmuck weitere Objekte, von denen hier zunächst jene aufgeführt werden, die von Frauen getragen wurden.

– Arm- und Beinbänder in unterschiedlichen Ausführungen: entweder geflochten und überstickt oder in einer Maschenstofftechnik mit eingearbeiteten Glasperlen. Die geflochtenen Bänder[22] sieht man heute noch häufig, vor allem als festlicher Schmuck sind sie unverzichtbar. Auch Beinmanschetten wie das Objekt in der Hamburger Sammlung[23] gehören zum Schmuck einer festlich verzierten Braut. Die Manschette wird um den Knöchel gelegt und vorne zugebunden. Dadurch ist das Muster von hinten zu sehen, während vorne am Bein die Fransen der Verschlussbänder beim Gehen hin- und herschwingen. In einer anderen Maschenstofftechnik ist die Manschette (MV Hamburg, Nr. 3148 I[24]) hergestellt (einfaches Verschlingen mit Einlage). Diese Form ist heute auf den Admiralitäts-Inseln kaum noch zu sehen.

Abb. 5 Geflochtener und mit gelben Orchideenfasern überstickter Gürtel, MV Hamburg, Nr. 3087 I; Foto Brigitte Saal.

---

[22] Nr. 99.111:4, Nr. 99.111:13, 99.111:8 (Admiralitäts-Inseln, Schenkung John Hottendorf und Frau, 1999) und Nr. 62.11:2 (Admiralitäts-Inseln, Schenkung Frau Müller-Knabe 1962). Die Bänder sind diagonal geflochten und anschließend überstickt (siehe Ohnemus 1996, S. 71ff.).
[23] Nr. 2001.1:69 (Erwerb und Herkunft unbekannt), hergestellt in kettenstoffartiger Perlenstoffbildung.
[24] Batussi, Südsee-Expedition, F.E.Hellwig, 31.10.1908.

- Gürtel in der gleichen Technik hergestellt wie ein Teil der Armbänder - geflochten und mit gelben Orchideenfasern überstickt. Ausführungen wie das Hamburger Objekt Nr. 3087 I[25] könnten heute von Teilnehmern einer traditionell gekleideten Tanzgruppe oder von einer festlich geschmückten Frau getragen werden. Der zweite Gürtel Nr. 2946 I der Hamburger Sammlung würde heute in Manus einiges Aufsehen erregen. Die in dieser Feinheit aufgestickte Mustervielfalt ist heute selten, und viele Frauen bedauern das sehr.[26]

- Blattfaserschurze und Schurze aus Rindenbast[27] wurden durch westliche Stoffkleidung ersetzt. Um die Hüfte gewundene Tücher und T-Shirts oder Blusen bilden die übliche Frauenkleidung. Nur bei festlichen Anlässen sieht man noch Stoffschurze, die wie traditionelle Tapaschurze mit Behang verziert sind. Die schweren Muschelgeldschurze sind äusserst selten. Der traditionelle Wertmesser (Muschelgeld) wurde u.a. durch die nationale Geldwährung abgelöst. Die Belege in der Hamburger Sammlung[28] geben einen Hinweis auf die eindrückliche Gestaltung dieses Objekttyps, der fast nur noch in Sammlungen vorhanden ist. Fein geschliffene Schneckenschalenscheibchen wurden von Frauen zu Textilien verarbeitet. Dabei wurden Muster durch unterschiedliche Techniken, aber auch durch Einfügen von farbigen Elementen (pflanz-liche Perlen und bunte Glasperlen) erzielt. Ein reicher Fransenbehang bildet den unteren Abschluss.[29]

„Muschelgeld" (eigentlich Schneckenschalengeld) wird schon lange nicht mehr gemacht. Es waren vor allem die Frauen im Nordwesten der Admiralitäts-Inseln (Dörfer Lebbe und Baramang, Inseln Sabo und Ponam), die die feinen Scheibchen angefertigt hatten. Nach dem ersten Weltkrieg setzten wirtschaftliche Veränderungen ein, die nicht ohne Auswirkungen auf diese Produktion waren. So wurden Männer für mehrere Jahre als Arbeitskräfte auf Plantagen verpflichtet, die sich nicht auf den heimatlichen Inseln befanden. In der Folge

---

[25] Batussi, Südsee-Expedition, F. E.Hellwig, 31.10.1908.
[26] Lála, Südsee-Expedition, F. E. Hellwig, 26.10.1908; vgl. Ohnemus, Steinhof; im Druck.
[27] Nr. 21.118:11, Slg. Thiel.
[28] Nr. 22.42:343, Slg. Scharf; Nr. 2986 Pak, Südsee-Expedition, 1908; Nr. 51.17:1.
[29] Ohnemus 2002.

Abb. 6 "Muschelgeld"-Schurz, MV Hamburg, Nr. 2001.1:69; Foto Brigitte Saal.

fehlten die männlichen Arbeitskräfte im Dorf, und die Frauen übernahmen deren Aufgaben. Sie konzentrierten sich auf die Subsistenzwirtschaft und hatten nicht mehr genügend Zeit, sich der Produktion von „Luxusgütern" zu widmen. Zudem ermöglichte das von den Männern verdiente Geld den Kauf anderer Luxusgüter, und das Geld selbst wurde zu einem Ersatz des traditionellen Muschelgeldes in Zeremonien.[30] Heute wird Muschelgeld bzw. Schneckenschalengeld sehr sorgsam aufbewahrt. Objekte, die als zeremonielle Gaben oder Festschmuck dienen, werden zur Wertsteigerung mit einzelnen Scheibchen verziert, so zum Beispiel in Form von angenähten Kettchen.

Wenden wir uns nun den Kleidungs- und Schmuckobjekten der Männer in der Hamburger Sammlung zu. Auf älteren Fotos erkennt man, dass sich auch die Männer mit geflochtenen Gürteln und Armbändern geschmückt haben. Ob es sich nun bei den Hamburger Bändern um Männer- oder Frauenschmuck handelt, kann nicht bestimmt werden. Die Muster geben dazu keinen Anhaltspunkt. Die Breite der Bänder verrät zum Teil die Position am Oberarm; die breiteren Bänder werden oben, die schmaleren unten getragen. Der Durchmesser der Bänder ist an die Körpermaße des jeweiligen Trägers bzw. der Trägerin angepasst. Daher können am ehesten noch Kinderarmbänder bestimmt werden.

Die Männer kleideten sich früher mit einer Tapa-Binde und offenbar auch mit einem Rindengürtel. Davon gibt es leider keine Fotodokumentation. Das Hamburger Museum besitzt ein schönes Stück. Es handelt sich um einen Rindengürtel, der mit einer Schnurvorrichtung an den Körper angepasst werden kann. Die Außenseite ist mit feinen, eingeritzten Strichornamenten[31] verziert. Diese Gürtel sind heute nicht mehr in Gebrauch.

Abb. 7 Breiter Rindengürtel für Männer, MV Hamburg, Nr. 2892 I; Foto: Brigitte Saal.

---

[30] James und Achsah Carrier 1985, S. 511-12
[31] Ähnliche Verzierungen finden sich auch auf anderen Objekten wie Nasenstäben aus Muschelmaterial (Nr. 51.7:18, Admiralitäts-Inseln, Tausch Frau M. A. Ciolkowska, 1951) und Penisschmuck aus Schneckenmaterial.

Die Männer verzierten sich mit verschiedenen Schmuckstücken (um den Hals, an den Ohren etc.), aber eine besondere Aufmerksamkeit galt den Haaren. Hans Vogel, ein Teilnehmer der Hamburger Südsee-Expedition, beschreibt seine Eindrücke wie folgt:[32]

"Mit fabelhaftem Geschmack und ausgesprochenem Stilgefühl wissen die Leute die Anmut ihrer Erscheinung durch Tracht und Schmuck noch zu erhöhen. [...] Das krause Haar ist entweder sorgfältig aufgestochert und dann zu einer regelmäßigen großen Kugel beschnitten, aus der das Gesicht herausschaut, oder ein dicker Wulst umrahmt die Stirne und hinter diesem ist das lange Haar am Hinterkopf mit einem grünen oder trockenen Palmenblatt zu einem dicken Zylinder zusammengenommen, der ganz hinten das Haar wieder in einer Halbkugel herausquellen lässt. Sehr häufig ist die Frisur mit einer Erde rostrot gefärbt und mit zierlichen Kränzen und Gewinden aus geschnitzten, hellen Bastgirlanden belegt."

Entsprechend eindrucksvoll sehen auch die Herren auf den historischen Fotos von 1908 aus. Beim Herumreichen alter Feldfotos in heutigen Dörfern waren häufig die jungen Männer, heute gekleidet nach modernen amerikanischen Vorbildern, von der Haartracht der fotografierten Männer beeindruckt, was wiederum ein Schmunzeln der anwesenden alten Herren bewirkte. Die von Vogel erwähnten Bastgirlanden sind nicht nur eine optische Verzierung, sondern strömen zudem einen feinen, betörenden Duft aus. Festlich gekleidete Leute legen sie auch heute noch um Haare oder Oberkörper. Ins krause Haar werden heute verschiedene Dinge gesteckt: von Blumen über Kämme bis zu Kugelschreibern. In der Hamburger Sammlung finden sich einige Stäbchenkämme. Die Griffenden sind mit einer pflanzlichen Kittmasse (*atuna racemosa*)[33] überstrichen und mit modellierten Formen, Ritz-ornamenten, Farben und eingesteckten Verzierungen versehen. So zeigt die Nr. MV Hamburg, 2002.1.32[34] einen plastischen menschlichen Kopf, der in eine Krokodilsschnauze übergeht, oder der große Kamm (MV Hamburg, Nr. 2002.1:35) einen eingesteckten Frucht-

---

[32] Vogel 1911, S. 78.
[33] Lüerßen 1999
[34] Erwerb und Herkunft unbekannt.

Abb. 8 Junger Mann von den Admiralitäts-Inseln; Foto Fülleborn 1908.

kern als Dekoration. Nicht alle dieser Kämme scheinen gebraucht worden zu sein. Dazu müssten die Querstäbe, die während der Kammherstellung die Zinken zusammenhalten, entfernt werden. Kämme, die diese Halterungen noch aufweisen, wurden nach der Herstellung vermutlich direkt verkauft.

Auch Männer tragen Taschen, aber selten große Arbeitstaschen wie die Frauen. Sie wählen entweder kleine längliche Taschen, die über der Brust hängen, oder sie tragen kleinere rechteckige Taschen über der Schulter. Früher wurden diese durch einen Stab im Inneren in die Länge gezogen und hingen so praktisch wie ein Flügel hinter der Schulter. Dies sieht man heute nur noch bei Auftritten von Tanzgruppen. Häufig tragen die Männer heute die beliebten Netztaschen (*bilum*) oder gekaufte Kunststofftaschen. Darin stecken meistens Betelnüsse, Kalk, Zigaretten und Streichhölzer. Der Kalk wird beim Betelkauen in den Mund gestrichen. Als Behälter dienten früher Kalebassen, die man auch heute manchmal noch sehen kann, wobei im Alltag Plastikbehälter wie zum Beispiel leere Filmdosen überwiegen. In der Hamburger Sammlung sind einige Kalebassen mit den eingebrannten, typischen Bandverzierungen vertreten.

Abb. 9 Schmuckkamm für Männer mit kleiner runder Frucht auf dem Stiel, Nr. 2002:35; Foto Brigitte Saal.

Feste

Es wurde bereits öfters erwähnt, dass viele traditionelle Objekte nur noch bei festlichen Anlässen zu sehen sind. Früher wurden zahlreiche Ereignisse im Lauf eines Menschenlebens mit kleineren und größeren Zeremonien gefeiert. Heute hat sich dies vor allem auf Geburt, Heirat und Tod reduziert. Zu diesen Anlässen treffen sich die Menschen, die ihre verwandtschaftliche Verbundenheit mit der zentralen Person ausdrücken wollen. Die gegenseitige Verbundenheit und das Einanderverpflichtetsein bestätigt ein großer Gabentausch der Beteiligten. Die Gaben mögen sich in ihrer Form verändert haben, die Notwendigkeit des Gabentausches und die Verpflichtungen sind aber geblieben.

Bei diesen Anlässen wird auch getanzt, und die Hauptinstrumente sind dabei die Schlitztrommeln. Lassen wir noch einmal Hans Vogel seine Eindrücke schildern:[35]

> "Das Interessanteste am Tanze war zweifellos die Kapelle, deren Instrumente sich lediglich aus Trommeln verschiedener Größen zusammensetzten, und die mit größtem Eifer ihre rhythmisch recht komplizierte Musik ertönen ließ. An Temperament übertraf diese Manusbande die feurigste Ungarnkapelle."

Auch andere Autoren sind beeindruckt von den Trommelrhythmen und der Differenziertheit der Trommelsprache. A. Bühler schreibt in seinem Tagebuch:[36]

> „Es sind eine ganze Anzahl von Schlitztrommeln bereit, die kleinen auf dem Boden liegend und die Männer davor sitzend mit zwei Schlegeln, die großen entweder an einem oder an zwei Griffen aufgehängt, die Trommler stehend mit einem Schlegel. Die einzelnen Trommelmelodien haben Namen und es wird ausgemacht, was getrommelt werden soll (...). Meistens beginnt eine Trommel, und zwar eine der großen mit einem Solo, worauf plötzlich die andern einfallen und in ein wahnsinniges Tempo langsam sich steigern. Im Höhepunkt fällt dann eine oder zwei der ganz kleinen Trommeln ein, die wie Maschinengewehrgeknatter tönt. Die einzelnen Melodien sind kurz. Sie tönen außerordentlich wild in dem hohen Männerhaus und der gespenstischen Beleuchtung der kleinen Feuer."

Bei einer Zeremonie anlässlich eines Todesfalls im Inland von Manus (1994) bestand das Orchester aus sechs Schlitztrommeln mit unterschiedlichen Namen: zwei *solsol* (auf einer wurde der Takt/die Melodie vorgegeben), zwei

---
[35] Vogel 1911, S. 112.
[36] Bühler 1932, S. 265.

ndrakuin (mit dickeren Schlegeln geschlagen), eine *soyan* (in vertikaler Position und mit einem leicht gebogenen Schlegel geschlagen) und einer *tiluan* (mit zwei langen, dünnen Schlegeln geschlagen). Die Trommler der beiden letztgenannten Trommeln standen, während die übrigen in hockender bzw. kauernder Stellung trommelten. Die Seiten neben den Trommelschlitzen haben unterschiedliche Bezeichnungen; die linke Seite ist dicker und heißt *pasen* (Kinn), die rechte Seite ist dünnwandiger und heißt *pohon* (Mund). Die vertikal aufgestellte Trommel wird auf der "Mund"-Seite geschlagen.

Die Seiten können durch Schnitzerei und Bemalung betont werden, wie das Beispiel MV Hamburg, Nr. 22.42:345[37] in der Sammlung zeigt. Die zweite Trommel (MV Hamburg, Nr. 2937 I[38]) zeigt eine typische Verzierung des Trommelkopfes – eine menschliche Figur erscheint aus dem Trommelkörper. Die Schlitztrommeln wurden auch als Signalinstrument verwendet (heute meist nur noch für die Nachricht von einem Todesfall). Dazu wurde zuerst ein Trommelrhythmus geschlagen, der ein bestimmtes Männerhaus und damit eine Verwandtschaftsgruppe bezeichnete – sozusagen den Adressaten. Dann erst folgte die eigentliche Meldung. Ein erfahrener Trommler bezeichnete dies auf Pidgin als „*paitim het bilong tumbuna*" – den Kopf des Ahnen schlagen.

Spezialisierung und Tausch

In den verschiedenen Regionen spezialisierten sich die Bewohner auf die Herstellung bestimmter Objekte – z.T. bedingt durch die vorhandenen Rohmaterialien wie Bast, Lianen, Töpfererde oder Schneckenschalen für das erwähnte Muschelgeld. Andere Objekttypen, von denen auch mehrere Exemplare in der Hamburger Sammlung vorhanden sind, seien hier noch erwähnt:

Besondere unzerbrechliche Gefäße wurden im Inland von Manus hergestellt. Die Formen reichen von flachen Schalen über bauchige Schüsseln bis zu amphorenartigen Gebilden, die in der Technik des Wulsthalbflechtens aus

---

[37] Schenkung C. Scharf, 1922.
[38] Südsee-Expedition, F.E. Hellwig, 26.10.1908.

einem Lianenmaterial hergestellt wurden. Über dieses Geflecht strichen die Hersteller einen pflanzlichen Kitt, der nach dem Erhärten in der Sonne dem Gefäß ein festes, wasserdichte und unzerbrechliche Oberfläche gab und es praktisch unzerstörbar machte. In der Hamburger Sammlung fallen die großen Ölbehälter auf (z. B. Nr. 21.25:05), die von einem Traggestell umgeben sind. Früher wurde damit das wertvolle Kokosnussöl als Gabe zu einem Gabentausch transportiert. Kokosnussöl als zeremo-nielle Gabe ist jetzt durch Geld ersetzt worden und wird nur noch in kleinen Mengen eingesetzt. Auf dem Markt wird Kokosnussöl in ehemalige Bierflaschen abgefüllt als Zutat fürs Kochen angeboten. Der pflanzliche Kitt dient heute vor allem noch als Abdichtungsmittel bei Booten.

Abb. 10 Großer Ölbehälter mit Traggestell, Nr. 2125:05; Foto MV Hamburg.

Die Töpfereiwaren sind zerbrechliche Gefäße und werden leider auch nicht mehr hergestellt. „Leider" ist eine Äußerung von älteren Frauen aus einem Dorf, welche die Tontöpfe vor allem zum Aufbewahren von Wasser vermissen. Nach ihrer Aussage speicherten die Keramiktöpfe im Gegensatz zu den Plastikbehältern die Kühle des Wassers viel länger. Es gab vor allem zwei Inseln (Hus im Norden und Mbuke im Süden), auf denen getöpfert wurde. Die Produkte wurden in die übrigen Regionen verhandelt.

Auch hölzerne Gefäße waren die Spezialität einiger Regionen. Hans Vogel schreibt dazu:[39]

„Wir erwarben wundervolle Holzschalen, die aus einem weiter südlich gelegenen Matankordorfe stammten. Es sind halbkugelförmige Gefäße in allen Größen, bis zu mehr als metergroßem Durchmesser. Sie stehen

---

[39] Vogel 1911, S. 128.

215

auf 4 kurzen Beinen und besitzen 2 Henkel in Form von graziösen Spiralen oder Figuren und sind aus einem Stücke eisenharten, schwarzen Holzes herausgebrannt und geschnitzt. Andere Holzschalen stellen eine stilisierte Taube oder einen Hund dar, und alle sind von einer solchen Schönheit, dass ich sie den besten Erzeugnissen des modernen Kunstgewerbes gleichstelle, ohne die primitiven Werkzeuge."

An den Hamburger Objekten lassen sich einige Merkmale erkennen, so zum Beispiel die Figuren auf den Griffteilen von MV Hamburg, Nr. 12.135:194[40]. Sie zeigen eine Haltung, wie sie auch an anderen Schnitzereien zu erkennen ist; leicht angewinkelte Beine, runder oder spitzer Bauchbogen, angewinkelte Arme, die zum Gesicht führen. Über den Kopf bis auf den Rücken zieht sich etwas ähnliches wie eine Haube. An Schalen in anderen Sammlungen (z.B. Museum der Kulturen Basel Vb 10024) ist diese Haube der Schwanz einer Echse, die sich auf dem Rücken der Figur befindet. Die Holzschale MV Hamburg, Nr. 132.05[41] ist über den ganzen Holzkörper mit einer feinen Ritzmusterung überzogen. Doppelt geführte Linien aus kleinen Strichen gehen scheinbar kreuz und quer über die Oberfläche. Die gleiche Musterung erscheint auch auf einigen Keramiktöpfen. Sie zierte früher als Narbentatauierung Oberkörper und Gesicht von Frauen aus dem Nordwesten.

Die Holzschale MV Hamburg, Nr. 854[42] zeigt zum einen die ausgearbeiteten Spiralgriffe, die längst nicht mehr als reine Griffe, sondern vor allem als Verzierungselement zu bezeichnen sind. Der Schalenrand ist mit einem reich verzierten Musterband versehen, das wir an vielen Holzschalen in ähnlicher Form antreffen. Die Motive sind den gestickten Mustern auf den geflochtenen Armbändern sehr ähnlich. Oft führen von diesem Musterband einige Verzierungen nach unten; sie erscheinen wie eine angehängte Dekoration und übernehmen in der Gestaltung auch die Formen von Pallaquium-Nussschalen, Hundezähnen oder sogar *kapkap*-Scheiben, die oft als Anhänger verwendet werden.

---

[40] Konsul Max Thiel, 1912.
[41] Prof. Thilenius, 1905.
[42] Rambutjo I., Dorf Ndriol, Südsee-Expedition, Müller, 4.11.1908.

Als letzte Spezialität sei noch einmal Obsidian erwähnt. Dass Obsidian (vulkanisches Gesteinsglas) nicht nur innerhalb der Admiralitäts-Inseln gehandelt wurde, belegen archäologische Funde. Vor rund 3200 Jahren wurde es bis nach Vanuatu im Südosten von Melanesien und sogar bis nach Borneo gehandelt. Auf den Admiralitäts-Inseln diente Obsidian als Material für Dolch- und Speerklingen (Dolch in der Hamburger Sammlung Nr. E 4129). Dass viele der Obsidianspeere und -dolche in Museumssammlungen längst nicht für den Kampf bestimmt waren, sondern nur für den Verkauf produziert wurden, belegen die Forschungen von R. Torrence.[43] Die Produzenten richteten sich nach den Wünschen der Käufer und stellten Waffen mit entsprechend großen Klingen, reicher Bemalung oder schwer beschnitzen Speerköpfen her. Die Bewohner der Admiralitäts-Inseln waren unter anderem nicht nur Künstler, sondern auch gute Händler.

So erlauben viele alte Gegenstände der Hamburger Sammlung Einblicke in verschiedene Lebensbereiche der Admiralitätsinsulaner. Zusammen mit den historischen Fotodokumenten, der Zusammenstellung von Nevermann und Ergebnissen neuerer Forschungen lassen sich einige Geschichten erzählen, die Aufschlüsse über zahlreiche Details im alltäglichen Leben und in manchen Festen erteilen.

Abb. 11 Holzschale in Form einer Taube, MV Hamburg, Nr. 67.42:1; Foto Brigitte Saal.

---

[43] 2002, S. 73ff.

Bibliographie

Ambrose, Wal
2002 From very old to new, obsidian artefacts in the Admiralty Islands In: **admiralty islands. art from the south seas**, S. 67-72. Zürich.

Börnstein
1914 Forschungen auf den Admiralitäts-Inseln. In: **Petermanns** Geographische Mitteilungen 60, S. 315-317.

Bühler, Alfred
1935 Versuch einer Bevölkerungs-und Kulturanalyse auf den Admiralitäts-Inseln. In: **Zeitschrift für Ethnologie 67**, S. 1-32. o .J. Reisetagebuch (Expedition 1931/32).

Carrier J.G. u. A.H.
1985 A Manus centenary: production, kinship and exchange in the Admiralty Islands. In: **American Ethnologist 12**, S. 505-22.

Lüerßen, Stephanie
1999 **Die Verwendung von Atuna racemosa. Rafinesque in der ethnographischen Kunst Melanesiens.** Untersuchung zur Identifizierung und Konservierung eines vielseitig genutzten pflanzlichen Überzugmaterials. Diplomarbeit Fachhochschule Köln.

Minol, Bernard (Hrsg.)
2000 **Manus from the legends to year 2000**. A history of the people of Manus. UPNG Press, Papua New Guinea.

Mitton, Robert D.
1979 **The people of Manus.** Records of the National Museum and Art Gallery 6. Boroko.

Nevermann, Hans
1934 **Admiralitäts-Inseln**. Ergebnisse der Südsee-Expedition 1908-1910. II. Ethnographie, A. Melanesien, vol. 3. Georg Thilenius (Hrsg.). Hamburg.

Ohnemus, Sylvia
1996 **Zur Kultur der Admiralitäts-Insulaner in Melanesien**. Die Sammlung Alfred Bühler im Museum für Völkerkunde Basel. Basel.
1997 Vom Risiko des zerschnittenen Bandes. In: **Tsantsa 2**, S. 151-155.
2002 The rich variety of textile art. In: **admiralty islands. art from the south seas**, S. 53-59. Zürich.
2003 **Tiltil – The different sides of the Manus bag**. The significance of plaited bags for the Lele people in the interior of Manus island (Papua New Guinea). Dissertation, Universitiät Basel.
im Druck **Plaiting – a long neglected research topic in Melanesia**. Publikation zum Bühler Symposium, Basel 14.1.2000.

Ohnemus, Sylvia und Steinhof, Monika
im Druck Verführerische Gürtel aus ungewöhnlichen Farnen. In: **Festschrift Heintze**. Bremen.

Torrence, Robin
2002 Obsidian-tipped Spears and Daggers: what can we learn from 30 years of museum collecting. In: **admiralty islands. art from the south seas**, S.73-80. Zürich.

Vogel, H.
1911 **Eine Forschungsreise im Bismarck-Archipel**. Hamburg.

Von Muschelgeld und Ahnengeistern
Die Tolai auf Neubritannien

Ingrid Heermann

Als die Hamburger Südsee-Expedition Neubritannien erreichte, war die Bevölkerung an den Küsten der Gazelle-Halbinsel im Osten Neubritanniens – die Tolai, früher auch als Gunantuna oder Qunantuna bezeichnet - seit mehr als dreißig Jahren mit Europäern konfrontiert gewesen – und ihrerseits auch in Deutschland nicht mehr unbekannt. Die fruchtbaren Küstengebiete der Gazelle-Halbinsel waren erforscht, und Plantagen wurden weiter ins Inland ausgedehnt.

Bereits um 1875 – lange vor Gründung des deutschen Schutzgebietes und der Einsetzung einer kolonialen Verwaltung - hatten die großen Handelshäuser ihre Tätigkeit intensiviert. Erste Landkäufe fanden statt, die den Grundstein legten für das später so erfolgreiche Plantagen-"Imperium" der sagenumwobenen Queen Emma und ihres Schwagers, Richard Parkinson, dem viele kleinere folgten. Fast gleichzeitig begann die Missionierung durch die London Mission Society, bald auch durch katholische Priester und Katecheten. Nach Einrichtung der ersten Missionsstationen wollten auch andere Dörfer "ihre" Kirche[1], bestanden aber auf der Entsendung "richtiger" europäischer Missionare anstelle der zunächst verfügbaren samoanischen Katecheten.

Als die Verwaltung der deutschen Schutzgebiete zunächst nach Herbertshöhe, dem heutigen Kokopo, und später nach Rabaul verlegt wurde, entwickelte sich dieser Teil Neubritanniens zur zentralen Anlaufstelle für Händler, Pflanzer, Missionare, Forscher und Abenteurer, zu denen als weitere Fremde die aus anderen Regionen "importierten" Plantagenarbeiter kamen, da höchstens jüngere, bei ihren Ältesten verschuldete Tolai für die Arbeit auf den Plantagen zu gewinnen waren.

---

[1] Die Kirche *lotu* "kaufen" wurde zu einem festen Begriff, da etliche Dörfer vor allem der katholischen Mission Geld bzw. Land anboten, wenn sie bei ihnen eine Station eröffnete.

Konflikte erwuchsen aus den umfangreichen Landverkäufen, die auf der Basis ganz verschiedener Landrechtsauffassungen getätigt worden waren. Sie erwuchsen aus der vorsätzlichen oder zufälligen Verletzung heiliger Orte und Plätze durch die Pflanzer, aus den immer wieder aufbrechenden Konflikten zwischen den Tolai und ihren im gebirgigen Westen angrenzenden Nachbarn Baining und Taulil, die für unsichere Verhältnisse sorgten, und nicht zuletzt aus einer rituellen Praxis, die den Europäern undurchschaubar und deshalb unkontrollierbar erschien und 1904 zum Verbot des Geheimbundes *iniet* führte.

Die Tolai waren aber nicht ausschließlich Opfer kolonialer Praxis. Ihr Wirtschafts- und Sozialsystem mit seiner engen Verbindung von wirtschaftlichem Erfolg – gemessen an der im Laufe eines Lebens erworbenen Menge an Muschelgeld[2] - und persönlichem Status, politischem Einfluss und jenseitigem Wohlergehen prädestinierte sie zu einer schnellen Anpassung und Ausnutzung der veränderten wirtschaftlichen Verhältnisse. Sie lehnten die abhängige Lohnarbeit ab, vergrößerten aber ihre traditionellen Gärten und intensivierten den Fischfang als Reaktion auf die verstärkte Nachfrage nach lokalen Nahrungsmitteln. Und sie verlangten – zum Entsetzen der Europäer - eine Bezahlung für alle Dienstleistungen und Informationen, was ihnen insgesamt den Ruf von unliebenswürdigen und habgierigen Zeitgenossen eintrug, aber nur der eigenen Praxis, in der jede Dienstleistung ihren Preis hatte, entsprach.

Das System einer indirekten Verwaltung durch lokal benannte *luluai*, die als Scharnier zwischen lokaler Dorfbevölkerung und Kolonialverwaltung dienten, korrespondierte offensichtlich gut mit dem traditionellen System der "Großen Männer", d.h. *bikman* in Tokpisin. Zur Zeit der Hamburger Expedition konnte das Tolai-Gebiet trotz einzelner schwelender Konflikte als nahezu befriedet angesehen werden. So offen die Tolai allerdings auf neue wirtschaftliche Möglichkeiten und begrenzt auch auf politische Veränderungen reagierten, bezüglich ihres Weltbildes und seiner ethischen Grundlagen erscheinen sie kompromisslos. So gelang es Missionaren und Forschern zwar nach und nach, Mythen und Überlieferungen aufzuzeichnen; grundlegende Einsichten in die

---

[2] Der korrekte Terminus wäre "Schneckengeld". Jedoch brauchen die Tolai selber im Englischen den Begriff "Shell money", sodass auch im Deutschen sich der Ausdruck "Muschelgeld" eingebürgert hat.

Abb. 1 Historisches Foto von 1908, das eine Gruppe von Tolai-Männern vor einem gerade fertiggestellten Männerhaus zeigt; Foto Archiv MV Hamburg.

Philosophie der Geheimbünde *dukduk* und *iniet* und die von ihnen trotz großen Drucks gewahrten Geheimnisse gelangen jedoch nur punktuell.

In Deutschland wurde das Bild der Tolai durch Publikationen, vor allem aber durch Alben und Postkarten geprägt. Hier sehen wir stimmungsvolle Aufnahmen der Blanche-Bucht, an der die Stadt Rabaul liegt, mit Booten oder Fischern, aufgereihte Menschengruppen auf ihrer Dorfstrasse, die relativ kleinen, mit Pandanus- oder Kokosblattfiedern gedeckten Hütten im Hintergrund, umgeben von ordentlichen Zäunen, oder Gruppen von Männern beim Straßenbau oder ausruhend mit ihrer unvermeidlichen Tabakspfeife[3] im Mund.

---

[3] Stangentabak und Industriestoffe waren die wichtigen Importgüter, die neben Industrieperlen zunächst auch als Tauschmittel dienten. Bei den Tolai war ihre Akzeptanz begrenzt, lange galten sie aber als ein Zahlungsmittel für die Plantagenarbeiter.

Abb. 2 Postkarte aus der Kolonialzeit (vor 1908), die eine Tolai-Trauergemeinde abbildet. Im Hintergrund ist zu Rädern gebundenes Muschelgeld zu sehen.

Auf den meisten Fotos entgingen die Tolai der exotisch erotisch verklärenden Linse vieler früher Fotografen, sie erscheinen handfest, die Frauen und Kinder mit den Hüfttüchern *laplap* aus importiertem Industrietuch und ebensolchen Blusen, die Männer oft mit Rasta-Frisuren, *laplap*[4] oder europäischen Hosen, teils ergänzt durch die Mützen und Ledergürtel, die sie als Mitarbeiter der Kolonialmacht ausweisen. Auftritte der *tubuan*- und *dukduk*-Masken bildeten ein Sujet, ein anderes große Beerdigungsfeiern mit einer imposant aufgereihten Trauergemeinde und dem so wichtigen Muschelgeld in großen, mit Bananenblättern umwickelten Ringen an einem Gerüst im Hintergrund, deren Bedeutung den meisten europäischen Betrachtern entgangen sein dürfte.

In Berlin gab es den ersten Auftritt von Tolai-Masken – nämlich *tubuan* und *dukduk* – anlässlich der inoffiziellen Weltausstellung 1896, und hier bestanden

---

[4] Umschlagtücher *laplap* wurden zum standardisierten Kleidungsstück für Männer wie Frauen und können heute von Männern auch als Teil eines formellen Anzugs getragen werden. Traditionell waren Tolai-Männer weitgehend unbekleidet.

keine Bedenken, den interessierten Fremden auch die Herstellung und Konstruktion zu verdeutlichen, was im Tolai-Gebiet selbst undenkbar gewesen wäre.

Viel beachtete, weil Geheimnis umwobene Objekte der Tolai in den Sammlungen der aufstrebenden jungen Völkerkunde-Museen waren die berühmten Schädelmasken und die sog. *iniet*-Steine. Sie beflügelten die Fantasie, sie sollten in keiner Sammlung fehlen. Der Wettbewerb der deutschen Museen scheint sich bezüglich dieser Objekte auf die lokalen Sammlerinteressen der Pflanzer, Missionare, Kolonialbeamten und Schiffsbesatzungen, die die Museen versorgten, übertragen zu haben. Schon 1903 meldete Gouverneur Albert Hahl nach Berlin,[5] dass bald keine alten *iniet*-Steine mehr zu bekommen seien, und um 1910 bemängelte Ethnologe Burger, dass praktisch nur noch Fälschungen der Schädelmasken und *iniet*-Figuren angeboten würden, für die die Tolai außerdem hohe Preise entweder in Muschelgeld oder Goldmark verlangten.

Pflanzer Richard Parkinson, ein interessierter Beobachter und Dokumentar und ein langjähriger Freund vieler "Großer Männer", spielte bezüglich der Sammlungen eine Vorreiterrolle. Wo zufällige Besucher keine Chance auf Zutritt hatten, war er noch willkommen, – und viele Objekte, die anderen verwehrt blieben, konnten er – und in der Folge auch andere – erwerben.

Dass dies trotz größter Geheimhaltung bezüglich der Funktionen und Bedeutungsinhalte möglich war, mag in der einheimischen Sichtweise auf Ritualgeräte, Masken und Skulpturen begründet sein. Geschnitzte Objekte – ein Tanzstab, eine Maske etc. – werden zunächst als *pokopoko* bezeichnet, als Schnitzwerke, gegebenenfalls differenziert durch das verwendete Material Holz oder Stein, und mit anderen Ritualaccessoires in einem besonderen Haus, dem *pal na pidik* aufbewahrt. Wie die besondere Aufbewahrung nahe legt, verlangen sie auch jetzt Respekt, sind aber nicht durch besondere Kräfte "aufgeladen".

Abb. 3 Iniet-Figur aus Stein, die vom Berliner Museum für Völkerkunde nach Hamburg getauscht wurde; MV Hamburg, Nr. 62.48:7; Foto Brigitte Saal.

---

[5] In seiner Korrespondenz mit dem Berliner Völkerkunde-Museum forderte Hahl wiederholt, recht bald einen jungen Sammler zu schicken...Wenig später sammelte Richard Thurnwald über 500 *iniet*-Steine für das Museum. Vermutlich ist das die größte Sammlung der Welt. Vgl. Koch 1982.

Letzteres geschieht erst, wenn sie im Ritual oder Tanz eingesetzt werden, verdeutlicht durch andere Bezeichnungen, wie *bair* für einen Tanzstab, *tabalivana* für eine Skulptur, *lor* für eine Maske, gegebenenfalls ergänzt durch den individuellen Namen.[6] Eine geschnitzte Skulptur *pokopoko* – die durch eine neue Arbeit ersetzbar ist - verwandelt sich im rituellen Kontext zur *tabalivana*, dem lebendig gedachten Bild eines Ahnen oder inspirierenden Geistwesens, dem höchster Respekt und Achtung entgegengebracht wird. In dieser Bedeutung könnte eine Schnitzerei nicht ohne schwerwiegende Folgen in den Besitz von Fremden übergehen oder in einem Museum gezeigt werden, durch die Rückführung auf den Status eines *pokopoko* jedoch ist dies möglich.

Die Gazelle-Halbinsel und mit ihr die Tolai gehörten nicht zu den nahezu unbekannten Regionen und Kulturen, die zu erforschen die Expedition aufgebrochen war. Allerdings war Rabaul, als Zentrum der kolonialen Verwaltung, ein unverzichtbares Reiseziel und einzelne Objektgruppen der Tolai nicht nur bekannt, sondern auch gesucht. Da Richard Parkinson einen großen Teil seiner Sammlung an A.B. Lewis aus Chicago verkauft hatte, war das lokale Angebot eingeschränkt. Die Liste der von den Hamburger Wissenschaftlern erworbenen Ethnographica blieb zahlenmäßig klein – enthält aber Objekte der wichtigen Ritualkomplexe *iniet* und *dukduk* sowie der bei den *kulau*-Tänzen verwendeten Accessoires. Diese thematische Vielfalt spricht dafür, dass sie vermutlich eher lokal vorhandenen Sammlungen entstammen, als dass sie von den Tolai selbst – z.B. nach Abschluss von Zeremonien – aufgekauft worden wären.

Der *dukduk*

Die Wahrscheinlichkeit, dass Besucher der Gazelle-Halbinsel in der Öffentlichkeit auf Masken oder Skulpturen der Tolai treffen, ist heute wie früher bei den so genannten *dukduk*-Masken besonders groß. Bei der Vorbereitung von Maskenfesten treten sie in der Öffentlichkeit auf, um von den Dörflern – und heute auch Städtern– einen Obulus einzufordern, oder sie springen bei Beerdigungen plötzlich auf ein Grab, um dem Verstorbenen Respekt zu erweisen.

Abb. 4 *Dukduk*-Maske; MV Hamburg, Nr. E 1483; Foto Brigitte Saal

---
[6] Vgl. J. To'liman-Turalir 2001, S. 43.

Besondere Aufmerksamkeit erheischen *dukduk*-Masken durch ihr prägnantes Äußeres, das reduziert ist auf die Form eines Kegels, der aus einer Blätterkugel herauszuwachsen scheint und Präsenz demonstriert durch große runde Augen, in weißer Farbe auf schwarzen oder grauen Grund aufgetragen. In der einheimischen Wahrnehmung komplett wird das Bild einer solchen Maske erst durch die Beine des Maskenträgers, während der Anblick einer ungetragenen Maske den Eingeweihten vorbehalten ist.

Der Name *dukduk* bezeichnet einen Männer- oder Geheimbund - und er wird umgangssprachlich auf alle Masken dieses Bundes angewendet. Tatsächlich besitzt der Bund zwei verschiedene Maskentypen, die weiblich gedachte *tubuan*, die oben angesprochen wurde, und die eigentlichen *dukduk*-Masken, die als ihre Kinder gelten. Beiden ist die Kombination aus Kegel (-aufsatz) und Kugel (-basis) eigen. Tatsächlich besteht ein Kostüm aus mehreren Teilen: Verschiedene mit Pandanus-Blättern besetzte Ringe werden mit über den Schultern

Abb. 5 Ein Paar *tubuan*-Masken bei einer Initiationsfeier vom Typ *A nitok* in Matupit im Jahre 2002; Foto Antje Kelm.

verlaufenden Tragbändern übereinander getragen und verdecken den Körper von den Achseln bis zu den Oberschenkeln oder auch Knie. Darüber wird die eigentliche Maske gestülpt, deren Grundgerüst aus dünnen Bambusstreifen besteht, überzogen mit Baumbast- oder Flechtmaterial[7] und mit einem weiteren Blätterkranz am unteren Ende versehen, womit Kopf und Schultern vollständig bedeckt werden. Der Kegelaufsatz der kleineren Muttermaske *tubuan* – gelegentlich als Baumwipfel bezeichnet - besteht in deutlichem Kontrast zum zunächst grünen und später braunen Blätterkleid traditionell aus schwarz eingefärbtem Baumbaststoff und ist mit einem Busch aus weißen Kakadu-Federn bekrönt; weiß gehaltene große runde Augen und ein geöffneter Mund geben ihr auch im Ruhezustand eine wache, aktive Anmutung, während einige wenige Akzente wie ein Querstrich über den Augen, eine Teilung des Gesichtsfeldes oder Tupfenpartien – zumeist ebenfalls in Weiß – die grafische Wirkung der Augenkreise unterstützen.

Bei den als Kinder des *tubuan* geltenden *dukduk*-Masken fehlen die aufgemalten Augen und Münder. Ihre ebenfalls konisch geformten Körper aus geflochtenen Fasern – heute oft dunkelrot und weiß eingefärbt - sind wesentlich höher und mit einer Vielzahl zusätzlicher Elemente, aus leichtem Holz, aus Fasern oder Federn bestehend, ausgeschmückt. Im Gegensatz zu den *tubuan* zeigen sie eine größere Variationsbreite, möglicherweise verbunden mit größerer, künstlerischer Freiheit. Auch diese Masken werden von Federbüschen bekrönt, deren Zusammensetzung – wie auch die zusätzlichen Dekorationselemente – dem einheimischen Betrachter Hinweise auf die Clanzugehörigkeit der Maske geben.

Im Gegensatz zur Muttermaske, die unverzichtbarer Bestandteil eines jeden Bundes ist und außerhalb ihrer zeremoniellen Auftritte auf dem für die Öffentlichkeit unzugänglichen Zeremonialplatz *taraiu* "schlafend" gedacht wird, treten die *dukduk* nur während besonderer Ritualzyklen auf. Im Vorfeld solcher Festzyklen, an denen eine Vielzahl von Dörfern und lokalen Bünden beteiligt sein können, werden zunächst nicht nur die lokalen *tubuan* "geweckt",

---

[7] Der Baumbaststoff kann heute durch andere Materialien ersetzt werden: z.B. durch den eng gewebten Stoff von Moskito-Netzen aus Baumwolle, durch Sackmaterial etc. Immer wird dieses Material jedoch dunkel eingefärbt und in den ursprünglichen Dimensionen verwendet.

sondern auch die *dukduk* "hervorgebracht", also unter den entsprechenden rituellen Vorkehrungen gefertigt. Sind neue Mitglieder in den Bund aufgenommen worden und von entsprechendem Alter, dürfen sie bei einem solchen Fest erstmals eine *dukduk*-Maske tragen. Traditionell wanderten die Maskengesellschaften nach ihren lokalen Auftritten entsprechend einem Festkalender von Ort zu Ort, wo zu ihren Ehren jeweils größere Festgelage durchgeführt wurden.

Lag der Zeremonialplatz – für nicht eingeweihte uneinsehbar und gegebenenfalls durch Blätterwände zusätzlich abgeschirmt – in Küstennähe, bediente man sich für den Transport festlich geschmückter Boote, in denen die Masken sitzend oder stehend auf die Küste zuhielten – auch heute ein eindrucksvolles Bild –, um dann an Land in ihren hüpfenden und federnden Gang zu verfallen.

Zur Ausstattung eines jeden Bundes gehörten neben der oder den Masken traditionell immer auch Ritualäxte und mit Federn dekorierte Keulen und Speere. Letztere galten als Statussymbole der herausragenden Männer, denen sie bei Zusammenkünften überreicht wurden. Die Farbauswahl und das Arrangement der für den Schmuck verwendeten Federn lassen Rückschlüsse auf den jeweiligen *dukduk*-Bund zu.

Trotz dieses informellen überregionalen Netzwerks der Bünde sind die einzelnen *dukduk*-Gesellschaften auf lokaler, also auf Clanebene organisiert. Als Sponsoren oder Eigentümer gelten die lokalen "Großen Männer" – d.h. *bikman* – und heute auch wirtschaftlich erfolgreiche Frauen. Die Mitgliedschaft allerdings und sämtliche Entscheidungen sind bis heute allein den männlichen Mitgliedern vorbehalten – nur ihnen werden die Geheimnisse der Masken, ihrer Herstellung und ihres Auftretens enthüllt. Nur sie wissen um die Kraft der Gesänge und besonderen Melodien, mit denen eine *tubuan*, eine Muttermaske, die im Alltag auf dem abgeschirmten Ritualplatz "schläft", geweckt und aktiviert werden kann. Nur sie dürfen die "Kinder"-*dukduk* für große Maskenfeste hervorbringen und sie nach dem Abschluss der Feiern "sterben" lassen.

Abb. 6 Novize bei einer Initiationsfeier vom Typ *A namata* präsentiert ein kurzes Stück Muschelgeld; Foto Antje Kelm

Anlässlich der großen Maskenfeiern werden neue Mitglieder in den Bund aufgenommen. Kinder konnten von ihren Vätern oder den Onkeln mütterlicherseits gegen Zahlung einer entsprechenden Gebühr in Muschelgeld angemeldet werden und wurden in der Folge mit den ersten Geheimnissen vertraut gemacht, während ihre Familien mit der Versorgung der Festgemeinde beauftragt waren. Das eingenommene Geld ging zunächst an die *tubuan* und wurde schließlich auch an andere Festteilnehmer verteilt. Aber erst, wenn ein Novize nach weiteren Initiationsschritten zu einem vollwertigen Mitglied geworden war, konnte auch er in den Genuss der Verteilung kommen. Zunächst jedoch war er ein "Schuldner", der seinem Vater oder Onkel die getätigten Auslagen ersetzen musste. Einen Teil konnte er durch das Sammeln von – freiwilligen oder unfreiwilligen – Spenden aufbringen, für den anderen musste er arbeiten – durch das Anlegen eigener Felder, durch Fischfang etc. Entschädigt wurde er dafür mit der Gewissheit, einem besonderen Bund anzugehören, der seinen Mitgliedern zwar Disziplin – Verschwiegenheit, Verlässlichkeit usw. – auferlegte, der sie aber bei Festen in den Genuss besonderer Festessen und langfristig auch von Muschelgeld, resultierend aus der Verteilung der Einnahmen, kommen ließ, der ihnen als Maskentänzer Respekt, Achtung und Status sicherte – und der ihnen Status und den Schutz des Eigentums z.B. durch Tabu-Zeichen[8] versprach.

Anlässe für eine Aktivierung der schlafenden *tubuan*-Maske sind neben den Maskenfeiern auch Todesfälle, bei denen den *dukduk*-Bünden eine besondere Rolle zukommt. Zum einen ehren sie den Verstorbenen durch ihren Auftritt bei der Beerdigung – Beobachter sprechen von einem "Springen auf das Grab"[9], verbunden mit einem Schrecken für die Trauergemeinde – oder früher während der Aufbahrung des Leichnams neben dem Haus. In einem weiteren Ritual nimmt der *tubuan* die Auflösung der Familie als Folge des Todesfallszeremoniell vorweg, wenn es sich bei dem Verstorbenen um einen Familienvater und Haushaltsvorstand gehandelt hat.[10] Um dieser Rolle gerecht zu werden, stimmen die Bund-

---

[8] Auch der *iniet*-Bund kannte eine Vielzahl von Zauber, der entweder Diebstahl ermöglichen und einen Dieb unsichtbar machen oder vor diebischen Übergriffen schützen sollte. Ob es sich bei den *tabu*-Zeichen des *dukduk*-Bundes tatsächlich um allgemeine Schutzzeichen gehandelt hat oder ob lediglich für ein kommendes Fest requirierte Nahrungsmittel vor dem zwischenzeitlichen Verbrauch geschützt werden sollten, ist nicht eindeutig.
[9] Vgl. entsprechende Abbildungen bei K. Neumann 1992.
[10] Eine solche Begebenheit beschreibt To'liman-Turalir, 2001, S. 44f.

mitglieder schon in den vorausgehenden Nacht- und Abendstunden auf dem Ritualplatz Gesänge an und lassen besondere Flöten und Trommeln ertönen. So gestärkt, tritt der *tubuan* im Morgengrauen hervor, bewaffnet mit Keule und Ritualaxt. Mit wilden Gebärden nähert er sich dem Trauerhaus und schlägt mit der Axt auf die Umzäunung, auf benachbarte Nutzbäume, ja möglicherweise auf das Haus selbst – und alles, was er so berührt hat, wird von seinem Gefolge zerstört.

Es ist dies ein symbolischer Akt, der nur durch einen Blick auf die Verwandtschafts- und Sozialstruktur der Tolai verständlich wird. Traditionell siedelten die Tolai in kleinen Weilern, die die Mitglieder der einzelnen Clane und ihre Familien beherbergten. Die Verwandtschaftsordnung regelt die Abstammung über die weibliche Linie, bei der Ehe übersiedelt jedoch die Ehefrau in das Dorf des Mannes. Sie verlässt zu diesem Zeitpunkt also ihren Clan – auf dessen Land sie und ihre Kinder weiterhin Rechte haben - und zieht ihre Kinder – die ja ebenfalls zu ihrem mütterlichen Clan gehören – sozusagen in fremdem Gebiet groß. Der Ehemann hat noch zu Lebzeiten dafür zu sorgen, dass für seine Frau oder auch für seine weiteren Frauen in ihren Herkunftsdörfern Häuser gebaut werden, in die sie und die Kinder nach seinem Tod übersiedeln können. Ein Mann verbringt also in aller Regel zumindest einen Teil seiner Kindheit und möglicherweise seines Erwachsenenlebens in einem anderen Dorf oder Weiler als dem, in dem er angestammte Rechte auf Landnutzung und auch Mitsprache hat und in das er spätestens beim Tod seines Vaters zurückkehren wird. In Einzelfällen ist es – zumindest heute – möglich, eine solche Umsiedlung zu vermeiden, indem nämlich die lokale *dukduk*-Gesellschaft durch Zahlungen von ihrem zerstörerischen Tun abgehalten wird und eine angesehene Ehefrau sich und ihre Kinder in den Clan des Mannes bzw. seine Rechte auf Land einkauft. In aller Regel jedoch wird durch den Auftritt der *tubuan* in den Morgenstunden die Phase des Trauerprozesses eingeleitet, die der Verteilung des Erbes und der Auflösung des Hausstandes gilt: Die mütterliche Familie des Mannes muss dabei ebenso zufrieden gestellt werden wie die Ehefrau (Ehefrauen) und die Kinder. Bei diesem "Zerschneiden des Geldes", bezogen auf das traditionelle Schneckengeld, erhält schließlich auch die *dukduk*-Gesellschaft ihren Anteil.

Neben dieser symbolischen Handlung, die die Auflösung einer bisherigen Kleinfamilie vorwegnimmt, werden von den *dukduk*-Bünden soziale und rechtliche

Funktionen übernommen, die in der Vergangenheit möglicherweise noch ausgeprägter waren. Bis heute unbestritten ist ihr Recht, bei traditionellen Vergehen Strafen zu verhängen. Traditionell beinhaltete dies auch die Todesstrafe,[11] bis heute üblich ist die Verhängung von Geldbußen bzw. die Konfiszierung bzw. Zerstörung von Eigentum.[12] Und vermutlich kam den *dukduk*-Bünden in voreuropäischer Zeit auch eine politische Bedeutung zu. Während der Festzyklen konnten Positionen gestärkt, Allianzen vorbereitet und die relative Stellung der einzelnen Führungspersönlichkeiten neu bestimmt werden.

Das traditionelle Recht des *dukduk*, seine Versorgung durch die Plünderung von Gärten und das Einfordern von Spenden auch von Nichtmitgliedern sicherzustellen, war den frühen europäischen Beobachtern ein Dorn im Auge: Sie sahen in der Mitgliedschaft lediglich den Versuch, sich ungestraft an fremdem Gut zu bereichern. Heute sehen wir in den *dukduk*-Bünden neben den politischen Aspekten den Ausdruck einer rituellen Kraft, mit der die Männergemeinschaften Aspekte der sozialen Ordnung reproduzierten. Durch die Kontrolle bzw. den Besitz der Muttermaske *tubuan* und das Hervorbringen der *dukduk*-Kinder transponieren sie die Aspekte der matrilinearen Ordnung und weiblichen Fruchtbarkeit in den männlichen Bereich. Der Auftritt der Masken in der Öffentlichkeit – verbunden mit dem Maskengeheimnis um Herstellung und um die Maskenträger – macht ihre kreative Kraft und Kontrolle auch für die nicht Eingeweihten augenfällig.

Der *iniet*-Bund

Zur Zeit der hamburgischen Expedition waren die *dukduk*-Gesellschaften eine relativ neue Entwicklung. Älteren waren noch die Namen der Männer bekannt, die Rechte daran – von den vorgelagerten Inseln oder auch aus dem Hinterland – erworben und die ersten lokalen Bünde begründet hatten:

---

[11] Erst Anfang des 20. Jh. konnte die deutsche Kolonialverwaltung ihr Privileg auf die Todesstrafe auch gegenüber den *dukduk*-Gesellschaften durchzusetzen.
[12] Neumann 1992 beschreibt die Zerstörung auch von Autos und anderen Importgütern als Strafmaßnahme. Nach großen Protesten wurden solche Strafen auf Besitztümer einheimischer Herkunft reduziert.

Von den Duke of York-Inseln bzw. aus dem südlichen Neuirland übernommene Traditionen verbanden sich mit Elementen des inzwischen inaktiven *kamadukduk*-Bundes aus dem Inneren der Gazelle-Halbinsel.[13] Im Gegensatz dazu galt der *iniet*-Bund – je nach Dialekt auch als *iniat* oder *ingiat* bezeichnet – als "uralt", seine Traditionen und Bildwerke als Verkörperung des traditionellen Ethos der Tolai.

Dieses Ethos gründete sich ganz wesentlich auf die Macht der Geistwesen, von denen sich die Tolai umgeben glaubten. An ihrer Spitze standen die *kaia*-Geister – die ewig Seienden, was nicht nur unvergänglich meint, sondern auch "unerschaffen", also unabhängig von schöpferischen Kräften und vor den Menschen existent. Sie wurden als in Felsen, Bäumen oder besonderen Landmarken lebend gedacht. Wie alle anderen Geistwesen besaßen sie eine körperliche Existenz in durchaus menschlicher Form, blieben aber für die Menschen unsichtbar. Konnten sie jedoch eine körperliche Begegnung nicht vermeiden, zeigten sie sich nach den mythischen Überlieferungen häufig mit dem Körper einer Schlange oder als "mit Schlangen bekleidet".

Herausragenden Persönlichkeiten war es vergönnt, trotz ihrer menschlichen Existenz bei ihrem Tode zu den *kaia* aufzusteigen. In einem solchen Fall wurden sie weit über ihre Familie hinaus verehrt und von den Mitgliedern des *iniet*-Bundes angerufen und bei Festen verehrt und gefeiert.

Alle anderen Verstorbenen wurden ebenfalls zu mit Körpern ausgestatteten Geistwesen, existierten aber auf unterschiedlichen Ebenen des Wohlbefindens und mit unterschiedlichem Einfluss auf die Nachkommen und ihre Geschicke. Die Geistwesen der unteren Stufe galten als armselig – sie krochen über den Boden und ernährten sich von wenig mehr als Abfällen und Rohem. Abhängig von der sich nicht zuletzt in Muschelgeld manifestierenden Lebensleistung konnte man allerdings auch höhere Ebenen erreichen und sich zwischen den *kaia* und den untergeordneten Geistwesen einordnen. Der spätere Status und das Wohlbefinden im Jenseits waren abhängig von der Menge an Muschelgeld, mit dem der Einzelne von seiner Familie beerdigt wurde. Einem zu Lebzeiten geachteten und wirtschaftlich erfolgreichen Verstorbenen, der viele

---

[13] Vgl. Laufer 1961, S. 59-75.

Klafter Muschelgeld bzw. die entsprechenden Geldrollen hinterließ, war man es nicht nur schuldig, ihn auf einem Bett eben dieses Muschelgeldes zu beerdigen, es war auch im Interesse der Nachkommen: Je höher der jenseitige Status eines Vorfahren, desto wirkungsvoller konnten seine Hilfe im alltäglichen Leben oder seine Inspirationen für künstlerische Tätigkeiten sein.

Solche Hilfe war immer und überall gefragt: Durch den Gebrauch roter Farbstoffe oder gebrannten Kalks angeregt und durch entsprechende magische Formeln – schnell und oft wiederholt – aufgefordert, schützten die Geistwesen bei langen Seefahrten, halfen beim Fischfang oder in den Gärten, harmonisierten das Familienleben und hielten schädliche Geister und die magischen Angriffe anderer Menschen fern. Nicht zuletzt inspirierten sie die Musiker und Bildhauer unter ihren Nachfahren zu immer neuen Kompositionen, Choreographien und Bildwerken.

In Tiergestalt – als Schwein, Hai, Schlange oder Vogel - wurden die "bösen" Geister gedacht, also solche, die durch magische Praktiken dazu gebracht werden konnten, Feinde zu töten, Unheil anzustiften oder einen Dieb unerkannt bleiben zu lassen. Ob diese Geister als ebenfalls ewig existent aufgefasst wurden, muss offen bleiben. Allen Mitgliedern des Bundes jedoch war auferlegt, aus Respekt und zum eigenen Schutz den Genuss von Schweine- und Haifleisch zu meiden.

Der Bund selbst bildete Basis und Rahmen für die erfolgreiche Kommunikation mit den Geistern. Eine erste Einführung fand schon im Kindesalter statt, wobei den Jungen kleine geschnitzte Brettchen gezeigt wurden. Hierbei durften sie erstmals den geheimen, gegen neugierige Blicke abgeschirmten Kultplatz *maravot* betreten und erhielten einen neuen Namen. Als Jugendliche wurden sie auch mit den Tänzen und Gesängen vertraut gemacht, die lange Übung erforderten. Genau choreographierte Bewegungen entsprachen den in höchstem Falsett gesungenen Texten, die für Uneingeweihte kaum verständlich waren, da man sich nicht nur alter Namen, sondern auch einer Vielzahl von symbolischen Bezeichnungen, also einer Art Geheimsprache, bediente. Mit ihrem Eintritt in den Bund unterlagen die Jugendlichen seinen Geboten, darunter den schon angesprochenen Nahrungstabus und der Verpflichtung zu absoluter Geheimhaltung. Von nun an hatten sie das Recht, auf allen *maravot-*

Plätzen anwesend zu sein und sich in den weiteren Geheimnissen fortzubilden. Wie schon die Aufnahme in den Bund und das Erlernen der ersten magischen Formeln waren neben Lernbereitschaft auch finanzielle Mittel von Nöten – für den Eintritt musste ebenso bezahlt werden wie für die Enthüllung weiterer Geheimnisse oder die mit der Initiation verbundenen Festessen. Für die Weiterbildung in den Künsten der schwarzen Magie – auf abgelegenen *maravot* im Busch gelehrt – waren neben charakterlichen Qualitäten auch spirituelle Fähigkeiten wie die Gabe, unsichtbar zu werden, gefragt. Männer, die sowohl in den "froh machenden" Bereichen des *iniet*, in seiner Heilkunst und im

Abb. 7 Tanzrequisit der Tolai in der typischen Haltung mit angewinkelten Armen; MV Hamburg, Nr. E 1212; Foto Brigitte Saal

"schwarzen" Zauber bewandert waren, standen in höchstem Ansehen. Ihnen wurden nahezu schamanistische Fähigkeiten zugeschrieben – ihre Seele konnte den Körper verlassen und wie ein Seeadler zu anderen Inseln fliegen, sich als Hai im Meer fortbewegen, zukünftige Ereignisse voraussehen oder auch für die Menschen unsichtbar werden und Feinde aus der Entfernung vernichten. Mit Hilfe der eigenen Verwandlung oder durch die Kontrolle anderer Geistwesen konnten sie Geschicke bestimmen, helfen oder schaden.

Die meisten auf dem *maravot* hergestellten und benutzten Bildwerke repräsentieren die verschiedenen Geistwesen, die in Gestalt von Schnitzwerken anwesend waren und verehrt wurden. Der Malerei allerdings kommt in der bildenden Kunst der Tolai ein Primat zu. In der Nähe der heiligen Plätze wurden Bäume mit Malerei versehen, Umzäunungen und Hauswände dienten als Malgrund, und schließlich findet sich Malerei auf Rinden, die bei besonderen Handlungen am Rande des Kultplatzes aufgestellt wurden. Dargestellt sind darauf – ausgeführt mit breiten Pinselstrichen und großen, gegeneinander gesetzten Farbflächen – die wichtigen Protagonisten mythischer Handlungen in Gestalt von Vögeln oder Schlangen. Die menschliche Figur wird nahezu ausschließlich in einer Art Schattenumriss dargestellt mit einer froschähnlichen Haltung von Armen und Beinen, die perspektivisch aus der Achse herausgedreht erscheinen. Missionar P.C. Laufer erkannte die Grundform dieser Darstellungsweise auch in der spielerischen Umsetzung der mythischen Herkunft der Menschen: Der Umriss eines auf dem Bauch liegenden Kindes wurde in den Sand gezeichnet auf ähnliche Weise, wie die Schöpferwesen einst den Umriss eines Menschen gezeichnet, die Form mit Farbe ausgestrichen und ihn damit erschaffen hatten.[14] Stilistisch eng verwandt sind damit die Tanzbrettchen oder Tanzschilde *bair*, die zusammen mit Blätter- und Federbüscheln zu den wichtigsten Requisiten der einzelnen Tänze gehören. Dabei handelt es sich um flache, rechteckige, an einer Seite mit einer Handhabe versehene Brettchen, in denen die Umrisslinien von Figuren in Ajour-Technik ausgeführt werden, mit schmalen "Körpern" und angewinkelten, nach außen gedrehten Armen und Beinen und einem runden bis ovalen Gesicht, das durch runde Augen und einen breiten, zumeist lachenden Mund bestimmt wird. Die menschliche Figur, gegebenenfalls umgeben von einem Zackenrand *nitnit* oder auch mit Schlangenformen kombiniert, kann

---

[14] Vgl. Laufer 1937, S. 291-293.

aber auch auf für uns kaum noch erkennbare Elemente reduziert sein, die zu grafischen Kompositionen zusammengestellt werden. Immer jedoch werden die "Füße", die "Arme" und der Kopf einer solchen Komposition mit Federbüscheln markiert bzw. geschmückt, und immer geht der Künstler von zumindest einem Element des Geistwesens aus, dem er seine Inspiration verdankt.[15] Neben den typischen Stilelementen der *iniet*-Tradition finden sich auf solchen Tanzbrettchen auch Elemente aus dem visuellen Inventar des *dukduk*-Bundes – Kegel und Kreis, vor allem aber die runden Augen, oft angeordnet in Kombination mit Quer- oder Schräg-"streifen". Ob letztere auch auf dem *maravot* benutzt oder nur den öffentlichen Tänzen vorbehalten waren, ist unbekannt. Die farbliche Ausgestaltung jedoch ist in beiden Fällen identisch. Dabei werden mit verschiedenen Rot- bis Orangetönen, kontrastiert mit weißen, schwarzen und in der Kolonialzeit auch – durch die Verwendung des importierten Waschblaus – leuchtend blauen Flächen einzelne Elemente der filigranen Darstellungen gegeneinander abgesetzt, was der geschnitzten Grundform zusätzliche Lebendigkeit und Variation verleiht.

Ganz ähnlich komponiert werden menschliche Figuren, die auf dem *maravot* vor dem zentralen Haus, dem *pal na pidik* – Haus des Geheimnisses – und gegenüber den auftretenden Tanzgruppen bei großen Festen aufgestellt wurden. Kleinere Versionen von ihnen hielt man bei Tänzen in den Händen. Der fast konturlose Körper wird durch Längung betont und gegebenenfalls in Schlangenform gebogen; kleine, leicht angewinkelte Beine ohne Betonung der Füße und ein kurzer Oberkörper mit angewinkelten, erhobenen Armen und Händen und ein kleines Gesicht mit breitem, lachenden Mund komplettieren die Darstellung. Die Körper sind fast immer weiß gekalkt, die weiteren Farben eher akzentuierend. Als großes V in roter Farbe auf der Brust aufgetragen, nehmen sie ein bestimmtes Element der rituellen Körperbemalung wieder auf. Die Gesichter werden in Einzelfällen mit grüner Farbe betont, die mit besonderen magischen Aspekten in Verbindung gebracht wird. Der ikonographische Befund allein erlaubt jedoch keine genauere Zuordnung der einzelnen Figuren zu den Kategorien *tabataba* – den Zauberfiguren – oder den Darstellungen von Geistwesen *tabalivana*. Da verschiedene Quellen nur den einen oder den anderen Begriff für sehr ähnliche Darstellungen nutzen, ist

---

[15] Julie To'liman-Turalir, pers. Kommunikation 2001.

möglicherweise beides zutreffend, wobei jeweils der Aspekt, der dem Beobachter besonders wichtig erschien, betont wurde.[16]

Die Herstellung der Pflanzen- und Mineralfarben wurde individuell vorgenommen, die Kenntnisse dazu innerhalb der Familien oder Bünde weitergegeben. Die erzielbaren Farbvariationen waren enorm und wurden genau benannt. Neben den Rottönen und dem aus gebranntem Kalk gewonnenen Weiß unterschied man etliche Variationen von Schwarz, dazu einheimisch hergestellte Grün- und Gelbtöne. Das importierte leuchtende Blau war eine geschätzte Bereicherung der Palette.

Die Freude an kreativen Neuerungen zeigt sich besonders in der Verwendung von importierten Stoffen, Knöpfen usw. Ein eindrucksvolles Beispiel ist eine kleine, mit Stoff überzogene Skulptur der Hamburger Sammlung (siehe Abbildung MV Hamburg, Nr. E 3688 im Farbteil). Ob es sich dabei um den Teil einer Tanzskulptur oder eines Tanzschmuckes handelt oder um ein Schmuckteil eines Zeremonialgeheges, ist offen: Nach Gebrauch wurden, wie es scheint, viele Objekte in ihre Einzelteile zerlegt und nur die wichtigen Bestandteile – die wertvollen Federn, die verwendeten Schneckenschalen oder zur Ausschmückung verwendete Skulpturen – aufbewahrt, um in einem neuen Kontext wieder verwendet zu werden. Deutlich ist bei dieser Skulptur die schon von Laufer benannte "Froschhaltung" der Grundform, deren lange, angewinkelte Extremitäten zunächst nicht an die Wiedergabe einer menschlichen Form denken lassen. Das runde Gesicht mit angedeuteter Frisur aus Schneckengeldstückchen und der für die Tolai typischen Augendarstellung aus aufgesetzten Muschel- (oder Knopf-) und Schildpattstückchen – hier auf weißem Grund - wirkt vor dem Hintergrund des roten Industrietuchs besonders lebendig. Rot eingefärbte Pandanus-Streifen, später oft durch Industrietuch ersetzt, bildeten auch den Hintergrund vieler Schmuckbänder, die mit feinen Muschel- oder

Abb. 8 *Iniet*-Figur aus Kalkstein; MV Hamburg, Nr. E 927; Foto Brigitte Saal

---

[16] Parkinson erwähnt in diesem Kontext nur die Zauberfiguren, während Thurnwald die von ihm gesammelten Objekte der Berliner Sammlung in *tabataba* und Geisterfiguren unterteilt, ohne dass ikonographisch eindeutige Unterschiede erkennbar wären. To'liman-Turalir schließlich spricht lediglich von Geistwesen.

auch Industrieperlen und Perlmutter-Abschnitten zusätzlich dekoriert wurden. Sie wurden zusammen mit Federbüschen als Tanzkopfschmuck getragen, hatten häufig jedoch auch magische, in den meisten Fällen schützende Funktion.

Neue Mitglieder des *iniet*-Bundes erhielten bei ihrer Aufnahme einen neuen Namen und außerdem eine Skulptur, die als Darstellung ihres besonderen Schutzgeistes gedeutet wurde. Neben hölzernen Varianten handelt es sich dabei vor allem um relativ roh gearbeitete Skulpturen aus Stein, die als *iniet*-Steine bekannt geworden sind. Oft nur in Fragmenten erhalten, handelt es sich dabei um die Umsetzung der menschlichen Figur, um Tier- oder Objektdarstellungen. Sie wurden nie von den Zeremonialplätzen entfernt und scheinen bei Nichtgebrauch in den Ritualhäusern aufbewahrt oder im Boden vergraben worden zu sein. Es ist argumentiert worden, das es sich dabei um die steinernen "Hüllen" der *kaia*-Geister handelt, die in dieser Gestalt an den Zeremonien auch körperlich teilnahmen,[17] während die großen und kleineren menschlichen Figuren auf dem Zeremonialplatz aufgestellt oder auch beim Tanz in Händen gehalten wurden, besondere Ahnengeister verkörperten und während der Zeremonien als lebendig galten.

Im Gegensatz zu den *iniet*-Steinen durften hölzernen Skulpturen und Tanzbretter bei öffentlichen Tänzen auch von nicht Eingeweihten gesehen werden. Gleiches galt für die Masken *lor* mit ihren hölzernen, weiß gehaltenen Larven und dem meist nur grob gearbeiteten frisurenähnlichen Faserhelm. Selbst die so genannten Schädelmasken – ebenfalls als *lor* bezeichnet – waren nicht, wie lange angenommen, dem Gebrauch auf dem Ritualplatz vorbehalten. Bei ihnen handelt es sich um Masken, deren Gesichtsteil aus der Gesichtskalotte eines Ahnenschädels gebildet wird. Überzogen mit einer Mischung aus Tonerde und Harz stehen diese Masken mit ihrer Nachformung realer Gesichtszüge, ihrer dunklen oder schwarzen Grundfarbe, der zurückhaltenden Akzentuierung von Brauen oder Nase durch rote oder blaue Farbstreifen und der Frisur aus Menschenhaar in einem deutlichen Kontrast zu den aus Holz gefertigten Exemplaren. Ihr Gebrauch scheint in voreuropäischer Zeit auf Regionen im

Abb. 9 Schädelmaske der Tolai; MV Hamburg, Nr. E 1335; Foto Brigitte Saal

---

[17] Vgl. dazu die Diskussion bei Kroll 1937.

Abb. 10 Tolai-Tanz vom Typ der „kriechenden Geister". Die Tänzer stellen die Bewegungen eines Aals dar, der auch in den *tamberan* genannten Schnitzereien auf den Köpfen der Männer symbolisiert ist; Foto Antje Kelm.

Hinterland begrenzt gewesen zu sein, ihr Auftritt wird als öffentlich – wenn auch im Schutze der Dunkelheit – bezeichnet. Schon zum Ende des 19. Jahrhunderts wurden diese Masken nicht mehr für den eigenen Gebrauch gefertigt, von Besuchern aber nach wie vor nachgefragt und möglicherweise zur Befriedigung dieser Nachfrage auch noch hergestellt.

Alle in der Sammlung befindlichen Masken und Tanzstäbe aus dem Komplex des *iniet*-Bundes gehören zu Aufführungen, die als "Tanz der kriechenden Geister" bezeichnet werden und Teil der *kulau* (Junge Kokosnuss)- Festlichkeiten waren. Diese fanden im Rahmen von Initiationen oder Totenfeiern öffentlich statt. Vor allem die Maskentänze erforderten Respekt, allerdings weitaus weniger als bei Auftritten der "Springenden Geister", in deren Gegenwart alle ehrfurchtsvoll erstarrten. Mit den Auftritten vermittelten Musiker, Künstler und Tänzer auch den Uneingeweihten grundlegende visuelle und gedankliche Aspekte des Bundes, während gleichzeitig mit Hilfe von Masken, Körperbemalung, Tanzschmuck und Tanzstäbe die tieferen Geheimnisse verhüllt bzw. maskiert wurden. Man erhielt einen Eindruck von der Welt der Geistwesen und von den Beziehungen des Menschen zu jenseitigen Existenzen, die Kontrolle dieser Beziehungen jedoch blieb den in die verschiedenen Stufen des *iniet* eingeweihten Männern vorbehalten.

Der *iniet*-Bund wurde 1904 durch die deutsche Kolonialverwaltung verboten und parallel von den christlichen Missionen geächtet. In der Folge lebte er "im Untergrund" fort. Zweifellos sind im Verlaufe des 20. Jahrhunderts wesentliche Veränderungen im Leben und Denken der Tolai eingetreten, doch haben weder das Bekenntnis zum christlichen Glauben noch neue wirtschaftliche Aktivitäten das grundlegende Band zwischen den Menschen und den zu ihrer Gemeinschaft gehörenden Geistwesen zerstören können. Einzelne Felder des *iniet* – wie der große Bereich schwarzer Magie – mögen in Teilen nur noch der Erinnerung angehören. Dennoch werden bis heute Kinder und junge Menschen in die Schulen – der Musik, der Kunst, des Tanzes oder des Heilens – initiiert, werden neue Kunstwerke geschaffen, wird neue Musik komponiert und werden neue Tänze aufgeführt. Die grundlegenden Rechte daran gehören den einzelnen Familien, die Mitgliedschaft in den Schulen vermittelt die notwendigen Kenntnisse und autorisiert die Künstler, die heute auch national um die Anerkennung ihres Copyrights kämpfen. Die lebendig gedachten Geistwesen jedoch sind es, die die Künstler inspirieren und ihren Erfolg sichern. Eine jede neue Schnitzerei, ein jeder neuer Tanz ist also auch heute ein Beleg für die Existenz der jenseitigen Geister und für ihre aktive und aktivierende Kraft.

Bibliographie

Bodrogi, Tibor
1959   Ein Beitrag zur Kunst der Gunantuna. In: **Acta Ethnograhica**, 8, S. 345-348.

Burger, F.
1913   **Die Küsten- und Bergvölker der Gazelle-Halbinsel.** Stuttgart.
1923   **Unter den Kannibalen der Südsee. Studienreise durch die melanesische Inselwelt.** Dresden.

Damm, H.
(1957) 1959   Ethnographische Materialien aus dem Küstengebiet der Gazelle-Halbinsel (Neubritannien). In: **Jahrbuch MfV Leipzig**, 16, S. 110 – 152.
1962   Bemerkungen zu den Schädelmasken aus Neubritannien. In: **Jahrbuch MfV Leipzig**, 26, S. 85-116.

Epstein, A.L.
1979   Tambu, the shell money of the Tolai. In: R.H. Hook (Hrsg.), **Fantasy and Symbol. Studies in anthropological Interpretation.**

Foy, W.
1900   Tanzobjekte vom Bismarck-Archipel, Nissan und Buka. In: **Publikationen aus dem Königlich-Ethnographischen Museum zu Dresden** 13, S. 1-40.

Heermann, I. (Hrsg.)
2001   **Form, Farbe, Phantasie. Südseekunst aus Neubritannien.** Stuttgart.

Hiery, H.J. (Hrsg.)
2001   **Die deutsche Südsee.** Paderborn.

Kleintitschen, A.
1906 **Die Küstenbewohner der Gazelle-Halbinsel.** Hiltrup.

Koch, G.
1982 **Iniet. Geister in Stein.** Berlin.

Kroll, H.
1937 **Der Iniet. Das Wesen eines melanesischen Geheimbunds.** ZfE, 69, S. 180-220.

Laufer, P.C.
1937 Ein Beitrag zur Zeichen- und Maltechnik der Qunantuna. In: **Anthropos** 32, S. 291-3.
1961 Kulap Liu oder Kamadukduk. Zur Geschichte der Maskenbünde in Melanesien. In: **Jahrbuch MfV Leipzig**, 19, S. 59-75.

Luschan, F.v.
1901 Eine neue Art Masken aus Neu-Britannien. In: **Globus** 80, S. 4-5.

Meier, J.
1907 Zauberheilverfahren auf Neu-Pommern als Vorstufe zu den Inietmysterien. In: **Jahresbericht des Württembergischen Vereins für Handelsgeographie**, 24/25, S. 29-67.
1909 Steinbilder des Iniet-Geheimbundes bei den Eingeborenen des nördl. Teiles der Gazelle-Halbinsel. In: **Anthropos** Bibliothek 1,1, S. 837-867.

Meyer, A.B. u. R. Parkinson:
1895 Schnitzereien und Masken vom Bismarck-Archipel und Neu-Guinea. In: **Publikationen aus dem königlich-ethnographischen Museum zu Dresden**, 10.

Neumann, K.
1992 **Not the Way it Really Was. Constructing the Tolai Past.** Honolulu.

Parkinson, R.
1887 Im Bismarck-Archipel. Erlebnisse und Beobachtungen auf der Insel Neu-Pommern (Neu-Britannien). Leipzig.
1907 Dreißig Jahre in der Südsee. Stuttgart.

Pfeil, J.
1897/98 Duk Duk and other Customs as forms of Expression of the Melanesians Intellectual Life. In: **Journal of the RAI** 27, S. 181-191.

Sack, P.
1997 Just a memory? The Iniet-Society and Tolai oral traditions. In: M. Schindlbeck (Hrsg.), **Gestern und Heute. Traditionen in der Südsee. Festschrift für Gerd Koch.** Berlin.

Speiser, F.
1945 **Neubritannien. Führer durch das Museum für Völkerkunde**, Basel.

Steenken, H. (Hrsg.)
1997 **Lebensläufe aus dem "Paradies der Wilden": Die frühe Südsee.** Oldenburg.

To'Liman-Turalir, J.
1997 Traditional Ownership of Tolai Music and Tolai Dance. In: Niles, D. u. D. Crowdy (Hrsg.): Papers from Ivilikou. Port Moresby, 169-172.
2001 The Role of Pokopoko in Tolai Dance and Ceremony. In: Heermann, I. (Hrsg.): **Form, Farbe, Phantasie. Südsee-Kunst aus Neubritannien**, S. 41-45. Stuttgart.

Winthuis, P.J.
1909 Die Bildersprache des Nordoststammes der Gazelle-Halbinsel (Neupommern Südsee). In: **Anthropos** 4, S. 20-36.

Die Kunst der Baining und Sulka im Museum für Völkerkunde Hamburg

Eine ikonographische Analyse

George A. Corbin

Im ersten Jahrzehnt des 20. Jahrhunderts wurden Kunstwerke der Baining und Sulka aus Ost-Neubritannien – in der deutschen Kolonialzeit bekannt als Neupommern – während der Südsee-Expedition des Hamburger Museums für Völkerkunde von 1908-1910 gesammelt. Dieser Artikel wird versuchen, die Bedeutung zahlreicher Masken, Tanz- und Kriegsschilde zu analysieren, die zum Teil im Ausstellungssaal Ozeanische Masken der Südsee-Abteilung öffentlich zu sehen sind, sich teilweise aber auch in den Sammlungs-Archiven des Museums befinden.

Die Forschungsergebnisse aus den meisten Gebieten, in denen die Expedition 1908-1910 ethnographische Kunst in Deutsch-Neuguinea, dem Bismarck-Archipel und in Mikronesien gesammelt hat, führten zu der achtundzwanzig Bände umfassenden Ethnographie mit dem Titel "Ergebnisse der Südsee-Expedition 1908-1910". Doch die Ethnographie der Baining und Sulka sowie anderer Ethnien Neubritanniens wurde niemals publiziert. Dadurch waren die meisten Kunstwerke dieser Ethnien im Museum nur mit wenigen, wenn nicht gar keinen Etikett-Informationen versehen, einzige Angaben waren Name des Stammes, die Art des Objekts und seine Funktion. Um diese Situation zu verbessern, fotografierte ich Kunstwerke der Baining und Sulka in den Jahren 1972 (Baining) und 1982 (Baining und Sulka) im Museum für Völkerkunde Hamburg und nahm diese Fotografien mit ins Feld nach Ost-Neubritannien.[1]

---

[1] Die Forschungen für diesen Artikel fanden während meiner Archiv- und Museumsreisen in den Jahren 1972 und 1982 und während ausführlicher Feldforschungen nach Ost-Neubritannien von 1972-73 und 1982-83 statt. Dank gebührt den Institutionen, die mir Stipendien gewährt und damit meine Forschung unterstützt haben: der Columbia Universität für die "Columbia University graduate

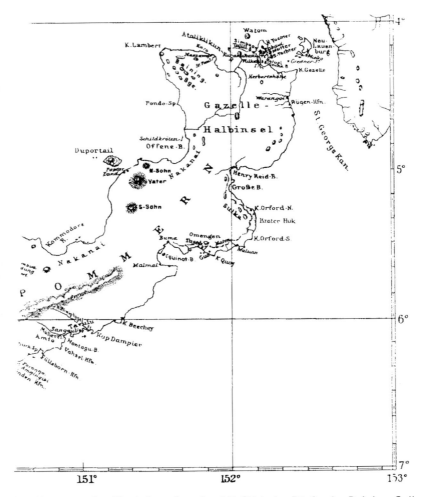

Abb. 1 Karte von Ost-Neubritannien einschließlich der Dörfer der Baining, Sulka, sulkanisierten Mengen und Mengen, Thilenius 1927.

student summer travel grants" 1971 und 1972, der City Universität von New York für die "City University of New York faculty research awards" 1972-1973 und 1982-1983 und der Fulbright-Stiftung für den "Fulbright research award" 1972-1973. Dank auch an den verstorbenen Dr. Herbert Tischner (1972) und an Dr. Clara Wilpert (1972 und 1982) für ihre Hilfe und Unterstützung meiner Forschungsarbeit am Museum für Völkerkunde Hamburg.

Dort versuchte ich dann anhand der Fotos mit Hilfe von Baining- und Sulka-Informanten etwas über die Bedeutung der Masken, Tanzbretter und Kriegsschilde in Erfahrung zu bringen. Diese Forschung führte zu einer Reihe von Publikationen (Corbin 1976, 1979, 1982, 1984, 1988, und 1990), in denen ich die Ikonographie einiger Baining- und Sulka-Kunstwerke aus Museen in Basel, Berlin, Bern, Bremen, Cambridge, Chicago, Göttingen, Hamburg, Leipzig, Mannheim und Zürich abhandelte.

Nachttanz-Masken der Zentral-Baining

Während zweier ausgedehnter Feldaufenthalte unter den Zentral-Baining (Sprecher der Kairak- und Uramot-Dialekte), einmal von 1972-1973 und dann 1982-1983 (Abbildung 1), verwendete ich meine Fotografien aus dem Museum, um den Maskenherstellern Informationen zu entlocken und mir dabei zu helfen, den Exemplaren im Museum für Völkerkunde Hamburg Namen und Identitäten zuzuordnen. Zusätzlich zu dieser Art der Informationsbeschaffung im Nachhinein habe ich im Feld aus erster Hand Hunderte von Exemplaren von Nachttanz-Masken und Kopfschmuck studiert und Informationen zu ihrer Konstruktion, ihrer Bedeutung und ihrem Gebrauch in den nächtlichen Tanzzeremonien gesammelt. Diese Daten werden mir dabei helfen, zahlreiche Zentral-Baining-Masken, einschließlich der *kavat*- und *vungvung*-Typen aus der Sammlung des Hamburger Museums für Völkerkunde vorzustellen.

Die Herstellung von *kavat*- und *vungvung*-Masken

Die Kairak-Baining stellen in einem langwierigen Prozess auf folgende Weise Rindenstoff (*bulki*) aus dem Papiermaulbeerbaum (*meyep metki*) her: Als Erstes fällen sie einen großen Baum (ca. 21 Meter hoch) und ziehen seine äußere Rinde von einer zum Vorschein kommenden feuchten und glatten Oberfläche ab, auf der dann später der Rindenbaststoff über einen Zeitraum von mehreren Stunden geschlagen wird. Dann schneiden sie von einem jungen Stamm des Papiermaulbeerbaumes ein etwa 2,5 Meter mal 5 Zentimeter dickes Stück ab und schlagen auf dessen Außenseite, um die äußere Rinde

Abb. 2 Kairak-Baining-Männer vom Dorf Ivere, die Rindenbaststoff schlagen (Corbin Neg. 82.60.15A).

vom inneren Kern zu lösen. Wenn das passiert ist, machen sie einen Schlitz, der die ganze 2,5 Meter lange Seite entlangläuft, und pellen (*tate naggi*) die lose Rinde vom Kern. Dann trennen sie die weißliche Bastschicht von der äußeren Borkenschicht und verwenden sie, um den Rindenstoff herzustellen, der später auf das hölzerne Gerüst der *kavat*- und *vungvung*-Masken genäht wird. Die weißliche Bastrindenschicht wird angefeuchtet, einmal der Länge nach in sich gefaltet, über die feuchte Oberfläche des langen Baumstammes gelegt und entweder mit der flachen Seite eines Buschmessers oder einem flachen hölzernen Hammer geschlagen (*warem*). Auf diese Art und Weise werden die Fasern geweitet und voneinander separiert, bis das Stück, das dabei herauskommt, mindestens zweimal so breit ist wie das ursprüngliche Stück, das von dem jungen Stamm des Maulbeerbaumes abgezogen worden ist (Abbildung 2). Der Rindenstoff wird dann in einem Wasserlauf in der Nähe gewaschen und in die Sonne gehängt, wo er trocknen und bleichen soll.

Männer haben das Gerüst für die Masken vorbereitet, indem sie junge Stämme des als *yugga* bekannten Baumes nahmen, diese spalteten und über einem rauchenden Feuer erhitzten, um sie so weit wie möglich biegen zu können,

Abb. 3 Kairak-Baining-Männer im Busch, die den Rahmen für eine *kavat*-Maske herstellen (Corbin Neg. 82.59.37A).

ohne dass sie dabei zu Bruch gingen. Der Mann, der mit der Maske tanzen sollte, bekam ein kappenähnliches Gerüst aus diesen gebogenen Holzstreifen auf dem Kopf angepasst. Auf dieses Gerüst wurden dann längere Streifen mit Hilfe von Lianen (*quarr* oder *warr*) festgebunden, um Gesicht, Mund und Kinn der Maske zu bilden (Abbildung 3). Das Gerüst wurde dann nach seiner Vollendung auf einem alten Baumstumpf platziert, damit die nächste Konstruktionsphase beginnen konnte. Dünne Lianen wurden zwischen das Gestänge der Maske gebunden, sodass große grüne Blätter über jede Sektion gelegt werden konnten, bevor der Rindenstoff aufgenäht wurde (Abbildung 4). Danach malten die Männer verschiedene Muster in Schwarz und Rot auf den weißen Hintergrund des Rindenstoffes entsprechend den Traditionen ihrer

Abb. 4 Kairak-Baining-Mann (Petero Narinak), der Rindenstoff auf dem hölzernen Gerüst einer Blattgeist-*kavat*-Maske anbringt (Corbin Neg. 82.61.3A).

Abb. 5 Kairak-Baining-Nachttanz-Blattgeist *kavat*. Hergestellt von Lakim Narar, Dorf Ivere, 6. Februar 1973 (Corbin Polaroid).

Abb. 6 Gerüst einer Kairak-Baining-Nachttanz-Astgabelgeist-*kavat*-Maske (Corbin Neg. 82.62.19A).

Abb. 7 (links unten) Rahmen einer Kairak-Baining-Nachttanz-*vungvung*-Taro-Blattgeist-Maske (Corbin Neg. 82.62.16A).

Abb. 8 (rechts unten) Kairak-Baining-Nachttanz-*vungvung*-Blattgeist-Maske, vor der Bemalung mit Rindenstoff überzogen. Hergestellt und bemalt von Marko Pakuk, Dorf Ivere (Corbin Neg. 82.62.14A).

Dialektgruppe (Abbildung 5). Drei Fotografien aus dem Feld illustrieren jeweils diese Herstellungsprozesse: eine *kavat*-Maske, die den Geist einer Astgabel repräsentiert (*saulki* in Kairak, *sowelmat* in Uramot) (Abbildung 6), eine *vungvung*-Maske, die den Geist eines Taro-Blattes (*sipapu* in Kairak, *khaluiut* in Uramot) (Abbildung 7) darstellt, und eine unbemalte *vungvung*-Maske, die den Geist eines Blattes (*rengit* in Kairak, *mangemat* in Uramot) (Abbildung 8) verkörpert.

Kavat-Masken

Es gibt drei Varianten des Typs der *kavat*-Masken der Zentral-Baining, der von Kairak- und Uramot-Informanten als „Blatt"-Geist identifiziert wurde. (Abbildungen 9a u. 9b, 10a u. 10b, 11a u. 11b). Die Abbildungen 9a und 9b (Museum für Völkerkunde Hamburg Nr. 11.88.33) zeigen die Vorder- und Rückseite eines Blatt-Geistes mit der für die Zentral-Baining typischen Darstellung der Augen als eine Serie konzentrischer schwarzer und roter runder Formen, die immer kleiner werden, bis als Letztes die schwarze Pupille in der Mitte da ist. Bei den sehr traditionellen Nordwest-(Chachet)-Baining-Nachttanz-Masken wird die Pupille unbemalt gelassen, wodurch eine helle Farbfläche stehen bleibt,

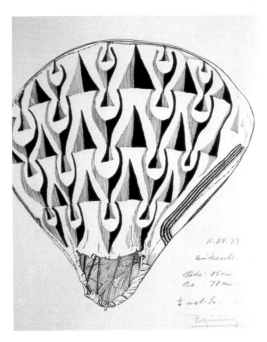

Abb. 9a (rechte Seite) u. 9b Zentral-Baining-Nachttanz-Blattgeist-*kavat*-Maske, MV Hamburg, Nr. 11.88:33 (9a Foto Brigitte Saal, 9b Foto-Archiv Museum für Völkerkunde Hamburg).

die Hintergrundfarbe des Rindenstoffes. Das ist ein stilistisches Merkmal, das dabei hilft, Zentral-Kairak- und Uramot-Baining-Masken von Nordwest-Chachet-Baining-Masken zu unterscheiden.[2]

Der Bereich über und unter den Augen auf der Vorderseite der Maske ist mit Mustern bemalt, die sowohl von Uramot-, als auch von Kairak-Informanten als Schlangen- oder Raupenspuren identifiziert wurden (eine Folge fortlaufender runder heller Bereiche innerhalb linearer schwarzer Umrisse). Diese tendieren sowohl dazu, die runden Augenformen zu umrahmen, als auch einen zentralen Bereich auf der Stirn zu schaffen, in dem das Muster dazu dient, eine zweizinkige Form zu bilden, die die Scheren einer unter den Kairak als *woret* bekannten Süßwasser-Languste repräsentiert.[3] Die beiden großen gemusterten Bereiche auf der

Abb. 10a u. 10b (rechte Seite) Zentral-Baining-Nachttanz-Blattgeist-*kavat*-Maske, MV Hamburg, Nr. 12.135:264 (Fotos Brigitte Saal).

---

[2] Diese frühe Unterscheidung des Stils hat sich in den letzten Jahren durch Interaktionen und Kommunikation zwischen den Regionen der zwei Dialekte verändert. Manchmal sieht man Masken von Grenzgebieten der Chachet wie in Malaseit- oder Randolit-Dörfern mit dunklen Pupillen, die denen ähnlich sind, die bei den Kairak- und Uramot-Baining gefunden werden. Außerdem gibt es deutliche Beweise von Informanten der nordwestlichen Baining, dass der erste Gebrauch der Nachttanz-Masken bei den Chachet-Baining erst nach dem Kontakt mit Europäern im frühen zwanzigsten Jahrhundert stattfand (siehe Pool 1969).

oberen rechten und linken Stirnhälfte haben beide dreiteilige, negativ gemalte Formen, die von Informanten als Vogel- oder Hühnerspuren bezeichnet wurden. Wie die oben erwähnten Schlangen- oder Raupen-Bilder sind diese Vogelspur-Muster verbreitete symbolische Motive der Baining. Eine gängige Vorstellung unter den Baining besagt, dass *kavat*-Geister vogelähnlich sind und in Bäumen leben. Die hervorstehende Form unterhalb der Lippen wird als Kinn des Geistes bezeichnet. Der tiefere Bereich des Kinns ist mit Vogel- oder Hühnerspur-Mustern bemalt, und das untere Vogelspur-Muster hat eine rotschwarze dreieckige Form darunter, die von den Kairak *agum* genannt wird. Es soll die Seitenansicht eines aufgerollten und durchschnittenen Blattes darstellen.

Die Rückseite der Maske (Abbildung 9 b) ist mit einem sich wiederholenden Muster von abwechselnd roten und schwarzen Hummerscheren-Formen bemalt, an das sich unterhalb die Blatt-

---

[3] Süßwasser-Langusten werden gewöhnlich in vielen Wasserläufen der Baining-Region der Gazelle-Halbinsel mit Hilfe von Netzen, Fallen oder bloßen Händen gesammelt und dienen den Baining als eine Form "wilder" Fleischnahrung. Insekten, Schlangen und wilde Tiere verschiedenster Art würden von den Baining auch als wilde oder Buschnahrung charakterisiert werden. Dazu im Gegensatz steht Nahrung, die in Gärten angebaut wird oder die domestizierten Tiere, die im Dorf zu Nahrungszwecken aufgezogen werden. Eine ähnliche Unterscheidung wird zwischen wilden Pflanzen, die als Nahrung gesammelt werden, und angebauten Nahrungspflanzen getroffen. Sie sind allerdings alle Teil des Kontinuums essbarer Dinge im Alltag der Baining.

schnitt-Muster anschließen. Diese rotschwarzen dreieckigen Blattschnitt-Formen sind auch abwechselnd in horizontalen Reihen zwischen die Hummerscheren-Formen platziert. Die Spitze jeder Schere berührt die Spitze der rotschwarzen Blattschnitt-Muster, beginnend bei der zweiten bis dritten Reihe von oben. Die Muster scheinen sich über die physischen Grenzen des runden Umrisses der Maske hinaus auszudehnen, und auch der untere rechte Bereich der Rückseite enthält Raupen-/Schlangenspuren, die sich rundherum von der Vorder- zur Rückseite der Maske ausgedehnt haben. Die Künstler, die die Maske bemalt haben, schufen subtile unauffällige asymmetrische Designs, die dem Betrachter den Eindruck sich ständig verändernder Musterfolgen auf der Vorder- wie auf der Rückseite vermitteln.

Eine zweite Version der *kavat*-Blattgeist-Maske (Abbildung 10a u. 10b) hat eine eher ovale Form anstatt der runderen Version in Abbildung 9 a u. 9b. Den Schlangen-/Raupenspur-Mustern ähnliche Motive sowie abgedunkelte Bereiche mit Vogelspur-Designs dekorieren die Stirn über den Augen und befinden sich auch um das Gesicht herum, direkt unterhalb der Augen und über den Lippen des Mundes. Anstelle von zwei klar abgegrenzten runden vertieften Augenbereichen, die mit konzentrischen runden Augenmustern bemalt sind, hat dieser Blatt-*kavat* ein Gesicht, das durch eine fast symmetrische Platzierung der Schlangen-/Raupenspur-Muster auf dem weißen Hintergrund des Gesichtbereichs entstanden ist. Die schwarzen Pupillen sind zwischen abwechselnd roten und schwarzen spitzovalen Formen platziert, die eher die Form menschlicher Augen haben als die eines runden Vogelauges.

Die Rückseite dieser Maske (Abbildung 10b) besteht aus acht ungefähr horizontalen Mustern in dunkler Form, die zur Rechten und zur Linken von oben herabfallen mit einer zweiten Serie ähnlicher Muster, die rot bemalt sind und die negativen weißen Flächen zwischen jedem dunklen Muster ausfüllen. Kairak-Informanten nannten diese roten und schwarzen Muster *mugi* und sagten, dass sie die Flammen der nächtlichen Tanzfeuer repräsentierten, die von den durchs Feuer tanzenden *kavat*-Geistern aufgeworfen werden.[4]

---

[4] Siehe Corbin 1984, S. 49-61, Abbildungen 19 und 28 für vergleichbare Beobachtungen.

Abb. 11a u. 11b (nächste Seite) Zentral-Baining-Nachttanz-Blattgeist-*kavat*-Maske, MV Hamburg, Nr. 12.135:268 (Fotos Brigitte Saal).

Die dritte Blattgeist-Maske (Abbildung 11a u. 11b) ist ungewöhnlich insofern, als sie ein großes einzelnes vertieftes rundes Augenmotiv auf der Vorderseite des Kopfes der Maske hat. Kairak- und Uramot-Informanten behaupteten beide, dass ihre Vorfahren in früheren Zeiten *kavat*-Masken genau wie diese hergestellt haben. Die dreieckigen roten und schwarzen Muster unterhalb des Auges wurden sowohl von Kairak- als auch Uramot-Informanten als Tränen bezeichnet. Einige sagten, der *kavat* weine, weil er sich während des nächtlichen Tanzes verbrannt habe. Andere vermuteten, dass er weine, weil er seinen

eigenen Tod betrauere.[5] Die Stirn ist mit Mustern bemalt, die Farnblätter repräsentieren könnten, ein Lieblingsessen der *kavat-* und *vungvung-*Geister. Die senkrechten weißen Markierungen innerhalb des Farnblatt-Musters repräsentieren wahrscheinlich die Bissspuren der Geister. Auf beiden Seiten des runden Auges sind gebogene Muster, die die Raupen- oder Schlangenspur-Muster repräsentieren. Das Kinn ist mit abwechselnden Zickzack-Linien bemalt, die den Uramot als *banit*, ein lokales Gras, bekannt sind.

Die Rückseite der Maske ist in neun abwechselnd horizontale und senkrechte Zonen unterteilt, die wiederum mit fast runden Mustern (bei den Uramot als *gwap* bekannt) in Rot und Schwarz gefüllt sind. Jedes Zentrum ist mit vier teils roten oder schwarzen dreieckigen Motiven bemalt, die sowohl von den Kairak als auch Uramot *lasarki* nach den Samen eines lokalen Baumes genannt wurden. Die negativen weißen spurenartigen Formen an den Kreuzungen der neun Zonen beziehen sich auf die Fußabdrücke eines Buschhuhns, das große Eier legt und/oder auf eine Hühnerspur. Das Motiv dieser Vogelspur wird üblicherweise sowohl in Malereien der Kairak- als auch der Uramot-*kavat* und *vungvung* gefunden, besonders innerhalb der roten und schwarzen "Tränen"-Muster um die und unter den Augen.

Die in den Abbildungen 12a u. 12b (siehe nächste Seiten) dargestellte *kavat-*Maske wurde von den Kairak- und Uramot-Informanten als Maske identifiziert, die den Geist einer Astgabel (*saulki* in Kairak, *sowelmat* in Uramot) repräsentiert. Der Bereich über dem rechten Auge ist mit Reihen roter und schwarzer *lasarki-*Motive bemalt, während der Bereich über dem linken Auge mit Reihen roter und schwarzer dreieckiger Motive bemalt ist, die *ranagi* genannt werden. Laut den Uramot repräsentieren die Muster Blätter einer

---

[5] Bei allen Zentral-Baining-Gruppen scheint die Bedeutung der in diesen frühen Sammlungen des zwanzigsten Jahrhunderts repräsentierten Nachttanz-Geister darauf hinauszulaufen, die von den Baining für den Gebrauch "umgebrachte" Flora und Fauna darzustellen. "Umgebracht" für den Gebrauch wurden Nahrung, Sachen zum Einwickeln der Nahrung (wie es der Fall ist beim Blattgeist) und/oder Gegenstände für einen wichtigen funktionalen Gebrauch, wie beispielsweise das Abschneiden der Gabel eines umgestürzten Baumes, um sie als Pfosten in einem Haus oder Anlehnstütze zu verwenden. Es scheint da ein Element der Repräsentation dieser "umgebrachten" Dinge aus dem Wald oder Busch zu geben, als ob die Baining während der Nachttänze ihr Andenken feierten.

Abb. 12a u. 12b (rechte Seite) Zentral-Baining-Nachttanz-Astgabelgeister-*kavat*-Maske, MV Hamburg, Nr. 12.135.265 (Fotos Brigitte Saal).

bestimmten Waldpflanze, die dazu benutzt wird, im Busch kleine Hütten zu bauen. Vogelspur- und Tränen-Motive sind im Bereich beider Augen gemalt, und auf dem unteren Kinnbereich finden sich gerade, lineare *banit*-Muster.

Die Rückseite der Maske (12b) ist genau wie jene der vorherigen Maske in neun Zonen unterteilt, was darauf schließen lässt, dass sie beide von dem gleichen Künstler gemalt worden sein könnten. Rote und schwarze dreieckige

Tränen-Motive dienen als verbindende Randzonen, und das Innere jeder Zone hat oval geformte *gwap*-Muster von miteinander verbundenen, kurvenförmigen *banit*-Motiven.[6]

Abbildung 13 ist ein *kavat*-Geist, der den Geist der Rückenwirbel eines Schweines (genannt *salabam* in Kairak und *solwan* in Uramot) repräsentiert. Die roten

---

[6] Frühe *kavat*-Masken mit ähnlichen Unterteilungen der bemalten Rückseiten existieren in Chicago (Museum Nr. 145859) und Zürich (Museum Nr. 4951). Meiner Ansicht nach wurden sie von demselben Künstler im ersten Jahrzehnt des zwanzigsten Jahrhunderts gemalt und könnten Teil eines von ihm für eine Nachttanz-Zeremonie hergestellten Sets sein.

und schwarzen Tränen-Motive mit negativ gemalten weißen Vogelspur-Mustern sind klar unter jedem Auge erkennbar. Die Bereiche über den beiden Augen sind jeweils mit kurvilinearen Raupen- und Schlangenspur-Motiven bemalt, wobei die meisten schwarzen Bereiche mit den Zahnabdruck-Mustern eines Geist-Motivs betont worden sind. Die Vorder- und Rückseite des Kinns ist mit Variationen des *banit*-Gras-Motivs bemalt.[7]

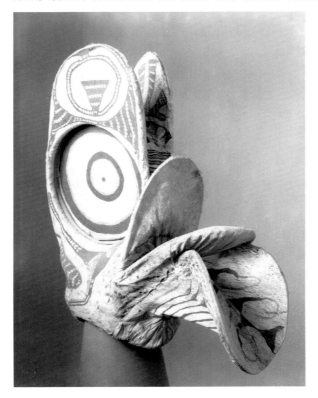

Abb. 13 Zentral-Baining-Nachttanz-Schweinewirbelgeist-*kavat*-Maske, MV Hamburg, Nr. 12.135:289 (Foto-Archiv Museum für Völkerkunde Hamburg).

[7] Sowohl Kairak- als auch Uramot-Informanten, die während der Feldforschungen interviewt wurden, vermuteten, dass die auf den *kavat*- und *vungvung*-Masken gemalten Zahnabdrücke der Geister denen von vielerlei Insekten und Tieren auf Blättern, Ranken und Rinden hinterlassenen ähneln. Diese Speiseaktivitäten hinterließen ein Muster als Zeugnis der Anwesenheit der Geister. Ähnliche und andere Bedeutungen können in Parkinsons Beschreibungen und Interpretationen von Motiven gefunden werden, die auf monumentalen Hareiga-Kopfbedeckungen der Chachet-Baining sowie auf anderen mit Rindenstoff überzogenen rituellen Objekten zu sehen sind (siehe Parkinson 1907).

Vungvung-Masken

Viele Uramot- und Kairak-*vungvung*-Masken sind als gemischte Formen hergestellt, wobei der Kopf der Maske oft als eine Version eines Geistes gebildet ist, der normalerweise als eine *kavat*-Maske wie Blatt-, Astgabel-, Schweinerückenwirbel- oder Gottesanbeterin-Maske angetroffen werden kann. Zusätzlich hat die *vungvung*-Maske ein mit Rindenbaststoff bezogenes langes Bambusrohr, das weit aus ihrem Mund herausragt. Während er nah am nächtlichen Tanzfeuer tanzt, bläst der Maskenträger durch dieses Bambusrohr und lässt tiefe, laut klingende trompetenartige Klänge ertönen. Aus der Rückseite der Maske ragt ein dünner, mit Rindenbaststoff bezogener Stock hervor, der einen Schwanz repräsentiert und ein Gegengewicht zu der nach vorne herausragenden Klangröhre bildet. Einige frühe *vungvung*-Masken haben eine senkrechte Verstrebung, die hinter der Rückseite des Kopfes der Maske platziert ist. Diese ist in alten Feld-Fotografien häufig mit weißen Federn dekoriert (siehe Abbildung 18). Ein paar andere haben auch eine senkrechte Verstrebung, die am vorderen Ende des Rohres, im oberen Zentrum der Maske und auch ganz hinten am Ende des Schwanzes angebracht ist. Diese Verstrebungen erlaubten dem Masken-Hersteller, geformte und bemalte Stücke des Rindenbaststoffes an sie anzufügen. In den letzten Jahren kamen noch Seitenpaneele aus geschnittenen Pandanus-Blättern dazu, die Muster verschiedenster Elemente aus der Flora und Fauna aus den Baining-Wäldern darstellten.

In den Abbildungen 14a u. 14b ist die linke Seite und Rückansicht einer *vungvung*-Maske (MV Hamburg, Nr. 11.88:18) zu sehen, die die Wirbelsäule eines Schweine-Geistes repräsentiert. Die Stilarten der Malerei auf dem mit Rindenbaststoff bedeckten Rohr und dem Hauptkörper der Maske sind das Beispiel einer Studie an Kontrasten. Sich abwechselnde Reihen roter und schwarzer dreieckiger Motive bedecken die gesamte Röhre und bilden so ein statisches, geometrisches, sich wiederholendes Muster. Das Gesicht, die Stirn und der Rücken der Schweinewirbel-Maske sind mit eher fließenden asymmetrischen Mustern von Fußspuren und den Zahnabdrücken von Geistern bemalt, die zum großen Teil in Schwarz gehalten sind und sich gegen den weißen Hintergrund des Rindenbaststoffes abheben. Dünne rote Kontur-

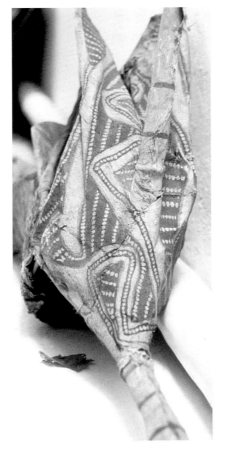

Umrandungen umschließen jedes größere Muster. Der Schwanz am Ende ist senkrecht von dünnen roten und schwarzen Bändern umschlossen.

Eine leicht beschädigte *vungvung*-Maske, die wahrscheinlich den Geist der Astgabel repräsentiert (MV Hamburg, Nr. 12.135:271), ist ganz anders bemalt als die eben besprochene (siehe Abbildungen 15a u. 15b). Das gesamte mit Rindenbaststoff bedeckte Rohr ist mit vertikalen runden Bändern aus Rot und Schwarz bemalt, die dicker sind als die, die auf dem Schwanz in Abbildung 14a zu sehen sind. Raupen- und/oder Schlangenspuren und Muster von Zahnabdrücken

Abb. 14a (oben) u. 14b Zentral-Baining-Nachttanz-Schweinewirbelgeist-*vungvung*-Maske, MV Hamburg, Nr. 11.88:18 (Fotos Corbin).

der Geister sind sparsam um die Randgebiete um die Augen herum auf dem Gesicht gemalt. Die gesamte Rückseite der Maske (15b) ist mit runden Mustern von roten und schwarzen sich im Zentrum überschneidender Dreiecke bemalt, die eine zufällige Platzierung in ihrer Orientierung innerhalb gleich großer kreisförmiger Formen zu haben scheinen.

Eine Variante eines *vungvung*-Blattgeistes, eine verlängerte ovale Form vorne, mit einer fast

Abb. 15a (unten) u. 15b Zentral-Baining-Nachttanz-Astgabel-*vung-vung*, MV Hamburg, Nr. 12.135:271 (Fotos Corbin).

Abb. 16a (links) u. 16b
Zentral-Baining-Nachttanz-
Blattgeist-*vungvung*-Maske,
MV Hamburg, Nr. 12.135:272
(16a Foto Corbin, 16b Foto
Brigitte Saal).

kuttenartigen plastischen Form (MV Hamburg, Nr. 12.135:270) wird in zwei Ansichten in Abbildung 16a u. 16b illustriert.[8] Das Gesicht der Maske und das mit Rindenbaststoff bedeckte, nach vorne herausragende Bambusrohr sind mit identischen Mustern bemalt, die aus sich wiederholenden Spuren von Schlangen-/Raupen-Motiven bestehen. Diese Spuren-Muster sind gelegentlich nach rückwärts gewandt und helfen so, die Form des Blattes und die runde Form des Bambusrohres in Zonen zu unterteilen, die mit einer größeren Anzahl dreieckiger Geisterzahn-Motive (auf dem Gesicht) und dreieckiger speerartiger Formen (auf dem Rohr) gefüllt sind. Im Gegensatz zu diesem Gesamtmuster auf der Vorderseite stehen die schwarzen Muster der Tausendfüßler- (*ramga* in Kairak) Zangen, die in drei vertikalen Reihen nach oben zeigen. Auch sind die Lücken zwischen den Tausendfüßler-Zangen-Motiven teilweise mit fast

---

[8] Informanten bei den Kairak und den Uramot identifizierten ähnlich geformte *kavat*- und *vungvung*-Masken als in der Vergangenheit von ihren Ahnen hergestellte Masken, obwohl sie solche im letzten Viertel des zwanzigsten Jahrhunderts nicht mehr in dieser Form arbeiteten. Trotzdem erkannten sie häufig die auf die Masken gemalten Designs als aus ihren Traditionen stammend. Tatsächlich werden viele der Muster immer noch von Kairak- und Uramot-Künstlern bis in die Gegenwart gebraucht. Siehe Corbin 1984 für eine auf das Thema Kontinuität und Wandel in der Kunst der Zentral-Baining bezogene Diskussion.

dreieckigen roten Formen gefüllt, die sich in sich biegenden Linien über jede Spitze hinaus in das Weiße des Rindenbaststoff-Hintergrundes hinein ausdehnen.

Ein zweites Beispiel einer kuttenartig geformten Blattgeist-*vungvung*-Maske (siehe S. 178/179, MV Hamburg, Nr. 11.88:29) ist in den Abbildungen 17a, 17b u. 17c vorgestellt. In diesem Beispiel haben nicht nur die drei vertikalen Verstrebungen zusammen mit ein paar der dünnen Unterstützungsstreben überlebt, sondern da sind auch drei bemalte blattartige doppelendige Rindenbaststoff-Stücke vorhanden, die am oberen Ende der Verstrebungen auf der Vorderseite, der Mitte und auf der Rückseite der Maske befestigt sind (Abbildung 17a). Die Vorderseite und die Bambusröhre der Maske (Abbildung 17b) sind mit sich wiederholenden Mustern von fast kreisförmigen Schlangen-/Raupenspur-Motiven bedeckt. An deren Ober- und Unterseite schließen sich Bereiche an, die fast dreieckig sind und wiederum kleine negativ gemalte Spuren-Motive enthalten. Im Zentrum jedes einzelnen Kreises befinden sich schwarze und rote dreieckige Motive, von denen gesagt wurde, dass sie das *lasarki*-Motiv repräsentieren. Die Rückseite der Maske (Abbildung 17c) besteht aus horizontalen Reihen roter und schwarzer Dreiecke, die auch als *ranagi*-Motiv bekannt sind, wie schon oben bemerkt wurde.

Eine frühe Feld-Fotografie (Abbildung 18) von Vizekonsul Thiel aus dem Jahre 1906 zeigt einige Zentral-Baining-*vungvung*- und *kavat*-Masken, wie sie die Straße hinunterlaufen.[9] Die Tatsache, dass manche der Maskenträger *laplap*-Kleidung tragen, lässt darauf schließen, dass es sich hierbei wahrscheinlich um ein für Thiel am Morgen nach einem Nachttanz gestelltes Foto handelt, als die Original-Tanzkostüme nicht mehr vorhanden waren. Wie auch immer, *kavat*- und *vungvung*-Geister der Blatt-, Astgabel- und Schweinerückenwirbel-Typen sind in dem Foto klar erkennbar und dokumentieren einige der Nachttanz-Masken, die schon in der Abhandlung oben erwähnt worden sind.

[9] Früh in der Periode der deutschen Kolonialzeit war es üblich, dass die Maskentänzer der Zentral-Baining von den Bergen herunterkamen, um in Nachttänzen nahe der Plantagen, Missionen und administrativen Zentren zu tanzen. Im Oktober 1910 notierte A. B. Lewis vom Field-Museum in Chicago, dass die Baining Nachttanz-Masken herunterbrachten, um sie bei Phoebe Parkinsons Haus in Kuradai zu verkaufen, und dass sie aus der Gegend hinter den Taulil kamen. Das zeigt, dass die Objekte der Zentral-Baining viele Meilen weit gebracht und weit entfernt von dem Ort verkauft wurden, an dem sie hergestellt und in Zeremonien verwendet wurden (Welsch 1998).

Abb. 17a (links oben), 17b u. 17c (links unten) Zentral-Baining-Nachttanz-Blattgeist-*vungvung*-Maske, MV Hamburg, Nr. 11.88:29 (Fotos Corbin).

Abb. 18 Zentral-Baining-Nachttanz *kavat-* und *vungvung*-Masken am Morgen nach einer Nachttanz-Zeremonie (Foto Thiel vom 29.12.1906, Foto-Archiv Museum für Völkerkunde Hamburg).

Sulka-Masken in Hamburg

Die Hamburger Sammlung ist reich an Sulka-Masken, bemalten Tanzbrettern und Kriegsschilden, die alle vor 1912 gesammelt worden sind. In zwei früheren Artikeln (Corbin 1990, 1996) habe ich einige der Sulka-Masken und Kriegsschilde der Hamburger Sammlung publiziert. Deshalb werde ich versuchen, in diesem Aufsatz einige Kunstwerke von den Objekten der Südsee-Expedition vorzustellen, die bislang noch nicht publiziert worden sind.

Eine frühe Feld-Fotografie von Fülleborn, die in einem Dorf in der Jacquinot-Bay (20. Dezember 1908; Abbildung 19) gemacht worden ist, wurde während meiner Feldforschung dort 1983 den Informanten der Sulka und sulkanisierten Mengen gezeigt. Die Sulka identifizierten die beiden großen Masken mit

Abb. 19 Sulka *hemlaut-* and *susu*-Masken nahe einer Maskenhütte (Foto Fülleborn vom 20.12.08, Foto-Archiv Museum für Völkerkunde Hamburg, Foto Nr. 347).

regenschirmartigen Oberteilen als Typen von *hemlaut*-Masken, die sowohl bei den Sulka als auch bei den Mengen verbreitet sind. Die kleinen, sie begleitenden Masken wurden als Kinder des *hemlaut* bezeichnet, und die Sulka nannten sie *kalyia* (Singular) and *kles* (Plural). Das Maskenhaus auf der rechten Seite wurde von den Sulka-Informanten *verari* genannt. Sulkanisierte Mengen nannten den regenschirmartigen Maskentyp *mle* (oder *melai*) und die kleineren Masken *mai kalan*. Das Maskenhaus nannten sie *woklum*.

Die *hemlaut*-Masken haben beide ein regenschirmartiges Oberteil (von den Sulka *elpek* genannt), das von einer aus dem kegelförmigen Kopf (*mnekiet*) herauskommenden vertikalen Verstrebung (*sluck*) hochgehalten wird. Die Unterseiten der Schirme der *hemlaut*-Masken sind mit Mustern (*riteak*: d.h. Schrift) bemalt, die sich in Abhängigkeit von den Traditionen des Klans von Maske zu Maske unterscheiden. Die Maske, die rechts in das Maskenhaus hineingeht, hat ein vertikales, schwanzartiges Anhängsel am *wurstein* genannten Blätterkostüm, das aus duftenden Gräsern und Blättern besteht und als magisches sexuelles Lockmittel auf die Frauen wirken soll, die den Tänzer unter der Maske beobachten.

Eine andere frühe Feld-Fotografie (ca. 1908-1909) von Fülleborn (Abbildung 20) ist die von einer zweiköpfigen *hemlaut*-Maske, die unter den Sulka als *Lopela* bekannt ist.[10] Informanten in vielen Sulka- und sulkanisierten Mengen-Dörfern hatten einen Tanz mit solchen zweiköpfigen Masken vor und nach dem zweiten Weltkrieg gesehen. Manche behaupteten sogar, sie vor noch so kurzer Zeit wie den frühen 70er Jahren tanzen gesehen zu haben. Dieser anthropomorphe kegelförmige Typ wurde *nunu* (Widerspiegelung des Menschen) genannt. Wenn er in den einfacheren kegelförmigen *susu*-Masken gefunden wurde, wurde er auch *gitvung* genannt, eine Referenz an die jungen Männer, die im Jünglingsalter in das Erwachsenendasein initiiert werden. Die durchbohrten Nasen und Ohren (*pam*) werden mit Initiationspraktiken assoziiert, genau wie das Einsetzen eines Nasenornaments (*arrgon*). Das Haar aus Kasuarfedern (*msasin*) ist der übliche Besatz auf den anthropomorphen

---

[10] Diese *hemlaut*-Maske befindet sich in der Sammlung des Museums für Völkerkunde in Hamburg, Nr. 6425 I.

Abb. 20 Sulka-Lopela-*hemlaut*-Maske, die von zwei Männern getragen wird (Foto Fülleborn, Foto-Archiv Museum für Völkerkunde Hamburg, Foto Nr. 486).

hemlaut- und *susu*-Masken. Die sich wölbenden Bänder am Fuß der Kegel werden *pur* genannt und stellen Striemen dar, die sich während der Mutproben auf den Körpern der Initianden bilden. Die großen Blätterröcke direkt unterhalb der Maske werden *powan* genannt, während die längeren Blätterröcke darunter auch als *wok* bekannt sind.

Eine *susu*-Maske (MV Hamburg, Nr. 12.135:255), die von einem großen, bemalten, hölzernen Vogel überragt wird, ist in Abbildung 21 zu sehen. Verschiedene Sulka-Informanten nannten den Vogel entweder *Kaeng* (ein großer Vogel, der die Küsten entlang fliegt) oder *aninenglaut* (großer Vogel). Die geometrischen Muster, die auf den Vogel gemalt sind, wurden *krien* ("eyecatcher" oder Aufmerksamkeit erregende Formen) und auch *kinmasgurr* (Stilisierung weg vom Realismus) genannt. Die herausragenden blattähnlichen Formen wurden *praga* genannt und im allgemeinen mit jedweder Form auf *hemlaut*- und *susu*-Masken identifiziert, die aus der kegelförmigen Basis der Masken herausragten. Die anderen linearen Muster (*mla*), die auf dem unteren Kegel und den herausragenden Formen zu finden sind, sollten wahrscheinlich stilisierte Formen aus der Flora und Fauna aus der Umwelt der Sulka repräsentieren. Doch ihr einfacher, abstrakter Charakter erlaubt keine Interpretation, es sei denn, der Hersteller der Maske würde konsultiert werden, oder ähnliche Muster wären auch heute noch im Gebrauch.[11]

Abb. 21 Sulka *susu*-Maske überragt von einem hölzernen Vogel, MV Hamburg, Nr. 12.135:255 (Foto Dreyer; Linden Museum Stuttgart).

[11] Sowohl Informanten der Sulka als auch der sulkanisierten Mengen haben oft Masken, Tanzbretter und Kriegsschilde als aus ihrer Gegend stammend identifiziert. Doch viele der dekorativen Muster, die auch heute noch Verwendung finden, haben ihre ursprüngliche Bedeutung verloren und werden als archaische traditionelle Muster gebraucht.

Abb. 22 Ein Paar Sulka-*Tokati-susu*-Masken (Foto Thiel vom 29.12.1905, Foto-Archiv Museum für Völkerkunde Hamburg, Foto Nr. 46).

Ein Paar der *susu*-Masken (Abbildung 22), die von Thiel am 29. Dezember 1905 fotografiert worden sind, wurden als Typen von Tarospitzen identifiziert (die kegelförmigen Spitzen über dem Kegel unten). Die kleinere auf der rechten Seite wurde *tokati* (Spitze einer im Garten angepflanzten Taroknolle) genannt, während die größere der *susu*-Masken auf der linken Seite oft *lilwong*

279

Abb. 23a u. 23b (rechte Seite) Eine weibliche und eine männliche Sulka-*nunususu*-Maske, gesammelt von Thiel, MV Hamburg, Nr. 12.135:256 u. 12.135:253 (23a Foto-Archiv Museum für Völkerkunde Hamburg, 23b Foto Dreyer, Linden-Museum Stuttgart).

susu genannt wurde, was sich auf eine wilde Spezies des Taro bezieht, die zur Nahrungsgewinnung geerntet wird. Die *lilwong susu*-Maske diente auch als eine führende Maske in Masken-Zeremonien. Der helle gelbfarbene obere Blätterrock (*powan*) und die unteren, kleineren blättrigen grünen Röcke (*wok*) sind in diesen frühen Feld-Fotografien klar zu unterscheiden.

Ein Paar einer männlichen und weiblichen *nunu susu*- (menschenähnliche Formen) Maske, das von Thiel gesammelt wurde, ist in den Abbildungen 23a u. 23b zu sehen. Die weibliche (MV Hamburg, Nr. 12.135:256) und die männliche (MV Hamburg, Nr. 12.135:253) Figur auf der rechten Seite haben beide ihre Arme hoch erhoben in einer Tanz-

geste, die laut den Informanten solche Tanzgesten widerspiegelten, bei denen Frauen und Männer während verschiedenster Zeremonien Palmblätter über ihren Köpfen trugen. Die Rückansichten zeigen eine außergewöhnliche Verkleinerung der Beine der Figuren, die um den Rücken eines jeden Torso gewickelt sind. Beide Masken haben geschnitzte und bemalte Köpfe, die von den Sulka *kalpek* genannt wurden. Informanten in den Sulka-Dörfern berichteten, dass sie in der Vergangenheit ähnliche Masken bei Tänzen in Dörfern im Inland gesehen hätten. Auch Informanten der sulkanisierten Mengen berichteten darüber, dass sie ähnliche Masken bei Tänzen in der Vergangenheit gesehen hätten.

Sulka-Tanzbretter

Laut Informanten der Sulka und sulkanisierten Mengen stellten die Sulka, Tomoip, sulkanisierten Mengen und Mengen alle vertikal orientierte Tanzbretter her, die von den Sulka in alten Zeiten *rei* (Singular) oder *o rei* (Plural) genannt wurden. Der Gebrauch der Tanzbretter hat sich bis in die heutige Zeit fortgesetzt.[12] Nichtsdestotrotz waren die meisten Informanten nicht dazu in der Lage, viele der auf die Bretter gemalten Muster zu identifizieren. Sie gaben sogar offen zu, dass sie heute archaische Muster benützten, die ihnen überliefert worden seien, ohne ihre ursprüngliche Bedeutung zu kennen. Grundsätzlich gibt es zwei Typen von Tanzbrettern: ein langes (*hal*), das von Männern gebraucht wird, und ein kurzes (*kapek*), das von Frauen verwendet wird. Ein langes männliches Tanzbrett (*hal*) ist in Abbildung 24 (MV Hamburg, Nr. 12.135:275) zu sehen. Die Spitze wird *rei kalpiek* (der Kopf des *rei*) genannt, der dekorierte mittlere Teil ist als *ramsai* bekannt, während der hölzerne Teil darunter *kawanwan* genannt wird. Manchmal wird der untere Teil in Form verschiedener stilisierter Tier- und Insektenarten geschnitzt, wie beispielsweise der Gottesanbeterin und des Baum-Opossums (*cuscus*). Auch endet der untere Bereich manchmal in einer Kegelform aus Rindenbaststoff (*kapurei*), die dazu benutzt wird, das Tanzbrett auf dem Kopf des Tänzers zu balancieren. Die fünf weißen Muster, die im Zentrum des Tanzbrettes gemalt sind, sind von

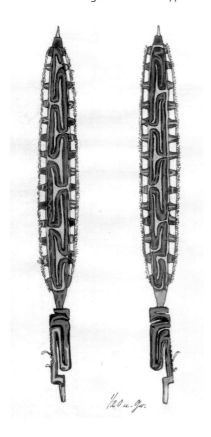

---
[12] Siehe Corbin 1996 für eine Beschreibung des Gebrauchs der Tanzbretter in einer sechsteiligen Trauertanz-Zeremonie.

den Sulka oft als stilisierte, den Strand entlang wandernde Seemöwen identifiziert worden. Andere verbreitete Motive, die auf diesen Tanzbrettern erkannt werden konnten, sind der Magen eines Kasuars (*wong ka vrick*), Schweinefett (*karr*), das durch Stücke seiner[13] Haut gesehen wird, ein Fischbauch (*avira ka vrick*) und eine Bambussprosse (*plipwang* bei den sulkanisierte Mengen).

Sulka-Kriegsschilde[14]

Abbildung 25, eine frühe Feld-Fotografie von Vogel, zeigt eine Gruppe von Sulka-Männern außerhalb eines runden Männerhauses (*aggulu*), das sich in

Abb. 25 Eine Gruppe Sulka vor einem Männerhaus in einem Dorf nahe Cape Orford North, links ist ein Kriegsschild zu sehen (Foto Vogel Nr. 2240, Foto-Archiv Museum für Völkerkunde Hamburg).

---

[13] D.h. des Schweins; Anm. des Herausgebers.
[14] Obwohl die meisten Sulka-Männer frühe Kriegsschilde als aus ihrer Tradition stammend erkannten, haben nur sehr wenige Männer jemals schon einen Kriegsschild hergestellt, es sei denn für den Gebrauch als Tanzbrett. Die Tatsache, dass den Sulka und anderen Ureinwohnern in Neubritannien

der Nähe von Kap Orford North befand. Auf der linken Seite des Fotos steht ein an den Ecken runder, oval geformter Sulka-Kriegsschild (*agaile*), der teilweise von einem zweiten Schild, der dagegen lehnt, beschattet wird. Trotzdem sind der zentrale Buckel (*kwie*) und ein symmetrisches Muster von gesichts- oder augenähnlichen Formen an beiden Enden klar im Foto erkennbar. Die abgerundete ovale Form war typisch für die meisten Sulka im Gebiet ungefähr von Wide Bay bis Cape Orford North, wo der Einfluss von Mengen gemischt mit jenem von sulkanisierten Mengen gefunden werden kann und wo der ovale Schild dünner und ein kleines bisschen rechteckiger in

---

Dutzende Kriegsschilde und Hunderte von Waffen von den frühen kolonialen Behörden von kurz nach 1900 an weggenommen worden sind, bedeutet, dass nur wenige erwachsene Sulka-Männer aus erster Hand Erfahrungen mit diesen frühen kulturellen Artefakten gemacht haben. Diese Tatsache steht im Gegensatz zu ihren Erfahrungen und ihrem Wissen hinsichtlich von Masken, das bis in die heutige Zeit erhalten geblieben ist. (Siehe Sack und Clark, 1979 und Corbin 1996 für eine Erörterung über Kontinuität und Wandel in den Mustern von Sulka-Kriegsschilden).

seiner Form wird (siehe Abbildung 27a u. 27b nächste Seite).

Ein ausgezeichnetes Beispiel einer dieser Sulka-Kriegsschilde kann in den Abbildungen 26a u. 26b gesehen werden. Müller sammelte diesen Schild (Museum für Völkerkunde Hamburg Nr. 4365 I) 1909 im Dorf Maluan nahe Cape Orford South. Die Vorderseite (*ktar*) des Schildes (Abbildung 26a) hat ein feines Flechtwerk (*a gukaptak*) um ihren äußeren Rand herum, einen erhöhten Buckel (*kwie*), dünne Umwicklungen (*palvio*) um den Buckel, um den Schild zu verstärken, und ein grob symmetrisches Muster an jedem Ende des Schildes, das an ein menschenähnliches Gesicht (auch *nunu* genannt) erinnern sollte. Die Augenbereiche dieser beiden Gesichter sind auch gleichzeitig Profile des Gesichtes

Abb. 26a (linke Seite) u. 26b Sulka-Kriegsschild (*agaile*; MV Hamburg, Nr. 4365 I), gesammelt 1909 von Müller im Dorf Maluan nahe Cape Orford South (Fotos Brigitte Saal).

eines hier heimischen *salmunu* genannten Vogels. Er hat rote Augen und macht einen riesigen Spektakel, wenn der Feind in die Nähe des Dorfes kommt. So warnte er die Bewohner vor einem bevorstehenden Angriff. Die Rückseite (*hevok*) (Abbildung 26b) hat einen geschnitzten Griff (*grom*) direkt hinter dem Buckel auf der Vorderseite. Sie weist auch ein grob symmetrisches Muster vielfarbiger Motive auf, die direkt hinter den gesichtsartigen Mustern auf der Vorderseite des Schildes erscheinen. Anders als die eher anthropomorphen *nunu*- und zoomorphen *salmunu*-Gesichter auf der Vorderseite sind diese Formen abstrakter und beziehen sich wahrscheinlich auf verschiedene Arten der Flora und Fauna, die in den geometrisch gemalten Designs der Sulka üblich sind.

Im Allgemeinen benutzten die Sulka drei Farben auf ihren Kriegsschilden: Schwarz, Rot und Weiß. Schwarz (*kwai*) wurde hergestellt, indem man den öligen Saft von einer verbrannten *galip*-Nuss nahm und ihn dann mit einer als *rum* bekannten Pflanze mischte. Rot (*ham*) kam von der Rinde eines Baumes desselben Namens, die abgeschabt und als Pigment verwendet wurde. Weiß (*kuvio*) wurde aus einem feinen weißen Ton hergestellt, der in den heimischen Wasserläufen gefunden wurde.

Abbildung 27a u. 27b zeigt einen Kriegsschild (MV Hamburg, Nr. 4347 I), der von Reche in den Dörfern der Sulka und sulkanisierten Mengen von Buma in der Jacquinot Bay gesammelt wurde. Wie der vorherige Sulka-Schild hat auch dieser Schild ein stilisiertes, gesichtsartiges symmetrisches Muster an jedem Ende. Die Gesamtform ist rechteckiger, weniger oval und meinem Gefühl nach eine Mischung der Kunstformen der Sulka und Mengen, die sich über einen langen Zeitraum vor dem Kontakt mit Europäern im späten 19. Jahrhundert entwickelt haben muss. Die sulkanisierten Mengen nennen die Kriegsschilde *gailata*. Die gesichtsartigen Formen werden *kononta* (Schatten oder Spiegelbild) genannt und stellen auch gleichzeitig eine Serie von *salmunu*-Vogelkopf-Profilen dar. Laut der Interpretation von einigen Informanten repräsentieren sie die Tränen einer weinenden Frau (*maminbran mtanman*). Die Vorderseite (*rumen*) und die Rückseite (*lon*) des Schildes haben ähnliche Muster, die sich in einer fast spiegelbildlichen Weise wiederholen. Griff und Buckel werden *kvan* genannt, und das Flechtwerk um den Rand herum ist als *changan*

Abb. 27a u. 27b Kriegsschilde (*gailata*) der sulkanisierten Mengen (MV Hamburg, Nr. 4347 I) gesammelt von Reche im Dorf Buma an der Jacquinot-Bucht 1909 (Fotos Brigitte Saal).

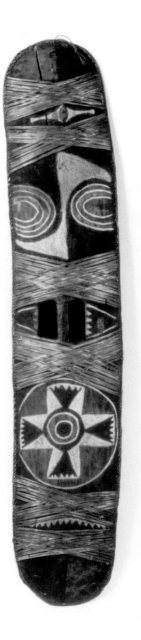

bekannt. Sie nehmen für sich den Gebrauch von fünf Farben in Anspruch, und zwar Schwarz (*svi*), Rot (*sous*), Weiß (*kvrung*), Gelb (*ang*) und Grün (*mtom*).

Abbildung 28a u. 28b zeigen einen Mengen-Kriegsschild (MV Hamburg, Nr. 1395 I), der 1909 von Fülleborn am Cape Beechy im Gebiet der Mengen gesammelt wurde. Dieser Kriegsschild kann als ein typisches Exemplar für viele Mengen-Kriegsschilde gesehen werden und dient als Basis für den Vergleich mit und Kontrast zu den Sulka- und sulkanisierten Mengen-Kriegsschilden, die oben erörtert wurden. Mengen-Schilde tendieren dazu, viel dünner und rechteckiger in ihrer Form zu sein als die Sulka- oder sulkanisierten Mengen-Kriegsschilde. Sie haben oft eine symmetrische Paarung gesichtsähnlicher Motive auf der Vorderseite des Schildes, ein Merkmal, das sie mit den Schilden der beiden anderen Gruppen gemeinsam haben. Doch die Rückseiten vieler Kriegsschilde der Mengen sind mit asymmetrischen, abstrakten Mustern bemalt, anders als die meisten Kriegsschilde der Sulka und sulkanisierten Mengen, wo Symmetrie die Norm ist.

Übersetzung aus dem Englischen von Ilka Kottmann.
Dieser Artikel ist auch in Englisch erhältlich.

Abb. 28a und 28 b Mengen-Kriegsschild (MV Hamburg, Nr. 1395 I), gesammelt 1909 von Fülleborn am Cape Beechy im Gebiet der Mengen; Fotos Brigitte Saal.

Bibliographie

Bateson, G.
1927/28 Catalogue of collections of Baining objects and others from German New Guinea. Handgeschriebener Katalog von Gregory Bateson am Museum of Ethnology. Cambridge.
1927/28 **Unpublished field notes from the Uramot and Mali Baining during 1927/1928.** (Handschriftliches Manuskript mit Zeichnungen). Library of Congress, Washington.
1928 **Field diaries and notes from 1928 field research among the Sulka.** 7 Bde. (Handschriftliches Manuskript mit Zeichnungen). Library of Congress, Washington.
1931/32 Further notes on a snake dance of the Baining. In: **Oceania**, Bd. 2, S.334-341.

Chowning, A.
1976 Austronesian languages: New Britain. In S.A. Wurm (Hrsg.) **New Guinea Languages and Language Study, Volume 2. Austronesian Languages.** Pacific Linguistics Series C - No. 39, The Australian National University, Canberra, S. 365-383.

Corbin, G.A.
1972/73 **Field diaries among the Chachet, Kairak, and Uramot Baining of East New Britain, Papua New Guinea.** (Handschriftliche Manuskripte mit Zeichnungen, Schwarz-Weiß-Fotografien und Farbdias.)
1976 **The art of the Baining of New Britain.** Ph.D.-thesis, Columbia University, New York.
1979 The art of the Baining of New Britain, In: S.M. Mead (Hrsg.) **Exploring the visual art of Oceania.** Honolulu: The University Press of Hawaii, S.159-179.
1982 Chachet Baining art. In: **Expedition**, Bd. 24, No. 2, S. 5-16. 1982.

1982/83	Field diaries among the Kairak and Uramot Baining of East New Britain, Papua New Guinea. 1 Bd. (Handschriftliche Manuskripte mit Zeichnungen, Schwarz-Weiß Fotografien und Farbdias.)
1983	Field diaries among the Sulka, Wide Bay, East New Britain, Papua New Guinea. 3 Bde. (Handschriftliche Manuskripte mit Zeichnungen, Schwarz-Weiß-Fotografien und Farbdias.)
1984	The Central Baining revisited. 'Salvage' art history among the Kairak and Uramot Baining of East New Britain, Papua New Guinea. In: **Res**, Bd. 7/8, Frühjahr/Herbst, 1984, S.44-69.
1986	Appendix: a short checklist of Kairak and Uramot Baining night dance masks. In: **Res**, Bd.11, Frühjahr 1986, S.88-99.
1988	**Native arts of North America, Africa, and the South Pacific. An introduction**. New York.
1990	Salvage art history among the Sulka of Wide Bay, East New Britain, Papua New Guinea. In: A. and L. Hanson (Hrsg.) **Art and identity in Oceania**, Honolulu, 1990, S.67-83, 302-303.
1996	Continuity and change in the art of the Sulka of Wide Bay, East New Britain, Papua New Guinea, **Pacific Arts**, Bd. 13, S.1-26.
1999	East New Britain. In: D. Newton (Hrsg.) **Arts of the South Seas. The collections of the Musée Barbier-Mueller**. S.256-267, 366-367. New York.
Craig, B.	
1982	**Report of a field trip to the Sulka area, Wide Bay, East New Britain Province, 3rd-10th January, 1982**. Maschinenschriftlicher Manuskript-Bericht an das National Museum and Art Gallery, Boroko, Papua New Guinea. Fünfzehn Seiten mit Karten und Illustrationen.

Eichorn, A.
1916 Zur Pur Mea (Todeszauber) der Sulka. In: **Baessler-Archiv**, Bd. 5, S. 296-297.

Heermann, I. (Hrsg.)
2001 **Form, colour, inspiration. Oceanic art from New Britain.** Stuttgart.

Hill, R.
1982 **Trip to the Sulka area of Wide Bay, East New Britain.** Maschinenschriftlicher Manuskript-Bericht (achtzig Seiten) mit Texten, Karten, Aufstellungen, Tabellen und Illustrationen des Restaurators des National Museum and Art Gallery.

Laufer, C.
1952 Notes on New Britain religion. In: **Mankind**, 4 (9), S. 381-82.
1955 Aus Geschichte und Religion der Sulka. In: **Anthropos**, Bd. 50, S. 32-64.
1962 Notizen zur materiellen Kultur der Sulka. In: **Acta Ethnographica**, 11, S. 447-55.

Lewis, A.B.
1909-13 **Field diary of the Joseph N. Field Expedition, 1909-1913.** Maschinenschriftliches Manuskript-Tagebuch. Aufbewahrt im Field Museum of Natural History, Chicago.
1934 Sulka masks. **Field Museum News**, 5 (4), S. 2.

Luschan, F. v.
1900 Schilde aus Neu-Britannien. In: **Zeitschrift für Ethnologie**, Bd. 32, S. 496.

Meier, P.J.
1911 Zur Ethnologie der Sulka, Neupommern, Südsee. In: **Anthropos**, Bd. 6, S. 1039.

1914   Ehemaliges Vorkommen der Plankenboote bei den Mengen und Sulka auf Neupommern (Südsee). In: **Anthropos**, Bd. 9, S. 657.

Nevermann, H.
1933   **Masken und Geheimbünde in Melanesien**. Berlin.

Parkinson, R.
1907   **Dreissig Jahre in der Südsee**. Stuttgart.

Rascher, P.
1903/04   Die Sulka. Ein Beitrag zur Ethnographie von Neu-Pommern. In: **Archiv für Anthropologie**, (Neue Serie), Bd. 1, S. 209-235.

Reche, O.
1954   **Ergebnisse der Südsee-Expedition 1908-1910. II. Ethnographie: A. Melanesien. Nova Britannia. 1. Teilband**. Hamburg.

Sack, P. and D. Clark (Hrsg. und Übersetzer)
1979   **German New Guinea. The annual reports**. Canberra.

Thilenius, G.
1927   **Ergebnisse der Südsee-Expedition 1908-1910. I. Allgemeines**. Hamburg.

Wurm, S.A.
1975   The New Britain stock. In: S.A. Wurm (Hrsg.), **New Guinea area languages and language study, Bd. 1, Papuan languages and the New Guinea linguistic scene**, Pacific Linguistics, Serie C - No. 38, The Australian National University, Canberra, S. 789-791.

Farbflecken im Tropengrün
Ein Gestaltungsmittel im Leben am Sepik-Fluss, Papua-Neuguinea

Christian Kaufmann

Die Sammlung der Südsee-Expedition der Hamburgischen Wissenschaftlichen Stiftung gehört zusammen mit der Sammlung Otto Schlaginhaufen im Staatlichen Museum für Völkerkunde Dresden[1] und der Sammlung A.B. Lewis im Field Museum Chicago[2] in die Reihe der frühesten dokumentierten Beiträge zur Kenntnis der Sepik-Kulturen. Der Sepik-Strom, oder – wie er von seinem ersten europäischen Befahrer, Freiherr von Schleinitz, benannt worden war: der Kaiserin-Augusta-Fluss – wurde auch von anderen Europäern besucht, meist auf Fahrten zur Anwerbung von Arbeitskräften für die Kopra-Pflanzungen an der Küste sowie auf den Inseln des Bismarck-Archipels. Allein die Angaben über die genaue Herkunft oder die Funktion mitgebrachter Gegenstände ließen oft zu wünschen übrig. Am Beispiel einer Reihe von eher unscheinbaren Objekten, den beim Flechten farbig gemusterten und zusätzlich bemalten Frauenhauben, kann aufgezeigt werden, welchen Wert diese früh gesammelten Belege für die Kenntnis der Sepik-Kulturen haben und wie dankbar wir daher der Hansestadt Hamburg sind, dass sie erstens diese Sammlungen bis heute, aller auch heilsamen Kritik zum Trotz, erhalten hat, dass sie zweitens die Sammlungen den Ausstellungsbesuchern weiterhin erschließt, und dass sie drittens dazu auch Forschungen ins Auge fasst.

Farbe als Gestaltungsmittel

Betrachten wir die Objekte, die uns aus den Kulturen am mittleren Sepik überliefert sind, in ihrer Gesamtheit, so bilden sich vor unseren Augen zwei

---

[1] Schlaginhaufen 1910.
[2] Welsch 1998.

Gruppen: Objekte, die farbig ausgestaltet sind – sie scheinen, sofern wir die Schnitzwerke einbeziehen, recht häufig zu sein – und solche, die, grob betrachtet, farblos sind. Unter letzteren finden wir bei genauerem Zusehen zahlreiche Gebrauchsgeräte, aber auch Kleidungs- und Schmuckstücke, die eine ausgesprochene Gebrauchspatina zeigen, darunter aber auch Spuren eines Farbauftrags erkennen lassen. Lohnt es sich, der Frage nach dem Sinn der farbigen Gestaltung nachzugehen, oder handelt es sich einfach um eine sozusagen natürliche Freude ihrer Hersteller am farbigen Ausdruck? Schon früh ist den auswärtigen Besuchern am Sepik diese Freude der lokalen Bevölkerung am Umgang mit Farbpigmenten aufgefallen – am krassesten hat sich Walter Behrmann aufgrund seiner Erfahrungen von 1912/13 hierzu geäußert, wenn auch, so wollen wir hoffen, nicht ganz ohne ironischen Hintersinn: „Für diese Kunstausübung [gemeint war die Körperbemalung] gibt es in Neuguinea nur drei Farben: Schwarz, Weiss und Rot. Die Eingeborenen Neuguineas sind ihren Farben nach gewissermaßen prädestiniert als gute Deutsche"[3].

Versuchen wir eine stärker analytische Annäherung. Meinhard und Gisela Schuster haben es 1968 in einer Basler Ausstellung zum Themenkreis „Farbe Motiv Funktion" unternommen, auf den Spuren von Anthony Forge und Alfred Bühler der Wirkung der Pigmente nachzugehen. Pigmente, insbesondere der rote und der gelbe Ocker und die weiße kreidige Erde – oder häufiger das aus gebrannten Muschelschalen gewonnene Kalkweiß –, können neben der visuellen Wirkung auch eine stofflich spirituelle erzeugen. Dies gilt etwa für die Abelam, die beim Pflanzen und Heranziehen von Zeremonialyams das Wachstum der Yamsknollen durch den physischen Auftrag von rotem Ocker auf die Wachstumsspitzen der Wurzelknollen fördern[4]. Treffend charakterisiert Werner Stöcklin diesen ersten Ansatz von Forge als „Juckpulvertheorie"; demnach würde die rote Farbe als Kraftstoff die Yamsknollen unmittelbar zu gesteigertem Wachstum in der Länge anregen. Stöcklin selber sieht im roten Farbstoff eher Rot als die dem Blut nächste Qualität im Spiel, die seiner Meinung nach auf Seelenwesen und Geister als Anziehungskraft, ja als Lockmittel wirkt[5]. Die Basler Ausstellung hatte ihren Schwerpunkt allerdings

---

[3] Behrmann 1922, S. 217.
[4] Forge 1962, S. 10, 12; Stöcklin 1973, S. 43-44; Hauser-Schäublin 1989, S. 21-22.
[5] Stöcklin 1973, S. 44.

weniger bei den Pigmenten als beim Malen von Motiven, die im ganzen Sepik-Gebiet in einer eigentümlichen Mischung von Bildelementen und nichtfigürlichen Ornamenten auftreten[6]. Bemalte Flächen, meist aus den Basisteilen der Blattstängel von Sagopalmen gefertigt, werden, da wo sie bekannt sind, überwiegend an Männer- und Zeremonialhäusern angebracht – oft außen, so bei den spektakulären Kulthausfassaden der Abelam und gelegentlich bei den Iatmul und Sawos am Sepik sowie am Korewori-Fluss, noch öfter aber im Innern der Zeremonialhäuser, so im weiteren Mündungsgebiet und am Sepik-Unterlauf bzw. in der Gegend des Keram-Flusses, bei den Kwoma, Nukuma und Garamambu sowie bei den Arai am oberen Mai-Fluss[7]. Häufig sind auch Kampfschilde, Kopfaufsätze, Masken und Zierbretter bemalt. Ein Vergleich der Motive im mittleren Sepik-Gebiet und in dessen Umkreis zeigt, dass vielfach ein zentrales Gesichtsmotiv mit darum herum gruppierten nichtfigürlichen Elementen kombiniert wird. Das gilt etwa für die Kampfschilde, aber auch für die oft als Schädelbretter charakterisierten Hängegestelle im Männerhaus.

Bemalte Flächen schließen am mittleren Sepik bei festlichen Anlässen neben zeremoniell verwendeten Gerätschaften aller Art aus Holz, Geflecht und gebranntem Ton vor allem auch den menschlichen Körper mit Betonung auf dem Gesicht ein. Die Bemalung des menschlichen Gesichts oder – in analoger Weise – des übermodellierten Schädels einer Ahnenfigur beziehungsweise eines hölzernen Maskengesichts schafft dabei einen eigentümlichen Kontrast zum Schmuck, der das Gesicht einrahmt und überhöht. Dabei handelt es sich vor allem um sorgfältig aufgebaute Kompositionen aus farbigen Blättern, aus weißen Schnecken- und Muschelschalen, die vorwiegend auf Geflechtunterlagen montiert sind, sowie aus farbigen Vogelfedern.

Frauenhauben

In der Hamburger Sammlung befinden sich einige eher unspektakuläre, meist farbige Objekte aus dem Sepik-Gebiet, offensichtlich eine Art Hauben – sie

---

[6] Schuster 1968, Abb. 6-13, 28-49.
[7] Schuster, M. 1969.

sind bereits in der Publikation von Otto Reche erwähnt und abgebildet[8]. Wo sollen wir sie unterbringen? Beginnen wir bei dem nicht fertig gestellten Stück aus dem 252 km-Dorf, also aus Timbunke (MV Hamburg, Nr. 9163 I) sowie bei einem recht ähnlichen Objekt mit eingeflochtenem dreifachem Bandmuster (MV Hamburg, Nr. 1851 I).

Eine Iatmul-Frau aus Aibom, Namburagua, zeigte 1966 Gisela Schuster das Flechten einer traditionellen Regenhaube aus eingefärbten Streifen von Hibiskus-Rindenbast (*Hibiscus tiliaceus*); daraus ist ein Film entstanden[9]. Diese farbigen Hauben waren damals am mittleren Sepik nur noch selten im Alltagsgebrauch und wurden daher nur noch an wenigen Orten überhaupt hergestellt, so in Palimbei und vermutlich in Tambanum. Erst im Laufe der Filmarbeit in Aibom stellte sich 1966 heraus, dass die angesehensten Flechterinnen früher im Dorf Malingei, der Nachbarsiedlung von Palimbei, ansässig waren. Und Florence Weiss fand sechs Jahre später, dass in Palimbei Frauen während der individuellen Trauerzeit, wenn andere Arbeiten zu ruhen hatten, noch immer Hauben flochten; auch ein zwölfjähriges Mädchen erlernte so das Handwerk[10].

Als Ausgangsmaterial wurden Rindenbaststreifen von den Männern durch Schlagen des lockeren Basts hergerichtet. Geflochten wurde jeweils von einer Frau in einem diagonal zu den zukünftigen Objekträndern angelegten Flechtsystem mit zwei Elementen, die in zwei oder mehreren parallelen Strängen von unterschiedlicher Farbe geführt wurden. Durch Überkreuzen der Elemente wurden einfache Muster erzeugt, die sich zu einem schachbrettartig verlaufenden Wellenband oder zu einem Grundmusterband zusammenfügten. Bis zur Fertigstellung einer solchen Haube waren mehrere Schritte notwendig. So mussten gleich zu Beginn die Flechtelemente aus den Rindenbaststreifen mit Hilfe von zwei Hilfsstäben aus Palmblattrippen auf die Breite der Haube provisorisch verflochten und dann fixiert werden. Später galt es, die quer zur Längsachse verlaufende Mitte neu festzulegen und dort die Haube zu falten – damit war dann der Kopfteil der Haube bestimmt. Beim letzten Schritt wurden entweder die Abschnitte des rechten oder des linken Hauben-

---

[8] Reche 1913, S. 78-82, Tafel IX, X.
[9] Schuster, G. u. M. 1981.
[10] Nachweis in Schuster, G. u. M. 1981, S. 9.

längsrandes miteinander vernäht, sodass die Haube hinten geschlossen wurde[11]. Eine fertige Haube ist rund 70 bis 90 cm lang und rund 28 bis 34 cm breit (oder tief).

Betrachtet man die geflochtenen Hauben genauer, so lassen sich drei Typen unterscheiden: die ungemusterten – sie werden nur von Gregory Bateson gesondert erwähnt und sind durch ein Objekt in der Sammlung des University Museums in Cambridge belegt[12] –, die gemusterten, bei denen die eingefärbten Baststreifen ein beidrechtsseitiges Diagonalgeflecht mit einer 2/2-Bindung bilden. Diese Bindungsform entspricht beim Weben einem vierbindigen Köper[13]. Das Geflecht bleibt dabei zweidimensional. Die Muster erstrecken sich bandförmig entlang der Längsachse, oft mit einem gerade durchlaufenden Element in der Mittelachse und hin- und hergleitenden Bändern zu beiden Seiten (Abb. 1, MV Hamburg, Nr. 1851 I). Beim dritten Typus wird das Muster durch plastisch hervortretende Reihen von Knöpfchen gebildet. Um diese Noppen zu erzeugen, wurden jeweils drei Flechtelemente zu einem kurzen Zopfabschnitt verflochten. Die heraustretenden Reihen kennzeichnen diesen Haubentypus; sie

Abb. 1 Frauenhaube dieses Typs aus der Sammlung der Hamburger Südsee-Expedition; MV Hamburg, Nr. 1851 I.

---

[11] Nach Schilderungen von Gisela Schuster 1981 in der durch A. Denner jüngst revidierten Fassung von B. Obrist et al. 1984, Kategorie 1.4.
[12] Bateson n.d., Notes to Cambridge coll., no. 35.1.
[13] Die Originalbeschreibung der "Weiberkapuze" in Reche 1913, S. 79 und die Analyse stimmen darin überein, vgl. Seiler-Baldinger 1994, S. 90.

Abb. 2 Farbig bemalte und mit Noppen versehene Haube mit zentralem Winkelbandmuster; MV Hamburg, Nr. 9210 I.

wurden über die Breite der Haube als Wellen- oder als Rhombenform angelegt. Während Wellenmuster das Muster in der Breite der Haubenfläche strukturieren, betonen andere Kombinationen eher eine die Fläche unterteilende und ordnende Mittelachse. Ein Hamburger Beispiel (Abb. 2, MV Hamburg, Nr. 9210 I) zeigt eine raffinierte Kombination von zentralem Winkelbandmuster und zwei parallel dazu angeordneten Reihen von Rautenbändern, wobei in jede Raute zwei gleichschenklige Dreiecke eingeschrieben sind. Ein anderes Objekt (MV Hamburg, Nr. 6645 I) zeigt eine vom Sammler als Echse gedeutete Figur[14]. Unklar ist, wie die bei den Iatmul von Aibom erhaltene Information zu verstehen ist. Sie bezeichneten diesen Haubentyp als von den Sagodornen-Leuten, *lamin nymba nyauri,* stammend. Oder sind die Noppen direkt als Sagodornen auf dem Rücken der *nyauri*-Träger zu verstehen?[15]

Beim dritten Typus ist zusätzlich zur geflochtenen Musterung fast immer noch ein Auftrag aus Farbpigmenten festzustellen. Beim zweiten Typus ist eine zusätzliche Bemalung seltener nachzuweisen. Beide Typen sind in manchen Museumssammlungen vertreten, so auch in der Basler Iatmul-Sammlung, zu der im Laufe der Jahre ein reiches Dokumentationsmaterial zusammengetragen worden ist[16]. Der dritte Typus ist in neueren Sammlungen weniger häufig vertreten[17], in der Hamburger Sammlung jedoch allein zweimal.

Verwendung der Hauben: Schutzfunktion

Früher, d.h. vor der Einführung von Baumwollstoffen, -hemden und -blusen, trugen Frauen im Kanu die einfach gemusterten Hauben zum Schutz gegen Witterungseinflüsse und Moskitos. Im Unterschied zu den Männern saßen die Frauen beim Paddeln auf dem Boden des Einbaums; dabei wechselten sich

---

[14] Reche 1913, S. 80. Diese Haube gehört anscheinend zu den Kriegsverlusten.
[15] So G. und M. Schuster 1981, S. 10.
[16] Zum Teil in Form als Microfiches vorläufig publiziert als Obrist et al. 1984, Kategorie 1.4. Nachweis von insgesamt 13 Hauben der Iatmul; überarbeitet von Antje Denner.
[17] Obrist et al. 1984, Kategorie 1.4.2. Nachweis von sechs Hauben, darunter ein im Jahre 1921 aus dem Museum Hamburg eingetauschtes Objekt mit einfachem Wellenbandmuster (MV Hamburg, Nr. Vb 5662). Die ab 1955 erworbenen Hauben mit hervortretendem Muster sind etwas kleiner als oben angegeben: Länge 48-63 cm, Breite 23-26 cm.

Abb. 3 Eine Aufnahme von Fülleborn am mittleren Sepik 1909. Die beiden Frauen rechts tragen Hauben des beschriebenen Typs.

gerade beim Fischfang längere Wartezeiten mit kurzen Bewegungszeiten ab. In den Wartezeiten boten die Frauen – das Paddel einsatzbereit vor sich aufgelegt oder in den Händen – den von außen einwirkenden Kräften viel Angriffsfläche: Das waren beim Fischfang etwa konkret die je nach Umständen in unvorstellbar großer Zahl von überall her angreifenden Mücken, darunter die Anophelesmücken, die den Malaria-Erreger übertragen, aber auch die vom Wasser durch Spiegelung noch vermehrte Sonneneinstrahlung. Unterwegs konnte eine Frau im Kanu aber auch von einem Tropenregen überrascht werden, der mit Kraft auf Haupt und Körper niederprasselte[18].

Beim Paddeln im Stehen, wie es die Iatmul-Männer tun, wäre die Haube wohl meistens eher hinderlich gewesen. Die geflochtenen Hauben, *nyauri* oder *yori*, galten daher als ganz besonders aussagekräftiges Zeichen von Weiblichkeit. Immer, wenn Iatmul-Männer eine dieser Hauben trugen, taten sie dies in einer spezifischen Rolle, in der sie eine Frau, d.h. meist die Mutter eines Neffen mütterlicherseits darzustellen hatten. Dies ist ein inhaltliches Merkmal der für Iatmul-Personen identitätsstiftenden *naven*-Zeremonien, die Gregory Bateson erstmals beschrieben hat und die Florence Weiss und andere mehrfach beobachten und analysieren konnten[19]. Auch die männlichen Darsteller von weiblichen mythischen Figuren, die in ihrem Erscheinungsbild einer jungen Frau oder Braut ähnelten, trugen häufig eine mit weißen Federn und kleinen orangefarbigen *mbondi*-Früchten geschmückte, oft auch noch mit direkt aufgetragenen Farben aufgewertete geflochtene Haube. Im Töpferdorf Aibom diente eine derartige Haube zur Ausstattung einer weiblichen Maskenfigur, jener der Töpfergottheit Yumanwusmangge[20]. Dazu passt, dass nach Angaben aus Aibom die noppengemusterten Hauben vom dritten Typus in jüngerer Zeit vor allem im Iatmul-Dorf Tambanum für die Verwendung an Masken- und Tanzkostümen angefertigt und von dort im Tausch abgegeben wurden, ursprünglich gegen Schneckenschalen- und Muschelgeld, später vermutlich auch gegen staatliches Geld.

---

[18] G. u. M. Schuster 1981, S. 8; Weiss 1981, S. 297.
[19] Bateson 1958 [1936]; Weiss 1984, S. 195-232.
[20] Weiss 1981, S. 298; G.und M. Schuster 1981, S. 8-10, Abb. 5; vgl. auch die Abbildung in Margaret Mead, 1977, Abb. S. 313 mit einer 1938 aufgenommen Gruppe von Tänzern aus Wompun bei Tambanum.

Gregory Bateson (n.d.) sind die Mitteilungen aus eigener Beobachtung zu verdanken, dass sehr große ungemusterte Hauben von Frauen während der Trauerzeit getragen worden seien, ebenso von Knaben während der Initiation. Letzteres ist erstaunlich und bedürfte der eingehenden Klärung, die hier nicht geleistet werden kann. Von den Sawos berichtet Schindlbeck, Mädchen, die nach der Erstmenstruation zum ersten Mal selbstständig am Tauschmarkt mit den latmul-Frauen am Fluss teilnahmen, hätten dagegen eine festlich geschmückte Frauenhaube getragen[21].

Die geflochtenen Hauben der latmul waren, wie sich zeigt, weit mehr als eindimensionale Gebrauchsobjekte, soviel geht aus den Feldforschungen hervor, die, von Gregory Bateson 1929 begonnen, später von Margaret Mead ausgeweitet wurden und die ihre größte Intensität in den 1970er Jahren unter Beteiligung einer Gruppe von Ethnologen von der Universität Basel erreicht haben. Die eine Dimension, die physische Schutzwirkung der Hauben für Angehörige des biologischen weiblichen Geschlechts, bildet nur die Grundlage für deren zeichenhafte Wirkung und ihre symbolische Bedeutung. Zur Steigerung dieser zeichenhaften Wirkung in wichtigen Situationen dienen offensichtlich die eingeflochtenen Ornamente und ganz besonders auch die situationsbezogen außen aufgetragenen Farbpigmente.

Die sozial bedeutsamste Art der Verwendung lag für die verzierten Hauben beim Tragen im Rahmen von so genannten *naven*-Zeremonien: Hier traten die männlichen Verwandten der mütterlichen Seite, also Individuen aus der Klasse der Mutterbrüder, in weiblicher Verkleidung auf, um aus Anlass eines wichtigen Schritts im Leben des betreffenden männlichen Individuums diese Mutter selbst zu vertreten und so auch zu ehren[22].

---

[21] Schindlbeck 1980, S. 237-239.
[22] Bateson (1958, S. 12, 14) erwähnt dabei , dass man für die von Männern durchgeführten *naven*-Zeremonien besonders abgetragene und verschmutzte Alltagshauben der Frauen für den Auftritt der "Mutter", *nyame,* verwendet habe.

Weiß als höchster Wert der Farbskala

Eine noch spezifischere Bindung an das biologische Geschlecht gilt für die wertvollen Braut- und Schmuckhauben, *ambusap*, die, soweit wir wissen, von Männern aus Maschenstoff angefertigt und reichlich mit den zubereiteten Schalen von Nassa- und Kaurischnecken, z.T. auch mit bearbeiteten Schalen von Perlmuttmuscheln bestückt worden sind. Hier tritt an die Stelle der Farb-töne des roten und gelben Ockers und des gelegentlich auftretenden Schwarz das strahlende Weiß des Besatzes mit marinen Schnecken- und Muschelschalen. Dieses Weiß wird im Gebiet des mittleren Sepik mancherorts mit der Sonne verbunden, die als permanente Vergegenwärtigung von Ahnenmacht gilt und durch ihren Wechsel von der hellen Erscheinung am Tag zur dunklen Erscheinung während der Nacht auf die ihr innewohnenden einzigartigen Kräfte der Verwandlung verweist. Der besondere Schmuck für die Braut wird also nicht nur als Zeremonialgeld oder Wertsymbol gesehen, sondern durch die Farbensymbolik noch aufgewertet. Dazu kommt, dass die Braut im Idealfall über der Schalengeldhaube eine der farbig ausgeschmückten Flechthauben trägt. Die Kombination der beiden Zeremonialschmuckstücke und ihrer Zweckbestimmung verweist auf die grund-

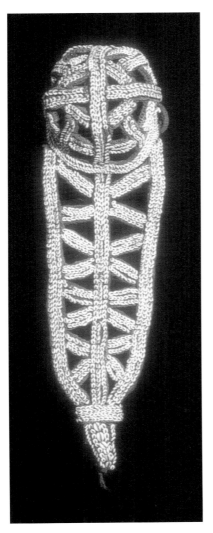

Abb. 4 Brauthaube vom mittleren Sepik; MV Hamburg, Nr. 61.70:1.

legende Bedeutung einer individuellen Heirat weit über die beteiligten Individuen hinaus. Denn eine junge Frau wechselt bei der Heirat aus ihrem Vaterclan in den Clan des Mannes hinüber und begründet oder bestätigt damit ein partielles Bündnis zweier Clane. Eine Heirat ist daher auch Anlass für den Tausch von Wertgegenständen mit Muschel- und Schneckenschalen, die die zugrunde liegenden Beziehungen zwischen den Clanen bekräftigen. Die Bedeutung einzelner farbiger Musterungen auf den geflochtenen Hauben ist wohl eine Stufe tiefer einzureihen.

Das alles bringt uns nun direkt zu den farbigen Objekten in der Hamburger Sammlung und zu deren dokumentarischem Wert zurück. Dieser liegt in der original erhaltenen Farbigkeit: Rot, Gelb und Weiß auf einer genoppten Haube (MV Hamburg, Nr. 9198 I), und Rot und Gelb plus der natürlichen Farbe der Baststreifen bei den flach gemusterten Objekten (z.B. MV Hamburg, Nr. 1851 I aus einem Dorf, dessen Namen die Expeditionsmitglieder nicht in Erfahrung bringen konnten).

Frauenfarben und Männerfarben

Zu Farben und Farbpigmenten bestehen in den Sepik-Kulturen vielfältige Vorstellungen. Generell ist Weiß die Farbe der Ahnenwelt und besonders intensiver Beziehungen dazu. Dies markieren weiß angestrichene Körper von männlichen Initianden während der Dauer der Initiation, aber auch weiß angestrichene Gesichter von Menschen in Trauer. Initiation und Trauer sind Stadien des Übergangs, und ihnen sind die Riten des Übergangs zugeordnet. Menschen, die sich auf diesem Weg befinden, unterliegen besonderen Meidungsgeboten, wobei sich Respekt und die Absicht, sich und andere vor den Folgen des Kontakts mit übersinnlichen Mächten zu schützen, gegenseitig positiv ergänzen.

Eine wichtige Quelle von Naturfarben, die sich von den unendlichen Schattierungen des pflanzlichen Grüns in der mit Chlorophyll gesättigten Tropenwelt abheben, bilden neben Blüten und Baumfrüchten vor allem Vogelfedern: das Schwarz der Kasuarfedern und des Nashornvogels, beide Abzeichen erfolgreicher Krieger, die ersteren oft als den Kopf überhöhende Haube getragen, ferner das dominante Rot und das sparsame Blau der Papageien, das viel häufigere Grün ebenfalls der Ara-Papageien, das Weiß des Kakadu, einer weiteren Papageienart, das Dunkelblau der Krontauben und allen voran die schillernde Vielfalt von leuchtendem Braun über Orange sowie leuchtendes Gelb bis Weiß des häufigsten Paradiesvogels. Bei einigen Gesellschaften im Umkreis der Iatmul-Gruppen sind denn auch die farben- und formenprächtigen Bälge des männlichen und des weiblichen Paradiesvogels das aussagekräftigste Symbol, das auf Mütterlichkeit (und damit indirekt auf Weiblichkeit) verweist – so bei den Kwoma im Heiratszeremoniell[23]. Für die Kwoma sind die Bastfasern zur Herstellung von Maschenstoffen nach einer mündlichen Überlieferung aus den Federn von Paradiesvögeln entstanden. Als Schmuckelement getragen werden die Bälge meines Wissens im ganzen Sepik-Gebiet einzig von dazu berechtigten Männern.

Vergegenwärtigen wir uns noch einmal, was wir beim Vergleich der gemalten Motive aus der Zeremonialwelt der Männer bei den Iatmul und ihren direkten Nachbarn festgehalten haben: Im Zentrum befindet sich ein Gesichtsmotiv, das von nicht-figürlichen Motiven eingerahmt wird. Was unterscheidet diese Anordnung von der echten oder von der zeremoniell dargestellten Braut? Bei ihr sehen wir im Zentrum das festlich bemalte oder das zeremoniell anderweitig markierte Gesicht, eingerahmt von einer geflochtenen Haube, deren Schauflächen mit farbigen, nicht-figürlichen Motiven ausgestaltet sind. Die Strukturen sind fast identisch, aber die Ausgestaltung fällt ganz betont unterschiedlich aus. Die einfachen Frauenhauben wie auch diejenigen mit dem so genannten Dornenmuster schaffen also die besondere Situation, in der weibliche und männliche Darstellungsstrukturen vergleichbar werden. Die Hauben sind, so betrachtet, ohne farbige Verzierung – ob eingeflochten und/oder aufgemalt, wird erst bei näherer Betrachtung wichtig – nicht funktionsfähig. Die Farbigkeit der Frauenhauben ist also wesentlicher Bestandteil ihrer Bedeutung.

Noch eine weitere Lesart gilt es zu bedenken, wenn wir die farbig ausgeschmückten, früher oft zusätzlich mit Federn und farbigen Früchten bestückten Iatmul-Hauben mit Frauen- und Männerkopfschmuck in anderen Sepik-Kulturen vergleichen. Dabei drängt sich, sozusagen als Zusammenfassung, ein

---

[23] Kaufmann 1986, zu Braut- und Trauerpreis S. 151-159.

Bild in den Vordergrund: Die geflochtenen Hauben der Iatmul- und Sawos-Frauen verweisen als äquivalente Ausdrucksform der Frauen auf den wesentlich variantenreicheren Federschmuck der Männer. Leider steht eine vergleichende Untersuchung der Ornamente, insbesondere auf den Noppenhauben, noch aus. Zu den Motiven auf den zweidimensional gemusterten haben wir nur eine einzige Angabe aus Aibom. Das flache Flechtmuster der bei der Herstellung gefilmten Haube wurde mit einem Eigennamen belegt und als das Muster der Python-Schlange, *kanukamboi* bezeichnet[24]. Eine besonders vielfältige Serie von undokumentierten Hauben mit Noppenmustern wird im Überseemuseum Bremen aufbewahrt, darunter eine, die in der Mittelachse eine Echse zeigt, die unten und oben in den wellenband- oder zickzackförmigen Extremitäten endet. Im mittleren Abschnitt durchschneidet der schmale Echsenstab wie ein Rückgrat ein großes Rautenmuster, das auch als ein Krokodilskörper gelesen werden kann[25]. Daran lassen sich versuchsweise die beiden noppengemusterten Hamburger Beispiele – das eine figürlich, das andere auf den ersten Blick ohne figürlichen Bezug (MV Hamburg, Nr. 9210 I) – anschließen. Ob sich im Rhombenmuster dieses ältesten bekannten Belegs ein doppelköpfiges Ahnenkrokodil verbirgt? Ob direkt oder indirekt, sowohl die Trägerinnen als auch die Träger sind damit im traditionellen Beziehungsfeld in die Nähe von mythischen vogel- und krokodilgestaltigen Wesen gerückt worden. Deren konkrete Ausformung hatten sich die Iatmul-Individuen wohl in Abhängigkeit auch von ihrer Clanmythologie vorgestellt. Die Ahnfrauen konnten die Gestalt eines spezifischen Vogels annehmen, der ihrem jeweiligen Clan zugeordnet war; ihre Stimmen erklangen bei Festen aus den heiligen Querflöten, die von Männern im Zeremonialhaus geblasen wurden; als Einzelperson konnte jede von einem als junge Frau verkleideten und geschmückten Mann mit Festhaube(n) dargestellt werden.

So stehen die verzierten Frauenhauben der Iatmul für die Verschränkung zweier Welten. Einmal ist da die ökonomisch dominierende Welt der Frauen, welche

---

[24] G. u. M. Schuster 1981, S. 10.
[25] Bei den in der Fläche geflochtenen Motiven der einfacheren Hauben erinnert das zentrale Bandmuster in der Längsachse zuweilen an ein Zopfband, zuweilen an eine rückgratartige Struktur, während die seitlichen Motive keine unmittelbare bildliche Assoziation hervorrufen. Einzubeziehen wären auch die Flechtmotive auf den Tragtaschen, die am mittleren Sepik insbesondere für Transport und temporäre Aufbewahrung von Sagofladen hergestellt werden.

die Nahrungsgrundlagen beschaffen, aber auch durch ihre Mutterschaft und ihren Einfluss auf die Nachkommen Kontinuität begründen. Auf der anderen Seite steht die männliche, auf Krieger, Väter, den Erhalt der Gesellschaftsordnung und die Kommunikation mit den Geistwesen der Ahnenwelt hin orientierte Welt des Zeremonialhauses. Die festlich geschmückte Frauenhaube markiert die im Weltbild über die mündlich überlieferten Mythen ausführlich begründete glückliche Verschränkung der beiden Welten, indem sie bildlich den nach Vorstellungen der väterlichen Welt geformten und bemalten Kopf einer realen oder einer mythischen Frau umrahmt. Der Einsatz der Frauenhauben nicht nur als Zeremonialkleidung von Frauen, sondern auch von Männern im Rahmen der *naven*-Zeremonien bestätigt dies eindrücklich. *Naven*-Zeremonien sind zugleich, wie Florence Weiss berichtet hat, besonders glückliche Ereignisse im Leben der beteiligten Individuen[26].

Die Hamburger Südsee-Expedition am Sepik-Fluss

Von diesen Glücksmomenten ahnten die ehrgeizigen Sammler 1908 nicht gerade viel. Ohnehin bekamen sie die Frauen der Iatmul kaum zu Gesicht; die Männer dagegen sehr. Einmal fühlten sich die Europäer sogar so bedroht, dass sie beziehungsweise ihre Kolonialpolizei zu den Gewehren greifen mussten. Erstaunlich, dass die Berliner Expedition nur vier Jahre später in der Feldforschung wesentlich erfolgreicher war, aber bedauerlicherweise darüber nur wenig bekannt geworden ist[27]. So ist Kontakt- und Forschungsgeschichte immer auch eine Geschichte der verpassten Gelegenheiten.

Die PEIHO verbrachte mit den Expeditionsteilnehmern vom 22. Mai bis 5. Juni 1909 gerade einmal 15 Tage auf dem Sepik-Strom. Besucht und durchquert wurden das Mündungsgebiet und das Gebiet am Sepik-Unterlauf, also die Dörfer der Nor-Pondo-Sprachfamilie von Kondo bis Mandanam oder Kanduanum, und dann der Mittellauf, also die Iatmul-Dörfer von Kambringi oder Tambanum bis zum 386 km-Dorf oder Yamanumbu und schließlich das Gebiet der Manambu bis Malu (rechtsufrig) und Ananai (linksufrig) – wo man umdrehte. Gemessen

---

[26] Weiss 1987.
[27] Roesicke 1914, Behrmann 1922, vgl. Kaufmann 1990, S. 591-593.

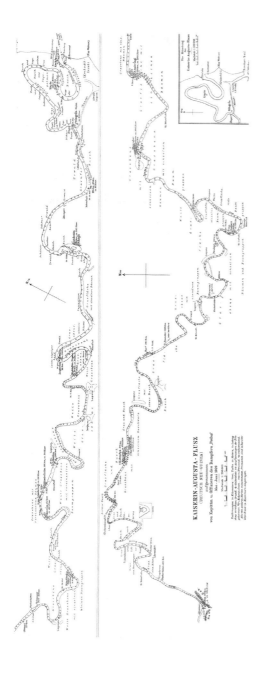

Abb. 5 Karte des Sepikstroms, der 1909 noch „Kaiserin-Augusta-Fluß" hieß; aus Reche 1913.

an der kurzen Zeit ist eine außerordentlich vielfältige Sammlung zusammengekommen, nicht nur aus den direkt am Fluss gelegenen Dörfern, sondern zum Teil auch aus dem Hinterland. Otto Reche hat den Sammlungsbestand zusammen mit Objekten aus dem Linden-Museum Stuttgart bereits 1913 publiziert; damit wurde sicher eine Forderung, nämlich die nach der wissenschaftlichen Überprüfbarkeit, beispielhaft erfüllt. Nur hat diese dominierende Vorgabe zusammen mit dem frühen Tod des ersten deutschen Sepik-Ethnographen, Adolf Roesicke, im Jahre 1919, die angestrebte Erforschung dieses einmalig reichen Kulturgebiets in der deutschen Völkerkunde eher erlahmen lassen als angestachelt. Es folgten die Forschungen von Gregory Bateson und Margaret Mead zwischen 1929 und 1938. Der Paradigmenwechsel zur Sozialanthropologie hat die Forschungen über Sachgüter danach während einer Generation eher der Vernachlässigung anheim gegeben. Alfred Bühler aus Basel hat in der Absicht, die durch den Zweiten Weltkrieg angeblich ausgelösten Verluste an Sammelgut und Forschungsdokumentationen zu kompensieren, der Sepik-Forschung zusammen mit Anthony Forge und Carl August Schmitz neue Impulse vermittelt[28]. Dieses Unterfangen wurde durch die neue Maßstäbe setzende Erschließung der Berliner Sepik-Sammlung durch Heinz Kelm (1966-68) ganz wesentlich befördert. Erfreulicherweise verspricht ein im angelsächsischen Bereich erneut wachgewordenes Interesse der Forschung an materiellen Erscheinungsformen von Kulturen unter neuen Gesichtspunkten, dem originalen Kontext in den lokalen Gesellschaften wieder vermehrte Beachtung zu schenken. In den Gegenständen selbst, aber auch in der Art und Weise, wie diese an Besucher und Forscher weitervermittelt worden sind, erscheinen die Spiegelungen einer alten Tropenkultur.

Damit geht auch eine erhöhte Wertschätzung für jene Bereiche von Gegenständen aus Alltag und Zeremonialleben einher, die bei den Iatmul und Sawos

---

[28] Nach dem Tod des Schweizer Ethnologen Paul Wirz (1892-1955) in Apangai bei Ulupu bereiste Alfred Bühler 1955/56 und 1959 große Teile des Sepik-Gebietes, um Sammlungen für das Basler Museum für Völkerkunde anzulegen, die im Rahmen von drei Basler Ausstellungen: *Heilige Bildwerke aus Neuguinea* – 1957, *Kunststile vom Sepik* – 1960 und *Kunst aus Neuguinea* – 1962 gezeigt wurden. C.A. Schmitz begründete ein Projekt für Feldforschungen im Gebiet vor allem des mittleren Sepik, die unter der Leitung von Meinhard Schuster 1965 begannen und 1972-74 sowie in späteren Jahren durch J. Wassmann, F. Weiss, M. Stanek, J. Schmid, M. Schindlbeck, B. Hauser-Schäublin und C. Kaufmann weiter intensiviert wurden.

von Außenstehenden allzu lange dem bloß Handwerklichen zugerechnet worden sind wie Töpfe, Flechtwerke, Maschenstoffe, aber auch die angeblich bloß dekorativen Zwecken dienende Schnitzerei und Malerei. Die ersten drei Bereiche sind in Neuguinea, entgegen einer weit verbreiteten Auffassung, keineswegs ausschließlich eine Frauendomäne. In den als Schutzkleidung und Abzeichen von Frauen für Frauen geschaffenen und farbig verzierten geflochtenen Hauben der Iatmul haben wir allerdings einen eindeutigen Fall geschlechtsspezifischer Gestaltungsarbeit vor uns[29]. Dass gerade die herausragend gemusterten Gegenstände dieser Art auch von Männern bei zeremoniellen Gelegenheiten getragen worden sind, um stellvertretend für Schwesternsöhne deren Mütter zu ehren, zeigt die Bedeutung vor allem auch der gestalterischen Arbeit auf.

Dank

Zu herzlichem Dank verpflichtet ist der Verfasser Frau lic.phil. Antje Denner, Ethnologisches Seminar der Universität Basel, für kritische Lektüre und Ergänzungen in hektischer Zeit, sowie Dr. Sylvia Ohnemus, Überseemuseum Bremen, für wichtige Hinweise.

---

[29] Vergleichbar sind die geflochtenen Taschen, wie sie z.B. auf der Insel Manus hergestellt werden, vgl. Sylvia Ohnemus 2003 in ihrer Basler Dissertation.

Bibliographie

Bateson, Gregory
1958 [1936] Naven: A Survey of the Problems suggested by a Composite Picture of the Culture of a New Guinea Tribe drawn from Three Points of View. Stanford.

Bateson, Gregory
ohne Jahr Notes on artifacts in the University Museum. Cambridge.

Behrmann, Walter
1922 Im Stromgebiet des Sepik - eine deutsche Forschungsreise in Neuguinea. Berlin.

Forge, Anthony
1962 Magische Farbe. In: **Sandoz-Palette** 9, S. 9-16.

Hauser-Schäublin, Brigitta
1989 **Leben in Linie, Muster und Farbe.** Einführung in die Betrachtung außereuropäischer Kunst am Beispiel der Abelam, Papua-Neuguinea. Basel.

Kaufmann, Christian
1986 Maschenstoffe und ihre gesellschaftliche Funktion am Beispiel der Kwoma von Papua Neuguinea. In: **Tribus** 35, S. 127-175.
1990 Swiss and German ethnographic collections as source materials : A report on work in progress. In: N.Lutkehaus et al., **Sepik Heritage. Tradition and Change in Papua New Guinea.** Durham.

Kelm, Heinz
1966-68 **Kunst vom Sepik I-III.** Veröffentlichungen des Museums für Völkerkunde, Neue Folge, Abteilung Südsee 5-7. Berlin.

Mead, Margaret
1977 **Letters from the Field 1925-1975.** New York.

Obrist, Brigit et al.
1984 **Iatmul. Sepik-Dokumentation**, Microfiches Sepik-Dok. 2-022-18.

Ohnemus, Sylvia
2003 Tiltil – The Different Sides of the Manus Bag: The Significance of Plaited Bags for the Lele People in the Interior of Manus Island (Papua New Guinea). Basel.

Reche, Otto
1913 **Der Kaiserin-Augusta-Fluss**. Ergebnisse der Südsee-Expedition 1908-1910 II, A Melanesien, Bd. 1. Hamburg.

Roesicke, A.
1914 Mitteilungen über ethnographische Ergebnisse der Kaiserin Augusta-Fluss-Expedition. In: **Zeitschrift für Ethnologie** 46, S. 507-522.

Schindlbeck, Markus
1980 **Sago bei den Sawos (Mittelsepik, Papua New Guinea) : Untersuchungen über die Bedeutung von Sago in Wirtschaft, Sozialordnung und Medizin.** Basler Beiträge zur Ethnologie 19. Basel.

Schlaginhaufen, Otto
1910 **Eine ethnographische Sammlung vom Kaiserin-Augustafluss in Neuguinea.** Abhandlungen und Berichte des Königlichen Zoologischen und Anthropologisch-Ethnographischen Museums zu Dresden 13/2.

Schuster, Gisela und Meinhard
1981 Aibom, Neuguinea – Flechten einer Frauenhaube aus Rindenbaststreifen, Film E 1374, **Publikationen zu wissenschaftlichen Filmen, Sektion Ethnologie** 11/21.

Schuster, Meinhard
1968   Farbe Motiv Funktion - Zur Malerei von Naturvölkern, Führer durch das Museums für Völkerkunde und Schweiz. Museum für Volkskunde Basel, Sonderausstellung. Basel.

Schuster, Meinhard
1969   Maler vom May River. In: **Sandoz-Palette** 33, S. 1-9.

Seiler-Baldinger, Annemarie
1994   **Textiles : A Classification of Techniques**; transl. by Robert Williamson and Dennis Q. Stephenson. Bathurst.

Stöcklin, Werner H.
1973   Fruchtbarkeitsriten und Todeszauber bei den Abelam in Neuguinea. Neue Aspekte der Farbenmagie". In: M. Schmid (Hrsg.), **Ethnomedizin**. Referate der Fachkonferenz, München 19./20.10.1973, S. 41-54.

Weiss, Florence
1981   **Kinder schildern ihren Alltag, Die Stellung des Kindes im ökonomischen System einer Dorfgemeinschaft in Papua New Guinea (Palimbei, Iatmul, Mittelsepik)**, Basler Beiträge zur Ethnologie 21. Basel.
1984   Magendaua. In: F. Morgenthaler, F. Weiss, M. Morgenthaler. **Gespräche am sterbenden Fluss. Ethnopsychoanalyse bei den Iatmul in Papua-Neuguinea**. S. 173-232. Frankfurt a.M.
1987   Momente des Glücks bei den Iatmul in Papua Neuguinea, in: F.B. Keller (Hrsg.). **Momente des Glücks**. Ausstellung des Museums Rietberg im Haus zum Kiel. S. 51-52. Zürich.

Welsch, Robert L. (Hrsg.)
1998   **An American Anthropologist in Melanesia. A B Lewis and the Joseph N Field South Pacific Expedition, 1909-1913**, two vols. Honolulu.

Adjirab
Ein Beispiel für die Kopfjagd in Papua Neuguinea[1]

Philippe Peltier

"Kinder sind amoralisch. In unseren Augen ist der Papua auch so beschaffen. Der Papua tötet seine Feinde und isst sie auf. Er ist aber kein Verbrecher. Wenn allerdings der moderne Mensch jemanden tötet und aufisst, so wird er entweder als Verbrecher bezeichnet oder als pervers."[2]

Eines Tages, im Jahre 1930, kam den australischen Behörden, die erst seit kurzem die Hoheitsgewalt im unteren Sepik-Tal ausübten, eine höchst besorgnis erregende Nachricht zu Ohren. Einer ihrer Vertreter, ein gerade erst von ihnen ernannter *luluai* (einheimischer Verwaltungsbeamter der Kolonialbehörde) war ermordet worden, genauer gesagt, er war das Opfer einer Kopfjagd geworden.

Der Mord war in einem der Dörfer der Provinz Porapora, einem unwirtlichen und weit abgelegenen Gebiet des Sepik-Tales, geschehen. Die Verwaltungsbehörden veranlassten daraufhin unverzüglich eine Strafexpedition. Einige Wochen später fielen die Regierungstruppen in ein Dorf des Porapora-Gebiets ein. Das kleine Strafkorps unter der Leitung von weißen Befehlshabern steckte das Dorf in Brand, fällte die Kokospalmen, bemächtigte sich der Beschuldigten

---

[1] Die Informationen in diesem Artikel sind während dreier Forschungsreisen im Auftrag des CNRS (Centre National de la Recherche Scientifique) in den Jahren 1984, 1987 und 1991/92 im Gebiet Porapora (östlicher Teil der Provinz Sepik), vor allem in den Adjirab-Dörfern Armda und Muruken zusammengetragen worden. Den Bewohnern des Dorfes Armda, insbesondere Arésé und Okray, ohne deren Unterstützung diese Arbeit unmöglich gewesen wäre, sei hier auf das Herzlichste gedankt. Dieser Artikel ist eine überarbeitete Neufassung eines Artikels, der im Begleitkatalog zu der Ausstellung „La mort n'en saura rien (Der Tod wird nichts davon erfahren)", Musée National des Arts d'Afrique et d'Océanie, Paris, 1999 erschienen ist.
[2] Adolf Loos, Ornament und Verbrechen, 1908.

und zog sich dann wieder zurück, um sie vor Gericht zu stellen. Einige Monate vergingen. Dann kamen die Truppen zurück und henkten die Verurteilten vor den Augen der örtlichen Bevölkerung, die zusammengerufen worden war, um dieser Demonstration beizuwohnen. Um die Strafexpedition zu beenden und die „öffentliche Ordnung" endgültig wiederherzustellen, sammelten sie alle Waffen ein, aus denen sie einen riesigen Scheiterhaufen errichteten. Einige wenige Minuten reichten, um Speere, Schilde und Pfeile zu Asche zu verbrennen. Mit dieser Siegerpose demonstrierten die Vertreter der europäischen Gesellschaftsordnung die Überlegenheit ihrer Gesetze. Zugleich wollten sie damit den ständig schwelenden Konflikten und kriegerischen Auseinandersetzungen, den Kopfjagden und den Tötungen von Menschen ein Ende setzen. Für die Adjirab besiegelte dieser Scheiterhaufen die Aufgabe kulturell bedeutsamer Handlungen und bedeutete ihren gewaltsam hergestellten Eintritt in die Moderne sowie den Untergang althergebrachter Gesetze ihrer Vorväter.

Etwa 70 Jahre nach diesem Befriedungsakt gehören heute Kriege und Kopfjagden der Vergangenheit an. Die Akteure dieser glorreichen Zeiten sind tot, und selbst wenn die Berichte von diesen Kämpfen weiterhin mündlich tradiert werden - oft mit genauen Schilderungen der teilweise schrecklich anmutenden Details, quasi um den Wahrheitsgehalt zu dokumentieren - leben diese Kämpfe fortan mehr in der kollektiven Erinnerung als in praktischer Erfahrung. Die Erinnerungen sind lückenhaft und den Interpretationen der gegenwärtigen Gesellschaft unterworfen. Man spricht nicht über die Stimmung, die in den Dörfern bei der Rückkehr der siegreichen Krieger herrschte, und über die Art und Weise, wie die abgetrennten Köpfe der getöteten Gegner umjubelt wurden, ebenso wenig über die Rituale, die um die Körper vollzogen wurden, bevor man sie verzehrte. Für die Menschen von heute gründet sich das Prestige ihrer Familien aber noch immer auf die Heldentaten der Vergangenheit; sie sind für das Gleichgewicht der Gesellschaft unerlässlich.

Diese auf Gewalt beruhende soziale Dynamik ist in den Augen des Westens lange Zeit unverständlich geblieben. Im westlichen Denken herrscht die Vorstellung, dass die Gesellschaft nur positive Errungenschaften produzieren sollte. Sie ist auf Seiten der rechtmäßigen Ordnung, ihr obliegt der Schutz des Individuums, das seinerseits ihrer Entwicklung dient. In den Augen des Westens bleibt die Kopfjagd rätselhaft und unverständlich. Mehrere Erklärungsversuche sind für dieses Phänomen vorgeschlagen worden. Der üblicherweise und überwiegend akzeptierte Erklärungsversuch bringt die Kopfjagden - und im weiteren Sinne auch den Kannibalismus - mit der Fruchtbarkeit in Verbindung. Dieser Theorie zufolge wurden die Köpfe als Samenkörner oder Früchte angesehen, und ihre rituelle Manipulation konnte ihre Fruchtbarkeit bringende Kraft einerseits auf die Äcker, andererseits auf die Familien übertragen. Die Herstellung dieses Zusammenhangs zwischen Kopfjagd und Fruchtbarkeit ist jedoch auch häufig kritisiert worden.[3] Diese Interpretation basiert eher auf der westlichen Vorstellung von einer physikalisch-mechanischen Übertragung eines Kräftestroms als auf dem Denken der Einheimischen. Das westlich-technische Denken sieht eine vitale oder Keimung bewirkende Kraft, die mittels des Ritualvollzugs von den abgetrennten Köpfen auf die Felder oder auf die Frauen übertragen wird. Einige Ethnologen betonen im Sinne dieser Kritik, dass der Zusammenhang zwischen Kopfjagd und Fruchtbarkeit von denen, die die Kopfjagd praktizieren, nie zum Ausdruck gebracht wird.

Ein neuerer Deutungsversuch vergleicht die Gewalt mit dem Vorgang des Austausches von Gaben.[4] Dies soll nicht heißen, dass Gewalt eine Form des Austausches darstellt. Es ist subtiler zu verstehen: Gewalt und Austausch werden als Alternativen verstanden, mit denen man ein Gleichgewicht wieder herstellen kann. Dieses war entweder durch den Tod eines Mitglieds der Gemeinschaft oder infolge einer fehlgeleiteten Entwicklung gestört worden. Diese beiden Handlungsweisen sollen nicht etwa den Zusammenhalt der Gruppen untereinander stärken, sondern es einer bestimmten Gruppe erlauben, sich im Gegensatz zu anderen Gruppen zu definieren und sich von ihnen abzusetzen. Die Frage, die dann aufgeworfen wird, ist die Frage nach den Grenzen.[5] In dieser Logik wird Gewalt selbst dann, wenn ihr Ziel häufig die

---

[3] Needham, Rodney "Skulls and Causalitiy", in: Man 1976, Nr. 11, S. 71-88. Diese Kritik ist weitgehend in Artikeln übernommen worden, die sich mit den Formen der Kopfjagden in Südostasien auseinandersetzen, in: Hoskins, Janet (Hrsg.) "Headhunting and the Social Imagination in Southeast Asia", Stanford University Press 1996, 296 S.

[4] Siehe u.a. Strathern, Maryline "Discovering social control", in: Journal of law and society 1985, Nr. 12, S. 111-134.

[5] Zu einer umfassenden Darstellung dieser verschiedenen Theorien siehe insbesondere Knauft, Bruce "Melanesian warfare: a theoretical history", in: Oceania 1990, Nr. 60, S. 250-311, und das Einleitungskapitel im Buch von Harrison, Simon "The mask of war. Violence, ritual and the self in Melanesia", Manchester University Press 1993, 164 S.

Einnahme neuer Territorien war, als ein Akt der internen Verteidigung interpretiert. Die verschiedenen Gruppen befanden sich in einem Zustand fortwährenden Krieges, in dem es letztlich um ihr Überleben ging. Gewalt stärkte ihre Machtposition sowie die Kohäsion innerhalb der Gruppe und war ihnen somit ein Mittel zur Abgrenzung und Selbstdefinition gegenüber anderen Clans in einer besonders fruchtbaren und komplexen Region.[6] Das Sepik-Tal, ein riesiges, ausgedehntes Sumpfgebiet mit erheblichen Ressourcen, wird von vielen Gruppen bewohnt, deren kulturelle Vielfalt auf engstem Raum immer wieder in Erstaunen versetzt. Dort scheinen die Verwandtschaftsgruppen und die Dorfgemeinschaften, die in komplexe Formen des Austauschs und der Begegnungen eingebunden sind, von der ständigen Sorge getrieben worden zu sein, ihre kulturelle Eigenart zu erhalten sowie ihr Territorium zu bewahren.

Die Adjirab

Die Adjirab leben im östlichsten Teil dieses Sumpfgebietes. Ihr Territorium, abgeschlossen und schwer zugänglich, erstreckt sich zwischen den Flüssen Keram und Ramu. Dieses kleine Gebiet ist in der Literatur unter dem Namen Porapora bekannt, obgleich niemand unter den Bewohnern die Herkunft dieses Wortes kennt. Die Adjirab zählen derzeit etwa 3000 Individuen. Gleich den weiter nördlich ihres Territoriums lebenden Nachbarn behaupten die Adjirab, dass sie von den Ufern des Ramu stammen. Ihre Geschichte, in Mythen überliefert, erzählt, wie zwei Clans desselben Dorfes aufgrund dramatischen Geschehens in einen Konflikt gerieten. Dieser Streit kostete viele Clanmitglieder das Leben. Lediglich einigen wenigen gelang die Flucht. Die Überlebenden bauten ein behelfsmäßiges Floß, welches den Fluss hinuntertrieb und schließlich an einem Ort strandete, wo neue Häuser errichtet wurden.

Die Nachfahren dieser Überlebenden drangen später in das Sumpfgebiet ein. Es begann für die Abstammungsgruppen jeder Seite eine lange Odyssee unzähliger Fehden und kriegerischer Auseinandersetzungen, Allianzen und Auflösungen von Bündnissen. Die Zusammenschlüsse und Bündnisse dieser

---

[6] Die Verbindung zwischen Politik und Kopfjagden wird durch jüngste Ereignisse, die sich in Borneo zugetragen haben, auf das Beste veranschaulicht.

Gruppen waren jedoch immer nur von kurzer Dauer. Die Adjirab erzählen zwar gerne, dass sich diese Gruppen während bestimmter Epochen zu großen Dorfgemeinschaften zusammenschlossen, dennoch zerbrachen diese immer wieder. Die Gruppen zerstreuten sich und ließen sich auf neuen Territorien nieder, wo sich bald ein neues Netz von Allianzen bildete. In Folge solcher Ereignisse haben sich die Adjirab gegen Ende des letzten Jahrhunderts (19. Jhd., A.d.Ü.) auf dem Territorium niedergelassen, das sie heute noch bewohnen.

Der fortwährende Kriegszustand, jedenfalls so wie er heute beschrieben wird, spielte also eine beträchtliche Rolle bei der Bildung der Gesellschaft und der Aufteilung der Clans, der Bauweise und Siedlungsformen der Dörfer. Es waren eher kleinere Weiler als Dörfer, in denen sich die Familienhäuser in einiger Entfernung vom Männerhaus befanden. In Kriegszeiten, wenn ein Clan einen Überraschungsangriff befürchten musste, wurde der Weiler durch einen Palisadenzaun geschützt. Manchmal waren die Weiler von dicht gepflanztem Bambus umgeben, und durch diese Bauweise wurde ihr Zugang durch einige wenige, leicht zu verteidigende Öffnungen begrenzt. Nach der Befriedung verschwanden die Palisaden, und die Weiler schlossen sich zu Dörfern zusammen.

Die heutigen Dörfer vereinigen die Clans - oder Abstammungsgruppen - die von einem Mann angeführt werden. Dieser ist im Allgemeinen der älteste Sohn der Linie, *bikman* genannt, ein Ausdruck, der dem örtlich gesprochenen *Tokpisin*, dem Pidgin-Englisch, entnommen ist. Die Macht eines *bikman* beruht auf seiner Fähigkeit, Reichtümer anzusammeln in Form von Hausschweinen, Paradiesvogelfedern, Münzen oder Körperschmuck, aber auch auf seinem Wissen, das er während Zeremonien und Austauschritualen in einem komplexen Prozess teilweise weitergibt, wobei vor allem politisches Kalkül mit einfließt. Als Persönlichkeiten, die mit Macht und Prestige ausgestattet sind, kontrollieren die *bikman* mit Hilfe der Initiationen den Zugang zum Wissen und stützen ihre Macht auf Krieg und Tötung von Menschen. Denn im Gegensatz zu den Einwohnern der benachbarten Regionen kennen die Adjirab weder erbliche Clans (wie auf der Insel Manam)[7],

---

[7] Zur Insel Manam siehe Studie von Nancy Lutkehaus, insbesondere "Hierarchy and Heroic Society: Manam variations in Sepik social structure", in: Oceania 1990, Nr. 60, S. 179-197.

noch Wettstreit zwischen Clans zwecks Kontrolle der Machtinsignien (wie dies in den Dörfern am Murik-See[8] der Fall ist).

Dagegen ist den Adjirab eine Institution bekannt, die, ohne für sie spezifisch zu sein, zwei *bikman* miteinander verbindet.[9] Diese Beziehung entstand im Krieg. Wenn während eines Kampfes ein Mann einem anderen das Leben rettete, wurden die beiden Kämpfer zu *adje*. Von diesem Tag an waren sie zu gegenseitiger Hilfeleistung verpflichtet. Ihrer beider Leben wurde von nun an von einem regelmäßigen Austausch von Gütern auf der Grundlage strikter Gegenseitigkeit bestimmt. Wenn also ein *bikman* seinem *adje* etwa ein Schwein, Yamswurzeln, Betelnüsse, ein Krokodil oder auch irgendetwas anderes schenkte, so musste ihm sein *adje* später einen exakt gleichwertigen Ersatz zurück erstatten. Einmal begründet, vererbte sich diese Beziehung zwischen zwei Linien durch ein komplexes Namenssystem. Nur bikman oder ihre Frauen konnten eine solche aktive *adje*-Beziehung unterhalten. Dieses System ist heute noch lebendig, und es ist nicht ungewöhnlich, zwei *adje* beim Tausch von Gütern zu beobachten. Die Adjirab sagen, dass die "*adje*-Straße" immer noch offen sei. Sie brauche keinen besonderen Anlass. Trotzdem kann man einer solchen zwischen Clans bestehenden *adje*-Beziehung jederzeit ein Ende setzen. Es reicht schon aus, wenn zwei *adje* ihre Schwestern miteinander austauschen. Dadurch werden sie zu Schwägern, die von nun an durch eine andere Art von Verpflichtungen verbunden sind.

---

[8] Dies besagt jedoch nicht, dass solche rivalisierenden Wettstreite früher stattgefunden hätten. Dazu im Murik-Gebiet siehe Lipset, David, Mangrove man: Dialogics of Culture in the Sepik Estuary, Cambridge University Press, 1997, 335 S. Die Beispiele aus dem Murik-See und der Insel Manam zeigen deutlich die Diskrepanz zwischen benachbarten und strukturell ähnlichen Gruppen, die jedoch unter anderen Umweltbedingungen leben. Die Unterschiede in den sozialen Strukturen, so faszinierend sie auch sein mögen, machen Interpretationen und folglich Synthesen äußerst schwierig. Über die Gesellschaftsformen des Sepik-Tales im Allgemeinen siehe die verschiedenen Studien von: Lutkehaus, Nancy et al. (Hrsg.). Sepik Heritage, Tradition and change in Papua New Guinea, Crawford House Press, 1990, 663 S.

[9] Bei einer Nachbargruppe der Adjirab, die ebenfalls im Sepik-Tal lebt, ist genau die gleiche Art von Beziehung untersucht worden, *kaiman* genannt. Siehe McDowell, Nancy "Kinship and Exchange: The Kaiman Relationship in a Yuat River Village", in: Oceania 1976, Nr. 47, S. 36-48.

Das Männerhaus

Um sowohl sein eigenes Prestige als auch das seiner Verwandtschaftsgruppe zu festigen, sieht sich jeder *bikman* verpflichtet, den Bau eines Männerhauses zu initiieren. Im Männerhaus spielt sich ein Großteil des gesellschaftlichen Lebens der Männer ab; es ist auch der Ort, wo alle wichtigen Entscheidungen diskutiert und gemeinsam getroffen werden.

Heutzutage sind die Männerhäuser immer noch beeindruckende Bauten. Auf den ersten Blick sind diese Häuser architektonisch einfach gehalten: Ein mit Sagoblättern gedecktes Dach ruht auf Pfosten und überdeckt einen weitläufigen, aus einem Stück bestehenden Fußboden, der seinerseits wieder von Stützpfosten getragen wird. Beim genaueren Hinsehen zeigt sich jedoch, dass das Dach aus zwei Teilen besteht. Zwei Dreiecke bilden das Vordach, das vorne am Dach direkt angebaut ist. Das Konstruktionsprinzip dieses Vordachs ist bemerkenswert. Es ist eine architektonische Meisterleistung, die dem Schema eines Spinnennetzes folgt. Dabei stützen sich gegenseitig zwei Kreuzbalken auf zwei Kipp-Schwenk-Vorrichtungen. Diese bilden die Stützkonsole und tragen die ganze Konstruktion. Der Firstbalken ruht im vorderen Teil des Gebäudes auf einem zentralen Pfosten. Dieser Zentralpfosten ist ebenso wie die Enden der Tragebalken mit geschnitzten Ahnenbildern verziert. Architektonisch gesehen ist so das Vordach vom Hauptdach getrennt und lediglich mit Hilfe von dreifachen Bindersparren angebaut. Die Palmblattüberdeckung ihrerseits läuft kontinuierlich durch.

Die architektonische Trennung der beiden Dächer findet ihre Erklärung in der zeitlichen Abfolge der Konstruktion. Der hintere Teil des Hauses, samt Dach und Fußboden, wird zunächst von den Mitgliedern der Abstammungsgruppe errichtet, der das Haus gehört. Danach wird das Vordach vom *adje* des *bikman* gebaut. Anlässlich dieses Bauabschnittes wird ein Fest veranstaltet. Die "Hinterlassenschaft" dieses Festes (Töpfe, in denen das Essen gekocht wurde, Röcke, die die Frauen getragen haben, Wurfspeere, Knochen der verzehrten Tiere, Werkzeuge, Bögen usw.) werden dann unter dem Vordach inmitten von Korbwaren aufgehängt. All diese Gegenstände verbinden auf symbolische Weise die Welt der Frauen mit der Welt der Männer. Ihre Anhäufung unter dem Vordach erweckt optisch den Eindruck von

Wohlstand und belegt somit die Fähigkeit der Gruppe, Austauschrituale zu organisieren.

Dieser Eindruck von Wohlstand steht heutzutage in starkem Gegensatz zu der Leere im Inneren des Hauses. Früher war dieser sorgsam verschlossene Innenraum ausschließlich den Männern vorbehalten und Schauplatz der geheimsten Zeremonien. Eine Wand aus Blattscheiden der Sagopalme trennte das Vordach, das nach vorne geöffnet war, vom hinteren Bereich des Hauses. Unmittelbar hinter dieser Wand war der Ort, wo die Männer lebten. Weiter vorne befanden sich eine oder mehrere Feuerstellen. Dort bereiteten die Männer ihre Nahrung zu, wenn sie aufgrund bestimmter Verbote die Speisen, die ihre Frauen zubereitet hatten, nicht verzehren durften. Noch weiter hinten standen manchmal zwei Schlitztrommeln, an deren Flanken kleine Holzfiguren lehnten. Links und rechts gab es bisweilen kleine Verschläge aus Laubwerk, worin die Gegenstände, die zu den Ritualhandlungen gebraucht wurden, aufbewahrt wurden. Je weiter man ins Haus hineinkam, umso mächtiger waren die vorgefundenen Gegenstände: Hinten, an eine bemalte Zwischenwand gelehnt, standen die *maro* mit den Schädeln der Ahnen (wir werden später noch darauf eingehen).[10] Schließlich, hinter dieser bemalten Wand, wo die *maro* lagen, befand sich ein kleiner Raum. Das war der geheimste Teil des Hauses, in dem die mächtigsten Figuren verschlossen waren, wahrscheinlich Darstellungen aus Korbgeflecht von den Tieren, die als Gründer der Abstammungsgruppe galten, der das Haus gehörte.

Die Zweiteilung der Männerhäuser wird durch Informanten niemals sofort bestätigt. Ein Männerhaus wird als eine Einheit betrachtet, eine Struktur, deren Vordach als Zeichen ihrer privilegierten Beziehung zu einer anderen Abstammungsgruppe steht. Dem *adje* stehe es schlecht an, diesen Bau für sich zu beanspruchen. Auf keinen Fall darf ein *adje* fordern oder verlangen, was ihm gebührt, und noch viel weniger darf er sich rühmen, der Grund für die Errichtung des Vordachs gewesen zu sein. *Adje* sein, setzt große Zurückhaltung

---

[10] In den 50er Jahren war es den Marienberg-Missionaren gelungen, einige wenige Exemplare dieser *maro* zusammenzutragen. Einige dieser Stücke gehören heute einem deutschen Missionarsmuseum. Zu diesem Thema siehe Huppert, J. "Zum Schädelkult in Porapora", Verhandlungen der Naturforschenden Gesellschaft in Basel, Bd. 86, Nr. 1-2, S. 207-236.

voraus. Aber wird ein Adjirab zu dieser bizarren architektonischen Form befragt, so wird er sich stets auf die folgende mündliche Überlieferung berufen:

> "Zu Anbeginn der Zeiten wohnten die Vorfahren der Abstammungsgruppen irgendwo an den Ufern des Ramu. Dort lebten die Familien "auf einem Baum", der einem Grab entwachsen war. Eines Tages brach ein Konflikt aus. Die Familien griffen den Baum an, der fiel in den Fluss, wurde von den Strömen davongerissen und verschwand in der Ferne. Fortan ohne Unterkunft, irrten die Menschen umher, bis sie das Gebiet eroberten, wo sie heute noch leben. Sie ließen sich dort nieder und bauten rund um neue Männerhäuser ihre Dörfer wieder auf."

In dieser Erzählung steht der Baum als Metapher für das Männerhaus, das immer noch mit dem Namen des Gründer-Ahnen benannt wird. Im Inneren dieser Häuser bewahren die Männer die Gegenstände auf, neu geschaffen oder wieder hergestellt, die den Gründerahnen gehörten, sowie die Trophäen, die sie im Lauf der Zeit angesammelt haben. Das Hausinnere ist ein privater Bereich, wo sich anlässlich der Zeremonien und mit Hilfe der Ahnen die Verbindung wiederholt, die für die Kontinuität und die Regeneration der Gruppe unerlässlich ist.

Kommentatoren legen allerdings Wert auf die Feststellung, dass in jener zurückliegenden Zeit, in der ihre Vorfahren an den Ufern des Ramu lebten, die Männerhäuser ohne Vordach gebaut wurden. Um deren Existenz zu erklären, nehmen die Adjirab auf eine zweite Erzählung Bezug. Darin werden die Taten Nduaras, eines Kulturheroen, geschildert. Seine Geschichte ist lang, zu lang als dass sie hier erzählt werden könnte.[11] Aber die Adjirab beharren immer auf einem bestimmten Punkt: Nduara ist ein "tumbuna bilong namel", ein Ahne "der Mitte", ohne jegliche Abstammungslinie, ohne Anfang und ohne Ende, der lange Zeit nach den Gründerahnen lebte. Eines Tages nahm sich Nduara vor, in Ombos, einem Dorf, das am Bien-Fluss lag, ein riesiges Männerhaus zu bauen. Nduara schmückte sein Haus mit Malereien und Holzschnitzereien,

---

[11] Eine ausführliche Version ist zu finden in Peltier, Philippe "Maison des hommes, maison des autres", in: Le Pacifique Sud Aujourd'hui, Serge Tscherkézoff & Francoire Douaire-Marsaudon (Hrsg.), Paris 1997, CNRS-Verlag, S. 83-109.

aber er dachte auch daran, seinen *adje* zu ehren, indem er ihm ein Vordach erbaute. So lässt sich die spätere Hinzufügung des Vordachs und die Tatsache, dass beide Elemente bautechnisch unabhängig voneinander sind, erklären. Nachdem das Haus fertig gestellt war, berief Nduara sämtliche Männer aus dem Gebiet zu seiner Einweihungsfeier zusammen. Im Verlauf dieser Feier brach ein jäher Streit aus, und Nduara ließ das Haus über den Männern zusammenbrechen, die gekommen waren, um an dem Fest teilzunehmen.

Einige von ihnen wurden in Schildkröten oder Paradiesvögel verwandelt. Anderen wiederum gelang die Flucht; dabei nahmen sie noch Skulpturen und andere holzgeschnitzte Figuren mit. Seitdem, so sagen die Adjirab, finden sich diese geschnitzten Ornamente und Motive auf mehrere Regionen verteilt. Auf diese Weise unterstreichen sie geschickt sowohl ihre kulturelle Eigenständigkeit, als auch ihre Verbundenheit mit den anderen ethnischen Gruppen im Sepik-Tal.

Diese beiden Geschichten legen nicht nur Zeugnis von anderen Zeiten ab, sondern bezeugen auch eine Dualität in den Darstellungen. Die erste Geschichte weist den Gruppen einen Entstehungsort zu und erzählt die Geschichte ihrer Migration. Die zweite Geschichte fügt sich der ersten an: Nduara, der Kulturheros, erschafft nicht nur spezifische kulturelle Merkmale, sondern auch eine neue Form sozialer Beziehungen. Auf die erste Epoche, in der jedes Männerhaus noch auf die Familie konzentriert war, folgt eine Epoche, in der die Männerhäuser von den sozialen Beziehungen ihrer Abstammungsgruppen, die die Gesellschaft bilden, geprägt sind. Die Männerhäuser vereinigen diese beiden Welten, die sich zwar ergänzen, jedoch jede für sich auch alleine bestehen können. Dem verschlossenen hinteren Bereich des Hauses, wo die identitätsstiftenden Objekte der Abstammungsgruppe aufbewahrt werden, steht der vordere, offene Teil des Hauses gegenüber, ein Ort der Begegnung zwischen den Abstammungsgruppen. Diese Komplementarität bringt den einzigartigen Charakter dieser Gemeinschaft zum Ausdruck.

Das gegenseitige Sich-Ergänzen der architektonischen Bereiche wird besonders während der Kriege und vor allem anlässlich der Zeremonien um die Kopfjagd und die Tötungen deutlich.

Krieg, Kopfjagden und Tötungen

Wenn man heute die Adjirab nach den Gründen für eine Kopfjagd befragt, so bekommt man stets dieselbe Antwort: Die Ahnen (*maro*) forderten einen Kopf.

Jede Abstammungsgruppe besaß mehrere Ahnenfiguren, die sie in ihrem Männerhaus aufbewahrte. Diese Ahnenfiguren, die *maro*, waren in Form eines Holzstabes dargestellt, in dessen Mitte sich ein menschlicher Schädel befand, der mit einem Gemisch aus Erde und Pflanzenöl[12] überzogen war. Die Stäbe konnten verschiedene Formen annehmen, nicht nur dem Ahnen entsprechend, dessen Schädel sie trugen, sondern auch entsprechend der Abstammungsgruppe, denen sie angehörten. Einige bestanden aus einem Dreifuß. Der allgemeinen Meinung nach bestanden die Stäbe nicht aus geschnitzten Figuren. Die Masse, mit der der Schädel überzogen war, wurde in regelmäßigen Abständen durch eine weitere Schicht erneuert. Im Laufe der Zeit wurde diese Schicht immer dicker, bis sie eine Kruste bildete, wie man sie heute noch auf den wenigen Exemplaren findet, die vor den Massenzerstörungen der 60er Jahren bewahrt werden konnten. Der Überzug stellte einen Kopf dar, in dem zwei Augen, eine Nase und ein lächelnder Mund angedeutet sind. Ob der Schädel, der von dem Überzug gefasst war, tatsächlich der eines Ahnen war, spielte nur eine geringe Rolle. Es kam vor, dass die Männerhäuser abbrannten oder im Verlauf kriegerischer Auseinandersetzungen zerstört wurden. Mit ihnen dann die *maro*. Die Männer der Abstammungsgruppe fertigten einen neuen *maro* an. Dazu benutzten sie gleichermaßen entweder den Schädel eines Feindes oder den eines Mannes aus der Abstammungsgruppe. Diese Beliebigkeit in der Wahl des Schädels erklärt sich teilweise durch die Tatsache, dass das Herzstück des Objekts vielmehr ein kleiner Stein war, der im Innern des Schädels untergebracht wurde. Meines Wissens sind in den Dörfern der Adjirab solche Steine nicht mehr zu finden. Die Adjirab beschreiben sie als Steine mit besonderen Auswüchsen, wie Ohren, mit denen sie auch hören

---

[12] Der Genauigkeit halber sei angemerkt, dass es mehrere Formen der *maro* gab. Einige stellten sich dar als ein Dreifuß, auf dessen Spitze der Schädel befestigt war. Nur wenige Objekte dieser Art sind noch erhalten und befinden sich in Sammlungen der westlichen Welt. Es sei noch erwähnt, dass Holzstäbe, auf denen Ahnenfiguren geschnitzt sind, meistens aus der Küstenregion im Mündungsdelta des Sepik oder des Ramu stammen. Die Adjirab schnitzten ihre Stäbe so, dass einfache Rundhölzer entstanden.

konnten. Im Sprachschatz der Adjirab werden diese Ohren mit demselben Wort benannt, das die Fischkörbe der Frauen bezeichnet.

Man baute Tierschädel und Opfergaben vor den Altären der *maro* auf, und das ganze Jahr hindurch vollzog man einige rituelle Handlungen vor ihnen. Das wichtigste dieser Rituale war mit der Yamsernte verbunden, die in vielfältiger Hinsicht einer kriegerischen Expedition glich. Die Yamswurzeln stellte man sich vor wie ein Heer von Kriegern, die es zu bekämpfen galt: Die Yamsernte erforderte den gleichen zeremoniellen Ablauf, der bei der Rückkehr von der Kopfjagd notwendig war.

Von Zeit zu Zeit sprachen die "lebenden" Ahnen: Sie hatten Hunger, oder sie gaben durch einen Mann[13] im Trancezustand bekannt, wie groß die Anzahl der Männer oder Frauen sei, deren Körper sie als Opfer forderten. Sie verkündeten ebenfalls, welche Krieger der eigenen Gruppe im Kampf sterben würden.

Daraufhin bereiteten sich die Männer des Männerhauses für den Kampf vor. Ihre Verbündeten und ihre *adje* schlossen sich ihnen an. Sie trennten sich physisch von der Welt der Frauen und begaben sich in die Abgeschiedenheit des Männerhauses. Ab sofort waren die Krieger zahlreichen Tabus unterworfen. Sie durften keinerlei sexuelle Beziehungen eingehen, ja, nicht einmal den Weg einer Frau kreuzen, sie durften nicht mehr in den Wald ziehen - wo ihnen ein Unheil bringendes Tier hätte begegnen können -, noch durften sie Sagobrei verzehren oder das Wasser einer unreifen Kokosnuss trinken.

Sämtliche Kopfjagden waren in die Verantwortung eines *bikman* gestellt. Ihm standen die Körper der im Kampf Getöteten zu, selbst wenn bestimmte Männer besonders dafür bekannt waren, größere Krieger[14] zu sein. Am häufigsten wurden die Kopfjagden für die *maro* mittels eines Hinterhaltes gegen einen Weiler durchgeführt. Der Angriff wurde sorgfältig vorbereitet: Ein Spion markierte die Tücken im Gelände, erforschte die Anzahl der Feinde und ihre

---

[13] Diese Fähigkeit für die *maro* zu sprechen, wurde innerhalb derselben Familie vererbt. In jedem Männerhaus gab es einen Mann, der das Sprachmedium der Ahnen war.
[14] Diese Männer werden oft als solche beschrieben, die sich am Rande des Wahnsinns befanden, bereit, jederzeit jeden Mord zu begehen. Sie waren so sehr gefürchtet, dass sie weit entfernt von den Weilern leben mussten.

Abb. 1 *Maro* aus dem Dorf Kopar im Mündungsgebiet des Sepik. Die Ahnenfigur wurde von Müller-Wismar, einem Teilnehmer der Südsee-Expedition, dort im Männerhaus entdeckt und nach Zahlung eines ungewöhnlich hohen Preises erworben, und zwar am 23.5.1909; MV Hamburg, Nr. 6537 I.

Schwachstellen. Im Männerhaus polierten die Krieger unterdessen ihre Waffen: Wurfspeere, Kasuarknochen und vor allem die kleinen Bambusmesser, mit denen sie die Köpfe ihrer Feinde abtrennen würden.

Am Vorabend zogen sie los und legten sich in einiger Entfernung von ihrem Ziel in den Hinterhalt. Die Krieger näherten sich in großen Kriegseinbäumen, möglichst ohne gesehen zu werden, dem Weiler. Jeder Einbaum repräsentierte eine Persönlichkeit, die den Namen des Clangründers trug. Ihre eigene Geschichte war in den Mustern an den geschmückten Flanken des Einbaums abzulesen. Beim ersten Hahnenschrei nahmen die Krieger eine Mahlzeit zu sich, die die Frauen und Töchter des für die Expedition verantwortlichen *bikman* zubereitet hatten.

Anschließend bereiteten sich die Krieger vor. Körper und Gesicht malten sie schwarz an, die Augenpartie wurde in Weiß hervorgehoben. In ihre Haare steckten sie weiße Federbüsche, die von Reihern, Paradiesvögeln oder Kasuaren stammten. Dann legten sie ihren prachtvollsten Schmuck an: Halsketten aus Hundezähnen, Ohrgehänge aus Schweinezähnen oder Muscheln, Bein- und Armschmuck bzw. -schutz, in die heilbringende Blätter und Pflanzen eingeflochten waren. Magische Rituale wurden vor dem Kampfauftakt im ersten Morgengrauen vollzogen. Die Männer griffen ihre Speere, klemmten sich einen Schmuck aus Muscheln zwischen die Zähne und stürmten auf den Weiler zu. Noch bevor sich überhaupt Widerstand regen konnte, drangen sie in die Häuser ein und töteten ihre Bewohner, die noch unter ihren Moskitonetzen schliefen. Sie setzten den Weiler in Brand und flohen mit ihrer Kriegsbeute. Die Überfälle waren von kurzer Dauer, so lange wie sie eben brauchten, um die von den *maro* geforderte Zahl von Köpfen zusammenzutragen. Im Extremfall andererseits konnte ein Weiler aber auch völlig zerstört werden. Die getöteten Opfer wurden anschließend in die Einbäume getragen und in den heimatlichen Weiler transportiert. In der Trockenzeit musste ein Teil der Expeditionen zu Fuß unternommen werden. Das Gewicht der Leichen, die sie trugen, verlangsamte das Vorwärtskommen der Angreifer. Um eventuellen Überraschungsangriffen ihrer Gegner vorzubeugen, wurden deswegen die toten Körper zurückgelassen und nur die Köpfe mitgenommen, die für die Heimkehr im Voraus mit Hilfe von Bambusmessern abgetrennt worden waren.

So konnten die siegreichen Krieger endlich in ihren Weiler zurückkehren. Dort entledigten sie sich ihres Körper- und Kampfschmuckes, bevor sie sich wuschen. Sie erlangten danach ihre eigene Identität wieder, die sie bei ihrem Aufbruch zugunsten eines Ahnen aufgegeben hatten. Denn die Männer, die in den Krieg zogen, hatten eine Verwandlung durchlebt. Sie waren nicht mehr Teil ihrer Alltagswelt gewesen, sondern waren in die Welt ihrer Ahnen[15] eingetaucht.

Hier stoßen wir auf einen äußerst sensiblen Bereich der Kopfjagd in Neuguinea, nämlich die Zusammensetzung des Individuums, d. h. der einzelnen Teile, aus denen eine Person besteht. Die Verwandlung eines Kriegers fand im Laufe von langwierigen Vorbereitungen im Männerhaus statt. Gänzlich vollzogen wurde sie erst kurz vor dem Kampf, mit der Bemalung seines Körpers. Durch das Bemalen und das Anlegen von Schmuckstücken, die den Ahnen gehört hatten, aktivierten die Männer einen Teil des Clangeistes, der während der rituellen Handlungen bei der Initiation auf sie übergegangen war. Indem er sich schwarz anmalte und zu glänzen anfing, wie die *maro* im Männerhaus, entfachte der Krieger den Geist, der während der Initiation auf ihn übergegangen war. Dieser Geist aktivierte ihn und machte ihn gefährlich, bereit zu morden. Die Adjirab legen oft dar, dass ein Mann im Kampf einem Hund gleicht. Er ist gegenüber den sozialen Regeln taub geworden, steht über dem Gesetz. Die Gewalt geht nicht mehr von ihm aus, denn nicht er tötet, sondern sein *maro*. Dessen Namen schreit er während der ganzen Schlacht hinaus, besonders, wenn er den Feinden die Tod bringenden Schläge zufügt.

Die Angriffe waren sorgfältig vorbereitet und wurden meistens von einem Bündnis zusammengeschlossener Clans ausgeführt. Da ein Krieger jedoch seines eigentlichen Ichs beraubt war, war er nicht mehr in der Lage, in den Geist eines fremden Clans zu schlüpfen. Auch konnte er nicht im Namen fremder

---

[15] Dieses Phänomen ist vielen Gesellschaften in Neuguinea gemeinsam. Es ist unter anderem im Fall der Illahita-Arapesh am Sepik-Tal von Tuzin (Tuzin, Donald, "The Illahita Arapesh, Dimensions of Unity", University of California Press, 1976, 376 S.) und für die Gesellschaften in den Hochtälern von Strathern und Strathern untersucht worden: "Self-Decoration in Mount Hagen", University of Toronto Press, 1971, 208 S.; O'Hanlon Michael, "Reading the Skin. Adornment, Display and Society among the Whagi", Crawford House Press, 1989, 162 S., sowie Lemonnier, Pierre, "Guerres et Festins", Maison des Sciences de l'Homme, Paris, 1990, 189 S.

Ahnen töten. Um diesen Interessenkonflikt zu lösen, musste eine Art Machtübertragung stattfinden. Dies war die Aufgabe der Frauen aus der Verwandtschaft des für die Expedition verantwortlichen *bikman*, meist seine Schwestern oder deren Töchter. In der Nacht vor dem Kampf gaben sie ihre Körper den verbündeten Kriegern hin. Durch die Hingabe von Frauenkörpern erkauften die *maro* die Körper, die im Kampf getötet werden würden. Dadurch war es später einem clanfremden Krieger dann nicht mehr möglich, eine Tötung für sich zu beanspruchen. Eine Metapher der Männer verdeutlicht noch stärker die Rolle der Frauen: Ihre Hingabe an die sexuellen Gelüste der fremden *maro*-Krieger entsprach dem Ausheben von Gruben in der Erde, Löchern, die sie vor den Schritten der Feinde "graben" und in die diese unweigerlich hineinstolpern und sich verletzen werden. Somit stellt das Geschlecht der Frau die Schwäche des gegnerischen Kriegers dar.

Neben der Kopfjagd für und durch die *maro* existierten noch andere Formen der Tötungen. Erstens in Form von systematischen Kämpfen, regelrechten Kriegen, die zwischen den Clans durchgeführt wurden. Die verfügbaren Daten dazu sind leider sehr ungenau. Während die Alten eines Weilers noch heute mit malerischen Gebärden Angriffe auf feindliche Weiler nachahmen, sind demgegenüber Erzählungen über Kriege seltener zu hören, vermutlich, weil sie einer fernen Vergangenheit angehören. Es scheint, dass diese Kriege immer dann stattfanden, wenn zwei Gruppen einen schwerwiegenden Konflikt lösen mussten: zum Beispiel Plünderungen in fremden Gärten, Vergewaltigungen oder Raub von Frauen. Dann mussten die Verwandtschaftsgruppen eine intensive Zusammenarbeit zeigen. Das Austragen geschah auf einem Schlachtfeld, an einem gemeinsam zu bestimmenden Tag. Die ganze Kunst des Kampfes lag in der Geschicklichkeit der Krieger, sich so zu bewegen, dass es ihnen gelang, Speere, die dicht über dem Boden geworfen wurden, auszuweichen. Hinter jedem Kämpfer stand ein Knabe, der die Wurfspeere bereithielt. Kämpfer und Träger waren durch einen Schild geschützt, und der Erfolg ihrer Gruppe hing von ihrer Fähigkeit, Gesten und Bewegungen auf dem Schlachtfeld richtig zu koordinieren, ab. In einiger Entfernung bildete eine zweite Reihe von Kämpfern eine weitere Formation. Diese bestand aus jüngeren Knaben, die weniger kampferprobt waren. Mit Hilfe von Speerschleudern überzogen sie die feindlichen Reihen mit einem Hagel von Speeren. In diesen Kämpfen waren lediglich die Männer zum Töten verpflichtet, die selbst einen Toten zu rächen hatten. Folglich waren sie auf dem Schlachtfeld die aktivsten Kämpfer. Sie trugen deutlich erkennbare Merkmale: Gesichtsbemalungen oder Paradiesvogelfedern, die an ihren Schilden befestigt waren. Wenn sie einen Feind töteten, bemächtigten sie sich nicht seines Körpers, sondern schnitten ihm sofort den Kopf ab. Der Kampf konnte dann zu Ende gehen, wenn die erforderliche Anzahl von Toten erreicht war.

Eine zweite Form von Tötung, für die westliche Kultur noch irritierender, bringt Mitglieder derselben Verwandtschaftsgruppe ins Spiel. Hier wird die Tötung weder organisiert, noch angekündigt. Der Mord bringt keinerlei Ruhm ein, geschieht auf diskrete und schnelle Weise, das Opfer ist eine leichte Beute: ein Greis oder ein wehrloses Kind, ein Mensch, der allein in einem Garten steht, ohne jegliches Misstrauen gegenüber der ihm bekannten Person, die sich nähert. Die benutzte Waffe ist ein einfacher Dolch aus Kasuarknochen. Das Opfer wird zuerst wehrlos gemacht, dann wird der Dolch tief durch die Schlüsselbeingrube gebohrt, um das Herz zu treffen. Nachdem das Opfer enthauptet ist, wird seine Leiche unauffällig in einem Megapodennest verscharrt. Dieser Vogel (ein "Megapode" ist ein "Großfußhuhn") legt seine Eier in einen riesigen Haufen aus pflanzlichen Abfällen. Der abgetrennte Kopf wird in einen Korb gelegt, der üblicherweise für das Waschen von Sagomehl gebraucht wird, und in aller Stille an einem abgelegenen Ort im Sumpf oder bei einem seiner Wasserläufe vergraben. Einige Wochen später, wenn das Fleisch am Schädel verwest ist, wird der Korb ohne Aufsehen in den Weiler zurückgebracht. Die Schwestern des Mörders reinigen nun den Schädel von den letzten Fleischresten. Der Schädel wird ockerrot gefärbt, Augen und Ohren durch Muscheln ersetzt und durch den oben erwähnten Überzug aus pflanzlichen Stoffen und Öl eingefasst. So präpariert, findet der Schädel seinen Platz unter den Trophäen im Männerhaus, und der Name des Getöteten wird niemals öffentlich genannt.

Allerdings fanden die Tötungen manchmal auch auf anderen, viel verschlungeneren Wegen statt. Die Adjirab sagen dazu: Der Krieg verläuft im Zickzack, verschwindet mal hier, um bei einem anderen Mal an einem anderen Ort wieder aufzutauchen. Ein Beispiel illustriert diese besonders verzwickte Form der Tötung.

Es kommt vor, dass ein Jugendlicher, erzürnt über eine Anweisung, die er als ungerechtfertigt betrachtet, einen *bikman* beleidigt. Dieser antwortet nicht sofort. Er muss Herr seiner Gefühle und Affekte sein. Der Affront hat jedoch stattgefunden. Um ihn aus der Welt zu schaffen, beschließt der *bikman* den Tod des Jugendlichen, selbst wenn er seinem eigenen Clan angehört. Da er nicht öffentlich handeln kann, gibt er die Tötung in Auftrag. Zu diesem Zweck schickt er *opwa amene* - "verkleidete Parolen" - an eine Gruppe Verwandter, meistens die seines Vaters. *Opwa amene* sind kleine Päckchen, die Pfeilspitzen enthalten. Die Verwandten übernehmen es dann, den Mord auszuführen. Der *bikman* wird niemals in der Öffentlichkeit erklären, der Anstifter dieses in Auftrag gegebenen Mordes gewesen zu sein, außer den Kindern seiner Schwester gegenüber. Dennoch gehört ihm der Tote. Auch dieser wird jetzt auf sein Konto geschrieben, wie diejenigen, die er seinem *maro* geopfert hat. Aber weder er noch seine *maro* werden je die Leiche des Opfers sehen.

Leichnam, *maro* und *adje*

Die Behandlung der im Kampf oder bei Plünderungen eroberten Leichname war eine ganz andere. Diese wurden in das Männerhaus getragen und vor den *maro*-Schnitzereien aufgestellt. Aus diesem Anlass wurden die *maro* geschmückt. Die jüngsten unter den Initiierten hatten ihnen Federschmuck aufgesetzt und ihr Antlitz durch das Auftragen einer neuen Schicht aus Ockererde und Pflanzenöl aufgefrischt. Glänzend, strahlend, in all der Pracht ihres Schmucks, empfingen die *maro*, als Ebenbilder der Krieger, die Leichname.

Über den Ablauf der Rituale bestehen viele Unsicherheiten. Man stößt hier auf den geheimsten Teil der Kopfjagden. Selbst heute deuten die Männer nur an, was dabei geschah. Wurden die Leichname geschmückt? Erfuhren sie eine besondere Behandlung? War das Innere des Hauses mit spezifischen Palmenkonstruktionen versehen? Welche Rolle spielten dabei die Frauen? Welche Stellung war den verbündeten Clans zugedacht? Welche Atmosphäre herrschte im Weiler? Und in der Nähe der *maro*? So viele Fragen, die wahrscheinlich unbeantwortet bleiben werden.

Meine Kenntnisse hierüber beschränken sich auf eine kurze Beschreibung der wichtigsten Rituale. Behält man allerdings im Gedächtnis, dass diese Ereignisse über eine kurze Zeitspanne geschahen, so schließt es die Hypothese sehr komplexer Rituale aus. Tanzend ergriffen zwei Männer eine *maro*-Figur. Langsam näherten sie sich den am Boden liegenden Leichen. Immer noch langsam führten sie nun den Mund des *maro* zum Geschlechtsteil eines weiblichen und zum Hals eines männlichen Leichnams, damit der *maro* das Blut des Opfers trinken konnte. Diese Zeremonie wurde in der Rangordnung der Ahnenfolge für jeden *maro* wiederholt. Sobald der letzte *maro* satt war, wurden die Leichen, in der Vorstellung nun gewissermaßen blutleer, entweder weggeworfen, oder, nachdem sie dem Blick der *maro* entzogen worden waren, in Stücke geschnitten und unter den Kindern der Frauen des *bikman*, der für die Kopfjagd verantwortlich war, verteilt.

Ein Leichnam konnte auch dem *adje* des Männerhauses geschenkt werden. Auch hier musste er aber erst dem Blick der *maro* entzogen werden. Dazu wurde er in den vorderen, dem *adje* zugedachten Bereich des Männerhauses gebracht. Dort lag der Leichnam auf einer Tragbahre, in Fortführung der Mittellinie eines an der Decke hängenden eingefassten Objektes aus geflochtenen Palmblättern. Diese stellten symbolisch die Kriegseinbäume dar. Der Leichnam war aus diesem Anlass festlich geschmückt, seine Darbringung von Schmuck und Essensgaben begleitet. Die Tragbahre wurde aus dem Männerhaus getragen, geleitet von einem vorangehenden Zug aus zwei Reihen junger Sänger und Tänzer, die in ihren Gesängen an die großen Kampfestaten ihrer Ahnen erinnerten. Diesen Zug empfing der *adje*. Neue Gesänge und neue Tänze folgten. Anschließend wurde der Leichnam von jungen Männern aus dem Clan des *adje* zerlegt. Allerdings verzehrten sie das Fleisch nicht, denn es war für die Verwandten der Frau des *adje* bestimmt.

Dieser Zyklus von Austauschritualen endete einige Monate später, wenn der bemalte Schädel in das Haus des Kopfjägers zurückkehrte. Mit dem Schädel wurde auch ein Wildschwein als obligatorische Gegengabe für den *adje* mitgebracht. Wenn die Zeit kommen würde, würde der *adje* selbst einen anderen Leichnam zurückgeben. Wenn einem *adje* ein Leichnam als Gabe geschenkt wurde, so musste dies unter ganz besonderen Umständen erfolgen, außer wenn die Umstände gerade eine Kopfjagd ausgelöst hatten. Ein besonderer Umstand war zum Beispiel der Tod seiner Ehefrau. Die Schenkung eines Leichnams beendete die Trauerzeit. Mit der Gabe wurden zahlreiche Verbote aufgehoben, die auf dem Trauernden lasteten, zum Beispiel das Verbot, im eigenen Haus Feuer zu machen. So konnten die sozialen Verbindungen, die durch den Tod abgebrochen worden waren, wieder hergestellt werden.

Die Kopfjagd ist, wie die hier kurz beschriebenen Beispiele zeigen, eine vielschichtige Handlungsweise, die es wahrscheinlich vom eigentlichen Krieg zu trennen gilt. Es existieren nicht nur eine, sondern mehrere Formen von Tötungen, davon zwei besonders hervorgehobene. Entweder sind die Kriege geheim – in diesem Fall als *agiang gun* bezeichnet – oder aber sie sind öffentlich, dann nennt man sie *orem gun*. Im Falle eines *agiang*-Krieges muss der Name der Getöteten geheim bleiben. Meistens handelt es sich um Mitglieder der eigenen Verwandtschaftsgruppe. Im Falle des *orem gun* wurden die Tötungen mit viel Aufhebens angekündigt. Der häufigste Fall ist die siegreiche Heimkehr der Krieger aus einer Kopfjagd im benachbarten Weiler. In jeder Tötung ist jedoch hier einzig und allein dieselbe Verwandtschaftsgruppe verwickelt, bei den Adjirab ist es die matrilineare Verwandtschaftsgruppe. In diesem Sinne diente jede Kopfjagd dazu, die Gruppen neu zu begründen.

Wie Harrison dargelegt hat, definierten sich die Clans selbst, indem sie sich einen oder mehrere Feinde[16] aussuchten. In diesem Kontext stellt die Gewalt einen politischen Akt dar, der zwar die üblichen normalen Regeln überschreitet, aber zugleich die Ordnung wieder herstellen kann. Das Beispiel der Adjirab zwingt jedoch den Betrachter dazu, seine erste Sichtweise der Dinge zu modifizieren. Die Kopfjagden erforderten nämlich eine Zusammenarbeit unter den Gruppen. Zahlreiche Begegnungen zwischen den Verwandtschaftsgruppen fanden statt und nahmen vielerlei Formen und Gesichter an, je nachdem, welche Verwandtschafts- oder Allianzregeln herrschten oder welche Verpflichtungen zwischen den *adje* in diesem Moment bestanden. Keine der Beziehungsregeln war einfach, aber es gibt zwei, die die Basis für alle anderen bilden.

Die eine unantastbare Regel besagte, dass ein Mann – oder seine *maro* – das eigene Blut nicht trinken durfte: Daher konnte er auch nicht ein Mitglied

---

[16] Harrison 1993, siehe besonders Kapitel 8, wie Anmerkung 5.

seiner Verwandtschaftsgruppe aufessen. Die Tötungen mündeten nicht zwangsläufig in kannibalische Mahlzeiten, weit gefehlt. Die Leichen wurden manchmal einfach weggeworfen. Nur die Köpfe wurden aufbewahrt. Wenn auch die Kopfjagd eine vollendete Kunst darstellte, so war doch der Verzehr der Leichen überhaupt nicht zwingend vorgeschrieben. Wenn er doch stattfand, dann auf eingeschränkte Weise. In der Mehrheit der Fälle verteilte der verantwortliche *bikman* erneut kleine Leichenteile unter seinen Schwestern, seinen Brüdern und deren Nachkommenschaft (die sie aber nicht verzehren durften) und unter seinen eigenen Kindern (diese durften sie verzehren). Der Verzehr von Menschenfleisch hatte nur den Zweck, anlässlich eines Trauerfalls auferlegte Verbote wieder aufzuheben. Durch den Verzehr von Menschenfleisch oder Paradiesvogelfleisch, von denen einige Arten als große Kopfjäger angesehen wurden, wurde "dem Bauch neue Kraft verliehen". Das bedeutet, dass die Verwandtschaftsgruppe, die durch den Verlust eines Menschen geschwächt war, neue Lebenskraft schöpfen konnte.

Die zweite unantastbare Regel schrieb vor, dass man diejenigen, "denen man zu essen gegeben hatte", nicht töten durfte. Die Gesellschaft der Adjirab ist matrilinear, sodass die biologischen Kinder eines Mannes dem Clan der Mutter angehören. Ein Mann durfte also zum Beispiel ein Kind seiner Schwester töten – seines eigenen Clans –, aber niemals seine biologischen Kinder.

Die zuletzt erwähnte Regel veranschaulicht die Rivalität, die zwischen dem Clan väterlicherseits und dem Clan mütterlicherseits herrschte. Diese Rivalität verweist auf eine der unvermeidlichen ethnologischen Fragen im Pazifikraum: Über welche Mittel kann ein Clan für sich Rechte beanspruchen, die eigentlich in die Gerichtsbarkeit des anderen Elternteiles fallen? Im Falle der Adjirab nimmt diese Forderung eine besondere Form an. Die Gruppe der Kinder übernimmt eine gewisse Anzahl von Funktionen. Sie sind das Sprachrohr ihres Vaters. Sie erfassen und zählen seine Kopfjagden. Bei der Zelebrierung vergangener Kriege durch Lobgesänge sind es die Kinder, die durch Trommelschläge verkünden, wie viele heimliche Tötungen geschehen sollen. Die Kinder wiederum sind es auch, die diese geheimen Botschaften, die *opwa amene*, denen überbringen, die im Auftrag geheime Tötungen ausführen müssen. Den Kindern obliegt es schließlich auch, in wichtigen Austausch-Zeremonien die Vergabe zu leiten. Die Adjirab nennen sie, nur halb scherzend, *enturama*, Ahnengeister, die sich in der Gestalt von Krokodilen zeigen. Sie sind die "Geister" der Gruppe ihres Vaters. Sie halten sich im Hintergrund, verfügen über Wissen, sagen aber nichts, was nicht öffentlich gesagt werden sollte.

Dieses Verhältnis der Söhne zu ihren Vätern ist von vieldeutiger Natur. Es bindet zwei Verwandtschaftsgruppen sowohl auf komplementäre Weise als auch auf oppositionelle Weise. Ein Vater kann demnach seine Kämpfe nicht alleine verkünden, er muss sich dafür an die Kinder seiner Frau wenden. Inwiefern ein Vater aber auch Gegner in seinen Kindern sieht, wird anhand folgender einfacher Tatsache deutlich: Auf dem Schlachtfeld darf ein Vater keinen eigenen Sohn hinter sich stehen haben, denn dieser könnte ihn an die Feinde liefern und ihn somit zu einem seiner *orem gun* machen.

Es gibt also eine doppelte Buchführung der Köpfe. Wenn die geheimen Kriege, die ein Clan im Auftrag eines anderen ausführt, auf beiden Seiten verbucht werden, so darf der Kopfjäger seinen Kopf behalten und die Tötung öffentlich für sich beanspruchen. Das Geheimnis hierüber, von der beauftragenden Gruppe und seinen Verbündeten geteilt, kann nur unter außergewöhnlichen Umständen preisgegeben werden. Somit stellt sich das Männerhaus als ein erweiterter Reliquienschrein aller Trophäen, die sich durch Tötungen im Laufe der Zeit angesammelt haben, und als lebendiges Zeichen der Beziehungen dar, die die Verwandtschaftsgruppen verbanden.

Übersetzung aus dem Französischen von Isabelle Cecilia.

4

Tanzen auf mythischen Pfaden
Beziehungen zwischen Land und Menschen bei den Kobon in Papua-Neuguinea

Joachim Görlich

Ziel des Beitrages ist es zu zeigen, wie die Kobon im nördlichen Hochland von Papua-Neuguinea ihr Land kulturell wahrnehmen und konstituieren, welche Beziehung sie zum Land aufbauen und wie sie sich mit ihm identifizieren.

Das Land ist integraler Bestandteil der animistischen Sozio-Kosmologie der Kobon. Um die animistische Sozio-Kosmologien der Kobon analysieren zu können, greife ich auf zwei neuere theoretische Entwicklungen innerhalb der Ethnologie und Philosophie zurück.[1]

Zum einen wurde das Verhältnis zwischen Subjekt und Objekt bzw. zwischen Kultur und Natur neu überdacht. Statt von einer strikten Differenz zwischen menschlichen Subjekten und objektiven Dingen auszugehen - einem Postulat westlicher Gesellschaften -, wird nun zunehmend eine symmetrische Beziehung zwischen Menschen (Subjekten) und Entitäten (Objekten) wie Land, Tiere, Pflanzen, Geistwesen, Gaben, Kunstwerken, technischen Artefakten usw. betont. Dies basiert auf der Erkenntnis, daß sich in vielen Gesellschaften die Menschen zusammen mit nicht-menschlichen Wesen in ein umfassendes Netzwerk (Rhizom) eingebunden wahrnehmen. Das heißt, Kultur und Natur werden in solchen Lebenswelten als eine zusammenhängende soziale Assoziation betrachtet.

Zum anderen wird der Subjekt-Begriff immer stärker präzisiert. Es wurde erkannt, dass Personen nicht nur wie in modernen westlichen Gesellschaften als klar abgrenzbare, diskrete physische Entitäten wahrgenommen werden. Vielmehr werden Personen auch als Ausdruck (Objektivation) des Beziehungs-

---

[1] Siehe im Anhang eine umfassendere Darstellung dieser theoretischen Entwicklungen.

geflechtes, in welches sie eingebunden sind, gesehen. Eine Person stellt somit einen Mikrokosmos sozialer Beziehungen dar. Das heißt, sie setzt sich aus den sie konstituierenden sozialen Beziehungen zusammen.

In einer animistischen Sozio-Kosmologie sind sowohl menschliche Personen als auch nicht-menschliche Personen durch soziale Interaktionen in einem umfassenden Netzwerk miteinander verflochten. Das Person-Sein ist dabei das assozierende Element. Da menschliche und nicht-menschliche Wesen aufgrund ihrer Interaktionen in sozialen Beziehungen miteinander verbunden sind, nehmen die Menschen auch die nicht-menschlichen Wesen als Personen wahr.[2]

Im folgenden soll nun der Stellenwert des Landes in der animistischen Sozio-Kosmologie analysiert werden. Es soll gezeigt werden, wie das Land in verschiedene soziale Praktiken involviert ist und wie durch diese Praktiken Beziehungen zum Land hergestellt werden: Siedlungsweise, Prokreation, Wachstum, Nahrungstabus, mythische Pfade.

Siedlungsweise und Verwandtschaftsbeziehungen

Die etwa 6000 Kobon wohnen im stark zerklüfteten Schrader- und Bismarck-Gebirge in den nördlichen Ausläufern des Hochlandes von Papua-Neuguinea. Grundlage der Subsistenz sind der Anbau von Taro und Süßkartoffeln, die Schweinezucht und während der Regenzeit auch Jagen und Sammeln. Die egalitären Kobon leben in Streusiedlungen, die sich sowohl aus Weilern mit zwei bis drei relativ nah beisammen liegenden Häusern als auch aus isolierten Einzelhäusern zusammensetzen. Mehrere Haushalte bilden eine lokale Einheit, die mit einem Ortsnamen bezeichnet wird. Diese lokalen Einheiten basieren auf kumulativen Vater-Sohn Beziehungen. Ein relativ großer Teil von anderen Bluts- und Schwieger-Verwandten gehört ebenfalls den lokalen Einheiten an.

---

[2] Vgl. eine ähnliche Verwendung des Konzeptes der Person in anderen Analysen animistischer Kosmologien, so bei Bird-David (1999, S. 71, 73, 89), die zwischen "human" und "superhuman persons" unterscheidet, und bei Hallowell (1960, S. 30), der zwischen "human and other-than-human persons" differenziert.

Die lokalen Kollektive fluktuieren stark. Dennoch sind Land, Lokalität und Wohnen diejenigen Faktoren, welche die relativ stabilsten sozialen Assoziationen herbeiführen. Es gibt keine körperschaftlichen Abstammungs- oder Deszendenzgruppen, die kollektive Handlungen durchführen oder exogame Einheiten definieren. Da die Kobon keine unilineare Deszendenz-Klassifikation kennen, könnte man ihr Verwandtschaftssystem auch als ambilateral oder kognatisch bezeichnen.[3] Das heißt, dass zwischen den unterschiedlichen Verwandtschaftsbeziehungen größere Gleichwertigkeit besteht, da das Verwandtschaftssystem nicht durch eine Abstammungslinie dominiert wird (wie im unilinearen Fall). Die Kobon betrachten ihr Verwandtschaftssystem als ein dichtes und flexibles Netzwerk, welches sich nicht nur aus Menschen zusammensetzt, sondern auch aus Geistwesen, beseelten Tieren, Pflanzen und Orten. Haushalte und lokale Einheiten sind verdichtete Gefüge in diesem umfassenden Beziehungsnetz, die untereinander durch ein kontinuierliches Kommen und Gehen miteinander verbunden sind.

Wenn ich hier von einem Netzwerk sozialer Beziehungen spreche, dann sollen damit alle von den Kobon in ihrer Sozio-Kosmologie kulturell definierten Beziehungen erfasst werden. Das heißt, der hier verwendete Netzwerk-Begriff ist umfassender konzipiert als der Netzwerk-Begriff in der klassischen ethnosoziologischen Netzwerkanalyse, die sich nur auf die Beziehungen zwischen menschlichen Akteuren beschränkte. Vielmehr orientiert er sich an den im Anhang angeführten Konzepten des "Akteur-Netzwerkes" von Latour (1998) bzw. des "Rhizoms" von Deleuze (1992). Ein derartiger Netzwerk-Begriff schließt die klassische Netzwerkanalyse nicht aus, denn Beziehungen zwischen den menschlichen Akteuren sind ja nach wie vor von grundlegender Bedeutung.[4] Jedoch lässt sich das traditionelle Netzwerk-Konzept nur mit bestimmten Einschränkungen anwenden. Denn die Kobon nehmen hinsichtlich ihrer Vorstellung des Person-Seins keine Trennung sozial/biologisch vor. Den äußerlichen, "zwischenmenschlichen" Beziehungen (auf die sich die traditionelle Netzwerkanalyse konzentriert) einer Person entsprechen immer auch innerhalb dieser angelegte, interne Beziehungen,

---

[3] Eine einführende Erläuterung dieser verwandtschaftsethnologischen Terminologie gibt z.B. Keesing (1975).
[4] Vgl. auch Strathern 1996.

die die Position der Person definieren. Sie können nur durch ein erweitertes Netzwerk-Konzept erfasst werden.[5]

Prokreation und Land

Die Einbindung des Kindes in ein umfassendes Beziehungsgeflecht beginnt mit der Formung des Fötus und wird durch die Geburt weitergeführt. In den Prokreationsvorstellungen der Kobon spielt dabei das Blut eine wichtige Rolle. Das Blut einer Frau vermischt sich in der Gebärmutter mit dem männlichen Blut, wobei männliches Blut und Sperma hier gleichgesetzt werden. Durch das Vermischen von weiblichem und männlichem Blut bildet sich der Fötus. Der Geschlechtsverkehr muss öfter stattfinden, damit der Mann in ausreichendem Umfang mit seinem Blut zur Entwicklung des Fötus beitragen kann. Blut ist ein zentrales Beziehungs-Ikon bei den Kobon. Es ist ein metaphorisches Bild, das die verwandtschaftlichen Beziehungen zur väterlichen und zur mütterlichen Seite verkörpert.

Neben dem Blut ist auch *ana* für eine Person konstitutiv. *Ana* ist der Schatten, den eine Person wirft und ihr Spiegelbild im Wasser. Gleichzeitig ist *ana* auch eine Art von Doppel, das im Schatten und Spiegelbild zum Ausdruck kommt und die Person während ihrer Träume oder bei manchen Krankheiten verlässt. Darüber hinaus bezieht sich *ana* auch auf die Lebenskraft einer Person.[6] Im weitesten Sinn lässt sich *ana* als Seele übersetzen. Der Atem eines neugeborenen Babys wird als Zeichen der Geister dahingehend interpretiert, dass diese dem Kind dessen Seele oder Lebenskraft gegeben haben. Wenn ein Mensch stirbt, wird *ana* zu einem Geistwesen, das den Leichnam verlässt und dann *wip ana* genannt wird. Neben Ahnengeistern kennen die Kobon noch eine große Anzahl von anderen Geistwesen und beseelten Entitäten wie z.B. mythische Wesen, Pflanzen, Tiere oder Orte. Über gemeinsame Interaktionen wie z.B. Opfergaben, Divinationen oder das Erzählen von Mythen stehen menschliche und nicht-menschliche Personen miteinander in Beziehung. Durch die Seele

---

[5] Vgl. auch Strathern 1994.
[6] In vielen Gesellschaften Melanesiens, wie z.B. auch bei den Kalam (Bulmer und Pawley 2000), den Nachbarn der Kobon, werden diese beiden Aspekte der Seele mit unterschiedlichen Termini bezeichnet.

wird diese Gemeinsamkeit zwischen Menschen, Geistwesen und anderen beseelten Wesen zum Ausdruck gebracht. Man kann deshalb die Seele auch als einen indexikalischen und deiktischen Ausdruck im Sinne der Sprachpragmatik[7] deuten, der auf den relationalen Kontext verweist, in dem sich die menschlichen und nicht-menschlichen Personen befinden.[8]

Zahlreiche beseelte Entitäten sind lokalisiert oder werden mit Orten identifiziert. Deshalb wird nach den Vorstellungen der Kobon ein Mensch, sobald er eine *ana* hat, genauso vom Land - via der Seele - bewohnt, wie der Mensch das Land bewohnt. Land-Körper und Menschen-Körper gehen ineinander über oder werden - wie Basso[9] es für nordamerikanische Indianer ausgedrückt hat - "gewissermaßen eins".

Wachstum und Land

Blut und Seele sind also wichtige Beziehungs-Bilder oder -Images bei den Kobon. Schon beim Neugeborenen sind sie ikonischer Ausdruck aller Beziehungen zu den menschlichen und geistigen Wesen, die an seiner Schaffung mitgewirkt haben. Das Neugeborene stellt eine fraktale Verdichtung dieser Beziehungen dar. Es ist die Objektivation der geschlechtlichen und kosmologischen Beziehungen, die das Neugeborene produziert haben. Die Personen, die das Neugeborene produziert haben, sind aber selbst wieder Objektivation geschlechtlicher und kosmologischer Beziehungen usw. Solche iterativen Prozesse führen zu Strukturen, die sich auf verschiedenen Ebenen gleichen. Auf die fraktale Logik der Beziehungen kann ich hier nicht en détail eingehen. Es soll nur ein Konzept erwähnt werden, das einen zentralen Bestandteil dieser

---

[7] Indizes sind Zeichen, deren Bedeutung von dem Kontext, in dem sie geäußert werden, abhängt. Deiktische Ausdrücke stellen ebenfalls situationsabhängige Bezüge zu den Elementen der Rahmensituation her und können deshalb wechselnde Referenzobjekte haben (Vgl. z.B. Foley 1997, S. 25f und 326f).

[8] Viveiros de Castro (1998, S. 476) verwendet diese semiotisch-sprachpragmatischen Termini im Zusammenhang mit seiner Analyse der animistischen Sozio-Kosmologien Amazoniens. Bei ihm steht allerdings das perspektivische Moment im Mittelpunkt. Es spielt auch in den Interaktionen der Kobon eine Rolle, wurde hier jedoch nicht in das Zentrum der Analyse gerückt (vgl.hierzu auch Stratherns [1988] perspektivische Analyse des Gabentausches).

[9] 1988, S. 122.

Logik darstellt, und das von M. Strathern[10] als "eclipsing" bezeichnet wird. Da Personen als Mikrokosmen sozialer Beziehungen nicht nur Objektivationen von Beziehungen darstellen, die sich aus direkten Interaktionen ergeben, sondern auch aus den Beziehungen, die in diesen primären Beziehungen fraktal enthalten sind, können in bestimmten Situationen bestimmte Beziehungen beseitigt und aufgehoben ("eclipsed") werden.[11] Damit wird eine prozessuale Identitäts-Analyse möglich, die zeigt, wie bestimmte Aspekte der Identität einer Person, in Abhängigkeit von der Situation, in welche sie involviert ist, in den Vordergrund oder Hintergrund gerückt werden.[12]

Aufgrund der fraktalen Personen-Struktur sind die Netze, in die die neugeborene Person eingebunden ist, also sehr umfassend. Das von Geburt an präsente, allgemeine, relationale Eingebundensein einer Person erhält im weiteren Lauf ihres Lebens durch ständige Konkretisierungen immer wieder eine neue Form. Deshalb kann der Körper einer Person bei der Geburt trotz seiner umfassenden relationalen Anbindung auch nicht endgültig ausgeformt sein. Er kann auch nicht von selbst wachsen, sondern muss zum Wachsen gebracht werden. Um die richtige relationale Form in Erscheinung zu bringen, muss für das angemessene Wachstum des Körpers gesorgt werden: "making the right form appear included having to insure proper growth".[13] Das heißt, Wachstum stellt nicht die autonome Entfaltung einer biologischen Essenz dar, die der Mensch mittels Übertragung im Moment der Empfängnis erhalten hat (sprich Gene), wie das im westlichen biologischen Wachstums- und Verwandtschaftsmodell angenommen wird. Wachstum ist vielmehr zu verstehen als die Schaffung einer Person innerhalb der Sphäre des Ernährens. Wenn ich in diesem Zusammenhang bei den Kobon immer noch von Verwandtschaft spreche,

Abb. 1 Tarogarten, Foto Joachim Görlich
Abb. 2 Mutterstein des Taro, Foto Joachim Görlich

---

[10] 1988, S. 219.
[11] Stratherns Konzept des "eclipsing" (1988, 1991) orientiert sich an Roy Wagners (1978) Konzept der "obviation", welches wiederum in Auseinandersetzung mit der Hegelschen Dialektik entworfen wurde, wo These und Antithese in der Synthese "aufgehoben" sind, d.h. beseitigt, bewahrt und hinaufgehoben sind (zu Hegels dialektischem Begriff "aufgehoben" siehe Störig 1969, S. 126).
[12] Strathern 1988, 1991 und dazu erläuternd und graphisch veranschaulichend Gell 1999, insbes. 49ff.
[13] Strathern 1999, S. 14.

dann impliziert dies eine Erweiterung der Definition von Verwandtschaft. Verwandtschaft basiert m. E. nicht mehr notwendig und ausschließlich auf einem genealogischen Beziehungsraster, sondern ist eher im Sinn von Holy[14] zu verstehen, "as a culturally specific notion of relatedness deriving from shared bodily and/or spiritual substance and its transmission". In einem solchen erweiterten Verwandtschaftsmodell nimmt auch das Land einen anderen Stellenwert ein. Land ist nicht mehr nur eine Oberfläche, auf der sich das Leben abspielt, wie das im genealogischen Verwandtschaftsmodell angenommen wird, sondern Land ist nun konstitutiv für das Leben. Die Menschen stehen mit dem Land in einer Beziehung, und das soziale Leben entfaltet sich aus den dabei stattfindenden Interaktionen.[15]

Bei den Kobon sind Nahrungsmittel eine wichtige Quelle des sozialen und körperlichen Wachstums einer Person. Einige Nahrungsmittel wie Taro oder Pandanus spielen dabei eine symbolisch herausragendere Rolle als andere. Nahrung formt den Körper des Menschen und gibt ihm Substanz auf die gleiche Weise, wie Vater und Mutter mit ihrem Blut dem Körper des Kindes Substanz gegeben haben. Die Substanz der Nahrung wurzelt in der Substanz des Landes, genauer gesagt des bebauten und gepflegten Landes. Da das Wachstum der Nahrungspflanzen auf dem Land nicht von selbst stattfinden kann, muss das Land vom Menschen bestellt werden. Durch seine produktive Arbeit gibt der Mensch dem Land Substanz.

Neben der menschlichen Bearbeitung des Landes ist auch der Einfluss der Geistwesen für das Wachstum der Pflanzen wichtig. Die Menschen versuchen, den Einfluss der Geistwesen durch magische und rituelle Praktiken in positive Bahnen zu lenken. Die Geistwesen werden z.B. als Vögel vorgestellt, die um die Gärten herumfliegen und sich um die sich darin befindenden Pflanzen kümmern sollen.[16]

---

[14] 1996, S. 171.
[15] Ingold 2000, Leach 2003.
[16] Vögel, die sich in der Nähe der Gärten aufhalten und von den Kobon als zeitweilige Objektivationen der Geister aufgefaßt werden, sind beispielsweise der zur Familie der Fächerschwänze gehörende Gartenfächerschwanz (Kobon *jürajür*, Engl. *Willie Wagtail*, Lat. *Rhipidura leucophrys*) und das zur Familie der Drosseln gehörende Mohrenschwarzkehlchen (Kobon *uḥmeñ*, Engl. *Pied Chat*, Lat. *Saxicola caprata*). Dies ist auch bei den benachbarten Kalam der Fall, wie Majnep und Bulmer (1977, S. 100ff) in ihren detaillierten ethnozoologischen Beschreibungen gezeigt haben.

Von besonders großem Einfluss sind die Geistwesen, die von den Kobon mit bestimmten Steinen in Verbindung gebracht werden. Diese Steine, die ein Loch oder eine Wölbung in der Mitte besitzen, werden vor allem in die Taro-Gärten gelegt. Sie werden von den Kobon als "Muttersteine des Taro" (Tokpisin: *mama ston bilong taro*) bezeichnet. Bevor sie im Garten platziert werden, werden diese Steine durch Fruchtbarkeitsrituale mit den Ahnengeistern in Verbindung gebracht, damit sich die Geister dann um das Wachstum des Taros kümmern können. Durch die in den Steinen objektivierte Präsenz der Geistwesen wird jedoch nicht nur das Wachstum von Nahrungspflanzen ermöglicht. Da der gesamte Garten durch die Steine mit Geistwesen gewissermaßen imprägniert ist, kann die im Land enthaltene Kraft an die Nahrungsmittel und darüber hinaus auch an die Menschen weitergegeben werden und so das Wachstum der Menschen ermöglicht werden.[17]

Nahrungstabus und Land

Die vorangegangene Darstellung zeigt, dass für die Kobon das Schaffen einer gemeinsamen Substanz nicht nur durch Prokreation erreicht wird, sondern auch durch das Teilen des gleichen Wohnsitzes und der Nahrung, die auf diesem gemeinsamen Land wächst. Dieser Zusammenhang wird noch deutlicher, wenn das elaborierte Tabusystem der Kobon in die Analyse des Verwandtschaftssystems mit einbezogen wird. Am wichtigsten sind in Bezug auf die Definition des Verwandtschaftsstatus die Nahrungstabus, durch die geregelt wird, wer mit wem welche Nahrung auf welche Weise essen darf. Zum Beispiel ist es Kreuz-Cousins (das sind die Kinder von Geschwistern unterschiedlichen Geschlechts) nicht erlaubt, Nahrung zu essen, die einer von ihnen mittels Beißens zerteilt hat; für Schwiegervater und Schwiegersohn gilt darüber hinaus noch, dass es auch nicht erlaubt ist, etwas zu essen, was von dem jeweils anderen mit der Hand zerteilt worden ist. Soweit nur zwei Beispiele für die bei

---

[17] A. Strathern weist in einem Artikel (1973), in dem er sich vergleichend mit Lokalität in Neuguinea auseinandersetzt, auf diesen symbolischen Zusammenhang zwischen Land, Nahrung, Geistwesen und Verwandtschaft bei den Siane im Hochland von Papua-Neuguinea hin. J. Leach (2003) hat dieses Thema aufgegriffen und, beeinflusst durch T. Ingold (2000), detailliert aufgezeigt, welche aktive Rolle bei den Reite-Leuten an der Nordküste von Papua-Neuguinea das Land bei der Konstitution einer Person spielt.

den Kobon in großer Zahl existierenden Nahrungstabus. Die Nahrungstabus können eine Differenzierung der verwandtschaftlichen Beziehungen konstituieren, die sowohl detaillierter als auch umfassender sein kann als die von den Kobon verwendete Verwandtschaftsterminologie.[18]

Personen können in bestimmten Situationen - z.B. wenn sie eine größere verwandtschaftliche Nähe herstellen wollen - auch ihre Verwandtschaftsbeziehungen ändern, indem sie die Nahrungstabus befolgen, die normalerweise von den Personen befolgt werden, die durch diese Art von Beziehung miteinander verbunden sind. Indem die Essensrestriktionen befolgt werden, die für eine bestimmte Verwandtschaftsbeziehung gelten, wird auch die gemeinsame Substanz (= Kon-Substanzialität) geschaffen, die Ausdruck dieser neuen Beziehung ist. Über das Befolgen von Nahrungstabus werden also Verwandtschaftsidentitäten geschaffen.[19] Dies ist möglich, da für die Kobon gemeinsame, verwandtschaftliche Substanz nicht allein über Zeugung und Geburt weitergegeben wird, sondern auch über andere Prozesse wie das Teilen von Nahrung und das Bebauen von Land.

Auch Leute, die zu einem Haushalt in einen anderen Ort ziehen, erreichen diese Kon-Substanzialität mit den Mitgliedern der neuen Lokalgruppe, indem sie die entsprechenden Nahrungstabus befolgen, die mit diesem Ort assoziiert sind. Jede Lokalgruppe hat ihre eigenen spezifischen Tabus. Während es in dem einen Ort z.B. nicht erlaubt ist, eine bestimmte wildwachsende Knollenfrucht zu essen, ist in einem anderen Ort der Konsum einer bestimmten Taube verboten. Wie ich weiter oben bereits erwähnt habe, führen die Bewohner eines Ortes - der durch einen Namen bezeichnet ist - keine gemeinsamen Handlungen als korporative Gruppe durch. Die Tabus geben ihnen aber

---

[18] Graham Jackson (1991) gibt einen Überblick über die große Vielfalt an Tabus bei den Kobon. Dabei sieht er Tabus nicht als einen Prozess, durch den Identitäten konstituiert werden, sondern betrachtet Tabus als Teil des Rollenverhaltens, das bestimmten Verwandtschaftskategorien entspricht (1991, S. 267). Die Verwandtschaftskategorien sind vorgegeben. Sie werden auf der einen Seite durch die Verwandtschaftstermini und auf der anderen Seite auf noch feinere oder umfassendere Art durch die Nahrungstabus unterschieden (1991, S. 268).

[19] Schon 1977 hat Alfred Gell zur Analyse von Tabus bei den Umeda in Papua-Neuguinea eine solche prozessuale Interpretation vorgeschlagen, die in der Praxis der Tabus die performative Konstituierung einer Person sieht. Inzwischen hat dieser prozessuale Interpretationsansatz von Tabus weite Verbreitung gefunden; siehe z.B. Lambek (1992), Valeri (2000) und Vilaça (2002).

trotzdem eine gewisse lokale Identität, und sie differenzieren die Bewohner eines Ortes von anderen Orten, die durch andere Kon-Substanzialitäten charakterisiert sind.

Mythische Pfade

Anhand von verschiedenen Beispielen habe ich gezeigt, wie zwischen Menschen und Land bei den Kobon Verbindungen hergestellt werden. Im letzten Teil des Beitrages soll nun ein weiterer wesentlicher Bestandteil dieser Land-Mensch-Identifikation untersucht werden, nämlich die mythischen Pfade. Die Gesänge und Tänze des Initiationsritual-Zyklus sind geprägt von diesen mythischen Pfaden. Sie bilden einen elementaren Bestandteil des kosmologischen Wissens, das in diesen Ritualen in besonders dichter Weise übermittelt wird.

Der männliche Initiationszyklus umfasst im Gebiet des Wulamer-Flusses drei Hauptrituale, die von den Kobon als Wachstums-Rituale betrachtet werden. Das erste Ritual ist das Ankleide-Ritual für Jungen im Alter von etwa 2 bis 4 Jahren. Zwei Handlungskomplexe nehmen in diesem Ritual breiten Raum ein: Das zeremonielle Bekleiden der Jungen einerseits und das Singen des Kasuar-Mythos andererseits. Das zweite Ritual ist das sogenannte *almagö*-Ritual. Es wird für Jungen im Alter von etwa 8 bis 10 Jahren abgehalten. Das Ritual besteht im Kern darin, dass die Initianden mit schwarzem Pflanzensaft vom *almagö*-Baum eingerieben werden und sie eine geflochtene schwarze Netzhaube aufgesetzt bekommen, die sie mindestens ein Jahr lang aufbehalten müssen. Außerdem wird auch hier eine Reihe mythischer Lieder gesungen und gleichzeitig getanzt. Ungefähr zwei Jahre später wird eine Zeremonie abgehalten, in der die Nasenscheidewand der Initianden durchstochen wird. Sie wird deshalb auch als Nasenpiercing-Ritual bezeichnet. Alle drei Rituale finden unter Ausschluss der Frauen in speziell errichteten Ritualhäusern statt.[20]

Wie in anderen Gesellschaften Neuguineas so werden auch bei den Kobon mittels der Initiationsrituale die Geschlechter-Beziehungen der Initianden neu geordnet und bestimmt (vgl. z.B. Strathern 1993). Durch die räumliche

---

[20] Einen kurzen Abriss des gesamten Zyklus gibt Numazawa (1968).

Abtrennung der Jungen vom weiblichen Bereich bzw. durch die Entfernung von mütterlichen Körperflüssigkeiten aus den Körpern der Jungen vermitteln die Männer den Jungen eine neue männliche soziosexuelle Identität. Wie ich oben schon erwähnt habe, sind im Blut eines Jungen die Beziehungen zu väterlichen und mütterlichen Verwandtschaftsnetzen verkörpert. Durch die Prozedur des Blutlassens sollen die weiblichen Substanzen und Einflüsse in einem Jungen reduziert werden, um ihn dadurch gewissermaßen zu maskulinisieren und ihm die Kapazität zu vermitteln, als Ehemann reproduktiv tätig zu werden. In ähnlicher Weise tragen auch zahlreiche Nahrungstabus, die der Junge während der Initiation und im Anschluss daran für längere Zeit einhalten muss, dazu bei, dass der Junge mit keinen weiblich konnotierten Pflanzen und Tieren in Berührung kommt und dadurch eine männliche Identität erhält.

Neben den Geschlechter-Beziehungen spielen in den Initiationsritualen noch andere Beziehungen eine wichtige Rolle, und zwar die zu Geistwesen, Tieren, Pflanzen, Wertgegenständen und Orten.[21] Diese Beziehungen werden bei der Übermittlung von kosmologischem Wissen und Praktiken thematisiert.[22] Wie bereits erwähnt wurde, ist der Junge von Geburt an nicht nur über das Blut der Eltern mit anderen Menschen verbunden, sondern er steht über die Seele mit Geistwesen und anderen beseelten Entitäten in Verbindung. Dieses relationale Feld wird - wie dies auch schon beim Geburtsritual erfolgt ist - in den Initiationsritualen noch weiter differenziert, spezifiziert und ausgebaut. Durch das rituelle Herausarbeiten von Beziehungen mit Geistwesen, Tieren, Pflanzen und Orten - dem Kern der Kosmologie - wird das Wachstum der Jungen herbeigeführt.

Die relationale Konstituierung einer animistischen Kosmologie durchzieht den gesamten Initiationsritual-Zyklus. Schon zu Beginn des Ankleide-Rituals versucht man über eine Vielzahl detaillierter Praktiken zu erreichen, dass die Kinder mit den Geistwesen in Verbindung treten: So z.B., indem Wasser auf das Ritualhaus geschüttet wird, indem Pflanzen auf die Sitzplätze der Initianden

---

[21] Diese nicht-menschlichen Personen können natürlich auch wieder geschlechtlich konnotiert sein. Aber der geschlechtliche Aspekt muß nicht notwendigerweise im Vordergrund stehen bzw. kann auch unbedeutend sein.
[22] Wie das bei anderen Initiationsritualen in Neuguinea auch der Fall ist (vgl. z.B. Barth (1987), Telban (1997) oder Whitehouse (2000).

gelegt werden und indem Feuer im Ritualhaus angezündet wird, man es ausgehen lässt, um es dann wieder anzuzünden. Dabei werden gleichzeitig bestimmte Geistwesen angesprochen. Auf alle diese relationalen Interaktionen, die die Jungen mit der kosmologischen Dimension ihrer Lebenswelt bekannt machen sollen, kann ich hier nicht eingehen. Ich möchte jedoch zeigen, wie die Kosmologie im Land gründet und wie soziale Identitäten durch das Land und mit dem Land geschaffen werden. Hierfür möchte ich darstellen, wie die mythischen Pfade in der Ritual-Performance der ersten beiden Initiationen, dem Ankleide- und dem *almagö*-Ritual, in Form von Gesang und Tanz konstruiert werden.

Beim Ankleide-Ritual wird in der Nacht mehrere Stunden lang der Kasuar-Mythos gesungen. Ein Mann singt den Text strophenweise. Nach jeder Strophe wird von einer Gruppe von Männern der Refrain gesungen. Die lautmalerischen Wörter des Refrains (z.B. *sio-nagogogo*) variieren je nach Handlungsablauf der Geschichte. Ebenso variiert die Melodie des Textgesanges und die des Refrains. Der Mythos besteht aus mehreren Fragmenten, die außerhalb des rituellen Kontextes auch unabhängig voneinander erzählt werden. Beim rituellen Singen werden einzelne Teile der Geschichte wiederholt. Es kommt hierbei zu inhaltlichen Sprüngen und damit auch zu Verschachtelungen, um besonders signifikante Ereignisse herauszustellen. Auf alle diese Stilmittel kann ich hier nicht eingehen. Auch die Einleitungs- und Schlussfragmente müssen unberücksichtigt bleiben. Es soll nur der Kern des Mythos in zwei Teilen wiedergegeben werden.

Erster Teil des Kasuar-Mythos

In Magroabön wohnt ein Mann, dessen Cousin vor kurzer Zeit verstorben ist. In der Nähe von Magroabön tötet er einen Kasuar und wird daraufhin zusammen mit dem Kasuar in eine Unterwelt transferiert. Dort befinden sich zahlreiche Geistwesen. Zu diesen Geistwesen gehört auch sein verstorbener Cousin. Mit ihm zusammen isst er den Kasuar. Dann schicken ihn die Geistwesen wieder zu seinem Herkunftsort zurück. Mit Hilfe der Geistwesen, die ihn befähigen, Jagdmagie zu praktizieren, kann der Mann jetzt viele Tiere erlegen. Dieser Jagderfolg stoppt aber abrupt, als seine Frau das Geheimnis von seiner Reise in die Unterwelt an andere Personen verrät.

Zweiter Teil des Kasuar-Mythos

Ein Mann aus Magroabön hält sich nicht weit von diesem Ort am Ufer des Flusses Kaironk auf und sieht Gartenabfälle vorbeischwimmen. Die Gartenabfälle stammen von einer Frau, die zusammen mit ihrem Bruder in Munduwandön wohnt, einem Ort, der in der Nähe des Flusses Mundumbul liegt, einem Nebenfluss des Kaironk. Der Bruder der Frau hatte ihr eigentlich verboten, Abfälle in den Fluss zu werfen. Aber eines Tages, als der Bruder beim Jagen ist, missachtet sie dieses Verbot und wirft die Abfälle in den Fluss Mundumbul. Sobald der Mann aus Magroabön, der sich am Unterlauf des Kaironk aufhält, die Gartenabfälle vorbeischwimmen sieht, folgt er ihnen flussaufwärts, bis er die Frau entdeckt (siehe durchgezogene Linie in Karte 1). Er nähert sich der Frau und hält sie fest. Die Frau ruft um Hilfe. Dies hört ihr Bruder, der sich gerade auf der Jagd befindet (siehe breit gestrichelte Linie in Karte 1). Er eilt zu ihr zurück und tötet den Mann, der seine Schwester bedrängt hat. Der Cousin des Getöteten folgt dessen Spuren und entdeckt die Leiche. Er holt Verstärkung aus allen Siedlungen der Kobon, um eine Racheaktion durchzuführen. Bruder und Schwester müssen vor den Angreifern fliehen (siehe gepunktete Linie in Karte 1). Während der Flucht achtet der Bruder nicht richtig auf seine Schwester. Deshalb fällt sie in eine Grubenfalle, wo sie sich in einen Kasuar verwandelt. Der Bruder flieht weiter und heiratet in Müngünab eine Frau, die tief im Regenwald wohnt. Sie bekommen einen Sohn. Dieser Sohn wird dann vom Kasuar entführt (siehe kurz gestrichelte Linie in Karte 1). Der Kasuar zieht das Kind auf. Sie leben gemeinsam in einem Haus in Aurin, welches der inzwischen erwachsen gewordene junge Mann für seine Ziehmutter, den Kasuar, gebaut hat. Eines Tages entdecken zwei Frauen, die aus dem weiter entfernt gelegenen Dorf Ruti gekommen sind (siehe Strichpunkt-Linie in Karte 1), um verschiedene Pflanzen für ein Fest zu sammeln, den jungen Mann. Sie überreden ihn, mit in ihren Weiler Ruti zu kommen, um sie zu heiraten. Der Kasuar ist sehr erbost über das plötzliche Verschwinden seines Sohnes. Als er auf der Suche nach ihm auch in die Nähe des Weilers der beiden Frauen kommt, wird er von einem Jäger getötet. Als der junge Mann dies erfährt, tötet er sich aus Gram. Daraufhin werden die Schwestern, die den jungen Mann geheiratet haben, von ihren Brüdern zur Rechenschaft gezogen.

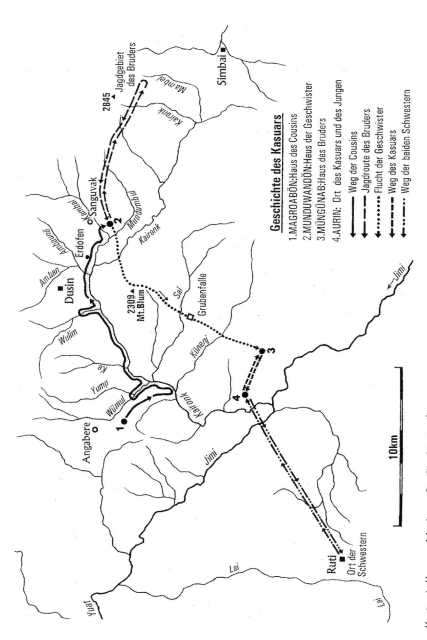

Karte 1 Kasuar-Mythos; Grafik Görlich/Cuber

In dem hier knapp zusammengefassten Kern des Kasuar-Mythos wird der Verlauf von fünf Pfaden besungen (in der Karte 1 als Pfeile mit unterschiedlich gestrichelten und gepunkteten Linien eingezeichnet). Man könnte sie deshalb auch als *songlines* bezeichnen, ein Wort, das von australischen Aborigines zur Bezeichnung der von ihnen besungenen mythischen Pfade verwendet wird. Allerdings gibt es zwischen den *songlines* der Kobon und den australischen *songlines*[23] einen deutlichen Unterschied: Das Moment der Schaffung von Orten durch die mythischen Wesen ist bei den Kobon nicht so offensichtlich wie bei den australischen Aborigines. So wie der Mythos erzählt wird, kann eine Reihe von Orten durchaus zum ersten Mal von den mythischen Wesen betreten worden sein. Dennoch werden diese Wesen nicht als die genuinen, d.h. im wörtlichen Sinne als die Schöpfer dieser Orte betrachtet. Stattdessen wird durch die mythischen Wesen den Orten eine neue kosmologische Dimension zugewiesen.

Alle fünf Pfade (die auch in der Karte eingezeichnet sind) werden sehr ausführlich besungen. Beim ersten Pfad (siehe durchgezogene Linie in Karte 1), auf dem der Mann den Gartenabfällen der Frau folgt, wird geschildert, wie der Mann nicht nur den Kaironk-Fluss hochgeht, sondern auch einzelne Nebenflüsse absucht, um herauszufinden, wo die Abfälle herkommen. Nachdem er auf seiner Wanderung oder Reise (Tokpisin: *wokabaut*) eine gewisse Wegstrecke hinter sich gebracht hat, setzt er sich immer wieder auf einen Stein, schärft seinen Kasuar-Dolch und hält Ausschau nach weiteren Abfällen. Fast ebenso ausführlich wird der zweite Pfad beschrieben, auf dem der Bruder seiner Schwester zu Hilfe eilt, nachdem er ihre Hilferufe vernommen hat. Immer wieder muss er anhalten, um das Rufen der Schwester zu lokalisieren und um auch selbst mit ihr in Ruf-Kontakt treten zu können. Der dritte Pfad, d.h. die Flucht der Geschwister (siehe gestrichelte Linie in Karte 1), wird ebenfalls sehr ausführlich geschildert. Um zumindest einen Ausschnitt aus der Originalversion hier vorzustellen, greife ich auf einen Text von Saem Majnep zurück. Saem Majnep, der zu den mit den Kobon benachbarten Kalam gehört, hat zusammen mit dem Ethnologen Ralph Bulmer in einem gemeinsam verfassten Buch (1977) einige Teile des Kasuar-Mythos aus der Sicht der Kalam veröffentlicht. Der Fluchtpfad der Geschwister deckt sich weitestgehend in der Kalam- und der Kobon-Version.

---

[23] Wie sie z.B. von Rumsey 2001 beschrieben werden.

Der Bruder, der darüber verärgert ist, dass er aufgrund des Fehlers der Schwester fliehen muss, geht bei der Flucht voraus, ohne sich weiter um die Schwester zu kümmern. Sowohl Bruder als auch Schwester verwenden Pfeil und Bogen, um ihren Fluchtweg zu markieren: "The brother took his bow, and standing there at Bayb-jy, he shot an arrow to As-ktop [...] . The sister just waited. Then the brother ran to As-ktob, and shot the arrow to Sagay [...]; and the sister then shot an arrow [from Bayb-jy] to As-ktop. The brother reached Kwlkwp, and shot his arrow to Basaben; the sister stood at Sagay and shot her arrow to Kwlkwp. The brother came to Basaben and shot his arrow to Klepn; and the sister reached Kwlkwp and shot her arrow to Basaben. The brother came to Klepn and shot his arrow to Wegp; the sister shot her arrow to Klepn. .... ".[24]

Die Pfade verbinden bestimmte Orte im Kaironk-Tal, über deren mythische Bedeutung weitestgehende Einigkeit besteht; so z.B. über den Ort des Hauses, wo die Geschwister wohnen, den Platz, wo die Schwester in eine Grubenfalle fällt, oder den Weiler, wo die beiden Schwestern herkommen. Andere unbedeutendere Ortsnamen, die von einem Sänger rezitiert werden, sind jedoch häufig nicht allen anderen Mitwirkenden bekannt. Und auch über den genauen Weg der mythischen Akteure kann es unterschiedliche Vorstellungen geben, weshalb es manchmal zwischen den Sängern zu einer Diskussion über den richtigen Wegverlauf kommen kann.[25]

Beim *almagö*-Ritual wird ein umfangreiches Repertoire von mehr als 30 Liedern gesungen und gleichzeitig auch getanzt. Die Tänzer bewegen sich kontinuierlich um die in der Mitte des Ritualhauses sitzenden Initianden. Der Vorsänger und öfter auch andere Männer singen den Haupttext, während der Rest der Männer im Chor den Refrain intoniert, der von einigen Sängern mit Trommeln begleitet wird. Die Sänger und Tänzer sind bemalt und tragen Körperschmuck, darunter auch viele Vogelfedern. Für die Kobon stehen viele Vögel in einer besonderen Beziehung zu Geistwesen. Und mit diesen Geistwesen sind die Tänzer während ihrer Performance stärker assoziiert als mit den Menschen. Die Länge der

---

[24] Majnep und Bulmer 1977, S. 180.
[25] Rumsey (2001, S. 31) weist bei seinem Vergleich zwischen australischen und melanesischen Pfadstrukturen darauf hin, dass in Melanesien die Wirkkraft der Ortsnamen stärker als in Australien losgelöst sein kann von der physischen Realität der tatsächlichen Orte in der Landschaft.

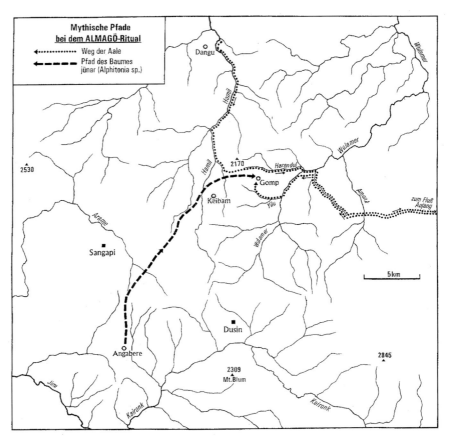

Karte 2 Mythische Pfade beim *almagö*-Ritual; Grafik Görlich/Cuber.

getanzten Lieder reicht von weniger als zehn Minuten bis zu über einer Stunde. Im Unterschied zum Kasuar-Mythos besitzen diese Lieder keinen komplexen Handlungsplot. Es wird über konkrete Dinge gesungen wie Bäume, Häuser, Vögel, Opossums, Aale, Netztaschen, Körperteile, Baum-Säfte und insbesondere den *almagö*-Saft, der auf die Körper der Initianden aufgetragen wird. Und es wird über einfache Aktivitäten gesungen. So z.B. über den Bau eines Hauses; über das Fangen und Verteilen von Aalen; über bestimmte Vögel, die herkommen sollen, während andere wegbleiben sollen; über das Verstecken eines Opossums in einem Baumloch; über das Anfüllen der Netztasche mit Baum-Säften und über das Schwärzen der Köperteile der Initianden mit dem *almagö*-Saft.

In den meisten dieser Lieder spielen Ortsnamen eine wichtige Rolle. Sie informieren über den Standort der besungenen Dinge und Ereignisse: Wo sind die Bäume, die Opossums, die Aale bzw. wo werden die Aale mit den Fallen gefangen, oder wo findet das Anfüllen der Netztaschen mit Pflanzensaft statt, usw. Die Lokalisierung der Dinge und Ereignisse ist in manchen Liedern so elaboriert, dass sich der rezitierte Text zu mehr als 60% aus Ortsnamen zusammensetzt.

Viele dieser Ortsnamen sind in Form von mythischen Pfaden miteinander verknüpft. Bevor ich auf deren Struktur zu sprechen komme, möchte ich noch einige exegetische Kommentare der Ritualteilnehmer zum Inhalt der Lieder anführen, um zu zeigen, wie stark der Inhalt der Lieder und die Struktur der mythischen Pfade mit dem Geschehen im Ritualhaus verknüpft ist. Alle in den Liedern erwähnten Dinge und Ereignisse hängen mit dem Initiationsgeschehen zusammen. Wenn über die Bäume und deren Saft gesungen wird, so soll dies den Initanden helfen, ebensoviel Körperflüssigkeit wie die Bäume zu bekommen bzw. wenn über einen Baum mit viel Saft gesungen wird, dann impliziert dies, dass der Baum groß und stark ist und schöne Blätter hat und sich auch der Initiand so entwickeln soll. Auch das Singen über Vögel beinhaltet ähnliche Analogien. Schöne, große oder aus anderen Gründen in den Liedern positiv bewertete Vögel sollen in einem metaphorischen Sinn zum Ritualhaus und den Initianden kommen, um den Initianden ein Vorbild für ihre Entwicklung zu sein. Das Schwärzen der Körper soll den Initianden eine starke Haut und Körperflüssigkeit geben. Das Schwärzen und Auffüllen der Netztasche mit *almagö*-Saft wird als Metapher für Geschlechtsverkehr und die Produktion eines Kindes gesehen. Genauso wie die Gebärmutter der Frau mit dem Samen/Blut des Mannes gefüllt wird, so wird die Netztasche mit dem *almagö*-Saft geschwärzt und angefüllt, um so einen Mensch zu schaffen.

Soweit der exegetischen Exkurs, nun wieder zurück zu den Ortsnamen. Wie ich gerade angedeutet habe, sind die Ortsnamen häufig in Pfadform miteinander verknüpft. Der Tanz erlaubt den Sängern, die Bewegung von einem Ort zum nächsten auch körperlich zu imitieren. Die Tänzer thematisieren diesen Prozess der Bewegung in ihren Kommentaren. Zum Beispiel wird nach der Nennung einer Reihe von Ortsnamen gelegentlich eine Bemerkung folgender Art eingeflochten: Die Männer hätten nun den Wald verlassen und würden eine ebene Wiese nahe am Fluss erreichen. Oder der Vorsänger weist die anderen Sänger und Tänzer darauf hin, dass sie nun eine weite Reise hinter sich gebracht hätten, vom Grasland kommend Flüsse überquert, Berge bestiegen und Wälder durchzogen hätten und dass sie nun hungrig und durstig von dieser anstrengenden Reise seien und deshalb eine Pause einlegen und etwas essen sollten. Daneben finden öfters auch Diskussionen der Teilnehmer über die richtige Richtung des einzuschlagenden Weges statt. Zum Beispiel wird den Sängern vorgeworfen, dass sie faul seien, weil sie zuviele Abkürzungen nehmen würden und wichtige Orte unberücksichtigt lassen würden. Oder einem der Vorsänger wird gesagt, dass sein vorgeschlagener Weg zu verwirrend sei, um befolgt werden zu können. Im Lied über das Fangen von Aalen mittels Fallen wurde z.B. dem Vorsänger gesagt, dass er den Fluss nicht immer überqueren solle, sondern einen einfacher zu folgenden Weg an einer Flussseite aussuchen solle. So werden die Pfade von den Sängern und Tänzern in einem kollektiven Bemühen kontinuierlich konstruiert und evaluiert. In der sich ergebenden Pfadstruktur lassen sich bis zu einem gewissen Grad auch bestimmte Muster ausmachen.

Der besungene Pfad beginnt in vielen Liedern, besonders den längeren, weit entfernt vom Ritualhaus. Er bewegt sich dann immer näher an das Ritualhaus heran. Je näher sich die Tänzer (imaginär) auf das Ritualhaus (im hier dokumentierten Beispiel der Ort Gomp) zubewegen, desto kleiner wird der Abstand zwischen den zitierten Ortsnamen. Manchmal ist der Startpunkt umstritten. Dies ist z.B. beim Lied über den Aal der Fall (siehe Karte 2). Aale haben bei den Kobon eine weitreichende sozio-kosmologische Bedeutung. Sie werden während der Tanzpausen auch an die Tänzer zu deren Stärkung verteilt. Beim Lied über den Aal wird darüber diskutiert, in welchem Fluss wirklich gute Aale gefangen werden können, denn das würde ihn zum Ausgangspunkt der Reise prädestinieren. Bei anderen Liedern wie dem Lied über den Baum *jünar* (siehe Karte 2), dessen Blätter im *almagö*-Ritual ebenfalls von Bedeutung sind, ist der Startpunkt eindeutig. In wieder anderen Liedern wird überhaupt kein spezifischer Ausgangspunkt festgelegt, sondern nur die Richtung angegeben, woher etwas kommt. So etwa beim Lied vom Schwein, das aus der Richtung des Ramu-Flusses kommt. In einigen kürzeren Liedern, wo nur eine relativ geringe Anzahl von Orten genannt wird, spielen Start, Richtung und Ende des Pfades überhaupt keine Rolle. Selbst in längeren Pfaden ist die Richtung nicht immer eindeutig. Ich konnte mit meinem Übersetzer nicht alle Ortsnamen lokalisieren, die im *almagö*-Ritual vorkommen. Es war jedoch offensichtlich, dass nicht nur Sprünge vorkamen, sondern auch Ausbrecher, die überhaupt nicht in die Pfadstruktur passen. Dies ist nicht verwunderlich, denn der Vorsänger wurde ziemlich oft durch Beiträge von anderen Männern unterbrochen. Manche dieser "Zwischensänger" stimmten nicht mit dem Liedwechsel überein oder hatten einfach verpasst, dass ein Lied schon beendet war. Sie intonierten wieder das vorangegangene Lied mit den entsprechenden Ortsnamen. Für das politische Leben der Kobon ist charakteristisch, über den kollektiven Diskurs zu gemeinsam getragenen Entscheidungen zu finden. Dieser Mechanismus kommt auch im rituellen Diskurs zum Tragen. Die Diskussionen um den richtigen Wegverlauf machen deutlich, dass das Ziel der Pfadbildung darin besteht, auf einfachen Pfaden und ohne große Umwege viele und vor allem bedeutsame Orte zu passieren.

Vergleicht man die Struktur der mythischen Pfade vom Kasuar-Mythos, der beim Ankleide-Ritual gesungen wird, mit den mythischen Pfaden in den Gesängen und Tänzen, die beim *almagö*-Ritual aufgeführt werden, so läßt sich eine Reihe von Unterschieden und Gemeinsamkeiten erkennen. Im Vergleich mit dem Kasuar-Mythos ist die Struktur der Pfade beim *almagö*-Ritual weniger stringent und offener. Der Kasuar-Mythos spielt sich immer im Kaironk-Tal ab. Dagegen beziehen sich die mythischen Gesänge im *almagö*-Ritual auf unterschiedliche Regionen im Gebiet der Kobon und ihrer Nachbarn und sind von ihrer Tendenz her zentripedal. Sie starten an einem entfernten Ort - manchmal wird der Startpunkt mit der Geschichte des Kasuars verbunden - und nähern sich dann immer stärker dem Ort des rituellen Geschehens. Das Pfadsystem, welches im *almagö*-Ritual von den Sängern geschaffen wird, hängt also vom Ort der Initiation ab. Es muss immer wieder auf einen neuen Bezugspunkt hin orientiert werden. Bei der Kasuar-Geschichte dagegen, in welchem Ritualhaus sie auch immer gesungen wird, ist das Pfadsystem auf eine bestimmte Region fixiert, nämlich auf das Kaironk-Tal, dem Hauptsied- lungsgebiet der Kobon.

Zwischen den mythischen Pfaden in beiden Ritual-Performances bestehen aber auch tiefgehende Ähnlichkeiten. Alle mythischen Pfade sind durch ein Muster gekennzeichnet, in dem sich das Zitieren von Ortsnamen und die Bewegung zwischen den Orten abwechseln. Sowohl über Orte, durch welche Personen, Dinge und Ereignisse lokalisiert sind, als auch über die Bewegung zwischen den Orten wird Raum geschaffen.[26]

Dies entspricht einem Raumverständnis, wo Raum und Zeit durch einen konkreten Ort einschließlich der mit ihm verbundenen Ereignisse und durch Bewegungen zwischen den Orten zum Ausdruck kommen. Während im westlich-modernistischen Denken dem abstrakten Zeit-Raum-Kontinuum Priorität gegeben wird und Orte als Fixpunkte in diesem Kontinuum erscheinen, wird in vielen nicht-modernistischen Lebenswelten der Raum - oder besser gesagt die Räume - erst durch konkrete Orte bzw. durch die mit einem bestimmten Ort verknüpften körperlichen Praktiken (Habitus) geschaffen.[27] Heidegger[28] beschreibt dieses Raumverständnis aus phänomenologischer Sicht: "Demnach empfangen Räume ihr Wesen aus Orten und nicht aus 'dem' Raum." In einer solchen Perspektive wird ein Ort weniger als Ding und mehr als Ereignis gesehen. Ein Ort rahmt Ereignisse nicht nur ein, sondern er enthält sie auch.[29]

Diese Betonung der körperlichen Erfahrung des Raumes durch konkrete Handlungen, die in bestimmten Orten stattfinden, spiegelt sich auch in den gesungenen und getanzten Liedern und Mythen wider. Es wird eine "poetische Kartographie" geschaffen[30], die geprägt ist durch die Verbindung von Ortsnamen und Pfaden mit konkreten Dingen, Personen und Ereignissen. Durch diese ikonische Metaphorik werden die Initianden mit einer Lebenswelt in Verbindung gebracht, die sie im Alltag auf ähnlich konkrete Weise erfahren haben. Allerdings sind die Prioritäten insoweit verschoben, als die Mythopoesie eine Welt offenbart, deren kosmologische Dimension in wesentlich verdichteterer Form als im Alltag präsent ist.

---

[26] Vgl. auch Weiner 1991 über die Foi.
[27] Casey 1996, S. 34, 44.
[28] 1954, S. 155.
[29] Casey 1996, S. 26, Berger 1989, S. 123ff.
[30] Feld 1996, S. 114.

Auch in der Darstellungsform der poetischen Kartographie bestehen Parallelen zum Alltagshandeln, insoweit als der körperliche und multisensorische Aspekt der Raumwahrnehmung betont wird. Das mythopoetische Wissen wird nicht nur über das Sprechen vermittelt, sondern auch über Singen und über Tanzen: Das bewegte Durchleben des Raumes wird rituell imitiert. Außerdem wird durch den Übergang vom Sprechen zum Singen und Tanzen die Evokationskraft der ikonischen Symbole erhöht und die Bewusstwerdung der Mehrdeutigkeit (Polysemie) der konkreten, sich auf Alltagsobjekte und -geschehnisse beziehenden Metaphern verstärkt. James Weiner[31] stellt seiner Analyse der Foi-Lieder ein Zitat von Ezra Pound, einem der Begründer des literatur-theoretischen Imagismus, voran, der auch auf die Mythopoesie der Kobon zutrifft: "... poetry begins to atrophy when it gets too far from music."

Durch die Übermittlung von mythopoetischem Wissen findet in den Initiationsritualen eine relationale Restrukturierung der sowohl menschliche als auch nicht-menschliche Personen beinhaltenden Netzwerke der Initianden statt, wobei ein wesentliches Element der Netzwerke die Orte darstellen. Über Orte und Ortsnamen werden Beziehungen zum Land aufgebaut. Da Orte als Ereignisse wahrgenommen werden, die mit anderen Ereignissen in einer Verbindung stehen, sind sie sowohl buchstäblich wie symbolisch der Grund für die Ereignisse, die in ihnen stattfinden. Orte bekommen dadurch eine Handlungswirksamkeit (agency). Sie treten mit menschlichen Akteuren in Interaktion. Sie sind nicht nur durch Ereignisse charakterisiert (im Sinne eines 'genius loci', 'spirit of place' oder 'Ort der Kraft'), sondern können aufgrund ihrer Handlungswirksamkeit auch als Personen (im relationalen Sinn) wahrgenommen werden.[32]

Die Initianden kennen die Landschaft, über die die Männer singen. Sie wird für sie in den Liedern nicht neu konstituiert. Auch berichten die Lieder nicht über mythische Schöpfungswesen im klassischen Sinn. Aber dadurch, dass die Orte bei der Initiation mit Ahnengeistern, rituell wichtigen Paraphernalia und mythisch elaborierten Ereignissen in Zusammenhang gebracht werden,

---

[31] 1991, S. 151.
[32] Vgl. auch Houseman 1998 zur Personifikation von Orten.

gewinnen sie eine neue kosmologische Dimension. Die Beziehungen zur Landschaft werden nun aus einer sozio-kosmologischen Sicht zu einem notwendigen Aspekt der Person.

Das Wissen über die Orte sowie über die gesamte animistische Sozio-Kosmologie wird den Initianden nicht als Selbstzweck oder aus pädagogischen Gründen vermittelt. Wissen und Praktiken werden in der Initiation von den Männern an die Jungen weitergegeben, damit sie wachsen und später wirksam agieren können. Das heißt, den Jungen muss eine relationale Form gegeben werden - insbesondere durch die verstärkte Einbeziehung der kosmologischen Dimension -, die ihnen die körperliche Kapazität verleiht, in Bezug auf andere Personen wirksam zu handeln (als Ehemann, Jäger, Gärtner, Krieger, Heiler, etc). Ob die persönliche Übertragung des lokalisierten Wissens bei der Initiation gelungen ist, wird das zukünftige Wachstum der Initianden zeigen. "'Knowledge' is only created with any certainty in the effects persons have on one another, so that past acts are to be defined by their future outcomes".[33]

Schluß

In diesem Beitrag habe ich mich auf die Beziehungen zwischen Menschen und Land als Teil einer umfassenden animistischen Sozio-Kosmologie konzentriert. Die anderen Aspekte des relationalen Feldes der Sozio-Kosmologie, in welches die Akteure involviert sind, konnten dabei nur angerissen werden, insofern sie von direkter Bedeutung für die Beziehungen zwischen Menschen und Land sind. Um das Verständnis der Beziehungsstruktur zwischen menschlichen und nicht-menschlichen Personen zu vergrößern, müsste in einem nächsten Schritt nun die umfassendere Einbindung der Menschen in ihre gesamte animistische Sozio-Kosmologie erörtert werden, d.h. insbesondere die Beziehungen der Menschen zu den Ahnengeistern und anderen beseelten Wesen.[34] Die Auseinandersetzung mit diesen anderen animistischen Beziehungsgeflechten würde aber den Rahmen des Beitrags sprengen. Ebenfalls unberücksichtigt bleiben muss ein stark anwendungsbezogener Aspekt, der in den letzten Jahren

---

[33] Strathern 1991a, S. 364.
[34] Vgl. z.B. Gardner 1987, Iteanu 1995, Jorgenson 1998, Wagner 1977a.

in den ethnologischen Untersuchungen von Land zunehmend Berücksichtigung gefunden hat, nämlich der Aspekt der Eigentumsrechte und insbesondere des Verwobenseins von materiellen, intellektuellen und kulturellen Eigentumsrechten.[35] So wäre es z.B. eine interessante Frage zu untersuchen, inwieweit einige der hier vorgestellten erzählerischen Praktiken - wie die Übermittlung von mythopoetischem Wissen bei den Initiationsritualen - auch dazu dienen, als Überzeugungsstrategien den Besitz an Land diskursiv zu verankern.[36]

Anhang: Theoretischer Hintergrund

Schon in den sechziger Jahren wurde Lokalität als wichtiger Faktor im sozialen Leben der Melanesier hervorgehoben. Auf der Suche nach Alternativen zum afrikanischen Deszendenzgruppen-Modell, welches sich für die Erklärung der soziopolitischen Organisation der Hochlandgesellschaften Papua-Neuguineas als ungeeignet erwiesen hatte, wurde z.B. von de Lepervanche (1967-68) das gemeinsame Wohnen und Arbeiten in Lokalgruppen als die Grundlage der Gruppensolidarität betont. Diese Einsicht führte aber zu keiner intensiveren ethnologischen Beschäftigung mit der Beziehung des Menschen zum Land. Vielmehr wurde Land - wie im Deszendenzgruppen-Modell üblich - lediglich als etwas gesehen, das bloßer Hintergrund ist für andere Dinge und Ereignisse.[37] In den siebziger Jahren wurde die Bedeutung des Landes für die Sozialorganisation gelegentlich angerissen, so z.B. von A. Strathern (1973) in einem Aufsatz, in dem er sich mit dem Zusammenhang von Verwandtschaft und Lokalität auseinandersetzte. Aus der Sicht des ethnographischen Mainstreams blieb das Thema in Melanesien jedoch peripher. Erst in den achtziger Jahren erschienen einige umfangreichere Arbeiten, die das Land in einen engeren Zusammenhang mit der Sozio-Kosmologie - dem Verwobensein von sozialem Handeln und Weltbild - stellten.[38] In den neunziger Jahren wurde der Symbolisierung des Raumes immer stärkere Bedeutung beigemessen, um die Beziehung zwischen Mensch und Land in Melanesien besser verstehen zu

---

[35] Vgl. z.B. die Beiträge in Kalinoe und Leach 2001 oder Rumsey und Weiner 2001.
[36] Wie das z.B. Hirsch 2001 für die Fuyuge zu zeigen versucht hat.
[37] Vgl. hierzu auch Ingold 2000.
[38] Wassmann 1982, Ayres 1983.

können.[39] Heute ist Land zu einer zentralen theoretischen Variablen avanciert, um das kulturelle Leben in Melanesien verstehen zu können. Kulturelle Praktiken sind als lokalisiertes Wissen im Land begründet, wobei dieses Wissen durch körperliche Erfahrungen von Ereignissen, die in konkreten Orten und Räumen stattfinden, gewonnen wird.[40]

Das gesteigerte Interesse an der Bedeutung des Landes kann im Zusammenhang gesehen werden mit der in der Ethnologie in den siebziger und achtziger Jahren sich besonders stark auswirkenden Krise der Repräsentation. Sie führte zu einem intensiveren Hinterfragen der stark westlich und modernistisch geprägten ethnologischen Schemata; so auch der fundamentalen Dichotomisierungen von Kultur und Natur, von Subjekt und Objekt, von Geist und Körper, etc. Es wurde zunehmend deutlich, dass diese (dichotomisierenden) Schemata in anderen Gesellschaften nicht notwendigerweise existieren, dass sie dort ganz anders kulturell aufgegliedert sein können, oder dass sie - falls sie als Dualitäten existieren - unterschiedlich definiert sein können. Auf einen kurzen Nenner gebracht heißt das, Kultur und Natur, Subjekt und Objekt, usw. sind keine fixen Konstanten, sondern kulturelle Variablen, die in unterschiedlichen Gesellschaften unterschiedliche Bedeutungen haben können.[41]

Die Einsicht in die kulturelle Konstruktion von Entitäten, die aus Sicht der westlich-modernistischen Gesellschaft mit einer fixen Bedeutung versehen sind, hat in der Ethnologie zu einer Erweiterung der theoretischen Perspektive hinsichtlich des Subjekt-Objekt-Verhältnisses geführt. Diese ist auch für die Analyse von Land in Melanesien von Bedeutung. In der Ethnologie setzte sich zunehmend die Erkenntnis durch, dass insbesondere in den wissenschaftlich geprägten modernistischen Gesellschaften (und hier vor allem auf der ideologischen Ebene) davon ausgegangen wird, dass eine strikte Differenz und Asymmetrie zwischen menschlichen Subjekten (Kultur, Gesellschaft) auf der einen Seite und nicht-menschlichen Objekten (Natur/Umwelt/Gegenstände/ Artefakte/Land etc.) auf der anderen Seite besteht, während in anderen

---

[39] Weiner 1991, Hirsch und O'Hanlon 1995, Feld und Basso 1996.
[40] Rumsey und Weiner 2001, Leach 2003.
[41] Bamford 1998, S. 4, Descola and Pálsson 1996, S. 2ff, Dwyer 1996, S. 157, Viveiros de Castro 1998, S. 470.

Gesellschaften eine viel stärkere Ähnlichkeit und Symmetrie in der "Subjekt"-"Objekt"-Beziehung gesehen wird. Das ethnologische Interesse richtete sich zunehmend auf die Frage, wie diese symmetrische Beziehung in anderen Gesellschaften beschaffen ist und wie sie durch ein adäquates theoretisches Vokabular ausgedrückt werden kann.

Marilyn Strathern (1988) hat für Melanesien gezeigt, wie die Wertgegenstände, die als Gaben getauscht werden, aufgrund ihrer Einbindung in einen *relationalen* Kontext personifiziert und geschlechtlich konnotiert sind. Philippe Descola (1996) und Eduardo Viveiros de Castro (1998) haben die animistischen Sozio-Kosmologien Amazoniens als eine Art von Sozialisierung der Natur interpretiert. Der amazonische Animismus wird als eine Ontologie gesehen, welche für die *Beziehungen* zwischen menschlichen und nicht-menschlichen Wesen einen sozialen Charakter postuliert: Der Raum zwischen Natur und Gesellschaft ist sozial. Oder in anderen Worten: Die Unterscheidung "Natur-Kultur" ist interner Bestandteil der sozialen Welt, menschliche und nichtmenschliche Wesen sind in dem gleichen sozio-kosmologischen Medium verwoben. Tim Ingold (2000) und Alan Rumsey (2001) haben gezeigt, wie in verschiedenen nicht-westlichen Gesellschaften das Land und die das Land bewohnenden menschlichen und nicht-menschlichen Wesen in ein *relationales Geflecht* eingebunden sind. Das (soziale) Leben der Handelnden einschließlich des Landes wird dabei nicht als eine Merkmalseigenschaft gesehen, die den Akteuren inhärent ist, sondern es resultiert aus den Beziehungen, die sie über wechselseitige Interaktionen unterhalten.

Alle hier erwähnten ethnologischen Bemühungen, die Symmetrien des Subjekt-Objekt-Verhältnisses in nicht-westlichen Gesellschaften besser zu verstehen, lassen sich aus theoretischer Sicht als *relationale Ansätze* charakterisieren. Denn *Beziehungen und Gefüge von Beziehungen* zwischen allen involvierten "Entitäten" einschließlich der menschlichen Akteure sind die zentralen theoretischen Begriffe in diesem Ansatz. Allerdings wird der Begriff der *Relation* nicht von allen Autoren, die ihm einen zentralen theoretischen Stellenwert beimessen, im gleichen Sinn verwendet. Einige Autoren wie M. Strathern[42] betonen z.B., dass *Beziehungen* nicht nur Verbindungen herstellen

---

[42] 1988, in Anlehnung an R. Wagner 1977.

und Gemeinsamkeit schaffen, sondern auch voneinander trennen können, indem sie Differenzen konstituieren.

Da die Dekonstruktion der westlichen Subjekt-Objekt-Dichotomie auch für die Philosophie ein wichtiges Thema geworden ist, hat sich zwischen Philosophie und Ethnologie ein intensiver Dialog entwickelt. Philosophen haben sich von Ethnologen inspirieren lassen.[43] Und umgekehrt haben Ethnologen auf philosophische Konzepte zurückgegriffen, die ermöglichen sollen, die *symmetrischen Beziehungsmuster* zwischen "Subjekten" und "Objekten" besser zu verstehen. Ingold (2000) und Rumsey (2001) verwenden das von Deleuze und Guattari (1992) entwickelte Konzept des Rhizoms - im Sinn eines Beziehungsgeflechtes -, Strathern (1996) verwendet Latours (1998) Modell des *"Akteur-Netzwerkes"* und Viveiros de Castro (1998) Latours (1998) Entwurf einer *symmetrischen Anthropologie*. Die theoretischen Konzepte dienen dazu, menschliche Lebenswelten zu erfassen, in denen Subjekte und Objekte, Kulturen und Naturen in übergreifenden Assoziationen symmetrisch miteinander verwoben sind.[44]

In den relationalen Ansätzen wird nicht nur die Konstitution des Beziehungsgeflechtes zwischen verschiedenen Entitäten neu überdacht, sondern auch analysiert, wie diese Entitäten, insbesondere in Form von Personen, selbst konstituiert sind. In westlich-modernistischen Gesellschaften wird die Person als physisch klar abgrenzbares, eigenständiges Individuum aufgefasst. Das soziale Leben eines Individuums läuft außerhalb der Grenzen seines physischen Organismus ab. Individuelle Personen existieren unabhängig von den Beziehungen, die zwischen ihnen bestehen. In Melanesien hingegen wird, wie Marilyn Strathern (1988, 1994) gezeigt hat, davon ausgegangen, dass Personen relational konstituiert sind. Personen sind weniger die Ursprünge als vielmehr die Wirkungen von Beziehungen. Sie sind plurale und zusammengesetzte Orte der Beziehungen, von denen sie in Form von sozialen Interaktionen geschaffen worden sind. Eine Person ist also nicht nur Individuum, sondern auch Dividuum, ein Mikrokosmos der sozialen Beziehungen, in welche sie involviert ist:

---

[43] Siehe z.B. die philsophischen Arbeiten von Deleuze und Guattari 1992 und von Latour 1998, 2002.
[44] Diese Vorstellung der Existenz einer "Einfalt" von Erde, Himmel, Göttlichen und Sterblichen in einem "Geviert" ist auch von Heidegger (1954) zum Ausdruck gebracht worden.

"persons ... contain a generalized sociality within".[45] Personen sind sozusagen Ausdruck (Objektivation) sozialer Beziehungen. Damit löst sich Strathern von einer westlich geprägten kategorialen Identitätsvorstellung. Sie beschreibt die Identitäten von Personen in Abhängigkeit vom relationalen Kontext prozessual und situational. Dabei konzentriert sie sich vor allem auf den Zusammenhang von Geschlechtsidentität und Gabentausch. Geschlecht wird als eine kontextuell variable und somit gewissermaßen auch instabile Eigenschaft erkannt, die von Situation zu Situation variieren kann. Sowohl Menschen als auch (personifizierte) Gaben sind dabei in einem relationalen Kontext verbunden, der beide geschlechtlich definiert.

Dieses relationale Personen-Konzept lässt sich nun ausweiten. Menschen sind bei den Kobon und auch in anderen melanesischen Sozialitäten nicht nur mit (personifizierten) Gaben relational verbunden,[46] sondern auch mit anderen (personifizierten) Entitäten wie Tieren, Pflanzen, Geistwesen und Orten.[47] Das heißt, das Feld der Beziehungen, über welches eine Person definiert wird, ist noch wesentlich umfangreicher als das Beziehungsgeflecht, welches von Strathern in den Mittelpunkt ihrer Betrachtungen gerückt wird. Wichtig ist dabei zu sehen, dass die relationale Definition der Personen nicht nur für die menschlichen, sondern auch für die nicht-menschlichen Personen wie Geistwesen, beseelte Tiere und Orte zutrifft. Diese aus unserer Sicht "natürlichen" und "übernatürlichen" Entitäten sind für die Kobon Personen, und zwar aufgrund der Beziehungen, die die menschlichen Personen mit ihnen unterhalten.[48]

Die theoretische Neuorientierung auf die Person als relationalem Gefüge geht in der Ethnologie mit einer Veränderung des Körper-Konzeptes einher. Der Körper wird nicht mehr nur als diskreter Organismus betrachtet. Er befindet sich in einem "essenziellen" Austausch mit seiner Mitwelt. Er setzt sich aus "vitalen Substanzen" zusammen, die ihn über unterschiedliche Aktivitäten wie

---

[45] Strathern 1988, S. 13.
[46] Görlich 1988, S. 383.
[47] Görlich 1999, Houseman 1998.
[48] Bird-David (1999) hat, inspiriert von M. Strathern (1988), T. Ingold (2000) und A. I. Hallowell (1960), das relationale Personen-Konzept auf diese Art und Weise ausgeweitet, um die animistische Kosmologie der Nayaka in Südindien zu analysieren.

Sexualität und Nahrungsaufnahme kontinuierlich konstituieren.[49] Der Körper ist auch weniger physisches Objekt als vielmehr gelebter Leib. Er ist ein Bündel von Neigungen und Lebensweisen, die zusammen einen Habitus konstituieren. Über den Habitus sind dem Körper die Strukturen seiner Mitwelt einverleibt.[50]

Hinsichtlich der kulturellen Wahrnehmung wird ebenfalls betont, dass sie ein Phänomen ist, das den gesamten Körper mit allen seinen Sinnen und in allen seinen Bewegungen betrifft.[51] Bei der Wahrnehmung von Land und Landschaft – auf die ich mich hier vor allem konzentriere – wird deshalb neben der traditionell dominanten Betonung der visuellen Wahrnehmung in neueren Untersuchungen zunehmend auch die akustische Wahrnehmung ("soundscape", "acoustic space") und die Geruchs-Wahrnehmung ("smellscape") betont.[52] Neben den Sinneswahrnehmungen spielen auch die Bewegungsempfindungen (Kinästhesie) bei der Erfassung des Raumes eine wichtige Rolle. Gelebter Raum heißt immer auch durch Bewegung erfahrener Raum.[53] Darüber hinaus wird durch diese Bewegungen auch die Erinnerung strukturiert und ein Sinn für Geschichte geschaffen.[54] Die Wahrnehmung der Welt ist in Melanesien aber nicht nur eine körperliche Erfahrung, sondern die Welt/der Kosmos/das Land wird in vielerlei Hinsichten auch als Körper wahrgenommen, so wie umgekehrt der Körper als Welt wahrgenommen wird.[55]

---

[49] Meigs 1984, Holy 1996.
[50] Bourdieu 1976, Casey 1996, S. 34, Viveiros de Castro 1998, S. 478. Der hier verwendete Begriff des "Habitus" ist stark an Bourdieu orientiert, in dessen Sozialtheorie dem Konzept ein zentraler theoretischer Stellenwert beigemessen wird (siehe z. B. das Kapitel "Struktur, Habitus, Praxis" in 1976).
[51] Casey 1996, S. 18.
[52] Feld 1996, S. 94, 95, 99.
[53] Casey 1996, S. 22f, Feld 1996, S. 105.
[54] Feld 1996, S. 93; Weiner 1991, S. 93.
[55] Feld 1996, S. 100, 104, 105, Mimica 1992, S. 92, Oosterhout 2002, S. 9, 320.

Bibliographie

Ayres, Mary C.
1983   This side, that side: Locality and exogamous group definition in Morehead area, Southwestern Papua. Ph.D. Diss. Chicago.

Bamford, Sandra
1998   Introduction: The grounds of Melanesian sociality. In: **Social Analysis** (Special Issue: Sandra Bamford (Hrsg.), Identity, nature and culture: Sociality and environment in Melanesia), 42 (3). S. 4-11. Adelaide.

Barth, Fredrik
1987   **Cosmologies in the making: A generative approach to cultural variation in inner New Guinea.** Cambridge.

Basso, Keith H.
1988   'Speaking with names': Language and landscape among the Western Apache. In: **Cultural Anthropology,** 3. S. 99-130.

Berger, John
1989   Das Feld. In: (ders.) **Das Leben der Bilder oder die Kunst des Sehens.** Berlin. (engl. Original 1980).

Bird-David, Nurit
1999   'Animism' revisited. Personhood, environment, and relational epistemology. In: **Current Anthropology,** 40 (Supplement). S. 67-91.

Bourdieu, Pierre
1976   **Entwurf einer Theorie der Praxis auf der ethnologischen Grundlage der kabylischen Gesellschaft.** Frankfurt/M. (franz. Original 1972).

Bulmer, Ralph und Andrew Pawley
2000   **A dictionary of Kalam with ethnographic notes.** Dept. Linguistics, Research School of Pacific and Asian Studies, Australian National University.

Casey, Edward S.
1996   How to get from space to place in a fairly short stretch of time. Phenomenological prolegomena. In: Steven Feld und Keith H. Basso (Hrsg.), **Senses of place,** S. 13-52. Santa Fe.

Descola, Philippe
1996   Constructing natures: symbolic ecology and social practice. In: Philippe Descola und Gísli Pálsson (Hrsg.), **Nature and society. Anthropological perspectives,** S. 82-102. London.

Descola, Philippe und Gísli Pálsson
1996   Introduction. In: Philippe Descola und Gísli Pálsson (Hrsg.), **Nature and society. Anthropological perspectives,** S. 1-21. London.

Deleuze, Gilles und Félix Guattari
1992   **Tausend Plateaus. Kapitalismus und Schizophrenie.** Berlin. (franz Original 1980).

Dwyer, Peter D.
1996   The invention of nature. In: Roy Ellen und Katsuyoshi Fukui (Hrsg.), **Redefining nature. Ecology, culture and domestication,** S. 157-186. Oxford.

Feld, Steven
1996   Waterfalls of song. An acoustemology of place resounding in Bosavi, Papua New Guinea. In: Steven Feld und Keith H. Basso (Hrsg.), **Senses of place,** S. 92-135. Santa Fe.

Feld, Steven und Keith H. Basso (Hrsg.)
1996   **Senses of place.** Santa Fe.

Foley, William A.
1997 **Anthropological linguistics. An introduction.** Oxford.

Gardner, Don
1987 Spirits and conceptions of agency among the Mianmin of Papua New Guinea. In: **Oceania**, 57. S. 161-177.

Gell, Alfred
1977 Reflections on a cut finger: Taboo in the Umeda conception of the self. In: R. Hook (Hrsg.), **Fantasy and symbol: Studies in symbolic interpretation**, S. 133-148. London.
1999 Strathernograms, or, the semiotics of mixed metaphors. In: (ders.), **The art of anthropology. Essays and diagrams**, (posthum hrsg. von Eric Hirsch), S. 29-75. London.

Görlich, Joachim
1998 Die Gabe als Köper und Kapital. In: **Ethik und Sozialwissenschaften**, 9. S. 382-384.
1999 **Dancing along mythical tracks: Kobon ritual practices.** (Vortragsmanuskript für die ESfO-Tagung in Leiden)

Hallowell, A. Irving
1960 **Ojibwa ontology, behavior, and world view.** In: Stanley Diamond (Hrsg.), Culture in history. Essay in honor of Paul Radin, S. 19-52. New York.

Heidegger, Martin
1954 Bauen Wohnen Denken. In: (ders.), **Vorträge und Aufsätze**, S. 145-162. Pfullingen.

Hirsch, Eric
2001 Mining boundaries and local land narratives (tidibe) in the Udabe Valley, Central Province. In: Lawrence Kalinoe und James Leach (Hrsg.) **Rationales of ownership. Ethnographic studies of transactions and claims to ownership in contemporary Papua New Guinea**, S. 19-37. New Dehli.

Hirsch, Eric und Michael O'Hanlon (Hrsg.)
1995 The anthropology of landscape. Perspectives on place and space. Oxford.

Holy, Ladislav
1996 Anthropological perspectives on kinship. London.

Houseman, Michael
1998 Painful place: Ritual encounters with one's homeland. Journal of the Royal Anthropological Institute, 4. S. 447-467.

Ingold, Tim
2000 Ancestry, generation, substance, memory, land. In: (ders.), The perception of the environment. Essays in livelihood, dwelling and skill, S. 132-151. London.

Iteanu, André
1995 Rituals and ancestors. In: Daniel de Coppet und André Iteanu (Hrsg.), Cosmos and society in Oceania, S. 135- 163. Oxford.

Jackson, Graham
1991 Is taboo alive? The uses and parameters of Kopon taboo. In: Andrew Pawley (Hrsg.), Man and a half. Essays in Pacific anthropology and ethnobiology in honour of Ralph Bulmer, S. 265-276. Auckland.

Jorgensen, Dan
1998 Whose nature? Invading bush spirits, travelling ancestors and mining in Telefolmin. In: Social Analysis, 42. S. 100-116.

Kalinoe, Lawrence und James Leach (Hrsg.)
2001 Rationales of ownership. Ethnogaphic studies of transactions and claims to ownership in contemporary Papua New Guinea. New Dehli.

Keesing, Roger M.
1975 **Kin groups and social structure.** New York.

Lambek, Michael
1992 Taboo as cultural practice among Malagasy speakers. In: **Man**, 27. S. 245-266.

Latour, Bruno
1998 **Wir sind nie modern gewesen. Versuch einer symmetrischen Anthropologie.** Frankfurt/M. (franz. Original 1991).
2002 **War of the worlds: What about peace?** Chicago.

Leach, James
2003 **Creative Land. Place and procreation on the Rai coast of Papua New Guinea.** Oxford.

Lepervanche, Marie de
1967-68 Descent, residence and leadership in the New Guinea Highlands. In: **Oceania** 38, S. 134-58 und 163-89.

Majnep, Ian Saem und Ralph Bulmer
1977 **Birds of my Kalam country.** Auckland.

Meigs, Anna S.
1984 **Food, sex, and pollution. A New Guinea Religion.** New Brunswick.

Mimica, Jadran
1993 The Foi and Heidegger: Western philosophical poetics and a New Guinea life-world. **The Australian Journal of Anthropology**, 4. S. 79-95.

Numazawa, Kiichi
1968 Die Riten der Aufnahme in die Altersklassen bei den Kobon und Karam im Schradergebirge (Neuguinea). In: Anthropos-

Institut (Hrsg.), **Anthropica. Gedenkschrift zum 100. Geburtstag von P. W. Schmidt.** (Studia Instituti Anthropos Vol. 21), S. 272-292. St. Augustin.

Oosterhout, Dianne von
2002   **Landscapes of the body. Reproduction, fertility and morality in a Papuan society.** Leiden.

Rumsey, Alan
2001   Track, traces, and links to land in Aboriginal Australia, New Guinea, an beyond. In: Alan Rumsey und James F. Weiner (Hrsg.), **Emplaced myth. Space, narrative, and knowledge in Aboriginal Australia and Papua New Guinea,** S. 19-42. Honolulu.

Rumsey, Alan und James F. Weiner (Hrsg.)
2001   **Emplaced myth. Space, narrative, and knowledge in Aboriginal Australia and Papua New Guinea.** Honolulu.

Störig, Hans Joachim
1969   **Kleine Weltgeschichte der Philosophie.** Band 2. Frankfurt/M.

Strathern, Andrew
1973   Kinship, descent and locality: Some New Guinea examples. In: Jack Goody (Hrsg.), **The character of kinship,** S. 21-33. Cambridge.

Strathern, Marilyn
1988   **The gender of the gift. Problems with women and problems with society in Melanesia.** Berkeley.
1991   **Partial connections.** Lanham.
1991a   Naming people. In: Andrew Pawley (Hrsg.), **Man and a half. Essays in Pacific anthropology and ethnobiology in honour of Ralph Bulmer,** S. 364-369. Auckland.

1993	Making incomplete. In: Vigdis Broch-Due et al (Hrsg.), **Carved flesh/Cast selves**, S. 41-51. Oxford.
1994	Parts and wholes: Refiguring relations. In: Robert Borofsky (Hrsg.), **Assessing cultural anthropology**, S. 204-217. New York. (urspr. 1992).
1996	Cutting the network. In: **Journal of the Royal Anthropological Institute**, 2. S. 517-535.
1999	**Property, substance and effect. Anthropological essays on persons and things**. London.

Telban, Borut
1997   Being and 'non-being' in Ambonwari (Papua New Guinea) ritual. In: **Oceania,** 67. S. 308-325.

Valeri, Valerio
2000   **The forest of taboos. Morality, hunting, and identity among the Huaulu of the Moluccas.** Madison.

Vilaça, Aparecida
2002   Making kin out of others in Amazonia. **Journal of the Royal Anthropological Institute**, 8. S. 347-365.

Viveiros de Castro, Eduardo
1998   Cosmological deixis and Amerindian perspectivism. In: **Journal of the Royal Anthropologcial Institute**, 4. S. 469- 488.

Wagner, Roy
1977   Analogic kinship: a Daribi example. In: **American Ethnologist,** 4.S. 623-642.
1977a   Scientific and indigenous Papuan conceptualizations of the innate: A semiotic critique of the ecological perspective. In: T. P. Bayliss-Smith und R. G. Feachem (Hrsg.) **Subsistence and survival. Rural ecology in the Pacific**, S. 385-410. London.

1978	**Lethal speech: Daribi myth and symbolic obviation.** Ithaca.
Wassmann, Jürg	
1982	**Der Gesang an den Fliegenden Hund.** Untersuchungen zu den totemistischen Gesängen und geheimen Namen des Dorfes Kandingei am Mittelsepik (Papua New Guinea) anhand der kirugu-Knotenschnüre. Basel.
Weiner, James	
1991	**The empty place. Poetry, space, and being among the Foi of Papua New Guinea.** Bloomington.
Whitehouse, Harvey	
2000	**Arguments and icons. Divergent modes of religiosity.** Oxford.

Jenseitsvorstellungen im Wandel

Christentum und Transkulturation bei den Ngaing in der Madang-Provinz von Papua-Neuguinea

Wolfgang Kempf

Es mag etwas weit hergeholt erscheinen, wenn ein Beitrag über gegenwärtige, lokale Weltsichten in Papua-Neuguinea mit einem Exkurs über Aspekte der Lebenswelt bei der afro-amerikanischen Bevölkerung von Los Angeles beginnt. Auf diese Weise soll nicht nur kurz in Erinnerung gerufen werden, dass Papua-Neuguinea von globalen Entwicklungen keineswegs unberührt geblieben ist. Ich möchte mit einer solchen Gegenüberstellung vor allem den Blick für einen Themenkreis schärfen, der sowohl im Christentum der afro-amerikanischen Gesellschaft als auch in neueren Überzeugungen einiger Gesellschaften Papua-Neuguineas auf je spezifische Art und Weise mitschwingt. Im vorliegenden Fall geht es vor allem um religiöse Vorstellungen, die Stadt und Himmel verknüpfen. Susan Anderson hat in einer Studie über den Anteil der afro-amerikanischen Bevölkerung von Los Angeles am politischen und wirtschaftlichen Leben dieser Stadt mit einer historischen Vignette auf die City als Zufluchtsort vor der Sklaverei in den Südstaaten verwiesen.[1] Vor diesem geschichtlichen Hintergrund der Befreiung aus einem ländlichen Zwangssystem des Rassismus und der Unterdrückung macht sie auf das in der Kultur der afro-amerikanischen Gemeinschaft verbreitete Ineinandergreifen von urbanen Bildern und christlichem Erlösungsgedanken aufmerksam. Anderson zitiert in diesem Zusammenhang die Hymne 135 aus dem Kirchengesangsbuch „Songs of Zion" von 1981, die den Titel *A City Called Heaven* trägt:

> I am a poor pilgrim of sorrow,
> I'm tossed in this wide world alone,
> No hope have I for tomorrow,
> I've started to make heaven my home.

---

[1] Anderson 1996, S. 336-337.

Sometimes I am tossed and driven, Lord,
Sometimes I don't know where to roam,
I've heard of a city called heaven,
I've started to make it my home.[2]

Die „Stadt der Engel", d. h. Los Angeles, war für Schwarze ein Ort der Zuflucht und entwickelte sich für einen überdurchschnittlichen Teil dieser Bevölkerungsgruppe zu einer Heimat mit bedeutsamer ökonomischer Sicherheit. Aber die afro-amerikanische Bevölkerung in Los Angeles – auch das macht Anderson deutlich – konnte den vielfältigen Rassismen, den Benachteiligungen, Kriminalisierungen und räumlichen Machtpraktiken innerhalb dieser City nicht entfliehen. Los Angeles war und ist für seine afro-amerikanische Bevölkerung eine City zwischen Hoffnung und Aussichtslosigkeit, ein Traum, der nur teilweise in Erfüllung ging.[3]

Die Hymne „*A City Called Heaven*" ist gewissermaßen die Ouvertüre für meine nachfolgenden Ausführungen über gegenwärtige Vorstellungen des „ewigen Lebens" in Papua-Neuguinea. Denn in diesem Kirchenlied klingt ein Themenbereich an, der den christlichen Himmel/das Jenseits mit der Vorstellung einer City verbindet, die Erlösung und Heimkehr verspricht. Ich verwende das Lied über die „himmlische Stadt" aus Los Angeles als Leitmotiv für globale Kräfteverhältnisse und Formen der Hoffnung, die auch in Papua-Neuguinea das Leben der Lokalbevölkerung seit vielen Jahrzehnten maßgeblich beeinflussen und prägen. In diesem Zusammenhang werde ich mich insbesondere dem Einfluss des Christentums zuwenden, das in weiten Teilen Papua-Neuguineas zu einem grundlegenden Bestandteil der alltäglichen Lebenswelt und kulturellen Orientierung geworden ist.[4] Mein Augenmerk gilt den lokalen Vorstellungen über den Himmel/das Jenseits, die sich im Zuge der Christianisierung in Papua-Neuguinea herausgebildet haben. Zu den auffallenden lokalen Überzeugungen gehört dabei nicht nur, dass die Geister der Verstorbenen zu Weißen werden und in das Land der Weißen gehen. Eine der wichtigsten Metaphern, die im Kontext dieser zeitgenössischen Jenseitsvorstellungen immer wieder

---

[2] Zitiert nach Anderson 1996, S. 337.
[3] Anderson 1996, S. 337-338.
[4] Siehe Barker 1990, 1992.

zur Sprache kommt, ist die Vorstellung, die Verstorbenen würden in einer westlichen City leben und arbeiten. Wie aber kommt es zu solchen „himmlischen" City-Bildern in Papua-Neuguinea – einem Land, in dem der Urbanisierungsprozess zu den rezentesten der Welt gehört?[5] Welche Bedürfnisse erfüllen solche indigenen Anschauungen über den Raum des Todes als alternative Welt des Weiß-Seins und der Modernität? Diesen Fragen werde ich im Folgenden anhand von Forschungsergebnissen nachgehen, die ich in Papua-Neuguinea selbst erheben konnte.[6]

Meine Feldforschungen führten mich in den 1980er und 1990er Jahren in eine relativ abgelegene ländliche Region der Madang-Provinz zur Sprachgruppe der Ngaing. Die Mehrzahl der Dörfer dieser Sprachgruppe liegt zwischen den Flüssen Nankina und Mot im küstennahen Hinterland der Rai-Küste. Die Bevölkerung dieser Region betreibt vor allem Brandrodungsfeldbau und ernährt sich zum überwiegenden Teil von den in den Hanggärten angebauten Feldfrüchten wie Taro, Yams und Süßkartoffeln.

Die Jagd auf Wildschweine, Beuteltiere und Vögel, aber auch die Aufzucht von Hühnern sowie von Hausschweinen – die in Tauschzeremonien eine wichtige Rolle spielen – stellen die wichtigsten Proteinquellen dar.

Ich hatte mich bei meinen Forschungen vor allem auf ein Dorf im zentralen Ngaing-Gebiet konzentriert, das mit seinen 250 Einwohnern zu den größten Ansiedlungen dieser Gruppe gehörte und das ich hier Yawing nennen möchte. Im Grunde suchte ich das dörfliche Milieu einer relativ abgelegenen Region, stieß aber zu meinem Erstaunen immer wieder – und unvermutet – auf urbanes Terrain. Wie ich oben bereits angeführt habe, entwarfen viele meiner lokalen Gesprächspartner in den unterschiedlichsten Kontexten westliche City-Landschaften, wenn von den Orten der Verstorbenen, der Ahnen und Geister die Rede war. Traum- und Tranceberichte, aber auch moderne Erzählungen handelten von lokalen Einsichten in eine „innere" Welt der Modernität, des Weiß-Seins, des Wissens und der Macht, die parallel zur äußeren Lebenswelt zu existieren schien. Solche Vorstellungen über das Jenseits als urbane Gemein-

---

[5] Siehe Connell and Lea 1995.
[6] Vgl. Kempf 1996, 1999, 2002.

schaft von Weißen/Ahnen und die darin verflochtenen vielfachen Bezüge zum westlichen Christentum sind Teil einer gewandelten, zeitgenössischen Kosmologie, die sich auch mit den grundsätzlichen Unterschieden in Moralität, materiellem Wohlstand und hierarchischen Machtverhältnissen zwischen Weißen und Schwarzen auseinandersetzt. Diese eingehende Beschäftigung mit solchen Gegensätzen resultierte aus einem historischen Prozess der kolonialen Durchdringung und Interaktion, in dem die historisch und kulturell geprägte, westliche Auffassung von „Rasse" auf die indigene Selbst-Wahrnehmung entscheidenden und bleibenden Einfluss ausübte.[7] Ich werde argumentieren, dass durch den kolonialen Kontext das Schwarz-Sein im kollektiven Gedächtnis der Ngaing zu einem peripheren, minderwertigen Dasein avancierte. Die Vorstellung von einer westlichen City des Jenseits und vom Weiß-Werden der Verstorbenen wurden als Erlösung aus dem irdischen Exil, aus der Einschließung in die lokale Landschaft des Schwarz-Seins und der Inferiorität betrachtet.[8] Das Bild der Stadt, so meine ich, dient dabei als räumlich-soziale Metapher der intensivierten Modernität und überregionalen Gemeinschaft. Die lokale Umarbeitung des Christentums erlaubt es den Ngaing, ihre Stellung im globalen Geschehen neu zu formulieren, indem sie ihre Zugehörigkeit zu Weiß-Sein und Modernität als Teil der eigenen Welt des Schwarz-Seins begreifen.

Reisen in das Land der Weißen

Die indigene Vorstellung vom Eintritt der Verstorbenen in das Land der Weißen wird in Yawing vor allem von der jüngeren Generation mit der Zugehörigkeit zum Christentum verknüpft. Hier sollte man vorwegschicken, dass sich die überwiegende Mehrheit der Bevölkerung dieses Dorfes gegenwärtig zum katholischen Glauben bekennt. Das war nicht immer so. Etwa seit Mitte der 1920er Jahre hatte man sich zunächst der lutherischen Mission angeschlossen, die in diesen Jahren an der Rai-Küste allein tätig war. Die katholische

Abb. 1 Arbeit im Tarogarten, Foto Wolfgang Kempf 1990.

---

[7] Vgl. Burridge 1960, Lawrence 1964; Kulick 1992; Lattas 1992, 1998 u.a.
[8] Vgl. Appadurai 1988.

Mission nahm ihre Arbeit in dieser Region dann im Jahre 1933 auf. Erst nach Ende des Zweiten Weltkriegs kam es jedoch zu einem graduellen Umschwung, der schließlich dazu führte, dass Yawing heute ein katholisches Dorf ist. Das Bekenntnis zum Christentum gehört, wie schon erwähnt, zu den grundlegenden Komponenten der postkolonialen Identität dieser Menschen.

Abb. 2 Taufe in einer lokalen Kirche von Papua-Neuguinea;
Foto Wolfgang Kempf 1989

So erklärte mir Paul, ein verheirateter Mann mittleren Alters, diesen generellen Zusammenhang in folgenden Worten:

> "Die Mission kommt und tauft uns, sie reinigt uns gewissermaßen. Sie will, dass wir Christen werden, dass wir in den Kreis der Weißen aufgenommen werden. ... Wir aus der jüngeren Generation denken uns das so: die Mission macht uns zu Mitgliedern ihrer Organisation und wenn wir sterben, dann gehen wir in das Land der Weißen."

Insbesondere unter den jüngeren Männern, mit denen ich während meiner Feldforschung sehr eng zusammenarbeitete, war eine Geschichte verbreitet – man könnte sie als moderne mythische Erzählung bezeichnen –, die diese Vorstellung vom Jenseits als Land der Weißen anschaulich werden ließ. Diese moderne Erzählung, die man mir des öfteren in leicht unterschiedlichen Varianten erzählte, handelte von der Reise eines jungen Mannes aus Papua-Neuguinea in eine westliche City. Der junge Mann stammte von der Rai-Küste und war am Bau einer Kirche oder eines anderen Gebäudes der örtlichen Missionsstation von Saidor (dem Sitz der regionalen Regierungsstation) beteiligt. Nach Fertigstellung des Bauwerks wollten ihn seine Eltern in eine arrangierte Heirat nötigen. Daher beschloss er, zu fliehen. Mit Hilfe des lokalen europäischen Missionars, der ihm einen Reisepass ausstellte, gelangte er entweder auf dem Seeweg oder mit dem Flugzeug in eine westliche City außerhalb von Papua-Neuguinea. In dieser großen Stadt, in der er sich zunächst gänzlich verloren fühlte, wurde er von einem weißen Ehepaar aufgenommen. Die beiden gaben sich schließlich als seine verstorbenen Großeltern zu erkennen, und so blieb er bei ihnen. Entgegen den strikten Anweisungen seiner Großeltern öffnete er eines Tages die Tür zu einem Tauraum. Der Raum erwies sich beim Eintreten jedoch als vollkommen dunkel. Aufgrund dieser Tabuübertretung wurde er von seinen verstorbenen Großeltern nach Papua-Neuguinea in sein Dorf an der Rai-Küste zurückgeschickt, wo er ein Initiationsritual durchlaufen sollte. Diese Initiation war im wesentlichen mit einer rituellen Beschneidung verbunden. Nach Abschluss der rituellen Initiation in seiner Herkunftsregion begab er sich schließlich wieder zurück in die City zu seinen verstorbenen Großeltern und durfte den Tauraum erneut betreten. Nun konnte er darin sein Dorf sehen, seine Eltern, den Platz der Beschneidung, die Umgebung seines Dorfes, und er konnte hören, was dort gesprochen wurde. Die Geschichte endete in der Regel mit der Anmerkung, der junge Mann sei aus der City nicht mehr zurückgekehrt.[9]

Zu den beachtenswerten Details dieser Erzählung gehört nicht nur, dass der örtliche (europäische) Missionar mit der Ausstellung eines Reisepasses den Weg in eine City eröffnete, in der die Verstorbenen als Weiße leben. Bemerkenswert ist auch, dass die Sicht des jungen Mannes aus dem Tauraum in der City auf den Ort der eigenen Herkunft erst durch die rituelle Beschneidung ermöglicht wurde. Dieses Übergangsritual, das dem jungen Mann in der Geschichte diese außerordentliche Position von Macht und Wissen eröffnete, wie sie den Weißen, Verstorbenen und Ahnen zugesprochen wird, praktiziert man auch in Yawing. Es handelt sich dabei jedoch um eine relativ moderne und importierte Praxis, die im Ngaing-Gebiet in vorkolonialer Zeit nicht durchgeführt wurde. Lediglich in den Küstendörfern an der Rai-Küste ist die Beschneidungspraxis Teil der traditionellen Initiationsriten.

In Yawing hat die rituelle Beschneidung und ihre Integration in die geheimen Initiationsriten für männliche Jugendliche seit ihrer Einführung vor etwa fünfzig Jahren an Bedeutung stetig zugenommen. Man betonte dort, die Beschneidung gehöre zu den Neuerungen der lokalen Kultur. „Wir folgen Jesus," sagte einer der heute aktiven Beschneider aus der Gruppe jener Männer, die sich dieser Operation in Yawing erstmals unterzogen hatten, und fügte hinzu: „Zuerst bete ich ... Ich mache das Kreuz, und dann setze ich die Rasierklinge an." So legitimierte man diese rituelle Innovation vor allem mit dem Hinweis auf die Bibel, auf die Beschneidung von Jesus, aber auch auf die allgemeine Tatsache der Beschneidungspraxis bei den Weißen. In physiologischer Hinsicht vertraten die Beschneider die Ansicht, die Beschneidung sei für die jungen Männer außerordentlich wichtig, weil damit das Blut der Mutter, das man als „schwarz" und „unrein" klassifizierte, entfernt werden könne. Erst nach der rituellen Beschneidung, wenn das „reine", „männliche" Blut dominiere, sei der Mann gesund, machtvoll und besitze eine „leuchtende" Haut. Darüber hinaus wurde die Kreuzigung von Jesus als seine eigentliche Beschneidung interpretiert. In diesem Zusammenhang wurden verschiedene Phasen dieses christlichen Schlüsselszenarios (vom letzten Abendmahl bis zur Wieder-

---

[9] Siehe Kempf 1996, 1999, 2002.

auferstehung) mit Sequenzen des Übergangsrituals in Yawing (vom letzten Essen vor dem Eintritt in die mehrwöchige Seklusion bis zur öffentlichen Präsentation der Initianden) in Verbindung gebracht.[10] Die Reinigung des männlichen und schwarzen Körpers von dunklen Substanzen war somit auch mit dem christlichen Gedanken der Reinigung von Sünde und Schuld verbunden. Dieser Zustand der Reinheit sollte die Nähe zu Macht, Wissen und Weiß-Sein ermöglichen. Während eines Beschneidungsrituals in Yawing, das ich beobachten und dokumentieren konnte, waren vor allem die Traumberichte der beteiligten Initianden in dieser Hinsicht sehr aufschlussreich. Die Initianden berichteten, dass sie in ihren Träumen in das Seklusionsareal „hineingesehen" hatten; sie versicherten mir, dass der Ort von Ahnen und Geistern bevölkert sei, die als Weiße in einer City-Umgebung lebten.[11] Diese verborgene europäische Geographie des Areals hatte im übrigen ein alter Ritualspezialist schon vor längerer Zeit in Trancezuständen erkundet. Nachdem wir den alten Mann hinzugezogen und seine Sicht der verborgenen Dinge kennengelernt hatten, verwiesen die Initianden explizit auf die Übereinstimmungen zwischen ihren Traumberichten und den Tranceberichten des rituellen Experten. Die rituelle Beschneidung schafft dank ihrer reinigenden, klärenden und „aufhellenden" Funktion einen Bezug zu jenem Terrain des Macht-Wissens der Weißen/Ahnen, das als (schwer zugänglicher) Bestandteil der eigenen Welt aufgefasst wurde. Die moderne Erzählung über die Reise eines jungen Mannes in die City und das Erkennen des Seklusionsareals als City durch die Initianden lassen somit wechselseitige Perspektiven erkennen, die eine Verbindung zwischen machtvollen Orten an der Rai-Küste und einer parallelen City-Welt der Weißen, Ahnen und Geister herstellen.

Die Einführung der rituellen Beschneidung als fester Bestandteil der geheimen Initiationsriten für männliche Jugendliche ist eine Folge von Kolonisierung und Missionierung. Historisch sind die Wandelerscheinungen in den geheimen Ritualsphären der Männer vor allem mit der Christianisierung der Region eng verknüpft. Denn schon seit dem Beginn der Missionierung im Ngaing-Gebiet etwa Mitte der 1920er Jahre waren die geheimen rituellen Aktivitäten und Paraphernalia der Männer zwischen Mission und Einheimischen sehr umstritten.

---

[10] Siehe Kempf 1994, 1996, 2002.
[11] Vgl. Kempf und Hermann 2000.

Obwohl sich lutherische Mission und katholische Mission in ihrer Vorgehensweise graduell voneinander unterschieden, verteufelten die Vertreter beider Denominationen die überlieferten geheimen Praktiken und Objekte der Männer als unvereinbar mit dem Christentum. Unter der Regie lutherischer Missionshelfer fanden daher beispielsweise in Yawing, aber auch in vielen anderen Dörfern an der Rai-Küste, öffentliche Vernichtungen geheimer Paraphernalia statt.[12] Die Missionsgesellschaften bedienten sich im allgemeinen einer Symbolik, die um den Gegensatz von Finsternis und Licht organisiert war. Damit gelang es den Missionaren und ihren Helfern, das alltägliche Leben der lokalen Bevölkerung mit entsprechenden bildhaften Verknüpfungen von Schwarz-Sein und Weiß-Sein, Unwissenheit und Wissen, (moralischer) Minderwertigkeit und Überlegenheit zu durchdringen und bleibend zu prägen.[13] Die geheimen rituellen Aktivitäten der Männer wurden in dunklen, lichtlosen und bedrohlichen Räumen lokalisiert. Der schwarze Körper galt als schmutzig, träge und krankheitsanfällig.[14] Mit der Konstituierung dunkler indigener Räume und Körper begründeten die Missionsgesellschaften die Notwendigkeit ihrer Präsenz, die geeignet war, in diese lokale Welt des Geheimen und Dunklen, des Sündhaften und Schmutzigen das Licht und die Reinheit des Christentums zu bringen. Innerhalb dieser dominanten Kultur des Lichts[15] repräsentierte Weiß-Sein Reinheit, Macht, Wissen und moralische Überlegenheit, während der schwarze Körper in den Räumen der Minderwertigkeit angesiedelt wurde.

Das hierarchische Verhältnis zwischen Weißen und Schwarzen erläuterte man mir in Yawing mit Hilfe einer Metapher, die auf einer lokalen Palmenart (*sariwat;* im Tokpisin, der Verkehrssprache Papua-Neuguineas, *limbum*) beruhte. Diese Palme, die auch bei der Entstehung der Welt eine entscheidende Rolle spielt, besitzt einen weichen, weißen Kern, der von einer verhärteten, schwarzen Schicht, dem Palmholz umgeben ist. Das weiße, innere Mark dieser *sariwat*-Palme repräsentierte die Macht und das Wissen der Weißen. Deshalb, so argumentierte man in Yawing, waren die Weißen auch in der Lage, Autos, Flugzeuge, Fabriken und vieles andere mehr zu produzieren. Die Schwarzen,

---

[12] Siehe Kempf 1992.
[13] Vgl. Keesing 1989, S. 23.
[14] Vgl. Kempf 1994.
[15] Vgl. Dyer 1997.

die durch das äußere, braun-schwarze Palmholz repräsentiert werden, befinden sich demgegenüber in einer peripheren, äußeren Position. Das Palmholz dient im lokalen Kontext vor allem zur Herstellung von Bögen und Schwirrhölzern, d.h. von identitätsstiftenden Objekten männlicher Macht. Es ist in Yawing aber auch Sinnbild ihrer Unterlegenheit gegenüber den Weißen geworden. Ein alter Ritualspezialist erklärte mir in diesem Zusammenhang:

> "Die erste Generation [nach der Entstehung der Welt] war gut. Auch die zweite und die dritte Generation. Aber etwa ab der vierten Generation haben sie die *sariwat*-Palme gefällt [Pfeil und Bogen gemacht] und begonnen, andere zu töten. Daraufhin wurde es in ihren Köpfen dunkel. ... Sie haben [aus dem Palmholz] Pfeile gemacht und Menschen erschossen. Seither können wir nicht klar denken. Das Blut [im Kopf] ist blockiert und wir haben von nichts eine Ahnung. Die Vorfahren haben sich falsch verhalten und jetzt müssen wir dafür büßen."

Im Kontext derartiger Selbsteinschätzungen und hierarchischer Zuschreibungen, die über Generationen hinweg weitergegeben werden, umgab das Weiß-Sein eine Aura der Erlösung aus einem Zustand des inferioren und peripheren Schwarz-Seins.[16] An das Christentum wurden daher von Seiten der indigenen Bevölkerung entsprechende Hoffnungen geknüpft. Doch auch das importierte Beschneidungsritual mit seinen vielfachen Bezügen zu Reinigung und Transformation des Körpers ist in diesem hegemonialen Kontext zu sehen. Die Männer in Yawing haben mit der Einführung der Beschneidung versucht, den eigenen Körper und Raum neu zu fassen und zu positionieren, indem sie Weiß-Sein zu einem integralen Moment von Schwarz-Sein machten. Westliche Cities als Orte, in denen die Verstorbenen als Weiße leben, gehören in dieses Feld der lokalen Uminterpretationen und modernen Neuorientierungen. Hier wurde der Ort des Jenseits von den europäischen Missionaren zurückgefordert, ohne dass man das Christentum als Religion der Erlösung aus einem Zustand des Schwarz-Seins letztendlich hätte verlassen können. Wie die City-Erzählung zeigt, sind die mächtigen Repräsentanten der Kirche nach wie vor die Grenzbeamten auf dem Weg in die Stadt der Verstorbenen.[17]

---

[16] Siehe für andere Gesellschaften Papua-Neuguineas Kulick 1992; Lattas 1992, 1998.
[17] Vgl. Baudrillard 1991, S. 203-205.

Städte des Jenseits

Mein zweites Beispiel, das von Imaginationen westlicher Cities als Orten des Jenseits handelt, hat die Ausführungen eines lokalen Kirchenführers zum Gegenstand, der im Februar des Jahres 1997 hochbetagt in seinem Heimatdorf Yawing verstorben ist. John Kikang war bereits als Jugendlicher aus Yawing weggegangen und fand nach eigenen Angaben Anschluss an den Haushalt eines weißen Ehepaares, wo er lange Zeit abwechselnd als Hausangestellter, Koch, Gärtner, oder Verkäufer in einem kleinen Laden beschäftigt war. Mit Ausbruch des Zweiten Weltkrieges diente er in der Armee auf der Seite der Alliierten und kehrte nach Beendigung des Krieges nach vielen Jahren der Abwesenheit nach Yawing zurück. Dort begann er unter Anleitung und mit Unterstützung der lokalen Administration den Kaffeeanbau zu propagieren. Darüber hinaus trieb er im damals protestantischen Yawing den Aufbau einer katholischen Kirchengemeinde voran.[18]

Auch John vertrat die Auffassung, die Taufe würde den Weg in die andere Welt des Weiß-Seins eröffnen. „[Wenn] wir getauft werden, erhalten wir ein Ticket," sagte er – und meinte damit die Taufurkunde. Dieses Ticket ermöglichte seiner Ansicht nach einer getauften Person nach deren Tod die Reise in die urbane Welt der Modernität und der Weißen/Ahnen. Seine Erkenntnisse über den letztendlichen Verbleib der Geister der Verstorbenen hatte John insbesondere durch Träume, vereinzelt aber auch durch Visionen erlangt. „Die Hölle ist hier, wo wir jetzt leben," sagte er einmal mit dem Hinweis auf entsagungsvolles Leben, harte körperliche Arbeit und menschliche Verfehlungen. Seinen Ausführungen war zu entnehmen, dass auch nach dem Tod ein In-der-Nähe-Verweilen des Totengeistes als Höllenverdammnis zu sehen war und aus einem Leben voller Sünde und Schuld resultierte. Sein komplexes Modell der Erlösung, das er im Laufe der Jahre entwickelt hatte, umfasste vier Orte, die den Verstorbenen aus Papua-Neuguinea im Idealfall für ein Leben nach dem Tode offen standen. Dabei handelte es sich um hierarchisch abgestufte Räume,

Abb. 3 John Kikang; Foto Wolfgang Kempf 1989.

---

[18] Vgl. Kempf 2003.

von denen er drei als City-Landschaften beschrieb. Diese Orte standen im Gegensatz zur ruralen Welt im Hinterland der Rai-Küste. Abhängig vom Umfang der irdischen Sündhaftigkeit, die nach dem Tod durch anhaltendes Beten abgetragen werden konnte, war seiner Auffassung nach ein Aufstieg von einer kleineren in eine größere Stadt sowie von Papua-Neuguinea in das Land der Weißen möglich.

Kikang hatte die einzelnen Stadien benannt und charakterisiert. Da gab es zunächst das sogenannte *Klinpaia*. Es war ein Ort mit kleinen Mühsalen, eine mittlere urbane Welt, die man sich wie die Provinzhauptstadt Madang vorzustellen hatte. Danach folgte das *Limbo*. Diese Lokalität war eine größere Stadt mit vielen hohen Häusern. Sie wurde von Kikang mit Port Moresby verglichen – der Hauptstadt des heutigen Papua-Neuguinea und zugleich das größte urbane Zentrum dieses Inselstaats. Die darauffolgende Stufe nannte er *Pulgatori* und seinen Ausführungen zufolge handelte es sich hier um einen „heiligen Ort" (*ples santu* oder *heven*). Kikang führte dazu aus:

> "Das ist sehr nahe am Himmel. ... Das ist Australien – du weißt schon. Da arbeiten nur Maschinen. [Da gibt es] Kaufhäuser, zwei- und dreistöckige Häuser [und anderes mehr]. Die Menschen sind glücklich. Keine harten Arbeiten. Alles ist gut. So haben es mir die Toten gesagt. Sie haben es mir erzählt und deshalb weiß ich, wie diese Orte aussehen... Ich habe [einen Verstorbenen im Traum] gefragt: ‚Wann wirst du Port Moresby verlassen?' Und als er sagte: ‚Ich habe Moresby hinter mir gelassen. Ich bin jetzt in Australien,' – da wusste ich: ‚Der ist jetzt in der City angekommen.' Für ihn habe ich dann nicht mehr gebetet. Ab da war Schluss. Er war [am Ziel] angelangt."

Den letzten und höchsten der vier Orte bezeichnete Kikang als „das Paradies". Seit der Schöpfung, so Kikang, war in diesem Himmelsraum die ursprüngliche Vegetation unverändert geblieben. In diesen himmlischen Garten der Ursprünglichkeit konnten jedoch nur Kleinkinder gelangen, die sehr früh verstorben und somit ohne Sünde waren. Für Erwachsene blieb dieser paradiesische Garten auf ewig unerreichbar.

Ein Himmel namens Sydney

Die metaphorische Verbindung von Stadt und Jenseits ist den westlichen Kulturen und ihren christlichen Vorstellungen vom Himmel keineswegs fremd. Erinnern wir uns nur an das himmlische Jerusalem aus der Offenbarung des Johannes, ein biblisches Bild, das als fester Bestandteil der jüdisch-christlichen Tradition des Westens und seiner Geschichte der christlichen Repräsentationen des Jenseits gilt. Auch die Interpretationen von Augustinus, der das christliche Leben als Exildasein auf dem Weg in die „Stadt Gottes" darstellt, haben nachhaltige Auswirkungen auf die Konzeptualisierung christlicher Vorstellungen über den Himmel gehabt.[19] Vom Mittelalter über die Renaissance bis hin zur Konzeptualisierung eines modernen Himmels gehörten City-Bilder immer wieder in unterschiedlichen Ausprägungen zum metaphorischen Repertoire christlicher Darstellungen des Himmels.[20] Und solche Bilder, so denke ich, sind im Zuge von Kolonisierung und Missionierung nach Papua-Neuguinea gelangt, wo sie dann im jeweils historisch und kulturell spezifischen Kontext lokaler Aneignungen umgearbeitet, neu interpretiert und weitergegeben wurden. Über diesen Prozess der kreativen Auswahl und Aneignung fremder kultureller Komponenten – man nennt einen derartigen Vorgang auch Transkulturation[21] – fand die City als neuer Ort der Verstorbenen Eingang in die lokale Welt an der Rai-Küste.

Historisch belegt ist die Verbreitung solcher City-Vorstellungen durch den australischen Ethnologen Peter Lawrence (1954/55, 1964), der im Madang-Gebiet in den vierziger und fünfziger Jahren unter anderem auch an der Rai-Küste bei den Ngaing gearbeitet hatte. Lawrence dokumentierte indigene Vorstellungswelten, die westliche Cities mit dem Himmel bzw. mit dem Jenseits verbanden. Er beschrieb detailliert die Ausweitung der lokalen Welt, die unter Einfluss des Christentums nun vor allem Sydney als Himmel und komfortable Heimstätte der Weißen und Ahnen umfasste:

---

[19] Siehe vor allem Dougherty 1980, S. 19 u. 35-49; 1986, S. 105-108; Hawkins 1986; Greer 1986, S. 39 u. 54.
[20] Siehe vor allem McDannell and Lang 2001, S. 72-76, 108, 142, 189-191 u. 300.
[21] Siehe Pratt 1992, S. 6; Rosaldo 1995, S. XV.

"The world in which they lived could no longer be conceived as a few square miles of jungle skirted by the sea. Its boundaries had to be extended so as to include the country of the Europeans and Heaven, both of which after 1914 began to be identified with Australia in general and Sydney, the main overseas port for New Guinea, in particular. In the new cosmos, God was said to live in Heaven, which was believed by some to be on earth as part of Sydney itself and by others, who had listened more carefully to the missionaries, to be above Sydney in the clouds. In the latter case, however, it was thought that Heaven and Sydney were connected by a ladder. The spirits of the dead – the ancestors of both Europeans and natives – lived with God in Heaven. ... [The ancestors] enjoyed the amenities of Heaven, for which the people yearned so vehemently on earth: European houses with tables, chairs, beds, and other furniture; meals of tinned meat, rice, and other European delicacies, which were served ready cooked by angels; and whisky, beer, and other alcoholic liquors freely provided for all."[22]

Die Darstellung von Lawrence gehört zweifellos zu den frühesten ausführlichen Belegen dieser Überzeugungen im nordöstlichen Neuguinea.[23] Vereinzelte Hinweise auf diese Verwebung des Jenseits mit westlich geprägten City-Landschaften, die zu späteren Zeitpunkten erhoben wurden, finden sich jedoch auch in anderen Regionen des Landes.[24] So berichten etwa Haberland[25] und Gesch[26] aus der weiter westlich gelegenen Sepik-Region von indigenen Reise-Erzählungen, die Sydney als Himmel bzw. Ort der Verstorbenen beschreiben. Don Kulick, der ebenfalls im Sepik-Gebiet gearbeitet hat, schildert Vorstellungen der Bewohner aus dem Dorf Gapun; dort ist man überzeugt, die Verstorbenen würden zu Weißen und besuchten Rom als schulische Zwischenstation der Wissensaufnahme auf dem Weg in den Himmel. Kulick dokumentiert in diesem Zusammenhang auch eine Geschichte, die viele Ähnlichkeiten zu der City-Geschichte aus Yawing aufweist.[27] Ein weiterer Hinweis auf City-

---

[22] Lawrence 1964, S. 77.
[23] Siehe auch Lawrence 1964, S. 191-92, 237, 242 u. 251.
[24] Vgl. Kempf 1999.
[25] 1964, S. 38-39.
[26] 1985, S. 182.
[27] Siehe Kulick and Stroud 1990, S. 302; Kulick 1992, S. 183-185.

Vorstellungen in lokalen Kosmologien kommt von Albert Maori Kiki, einem Mann aus Papua-Neuguinea, der in seiner Autobiographie die Tatsache erwähnt, dass Sydney in seiner Herkunftsregion von manchen als Himmel und Ort der Verstorbenen betrachtet wird.[28] Und Michelle Stephen führt einige Berichte von den Mekeo an, die Reisen des Traum-Selbst in das Jenseits beschreiben, wo die Verstorbenen sich ebenfalls in Cities aufhalten.[29]

Mit dieser losen und sicherlich unvollständigen Karte von verstreuten City-Landschaften in Papua-Neuguinea möchte ich nicht nur auf die vorhandene Heterogenität der indigenen Vorstellungswelten und deren mehr oder weniger ausführlichen ethnologischen Repräsentationen hinweisen. Es geht mir zugleich darum, einen vorläufigen regionalen und historischen Kontext für meinen Versuch zu schaffen, markante Konturen der City-Landschaften in Yawing nachzuzeichnen. Zusammenfassend ergibt sich für das Dorf im zentralen Ngaing-Gebiet nun folgendes Bild: Im Gefolge der Christianisierung entwickelte sich in Yawing ein Diskurs, der das Jenseits, die Welt der Verstorbenen, als westliche City-Landschaft begreift. Sowohl Kikangs Modell als auch die City-Geschichte im Zusammenhang mit dem Beschneidungsritual machen deutlich, dass der Weg in diese City nur über das Christentum und in enger Kooperation mit dessen Repräsentanten vor Ort beschritten werden kann. Der Weg in die City folgt Reiserouten, die oft mehrere Stationen umfassen können, bis man aus der lokalen Welt heraus in die Welt der Weißen und der Verstorbenen gelangt. Das erstrebte Leben in dem urbanen Habitat, das in Kikangs Darstellung explizit in Australien lokalisiert wird, ist ein Ort der Weißen. Es ist eine City-Welt, in der die Verstorbenen zu Weißen werden können und das Wissen und den Wohlstand der Weißen teilen. Diese andere Welt steht im Gegensatz zum irdischen, sündhaften Leben und Schwarz-Sein an der Rai-Küste, das mit seinen alltäglichen Beschwerlichkeiten und moralischen Verstößen der Hölle, dem Ort der ewigen Verdammnis, gleichgesetzt wird.

---

[28] Kiki 1968, S. 72.
[29] Stephen 1982, S. 112-113.

Einschließung und Ausweitung

Die City ist das indigene Bild konzentrierter Modernität, jener Welt des Fortschritts und des Wohlstands, die Erlösung aus dem ruralen, als rückständig und minderwertig empfundenen Leben in Papua-Neuguinea verspricht. Unter dem Blickwinkel einer Politik der Konstruktion räumlicher Ordnungen erweisen sich die Verknüpfungen des Jenseits mit westlichen Cities als lokale Gegen-Entwürfe, die auf eine Überwindung der Einschließung an den Orten des Schwarz-Seins, der Sündhaftigkeit und der Inferiorität ausgerichtet sind. Ich betrachte diese Vorstellungen in Yawing als imaginative Gegen-Bewegungen, die solche Grenzziehungen und Trennlinien zwischen Schwarz-Sein und Weiß-Sein fortlaufend überschreiten und in Frage stellen. Mit diesen erzählerischen Ausweitungen der ozeanischen Welt in einen westlich-urbanen Raum stellt man in Yawing spirituelle Verbindungen, soziale Zusammengehörigkeiten und räumliche Relokalisierungen in den Vordergrund, die eine Teilhabe an der Macht und dem Wissen des Weiß-Seins, an einem komfortablen, ewigen Leben in einer entfernten City in Aussicht stellen.

Die Vorstellungen und Erzählungen von der westlichen City in Yawing sind nach meiner Auffassung auch Bilder und Geschichten der Ausweitung lokaler Horizonte. Ich baue hier vor allem auf einer Vision der Vergrößerung Ozeaniens auf, die der tonganische Schriftsteller und Gelehrte Epeli Hau'ofa[30] ausgearbeitet hat. Hau'ofa kritisierte jene neokolonialen Überzeugungen, die mit einer landzentrierten Sicht der Inselstaaten Ozeaniens lediglich in der Lage sind, deren Isolation, Kleinsein, Ressourcen-Armut und Fragmentierung wahrzunehmen. Diesen abwertenden Konstruktionen insularen Klein-Seins setzte er nicht nur die vorkoloniale Kulturgeschichte eines weiträumig vernetzten Inselmeers entgegen. Er führte auch die grenzüberschreitende Mobilität der ozeanischen Bevölkerung an, die durch ihre Migrationsbewegungen die Städte Australiens, Neuseelands, der Vereinigten Staaten und Kanadas in die ozeanische Welt integriert haben:

> "The idea that the countries of Polynesia and Micronesia are too small, too poor and too isolated to develop any meaningful degree of autonomy, is an economistic and geographic deterministic view of a

[30] 1993.

very narrow kind, that overlooks culture history, and the contemporary process of what may be called 'world enlargement' carried out by tens of thousands of ordinary Pacific islanders right across the ocean from east to west and north to south, under the very noses of academic and consultancy experts, regional and international development agencies, bureaucratic planners and their advisers, and customs and immigration officials, making nonsense of all national and economic boundaries, borders that have been defined only recently, crisscrossing an ocean that had been boundless for ages before Captain Cook's apotheosis".[31]

Ich möchte mit den in Yawing vorgenommenen Ausweitungen des lokalen Universums in die Metropolen des Weiß-Seins und den damit verbundenen Hoffnungen auf ein besseres Leben im urbanen Jenseits darüber hinaus aufzeigen, dass kosmologische, vom Christentum beeinflusste Vorstellungswelten ebenfalls eine gewichtige Rolle bei der Ausweitung Ozeaniens spielen. Die alternative Perspektive der Vergrößerung Ozeaniens steht im Gegensatz zu den allgemein akzeptierten hegemonialen Erzählungen und Karten einer kontinuierlichen Verkleinerung der Welt, die vorrangig als Folge der Dynamik und Ausbreitung des Westens angesehen wird. Mit der Gegenüberstellung von Verkleinerung und Ausweitung soll deutlich gemacht werden, dass die Rhetorik der globalen Kompression als Resultat eines expandierenden Westens anderen Kulturen die Fähigkeit abspricht, ihre eigene vergrößerte Welt zu schaffen.[32] Auf der anderen Seite ist die Tatsache, dass moderne Verkehrsmittel und Formen der Kommunikation verschiedenste Teile der Welt näher zusammenrücken lassen, durchaus nicht von der Hand zu weisen. Die Welt scheint zugleich kleiner und größer zu werden. Möglicherweise wäre hier „Intensivierung"[33] ein passenderer Begriff für diese paradoxen, globalen Prozesse der kulturellen, räumlichen Konstruktion.

Die City-Erzählungen in Yawing jedenfalls beschreiben die Reiserouten der europäisch-westlichen Einflussnahme in entgegengesetzter Richtung: Das „Neue Jerusalem", so die indigene Vision, ist bevorzugt eine City oder Sydney

---

[31] Hau'ofa 1993, S. 6.
[32] Kempf 1999.
[33] Beck 1997, S. 88 u. 150.

in Australien. Die narrative Ausweitung der lokalen Welt folgt den Pfaden und Straßen, den Schiffs- und Flugrouten, die über Jahrzehnte hinweg im Zusammenhang mit den hegemonialen Zugriffen des Westens angelegt worden waren. Auf diesen Routen finden sich die Spuren jener vielfältigen Prozesse der Entfremdung, die auch nach Yawing getragen wurden. Die kolonialen ebenso wie die missionarischen Repräsentanten haben mit ihren symbolischen Machtformen, mit ihrer Poetik und Politik der Dunkelheit und des Lichts, der Rückständigkeit und des Fortschritts Displatzierungen an den angestammten Orten produziert. Sie haben das irdische Verweilen in Yawing zu einer vorübergehenden Heimat im Schwarz-Sein werden lassen, indem sie die Überlegenheit des Weiß-Seins in die lokalen Körper und Räume einschrieben. Daraus resultierten lokale Selbsteinschätzungen eines minderwertigen Schwarz-Seins, die den Ausgangspunkt für die lokalen Visionen des Jenseits als westliche Cities bildeten. Erzählungen über Reisen in die Welt der Weißen/Ahnen brachten alternatives Macht-Wissen über die Räume des Todes in Umlauf, die ein anderes Bild von den „inneren" Kapazitäten des Schwarz-Seins zeichneten und damit eine bessere, zweite Existenz in Aussicht stellen konnten.

Die indigenen City-Vorstellungen lassen eine lokal-christliche Gemeinschaft im irdischen Exil entstehen, die sich auf einer Reise befindet, an deren Ende die himmlische Heimkehr in Australien, die Erlösung in der urbanen Welt des Weiß-Seins steht. Yawing ist somit zu einem Ort des Übergangs geworden und beherbergt eine Gemeinschaft, die im Reisen verweilt und daraus ihre spezifische christliche Identität gewinnt.[34] James Cliffords[35] Agenda einer vergleichenden Untersuchung der Dynamik von Reisen und Verweilen erscheint mir für ein Verstehen christlicher Vorstellungen in Papua-Neuguinea besonders bedeutsam. Die erzählerischen Ausweitungen, wie sie in den City-Vorstellungen zum Ausdruck kommen, machen deutlich, wie wichtig es ist, bei den vielfältigen Entstehungsweisen christlicher Korporationen das Augenmerk auf die historisch spezifische Konstruktion der Räume zu richten, die zugleich auch immer eine Geschichte der Machtwirkungen ist.[36] Erst dann ist es möglich, zu verstehen, warum Menschen in Papua-Neuguinea eine westliche City zugleich als Ort der Modernität und der Erlösung betrachten.

---

[34] Vgl. Clifford 1997, S. 2 u. 36.
[35] 1997.
[36] Siehe Foucault 1980, S. 149.

Bibliographie

Anderson, S.
1996 A City Called Heaven. Black Enchantment and Despair in Los Angeles. In: A.J. Scott and E.W. Soja (Hrsg.), **The City. Los Angeles and Urban Theory at the End of the Twentieth Century**. Berkeley.

Appadurai, A.
1988 Putting Hierarchy in its Place. In: **Cultural Anthropology**.

Barker, J.
1990 Introduction. Ethnographic Perspectives on Christianity in Oceanic Societies. In: J. Barker (Hrsg.), **Christianity in Oceania: Ethnographic Perspectives**. Lanham.
1992 Christianity in Western Melanesian Ethnography. In: J.G. Carrier (Hrsg.), **History and Tradition in Melanesian Anthropology**. Berkeley.

Baudrillard, J.
1991 **Der symbolische Tausch und der Tod**. München.

Beck, U.
1997 **Was ist Globalisierung? Irrtümer des Globalismus – Antworten auf Globalisierung**. Frankfurt a.M.

Burridge, K.O.L.
1960 **Mambu: A Melanesian Millenium**. London.

Clifford, J.
1997 **Routes: Travel and Translation in the Late 20th Century**. Cambridge.

Connell, J. and J. Lea
1995   Distant Places, Other Cities? Urban Life in Contemporary Papua New Guinea. In: S. Watson and K. Gibson (Hrsg.), **Postmodern Cities and Spaces**. Oxford.

Dougherty, J.
1980   **The Fivesquare City. The City in the Religious Imagination**. Notre Dame.
1986   Exiles in the Earthly City. The Heritage of St. Augustine. In: P.S. Hawkins (Hrsg.), **Civitas. Religious Interpretations of the City**. Atlanta.

Dyer, R.
1997   **White. Essays on Race and Culture**. London.

Foucault, M.
1980   **Power/Knowledge: Selected Interviews and Other Writings. 1972-1977.** (Hrsg.: C. Gordon). New York.

Gesch, P.F.
1985   **Initiative and Initiation. A Cargo Cult-Type Movement in the Sepik Against Its Background in Traditional Village Religion.** St. Augustin.

Greer, R.A.
1986   Alien Citizens: A Marvellous Paradox. In: P.S. Hawkins (ed), **Civitas. Religious Interpretations of the City**, S. 39-56. Atlanta.

Haberland, E.
1964   Kulturverfall und Heilserwartung am oberen Korowori (Sepik-Distrikt, Neuguinea). In: **Sociologus**, 14, S. 30-44.

Hau'ofa, E.
1993 Our Sea of Islands. In: E. Wadell, V. Naidu and E. Hau'ofa (eds), **A New Oceania: Rediscovering Our Sea of Islands**, S. 2-16. Suva.

Hawkins, P.S. (ed)
1986 **Civitas. Religious Interpretations of the City**. Atlanta.

Keesing, R.M.
1989 Creating the Past: Custom and Identity in the Pacific. In: **The Contemporary Pacific**, 1-2:16-35.

Kempf, W.
1992 "The Second Coming of the Lord": Early Christianization, Episodic Time and the Cultural Construction of Continuity in Sibog. In: **Oceania**, 63, S. 72-86.
1994 Ritual, Power and Colonial Domination: Male Initiation Among the Ngaing of. In: Ch. Stewart and R. Shaw (Hrsg.), **Syncretism/Anti-Syncretism: The Politics of Religious Synthesis**, S. 108-26. London, New York.
1996 **Das Innere des Äußeren: Ritual, Macht und historische Praxis bei den Ngaing in Papua Neuguinea**. Berlin.
1999 Cosmologies, Cities, and Cultural Constructions of Space: Oceanic Enlargements of the World. In: **Pacific Studies**, 22, S. 97-114.
2002 The Politics of Incorporation: Masculinity, Spatiality and Modernity among the Ngaing of Papua New Guinea. In: **Oceania**, 73:, S. 56-77.
2003 Mobilität, Macht und der Traum vom besseren Leben: Routen und Visionen eines Wegbereiters der Modernität in Papua-Neuguinea. In: E. Hermann und B. Röttger-Rössler (Hrsg), **Lebenswege im Spannungsfeld lokaler und globaler Prozesse: Person, Selbst und Emotion in der ethnologischen Biografieforschung** (in Vorbereitung).

Kempf, W. und E. Hermann
2000   T/Räume. Überschreitungen des Lokalen in Initiationsriten bei den Ngaing in Papua New Guinea. In: **Kea. Zeitschrift für Kulturwissenschaften**, 13:91-118.

Kiki, A.M.
1968   **Ten Thousand Years in a Lifetime. An Autobiography from New Guinea**. London.

Kulick, D. and Ch. Stroud
1990   Christianity, Cargo and Ideas of the Self: Patterns of Literacy in a Papua New Guinean Village. In: **Man**, 25: 286-304.

Kulick, D.
1992   **Language Shift and Cultural Reproduction: Socialization, Self, and Syncretism in a Papua New Guinean Village**. Cambridge.

Lattas, A.
1992   Skin, Personhood, and Redemption: The Doubled Self in West New Britain Cargo Cults. In: **Oceania**, 63: 27-54.
1998   **Cultures of Secrecy: Reinventing Race in Bush Kaliai Cargo Cults**. Madison.

Lawrence, P.
1954/55 Cargo Cult and Religious Beliefs among the Garia. In: **International Archives of Ethnography**, 47: 1-20.
1964   **Road Belong Cargo**. Melbourne.

McDannell, C. and B. Lang
2001   **Heaven: A History**. New Haven.

Pratt, M.L.
1992　　　　　**Imperial Eyes: Travel Writing and Transculturation.**
　　　　　　　London.

Rosaldo, R.
1995　　　　　Foreword. In: N.G. Canclini, **Hybrid Cultures: Strategies for Entering and Leaving Modernity**, pp. XI-XVII. Minneapolis.

Stephen, M.
1982　　　　　Dreaming is Another Power!: The Social Significance of Dreams among the Mekeo of Papua New Guinea. In: **Oceania**, 53: 106-122.

Neues aus dem Museum

Zwei österreichische Ahnenschädel
in der Ausstellung "Das gemeinsame Haus Europa"

Ralf Bockmann

Ahnenschädel sind klassische völkerkundliche Objekte, die praktisch zum Inventar jedes Völkerkundemuseums gehören. In der Regel stammen sie aus außereuropäischen Regionen. Dass jedoch auch in Europa verstorbene Verwandte über ihre aufbewahrten und verzierten Schädel erinnert und verehrt wurden, zeigen die beiden österreichischen Schädel in der Ausstellung "Das gemeinsame Haus Europa".

Der erste Schädel (MV Hamburg, Nr. 19.117:34, Abb.1) gehörte einem erwachsenen männlichen Individuum. Unterkiefer und Zähne fehlen, der Rest ist intakt. Er zeigt äußerlich keine schweren Verletzungen. Auf Stirnhöhe ist ein umlaufender Zweig mit Blättern und weißen Blüten aufgemalt. An der höchsten Stelle der Schädeldecke befindet sich ein schwarzes Kreuz, darunter die Buchstaben "R.I.P." (lat. Ruhe in Frieden), darunter "Jüngling." Diese Klassifizierung bedeutet nicht, dass der Verstorbene in jugendlichem Alter war, sondern dass er als Junggeselle gestorben ist.[1] Eine genaue Altersbestimmung liegt für den Schädel nicht vor, da bisher keine anthropologischen Untersuchungen durchgeführt worden sind. Auf der Stirn des Schädels befindet sich die in den floralen Kranz integrierte Inschrift "Joh. Kögl." Der Schädel ist 1919 vom damaligen Direktor des Museums für Völkerkunde Hamburg Georg Thilenius aus der Sammlung Andree-Eysn gekauft worden und stammt ursprünglich aus Tirol.

---

[1] Andree-Eysn 1910, S. 148.

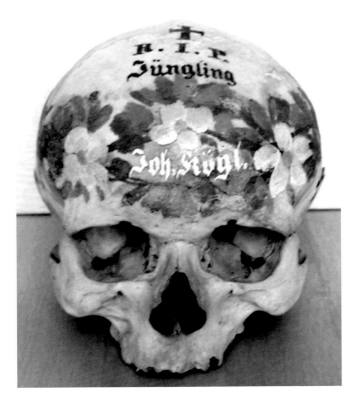

Abb. 1 Ahnenschädel aus Tirol, Inv.-Nr. 19.117:34; MV Hamburg.

Der andere ausgestellte Schädel (MV Hamburg, Nr. 14.44:2) ist deutlich kleiner und stammt von einem jugendlichen Individuum. Auch hier fehlt der Unterkiefer. Die Backenzähne des Oberkiefers sind noch erhalten, die einwurzeligen Schneide- und Eckzähne sind jedoch ausgefallen. Auch dieser Schädel zeigt keine äußeren Verletzungen. Auf der Höhe des oberen Randes der Augenhöhlen ist ein umlaufender grüner Zweig mit Blättern aufgemalt, der hinten von einer roten Schleife zusammengehalten wird. Der gesamte obere Schädelbereich ist mit einer rechteckigen, goldfarben unterlegten Fläche verziert, an deren Längsseiten sich jeweils eine große, geöffnete goldene und rote Blüte und zwei

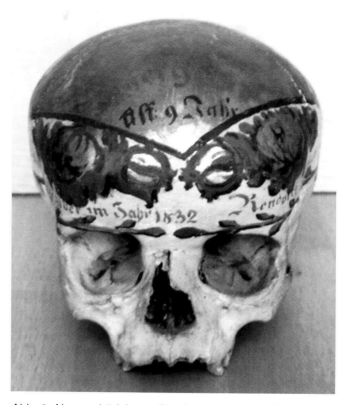

Abb. 2 Ahnenschädel aus Oberösterreich, Inv.-Nr. 14.44:2; MV Hamburg.

kleine, geschlossene Blüten mit grünen Blättern befinden. Auf der goldfarbenenFläche ist die Aufschrift "Katharina Hangöbelin Bauern Töchterlein am Bergergutte alt: 9 Jahr" zu lesen. Zwischen der oberen Bemalung und dem umlaufenden Zweig steht in roter Schrift: "Sie starb am 26 Dezember im Jahr 1832 Renoviert im Jahr 1845." Auf dem Hinterhauptknochen ist in Druckbuchstaben zweimal untereinander "Nachbildung" auf den Schädel geschrieben, darunter in Bleistift "gem. v. Preen 1913." Da es sich eindeutig um menschlichen Knochen handelt, bezieht sich "Nachbildung" offenbar auf die

Bemalung. Dieser nachgebildete Schädel ist durch das Museum von H. v. Preen vom Gut Osterberg bei Braunau am Inn in Oberösterreich im Jahr 1914 gekauft worden.

Bei den beiden bemalten Schädeln handelt es sich um Sekundärbestattungen, also um wiederbestattete Teile des menschlichen Körpers. Die Sitte der teilweisen Wiederbestattung ursprünglich auf dem Friedhof Beigesetzter ist im christlichen Europa seit dem Mittelalter nachgewiesen, wo nahezu jede Kirche mit Sepulturrecht über eigene Beinhäuser oder -räume zu diesem Zweck verfügte.[2] Für diese wurden im späten Mittelalter die Begriffe "ossuarium" und "carnarium"[3] synonym verwendet, von denen sich letzteres im allgemeinen Sprachgebrauch als "Karner" durchgesetzt hat und ein eigenes Gebäude meint, das zur Aufnahme der wiederbestatteten Knochen dient.[4]

In Österreich, aber auch in Teilen von Bayern und der Schweiz war es Tradition, die aus den Gräbern entnommenen Schädel zu bemalen. Oft geschah dies durch den Totengräber, der die Knochen auch reinigen musste, manchmal auch durch den Tischler oder durchreisende Künstler.[5] Die Art der Bemalung und die Ausführlichkeit der Aufschrift war von Region zu Region unterschiedlich. Name und Sterbedatum, Kreuze und Blumen und manchmal auch der Stand des Verstorbenen gehören zu den üblichen Verzierungen, wobei Blätterkränze in einigen Gegenden den Unverheirateten vorbehalten waren.[6] Symbolische Darstellungen, die die Vergänglichkeit des Lebens darstellten, kamen ebenfalls vor: Aus dem österreichischen Hallstatt, das mit einigen tausend Schädeln das größte bekannte Beinhaus ist, stammt beispielsweise ein Exemplar, bei dem sich eine Schlange durch die Augenhöhlen um den Schädel zu winden scheint.[7]

---

[2] Zilkens 1983, S. 9.
[3] "ossuarium" leitet sich vom lateinischen Wort für Knochen ab, "carnarium" vom lateinischen Wort für Fleisch.
[4] Zilkens 1983, S. 2.
[5] Andree-Eysn 1910, S. 147f.
[6] Andree-Eysn 1910, S. 148.
[7] Zuckerkandl 1895, S. 81.

Dass von den sterblichen Überresten der Schädel als stellvertretend für die Person zur Verehrung und zum Gedächtnis aufbewahrt worden ist, ist nicht überraschend. Im Bereich der Körpersymbolik kam dem Kopf schon in der Antike eine besondere Rolle zu, wie Bibelstellen, römische und griechische Texte zeigen: Rituelle Handlungen wie die Salbung anlässlich der Inthronisation eines Königs, das Berühren des Hauptes durch den Herrscher als Zeichen des Wohlwollens, das Verhüllen des Hauptes oder sein Bestreuen mit Asche im Bestattungskontext wurden bewusst am Kopf appliziert, bezogen sich aber auf die Person.[8] Der Kopf repräsentierte in diesem Zusammenhang als *pars pro toto* den ganzen Menschen und wurde als das ranghöchste Glied angesehen.[9] In der christlichen Reliquienverehrung kam den Schädeln Heiliger häufig eine besondere Verehrung in Form von Trinkgefäßen zu.[10] Die älteste christliche Trinkschalenreliquie soll die goldgefasste Hirnschale der Märtyrerin Theodata gewesen sein, aus der man im Haus des Bischofs Jakob auf dem Berg Sion Wein trank, als der Mönch Antonimus von Placentia 570 nach Jerusalem pilgerte.[11] Im Kloster Ansbach benutzte man den Schädelbecher des Heiligen Humpertus als Gefäß, und noch bis ins 20. Jahrhundert soll aus der silbergefassten Schädelschale des Heiligen Sebastian in Ebersberg bei München getrunken worden sein.[12]

Wie auch die beiden Schädel der Ausstellung zeigen, wurden nicht nur die Schädel von Heiligen oder Märtyrern aufbewahrt und verziert. Die Gründe für das regelmäßige Exhumieren der Toten nach einigen Jahren lagen im Wesentlichen im Platzbedarf. So bestand Anfang des 20. Jh. noch in Süddeutschland der Brauch, bei Neubelegung der Gräber nach 7 bis 20 Jahren die Schädel zur weiteren Aufbewahrung herauszunehmen.[13] Noch häufiger als in Süddeutschland ist die Sitte der Wiederbestattung in Karnern in Tirol und den angrenzenden österreichischen, schweizerischen und italienischen Regionen verbreitet gewesen, wo die Lage der Friedhöfe in den Ortschaften und der daraus folgende Platzmangel auf dem felsigen Untergrund des nur wenigen freien Landes zur

---

[8] Hartmann 2001, S. 191.
[9] Schroer und Staubli 1998, S. 93.
[10] s. hierzu Berg et al. 1981, S. 125ff.; Andree 1912; Rieth 1971, S. 47f.
[11] Krenn 1929, S. 114.
[12] Andree 1912, S. 1; Krenn 1929, S. 114.
[13] Andree-Eysn 1910, S. 147.

frühzeitigen Räumung der Gräber geführt hat.[14] In reformierten Gemeinden wurden die Beinhäuser schon in der Neuzeit zu großen Teilen wieder ausgeräumt und die Überreste in der Erde bestattet, weil die Ausstellung der Knochen als Verfehlung gegen die letzte Ruhestätte der Toten angesehen wurde.[15] Anfang des 20. Jahrhunderts setzte sich auch in den katholischen Gebieten das Bestreben durch, die Schädel und Langknochen wieder endgültig zu bestatten, wohl auch deshalb, weil mit den ausgegrabenen Knochen ungern gesehene magische Praktiken verbunden waren[16], wie sie auch aus anderen europäischen Regionen bekannt sind.[17]

Platzbedarf für neue Bestattungen hatte es nicht immer gegeben, da die Friedhöfe ursprünglich nicht innerhalb der Siedlungen gelegen hatten. In der Antike war es gesetzlich vorgeschrieben gewesen, die Nekropolen außerhalb der Stadtmauern anzulegen. Daran hielten sich auch die frühen Christen.[18] Ab dem 6. Jahrhundert n. Chr. zog die verstärkte Anlage großer Basiliken in den Städten des ehemaligen Römischen Reichs dann jedoch die Anlage von Friedhöfen um diese Kirchen nach sich, bis schließlich ab dem frühen Mittelalter Kirche, Friedhof und Sepultur, der Bestattungsraum für die religiösen Würdenträger, eine Einheit in der Siedlung bildeten.[19] Der französische Historiker und Soziologe Philippe Ariès bezeichnet den stets präsenten Tod als "gezähmt" bis in die Neuzeit:

> "Die alte Einstellung, für die der Tod nah und vertraut und zugleich abgeschwächt und kaum fühlbar war, steht in schroffem Gegensatz zur unsrigen, für die er so angsteinflößend ist, dass wir ihn kaum beim Namen zu nennen wagen. Aus diesem Grunde meinen wir, wenn wir diesen vertrauten Tod den gezähmten nennen, damit nicht, dass er früher wild war und inzwischen domestiziert worden ist. Wir wollen im Gegenteil sagen, dass er heute wild geworden ist, während er es vordem nicht war."[20]

---

[14] Schweiger 1967, S. 1.
[15] Zilkens 1983, S. 152.
[16] Andree-Eysn 1910, S. 154.
[17] so schildert Hartmann 1952, S. 18f. die in Irland verbreitet gewesene Praxis, Schädel von Friedhöfen zu Heilzwecken einzusetzen.
[18] Ariès 1980⁴, S. 44.
[19] Zilkens 1983, S. 59.
[20] Ariès 1980⁴, S. 42.

Der Tod war allgegenwärtiger Teil des gemeinschaftlichen Lebens.[21] Durch die sich Anfang des 14. Jahrhunderts durchsetzende Auffassung, dass nachdem ein Menschen gestorben war zunächst individuell über ihn gerichtet wird, bis er dann am Tag des Jüngsten Gerichts entweder an die Seite Gottes oder in die ewige Verdammnis gelangt, führte dazu, dass auch die Vergänglichkeit des menschlichen Körpers vermehrt dargestellt wurde.[22] Da der Tod jederzeit kommen konnte und über allem stand, sodass selbst die höchsten politischen und geistigen Würdenträger ihm ausgeliefert waren, sollte ständig an die Möglichkeit eines jähen Todes gemahnt werden.[23] Schädel und Knochen waren ständig präsente Zeichen der Vergänglichkeit, verbunden mit der moralischen Mahnung, dass man jederzeit vor seinen Richter, eben Gott, treten konnte und entsprechend leben musste. Heute ist der Tod und alles, was direkt an ihn erinnert, wie Totenschädel, aus der Grabikonographie ausgeschlossen. Auch deshalb erscheinen uns verzierte Schädel verstorbener Verwandter, die in Beinhäusern aufbewahrt werden, heute als ungewöhnlich und fremd. Der Tod ist zum Tabu geworden. In unserer Gesellschaft, die die emotionale Belastung scheut, zeichnet sich das Sterben dadurch aus, dass es in Isoliertheit und im Verborgenen geschieht.[24] Vielleicht ist der Tod aber gerade deshalb so angsteinflößend, weil er jetzt kein alter Bekannter mehr ist, sondern eine gefürchtete und verleugnete Bedrohung, die man aus dem Bewusstsein, aber letztendlich nicht aus dem Unterbewusstsein verdrängen kann.

---

[22] Zilkens 1983, S. 147f.
[23] Zilkens 1983, S. 149.
[24] Schnoor und Sendzik 1986, S. 195.

Bibliographie

Andree, Richard
1912   Menschenschädel als Trinkgefäße. In: **Zeitschrift des Vereins für Volkskunde** 22, S. 1-33.

Andree-Eysn, Marie
1910   **Volkskundliches aus dem bayrisch-österreichischen Alpengebiet.** Braunschweig.

Ariès, Philippe
1980 (1978)   **Geschichte des Todes.** München.

Berg, Steffen und Renate Rolle, Henning Seemann
1981   **Der Archäologe und der Tod. Archäologie und Gerichtsmedizin.** München.

Hartmann, Hans
1952   **Der Totenkult in Irland.** Heidelberg.

Hartmann, Michael
2001   Der Tod Johannes' des Täufers. Eine exegetische und rezeptionsgeschichtliche Studie auf dem Hintergrund narrativer, intertextueller und kulturanthropologischer Zugänge. **Stuttgarter Biblische Beiträge** 45. Stuttgart.

Krenn, Karl
1929   Schädelbecher. In: **Sudeta** 5, S. 73-122.

Mischke, Marianne
1996   **Der Umgang mit dem Tod. Vom Wandel in der abendländischen Geschichte.** Berlin.

Rieth, A.
1971   Schädelbecher und Schädeltrunk in ur- undfrühgeschichtlicher Zeit. In: **Antike Welt** 1, S. 47-51.

Schnoor, Heike und Katarina Sendzik
1986 **Die Bedeutung des Todes für das Bewusstsein vom Leben. Ansätze in Psychologie, Soziologie und Philosophie.** Frankfurt.

Schroer, Silvia und Thomas Staubli
1998 **Die Körpersymbolik der Bibel.** Darmstadt.

Schweiger, Helmar
1967 **Das Beinhaus von Elbigenalp.** München.

Zilkens, Stephan
1983 **Karner-Kapellen in Deutschland. Untersuchungen zur Baugeschichte und Ikonographie doppelgeschossiger Beinhaus-Kapellen.** Köln.

Zuckerkandl, Emil
1895 Bemalte Totenschädel aus Oberösterreich und Salzburg. In: **Zeitschrift für österreichische Volkskunde** 1, S. 80-81.

Ritualobjekte eines traditionellen Heilers aus Monsefú, Peru

Bernd Schmelz

Bei der Ausstellung "Hexenwelten" (2.5.2001-1.4.2002) zeigte das Museum einen besonders für die Nordküste Perus typischen Ritualtisch *(mesa)*, der wie in der Realität auf dem Boden auf einem Tuch angeordnet war. Er war Anfang 2001 eigens für die Ausstellung von dem traditionellen Heiler Manuel Bernabé Effio in Monsefú (Peru) erworben worden.[1] Die dazugehörenden Objekte, die sich jetzt im Bestand des Museums befinden, sollen hier näher vorgestellt werden.

Monsefú - Ort der Traditionen

Monsefú ist die Hauptstadt des gleichnamigen Distriktes im Departmento Lambayeque an der Nordküste Perus. Der Distrikt, zu dem neben der Stadt Monsefú auch verschiedene Weiler gehören, hat ca. 28.000 Einwohner. Die Bevölkerung widmet sich besonders der Landwirtschaft, dem Anbau von Gemüse, Bohnen, Mais, Reis und Früchten. Monsefú wird auch "Stadt der Blumen" genannt, eine Bezeichnung, die auf den peruanischen Dichter Juan Parra del Riego zurückgeht. Vor allem in den großen Nachbarstädten Chiclayo und Lambayeque sind die Blumenstände aus Monsefú bedeutend. Wichtig ist in Monsefú auch die Viehzucht, besonders für die Milchproduktion. Monsefú gilt zudem als Zentrum des traditionellen Handwerks. Strohhüte, Taschen und andere Flechtwaren aus Stroh, religiöse Figuren und Spielzeug aus einer Gipsmasse, Textilien, Decken und auch Möbel sind in der ganzen Region sehr gefragt.[2]

---

[1] S. Köpke/Schmelz (Hrsg.) 2001 und Schmelz 2001. Für die Vermittlung und den Transport nach Deutschland bedanke ich mich sehr herzlich bei Celia Arellano de Romero (Lambayeque/Peru).
[2] Zu Monsefú s. Montoya Peralta 1991, S. 137 ff., Faya Pizarro 1995 und Salazar Llontop 1997.

Monsefú gilt in der Region von Lambayeque auch als ein Zentrum traditioneller Heiler. Die Ausübung traditioneller Medizin war in Peru im 20. Jahrhundert lange Zeit verboten und wurde von staatlicher Seite verfolgt. Erst seit den 80er Jahren kam es langsam auch zu einer offiziellen Anerkennung, vor allem seit sich immer mehr einheimische Ärzte und Pharmakologen damit ernsthaft auseinandersetzten.[3] Der große Durchbruch vollzog sich an der Nordküste Perus, wo im Juli 1991 in Monsefú der erste Kongress der traditionellen Heilkunde stattfand ("Primer Congreso de Curanderismo y Medicina Folklórica"). Das besondere an diesem Kongress war, dass sich hierzu nicht Wissenschaftler, sondern die traditionellen Heiler selbst trafen, um ihre Situation und ihre Belange zu diskutieren. Sie stellten aber auch der Öffentlichkeit ihre Erfahrungen und Kenntnisse vor. 58 Meister aus ganz Peru führten bei dieser Gelegenheit rituelle Reinigungen und Diagnosen unter anderem mit Eiern, Quarz und Meerschweinchen durch. Man nahm diese Zusammenkunft auch zum Anlass, sich zu einer losen Vereinigung zusammenzuschließen ("Asociación Nacional de Maestros Curanderos").[4]

Im Juli 1995 fand wiederum in Monsefú ein landesweiter Kongress der Heiler statt. Die drei Tage dauernde Zusammenkunft war in das dort jährlich stattfindende Fest "Fexticum", eine Messe des traditionellen einheimischen Handwerks, integriert. Erfreut sich schon dieses weltliche Fest mit Jahrmarktcharakter allein einer großen Beliebtheit weit über die Ortsgrenzen hinaus, so sorgte die Anwesenheit berühmter Heiler aus ganz Peru noch einmal für eine erhebliche Besuchersteigerung. Die Veranstaltung fand allerdings nicht auf dem Gelände des Festes statt, sondern in der Turnhalle einer Schule des Ortes. Dort hatten 50 Meister mit ihren Gehilfen ihre Ritualtische aufgebaut. Es waren alle geographischen Großregionen Perus, die Küste, das Hochland und das Tiefland vertreten. Um in den Raum der Heiler zu gelangen, musste man am Eingang Eintritt zahlen, wobei es keine Rolle spielte, ob man sich behandeln oder beraten lassen oder nur zuschauen wollte. Der Andrang war während dieser Tage so groß, dass die Organisatoren immer wieder darauf achteten, nicht zu viele Menschen in den Saal zu lassen. Die Heiler verlangten dann für eine Beratung oder eine Behandlung kein Honorar mehr. Auch Journalisten

---

[3] Schmelz 1997.
[4] Vgl. Salazar Llontop 1991, Chero Ballena 1992 und Schmelz 1997.

von Zeitungen, Rundfunk und Fernsehen waren zahlreich vertreten. Auch bei dieser Zusammenkunft waren wieder die unterschiedlichsten rituellen Reinigungstechniken, Diagnose- und Behandlungsmethoden zu sehen.[5]

Die traditionellen Heiler aus Monsefú haben in der ganzen Region von Lambayeque einen guten Ruf, da ihre Kompetenz besonders im Zusammenhang mit der Verwurzelung in alten Traditionen gesehen wird.

Die Ritualobjekte von Manuel Bernabé Effio aus Monsefú im Museum

Das Ensemble dieser Objekte bildet eine sogenannte *mesa*, ein Ritualaltar, der innerhalb der traditionellen Heilkunde an der Nordküste Perus eine zentrale Rolle spielt. Mit dem Begriff *mesa* wird zum einen die Gesamtheit der zu einem Ritual gehörenden Objekte bezeichnet. Die Übersetzung "Tisch" oder die Umschreibung "Ritualtisch" ist eher symbolisch zu sehen, da die Objekte fast immer direkt auf dem Boden auf einem Tuch angeordnet werden. Zum anderen bedeutet der Ausdruck *mesa* auch die Durchführung des Rituals mit diesen Objekten.

Ritualstäbe *(varas)*

Vorhanden sind drei dunkelbraune Holzstäbe. Einer von ihnen stellt ein Schwert dar.[6] Dieser steht für Gerechtigkeit und kommt vor allem bei Rechtsproblemen zum Einsatz.[7] Beim zweiten Stab ist im obersten Teil eine Eule eingeschnitzt.[8]

---

[5] Eine nähere Beschreibung dieses Kongresses, auf dem ich selbst anwesend war, und die Schilderung eines dort stattgefundenen Reinigungsrituales, findet sich in Schmelz 1997. Zum Kongress allgemein s. auch Chero Ballena 1995.
[6] L:49 cm B: 3 cm.
[7] Für seine Informationen, welche Bedeutung die einzelnen Objekte bei seinen Ritualen haben, bedanke ich mich sehr herzlich bei Manuel Bernabé Effio (Lambayeque/Peru, im März 2002). Für ihre intensive Unterstützung auch bei diesem Feldforschungsaufenthalt in Peru bedanke ich mich vielmals bei meiner Frau Esther Schmelz.
[8] L: 50 cm B: 3 cm; Eule: L: 8 cm B: 3 cm.

Dieser Stab wird von Manuel Bernabé Effio vor allem bei Krankheiten eingesetzt, die besonders bösartig sind. Im dritten ist im obersten Teil die Figur des heiligen Antonius und ein Hufeisen eingeschnitzt.⁹ Dieser wird besonders bei Liebesfragen und auch bei Liebeskrankheiten verwendet.

Die Verwendung von magischen Stäben *(varas)*, die besonders bei der rituellen Reinigung zum Einsatz kommen, ist eines der charakteristischsten Elemente der nordperuanischen traditionellen Heilkunde. Sie werden zumeist aus sehr harten Hölzern hergestellt und haben einen ganz bestimmten Platz unter den Ritualobjekten, die auch als "Machtobjekte" bezeichnet werden. Bei manchen Heilern können bis zu 50 solcher *varas* gezählt werden, die sich sowohl liegend auf der *mesa*, als auch stehend hinter ihr befinden können. Die *vara* dient nicht nur der Reinigung von negativen Einflüssen beim Patienten, sondern hat für alle Teilnehmer auch eine Schutzfunktion.¹⁰

Abb. 1 Ritualstäbe, MV Hamburg, Nr. 2002.22:1, Nr. 2002.22:2 und Nr.2002.22:3.

Schwert

Das relativ kleine Metallschwert steht bei Manuel Bernabé Effio für Gerechtigkeit.¹¹ Schwerter aus Metall oder auch aus Holz finden sich fast immer auf den nordperuanischen *mesas*. Sie haben zumeist die Funktion, Heiler und ihre *mesa* vor Geistern und negativen Energien zu schützen. Als ein besonders mächtiges und persönliches Schutzobjekt des Heilers gilt der Dolch, der aus feuergeschmiedetem Stahl bestehen soll.¹²

Abb. 2 Schwert, MV Hamburg, Nr. 2002.22:4.

---
⁹ L: 49 cm B: 2,5 cm; Figur des Antonius: L: 10,8 cm B: 2,5 cm;
¹⁰ Vgl. Giese 1989, S. 75 ff. und Schmelz 1997, S. 217.
¹¹ L: 26,5 cm B: 7 cm (Handschutz); Klinge L:18 cm B: 2 cm
¹² Vgl. Giese 1989, S. 85 und Schmelz 1997, S. 217.

Rassel (chunga)

Die Rassel, die zu den Grundelementen der nordperuanischen *mesa* gehört, ist bei Manuel Bernabé Effio aus Metall.[13] Sonst wird sie in den allermeisten Fällen aus Kalebasse (Schale des Flaschenkürbis) hergestellt. Er bezeichnet sie als "chunga". Häufiger findet man in Peru "chungana" oder "macana" als Bezeichnung für diese Rassel. Sie sind mit harten Samenkörnern oder kleinen Steinchen gefüllt. Sie dienen in erster Linie dazu, die Machtobjekte, die magischen Pflanzen und deren Kräfte zu aktivieren. Mit ihrem Rhythmus begleiten die Heiler ihre Lieder und Anrufungen an die überirdischen Mächte.[14]

Abb. 3 Rassel, MV Hamburg, Nr. 2002.22:12.

Ketten aus Früchten

Zur *mesa* von Manuel Bernabé Effio gehören zwei Ketten aus kleinen Früchten, die sich Manuel Bernabé oft vor Beginn einer Zeremonie um den Hals hängte.[15] Sie sollen den Heiler vor feindlichen Verwünschungen schützen. Diese Ketten deuten auf einen Einfluss aus dem peruanischen Tiefland hin, wo solche Ketten bei Heilern eine große Verbreitung haben.

Abb. 4 Kette aus Früchten, MV Hamburg Nr. Inv.Nr. 2002.22:16 und 2002.22:17.

---

[13] L: 14 cm B: 6,5 cm.
[14] Schmelz 1997, S. 218.
[15] L: 90 cm; L: 96 cm.

Muschelschalen

Die beiden vorhandenen Muschelschalen dienen zur Aufnahme einer flüssigen Tabaklösung.[16] Während der Heiler singt und pfeift, um die überirdischen Mächte anzurufen nimmt er immer wieder kleine Mengen dieser Flüssigkeit in den Mund und prustet sie dann auf die *mesa* und in die vier Himmelsrichtungen. Die Verwendung von Tabak (Nicotiana spp.) in flüssiger Form spielt bei den Heilritualen an der Nordküste Perus eine bedeutende Rolle. Die Pflanze wird in einer Mischung aus Wasser, alkoholischem Duftwasser, Parfüm und Schnaps eingeweicht. Die so entstandene Tabaklösung wird vom Heiler während des gesamten Rituals immer wieder sowohl in den Mund aufgenommen, als auch in die Nase gesaugt. Sie gilt als Opfergabe an die beteiligten Kräfte und Geister der *mesa*.[17]

Abb. 5 Muschelschalen, MV Hamburg, Nr. 2002. 22:18 und Nr. 2002.22:19.

Holzkreuz mit Christus

Das Holzkreuz mit einer daran genagelten Christusfigur aus Bronze gehört auch bei Manuel Bernabé Effio zu den ganz zentralen

Abb. 6 Holzkreuz mit Christus, MV Hamburg, Nr. 2002.22: 25.

---

[16] L: 9 cm B: 9 cm T: 2,5 cm; L: 10 cm B: 9 cm T: 2,5 cm.
[17] Vgl. Giese 1989, S. 237 und Schmelz 1997, S. 219.

Objekten der *mesa*.[18] Die traditionellen Heiler sind wie die überwiegende Mehrheit der peruanischen Bevölkerung überzeugte Katholiken. Gebete an Gott, die Jungfrau Maria und die Heiligen sind zumindest zu Beginn und am Ende eines Rituals obligatorisch. Viele knien dazu nieder, bekreuzigen sich und ihre *mesa*, und auch die Verwendung von Rosenkränzen und Gebetbüchern ist keine Seltenheit. So ist die zentrale Stellung und Bedeutung der Kreuze und Heiligenfiguren bei den *mesas* zu erklären. Das christliche Kreuz gilt generell als heilig und wo es sich befindet werden diabolische und allgemein negative Einflüsse abgewehrt.[19]

Figur des Heiligen Cipriano

Die Figur des Heiligen Cipriano ist aus Bronze.[20] Vor Beginn einer Zeremonie betet Manuel Bernabé Effio immer zum Heiligen Cipriano, um ihn um Unterstützung zu bitten. Cipriano gilt in Peru als Heiliger der Heiler.

Abb. 7 Figur des Heiligen Cipriano, MV Hamburg, Nr. 2002.22:7.

Figur des Heiligen Antonius

Die Figur des Heiligen Antonius ist aus Bronze.[21] Antonius gilt als Heiliger der Liebe. Er wird von Manuel Bernabé Effio besonders in den Bereichen Liebe, Arbeit und Gesundheit

Abb. 8 Figur des Heiligen Antonius, MV Hamburg, Nr. 2002.22:20.

---
[18] L: 24,5 cm B: 14,5 cm.
[19] Vgl. Schmelz 1997, S. 216.
[20] H: 8,5 cm B: 3 cm T: 2 cm.
[21] H: 9,3 cm B: 2,7 cm T: 1,5 cm.

angerufen. Der Heilige Antonius (von Padua) gehört neben dem bereits erwähnten Cipriano und San Martín de Porres zu den wichtigsten Heiligen der peruanischen Heiler.

Hufeisen

Das in Plastik eingeschweisste Hufeisen mit einem Bild des Heiligen Antonius liegt bei Manuel Bernabé Effio zum Schutz gegen alles Böse.[22] Es gibt Gesundheit, Geld und Arbeit. Auf der Rückseite findet sich folgende gedruckte Anrufung:

El Heraje de la Suerte
¡Oh Herraje de la suerte yo te pido a ti
Para que me protejas allá y aqui
Los que tengan ojos
Que no me vean
Los que no tengan manos
Que no me agarren
Los que no tengan pies
Que no me alcancen
¡Oh herraje de la suerte!
Librame del enemigo astuto
Tu que recorriste miles de caminos
sabes de alegrias y tristezas.
Este bien siempre conmigo
¡Oh Herraje de la suerte!

Lunes - Negocios
Martes - Estudio
Miercoles - Amores
Jueves - Viajes
Viernes - Enemigos
Sábado - Dinero
Domingo - Salud

Nota: Repetir esta oracion 3 veces los días que correspondan al deseo y esta será cumplida.

Abb. 9 Hufeisen des Glücks, MV Hamburg, Nr. 2002.22:8.

---

[22] Karton mit Plastikumhüllung L: 21cm B: 14,5 cm; Hufeisen: 12 x 13 cm.

Das Hufeisen des Glücks
Oh Hufeisen des Glücks, ich bitte Dich
dass Du mich dort und hier beschützen mögest
dass die, die Augen haben
mich nicht sehen
dass die, die keine Hände haben
mich nicht ergreifen
dass die, die keine Füsse haben
mich nicht erreichen
Oh Hufeisen des Glücks!
Befreie mich von dem arglistigen Feind
Du, das tausende von Wegen durchlaufen hast
du kennst die Freuden und Traurigkeiten.
Sei immer gut mit mir
Oh Hufeisen des Glücks!

Montag - Geschäfte
Dienstag - Studium
Mittwoch - Liebe
Donnerstag - Reisen
Freitag - Feinde
Samstag - Geld
Sonntag - Gesundheit

Anmerkung: Diese Anrufung dreimal an den Tagen wiederholen, die mit dem jeweiligen Wunsch übereinstimmen, und sie wird erfüllt werden.
[Übersetzung B.S.]

Magnet in Hufeisenform

Der Magnet in Hufeisenform dient dem Meister dazu, Geld, Arbeit und alle Arten von Glück anzuziehen.[23]

Abb. 10 Magnet, MV Hamburg, Nr. 2002.22:21.

Amulettflasche

Das Kräuter und Federn beinhaltende Glasfläschchen ist ein sehr individuelles Machtobjekt auf der *mesa* von Manuel Bernabé Effio.[24] Er bezeichnet es als Amulett oder Sicherung zum Schutz der *mesa*.

Abb. 11 Amulettflasche, MV Hamburg, Nr.2002.22:5.

---

[23] L: 8 cm B: 4,5 cm T: 3,5 cm.
[24] H: 16,5 cm B: 8,5 cm T: 3 cm.

Glocke

Die Bronzeglocke verwendet Manuel Bernabé Effio, um verlorene Geister zu rufen und um Schwerkranke aufzuwecken.[25] Der Griff der Glocke ist ebenfalls aus Bronze und stellte eine Figur des Heiligen Cipriano dar.

Abb. 12 Glocke, MV Hamburg, Nr. 2002.22:9.

Pyramide aus Bronze

Die kleine Pyramide aus Bronze, in die ein rotes "Auge" eingearbeitet ist, bedeutet bei Manuel Bernabé Effio ein langes Leben.[26] Kleine Pyramidenformen, die den ägyptischen und nicht den amerikanischen Pyramiden nachempfunden sind, gelten an der Nordküste Perus allgemein als Glücksbringer. Sie sind so auch beliebte Geschenke mit Symbolkraft.

Abb. 13 Pyramide, MV Hamburg, Nr. 2002.22:6.

Figur eines Puma

Die Figur eines Puma ist aus Bronze.[27] Der Puma, ein auch in der alten Mythologie traditionelles Krafttier in Peru, steht hier für Kraft und Stärke bei den Heilritualen und den anschliessenden Heilungen.

Abb. 14 Puma, MV Hamburg, Nr. 2002.22:14.

---

[25] Durchmesser 3 bis 6,5 cm H: 9,5 cm.
[26] L: 4,9 cm B: 4,9 cm H: 4 cm.
[27] L: 13 cm B: 2,5 cm H: 8,2 cm.

Hahnenfigur aus Bronze

Die Hahnenfigur ist bei Manuel Bernabé Effio ein Symbol für Glück im Spiel.[28] Der Hahn, der erst mit den Spaniern in das Andengebiet gekommen ist, gilt in Peru als kraftvolles und wie der Stier als besonders männliches Tier. Während Stierkämpfe in der Region von Lambayeque heute nicht mehr durchgeführt werden, haben Hahnenkämpfe mit Wetteinsätzen noch immer eine beträchtliche Fangemeinde.[29]

Abb. 15 Hahnenfigur, MV Hbg., Nr. 2002.22:24.

Buddha-Figur

Die kleine Buddha-Figur aus Bronze bedeutet bei ihm Glück und langes Leben.[30] Sie steht mit dem Rücken zu den Klienten. Buddha-Figuren gelten an der Nordküste Perus als Glücksbringer. Wenn man eine Figur sieht, soll man ihr den Bauch streicheln, um Glück zu bekommen.

Abb. 16 Buddha-Figur, MV Hbg., Nr. 2002.22:11.

Kristall

Der Kristallstein, der von Manuel Bernabé Effio auch als "Diamant" bezeichnet wird, dient ihm während des Rituals dazu, das Schlechte und das Gute, das geschehen wird, zu sehen.[31]

Abb. 17 Kristall, MV Hamburg, Nr. 2002.22:10.

---

[28] H: 10 cm L: 9 cm B: 3,5 cm.
[29] S. z.B. Schmelz 2002a, S. 227.
[30] H: 8 cm B: 6,3 cm T: 3,5 cm.
[31] L: 10 cm B: 9 cm H: 5,5 cm.

Stein in Form einer Muschel

Bei diesem Stein handelt es sich vermutlich um eine Muschelversteinerung.[32] Manuel Bernabé Effio verwendete diese, um Kranke zu reinigen und zu behandeln, die von einem Berg oder einer alten Zeremonialstätte erschreckt waren. Muscheln und Meeresschnecken spielen generell eine grosse Rolle bei den *mesas* der nordperuanischen Küste. Die Gehäuse von Meeresschnecken werden als Strudel oder Wirbelwind angesehen, die Dinge in sich hineinziehen und mit sich fortreissen können. Mit ihrer Hilfe ist der Heiler in der Lage, in die Tiefen des Meeres und die Tiefen der Seele vorzudringen.[33]

Abb. 18 Stein in Form einer Muschel, MV Hamburg, Nr. 2002.22:15.

Schamanenstein

Unter den Kraftobjekten befindet sich ein hellbrauner Stein, den Manuel Bernabé Effio als "Schamanenstein" (*Piedra chamana*) bezeichnet.[34] Er verwendet ihn bei Patienten, die an "üblen Luftzügen" (*mal aire*) oder an Epilepsie leiden.

Abb. 19 "Schamanenstein", MV Hamburg, Nr. 2002.22:13.

---

[32] L: 9 cm B: 8 cm T: 5 cm.
[33] Vgl. Giese 1989, S. 69 und Schmelz 1997, S. 218.
[34] L: 8,5 cm B: 7 cm T: 4 cm.

Stein in Form eines Wurmes

Einen Stein in Form eines Wurmes verwendet Manuel Bernabé Effio um Klienten von Schrecken zu befreien, die von Tieren erzeugt wurden.[35]

Abb. 20 Stein in Form eines Wurmes, MV Hamburg, Nr. 2002.22:23.

Quarzstein

Manuel Bernabé Effio verwendet Quarz zur rituellen Reinigung bei Patienten, die einen Schreck durch Wasser erlitten haben.[36]

Glasei

Das massive Glasei enthält im Inneren ein Gebilde, das wie Eingeweide aussieht.[37] Mit dem Glasei sieht der Heiler in den Körper eines Patienten, um Krankheiten zu entdecken. Dies ist ein sehr individuelles Objekt von Manuel Bernabé Effio und hat keine allgemeine Verbreitung bei Heilern an der Nordküste Perus.

Peruanische Münzen

Auf einer *mesa* von Manuel Bernabé Effio befindet sich immer eine unbestimmte Anzahl von Münzen. Sie kommen bei Geldfragen und geschäftlichen Dingen im allgemeinen zum Einsatz. Zur *mesa* des Museums gehören drei 1-Sol-Münzen (von 1991, 1992 und 2000), zwei 50-Centimos-Münzen (von 1996) und vier 10-Centimos-Münzen (von 1992, 1996, 1999 und 2000).[38]

---

[35] L: 11 cm B: 4 cm H: 3cm.
[36] L: 5,5, cm B: 3 cm H: 2 cm; MV Hamburg, Nr. 2002.22:22.
[37] H: 8 cm B: 6cm; MV Hamburg, Nr. 2002.22:26.
[38] MV Hamburg, Nr. 2002.22:27-35.

Auch wenn die Zusammensetzung und Anordnung der *mesa* von jedem Heiler individuell gestaltet ist, gibt es doch eine Reihe von traditionellen Gemeinsamkeiten. Zu den häufigsten Gegenständen, die auf allen *mesas* zu finden sind, gehören christliche Kreuze, Figuren oder Bilder von katholischen Heiligen, Holzstäbe (*varas*), Rasseln, Schwerter und Dolche, Meeres- und Schneckenhäuser, Muscheln, Flaschen mit verschiedenen Flüssigkeiten, magische Pflanzen, unterschiedliche Steine und voreuropäische Ausgrabungsobjekte, zumeist Keramiken. Jeder Ritualgegenstand hat bei den Heilern einen genau festgelegten Platz, eine ganz bestimmte Kraft und Wirkung. Deren perfekte Anwendung ist eines der grossen Geheimnisse der Heiler.

Meerschweinchen-Diagnose bei Manuel Bernabé Effio

Am 26. März 2002 hatte ich in der Stadt Lambayeque – die Hauptstadt des gleichnamigen Departamentos, zu dem auch Monsefú gehört – die Gelegenheit, bei zwei Meerschweinchen-Diagnosen, die Manuel Bernabé Effio durchführte, teilzunehmen. Sie fanden nachmittags um ca. 16 Uhr auf der Dachterrasse eines Wohnhauses statt. Durchgeführt wurden sie bei einem Ehepaar, das den Heiler hierfür nach Lambayeque bestellt hatte. Die beiden Klienten mussten für ihre Behandlung im voraus je ein Meerschweinchen besorgen. Für den etwa 40-jährigen Mann hatte der Heiler ein schwarzes männliches und für die etwa 30-jährige Frau ein braunes weibliches Meerschweinchen gefordert. Die beiden Tiere wurden in Lambayeque auf dem Markt erworben.

Begonnen wurde mit dem Mann, der sich auf einen Stuhl setzen musste. Der Heiler stand vor ihm und rief zunächst Gott an und bat ihn um Unterstützung bei seiner Diagnose. Dann legte er dem Patienten das Meerschweinchen, das er fest in seiner Hand hielt, eine Weile auf den Kopf. Anschliessend rieb er mit dem Tier den gesamten Körper des Mannes von oben nach unten ab. Und dann noch einmal die Arme und den Oberkörper. Zu diesem Zeitpunkt starb das Meerschweinchen.

In der grossen Mehrheit der von mir beobachteten Fällen verendete das

Meerschweinchen bei einer solchen Prozedur bereits in der Anfangsphase. Nur ganz selten erlebte ich, dass das Tier erst gegen Ende des Abstreichens des Körpers starb. Während Heiler mir gegenüber den Tod der Meerschweinchen oftmals mit der erdrückenden Kraft der negativen Energie, die es aufzunehmen hätte, interpretierten, erklärten mir einheimische Veterinärmediziner, dass es an dem Schock und Stress sterben würde, den es zu erleiden hätte. Ein Überleben des Tieres kommt nicht vor.

Dann liess er den Mann seine Hose hochkrempeln und die Schuhe ausziehen. Schliesslich rieb er auch die Beine und die Füsse mit dem Meerschweinchen ab. Schon beim Abreiben des Kopfes und des Rückens stellte er fest, dass der Mann unter Kopfschmerzen leide. Dann liess er die Frau das Meerschweinchen mit einem Messer aufschneiden. Das Tier wurde in eine Schüssel mit Wasser gelegt und der Heiler zog ihm dann selbst das Fell ab. Deutlich waren im Nackenbereich Blutstellen zu sehen - diese wurden von ihm als die Kopfschmerzen, die er schon vorher festgestellt hatte, gelesen. Ausserdem diagnostizierte er zeitweise Bauchschmerzen und eine Erschöpfung der Füsse. Das Hauptproblem des Mannes seien aber die Kopfschmerzen. Auch sein Herz würde ab und zu mal schneller schlagen. Das Meerschweinchen wurde dann in eine Plastiktüte gepackt und es kam die Frau an die Reihe.

Bei ihr wurde die selbe Prozedur mit dem braunen weiblichen Meerschweinchen durchgeführt. Die Diagnose war bei ihr, dass sie manchmal ein Stechen in der Lunge und Probleme mit den Füssen hätte. Sie sei oft sehr grüblerisch und sehr melancholisch. Dann interpretierte er seine Befunde bei beiden gemeinsam weiter. Bei dem Mann seien die Probleme durch den Luftzug *(aire)* einer Seele *(ánima)* hervorgerufen. Durch seine Arbeit in einem Büro sei er dadurch besonders gefährdet. Auch die Probleme der Frau seien durch empfangene Luftzüge entstanden.

Dann führte er eine rituelle Reinigung durch. Wieder sprach er ein Gebet zu Gott und rieb dann mit zwei Bronzestücken den Körper des Mannes von Kopf bis Fuss ab. Dabei richtete er Gebete an Gott und den Heiligen Cipriano mit der Bitte, alles Üble und Schmerzen von ihm zu nehmen. Mehrfach nahm er einen Schluck Duftwasser *(Agua Florida)* aus einer Flasche und prustete die Flüssigkeit in Richtung einer Ecke in die Luft. Dabei stampfte er auch immer wieder mit einem Fuss auf den Boden. Dann liess er den Mann sein T-Shirt ausziehen und begann mit einem hölzernen Ritualstab *(vara)* den Körper von oben bis unten abzustreichen. Dabei kommunizierte er auch ständig mit Gott, dem Heiligen Cipriano und dem Heiligen Antonius. Auch bei dieser Prozedur nahm er immer wieder einen Schluck Duftwasser zu sich, das er auf den Oberkörper des Mannes prustete und hin und wieder auch in die Luft in Richtung einer Wandecke.

Bei der Frau wiederholte er dann den selben Vorgang - nur musste diese ihren Oberkörper nicht freimachen. Er überreichte beiden schliesslich ein Kräuterbündel, das sie kochen und dann an einem Tag dreimal trinken sollten. Am nächsten Tag sendete er den beiden noch per Boten eine Tinktur, die er selbst zubereitet hatte, mit der sich beide die Hände und die Schläfen einreiben sollten. Für die Diagnose und die rituelle Reinigung bezahlte das Ehepaar zusammen 80 Soles - ein Preis, der schon vorher mit dem Heiler ausgehandelt worden war.[39]

Das Meerschweinchen war im Andengebiet schon in voreuropäischer Zeit in religiöse Rituale integriert. Iris Gareis (1987) hat das Weiterleben seiner Bedeutung im 16. und 17. Jahrhundert im Andengebiet anhand von Quellen jener Zeit aufgezeigt. Danach glaubte man, dass Krankheiten, die auf Verfehlungen gegenüber göttlichen Wesen zurückgingen, am erfolgreichsten durch Opfergaben zu heilen seien. Das Meerschweinchen spielte dabei neben dem Lama eine wichtige Rolle. Es soll Fälle gegeben haben, in denen ein Patient oder seine Familie bis zu 40 Meerschweinchen herbeischaffen musste. Die Tiere wurden dann zusammen mit anderen Opfergaben an die Gottheit geopfert. Nach dem Opfergang setzte der Heiler die Behandlung fort und rieb z.B. den Körper, oder auch nur die betroffenen Körperteile, mit einem lebenden Meerschweinchen ab. Schon damals waren Heiler der Meinung, die Krank-

---

[39] Hier zum Vergleich einige Preise in Lambayeque im März 2002: 1 Flasche Bier (0,7 l) 6 Soles, 1 Flasche Limonade (1,5 l) 2 Soles, Speiseeis 0,50-2 Soles, das Fischgericht *Cebiche* 5-7 Soles, traditionelle Hauptgerichte im Restaurant, wie z.B. Steak oder *Lomo saltado* 10-14 Soles, *Cabrito* 5-7 Soles, ein Mittagsmenü 3-5 Soles, 1 Brötchen (*Biscocho, Pan*) 0,10 Soles, 1 Liter Milch in einer Packung 2,50 Soles, 1 Meerschweinchen 5-7 Soles, *Mototaxi* innerhalb von Lambayeque 0,70 Soles, die Fahrt von Lambayeque nach Chiclayo im Sammelauto (*Colectivo*) 1 Sol und im Kleinbus (*Micro*) 0,70 Soles. 3,45 Soles entsprachen zum damaligen Zeitpunkt 1 US-Dollar (Schmelz 2002b, S. 170).

heit bleibe dann am Tier haften. Nach der Prozedur wurden die Eingeweide des Meerschweinchens untersucht, um herauszufinden, ob der Patient die Krankheit überstehen könne oder nicht.[40]

Das Meerschweinchen spielt in der traditionellen Medizin bis heute besonders an der Nordküste Perus bei der Diagnose eine herausragende Rolle. Viele Heiler vergleichen das Meerschweinchen mit einem Radiogramm der Schulmedizin.

---

[40] Gareis 1987, S. 341 ff. und Schmelz 1997, S. 219 ff.

Bibliographie

Chero Ballena, Limberg
1992 ¿Brujería o medicina tradicional? In: **La Industria. 40 aniversario**. 17 de Febrero. Chiclayo.

1995 Traen poderes contra el mal. In: **Dominical. Suplemento de "La Industria"**, 6 de Agosto. Chiclayo.

Faya Pizarro, Rocío
1995 "Ciudad de las flores". La tradición ancestral. In: **Dominical. Suplemento de "La Industria"**, 12 de Marzo. Chiclayo.

Gareis, Iris
1987 **Religiöse Spezialisten des zentralen Andengebietes zur Zeit der Inka und während der spanischen Kolonialherrschaft** (Münchner Beiträge zur Amerikanistik, 19). Hohenschäftlarn.

Giese, Claudius Cristobal
1989 **"Curanderos", traditionelle Heiler in Nord-Peru (Küste und Hochland)** (Münchner Beiträge zur Amerikanistik, 20). Hohenschäftlarn.

Köpke, Wulf/Schmelz, Bernd (Hrsg.)
2001 **Hexenwelten** (Mitteilungen aus dem Museum für Völkerkunde Hamburg, N.F. 31). Bonn.

Montoya Peralta, Eddy
1991 **Lambayeque. Subregión II.** Sexta Edición. Chiclayo.

Salazar Llontop, Wilfredo
1991 Monsefú: Cita con los brujos. In: **Dominical. Suplemento de "La Industria"**, 14 de Julio. Chiclayo.

1997	Historia y proyección de una gran feria. In: **Fexticum 97. Suplemento especial de "La Industria"**, 27 de Julio. Chiclayo.

Schmelz, Bernd

1997	Mit Meerschweinchen und katholischen Heiligen gegen die bösen Geister - Hexerei in Peru. In: Bernd Schmelz (Hrsg.), **Hexerei, Magie und Volksmedizin**. S. 209-229. Bonn.
2001	Ritualtisch eines peruanischen Heilers. In: Wulf Köpke u. Bernd Schmelz (Hrsg.), **Hexenwelten** (Mitteilungen aus dem Museum für Völkerkunde Hamburg, N.F. 31). S. 220-221. Bonn.
2002a	Religiöse und weltliche Feste im Jahreslauf in der Stadt Lambayeque, Peru. In: Wulf Köpke & Bernd Schmelz (Hrsg.), **Fiesta Latina. Lateinamerikanische Feste und Festbräuche** (Mitteilungen aus dem Museum für Völkerkunde Hamburg, N.F. 32). S. 188-232. Hamburg.
2002b	Feiern, Feste und Festbräuche im Lebenslauf in der Stadt Lambayeque, Peru. In: Wulf Köpke u. Bernd Schmelz (Hrsg.), **Fiesta Latina. Lateinamerikanische Feste und Festbräuche** (Mitteilungen aus dem Museum für Völker kunde Hamburg, N.F. 32). S. 161-187. Hamburg.

Visitenkarten auf dem Kopf
Mützen und Hüte aus Xinjiang (Ostturkestan)

Susanne Knödel

> "Each Oasis, Kashgar, Khotan, and others, has it's own doppa design, throughout Xinjiang, the doppas worn by Uyghur men indicate which oasis they are from" (Rudelsohn, Oasis Identities: 42).

> "It is not unusual for Tungans, Hans, and Uyghurs to have difficulty to distinguish themselves from one another" (Rudelsohn, Oasis Identities: 62).

1998 erhielt das Museum eine Sammlung zeitgenössischer Kopfbedeckungen aus Ostturkestan (Autonome Region Xinjiang der VR China). Sie wurden zwischen 1985 und 1995 von Dr. Thomas Hoppe, damals Mitarbeiter des Instituts für Asienkunde Hamburg, im Verlauf von vier längeren Forschungsaufenthalten erworben.[1] Hoppe war die Bedeutung von Mützen als Identitätssymbole sofort aufgefallen. Unter den Bewohnern Xinjiangs ist die Überzeugung weit verbreitet, dass man Angehörige unterschiedlicher ethnischer und sozialer Gruppen anhand ihrer Kopfbedeckungen auseinanderhalten kann. Auch über den Herkunftsort, die Heimatoase des Trägers, sollen die Mützen Auskunft geben.

Es wird in der Folge noch davon die Rede sein, dass dem so beschriebenen Idealzustand eine kompliziertere Realität gegenübersteht, denn im täglichen Gebrauch ist die Zuordnung Mütze – Ethnie/Oase weniger einfach, als es nach den weithin bekannten Regeln scheint. Auch gibt es Mützen, die eine ethnische Zuordnung zwar implizieren, aber nur in generalisierter Form, indem sie von allen islamischen Ethnien der Region gleichermaßen getragen werden.

---

[1] Dieser Artikel beruht, wenn nicht anders angegeben, auf den Informationen Thomas Hoppes. Meiner Praktikantin Elke Bürger sei für die Aufzeichnung der Interviews mit Hoppe gedankt, Herrn Günther Heller für zahlreiche wertvolle Literaturhinweise und Frau Marwayit Hapiz für Hinweise zu den Dekors.

Grundsätzlich macht der Träger eines Kleidungsstücks stets durch ebendieses Kleidungsstück eine Aussage über sich selbst.[2] Selbst diejenigen, die keine "traditionelle" Mütze tragen, sondern beispielsweise einen "modernen" Hut oder eine Baseballkappe (Abb. 18, 24), sagen damit etwas über sich aus: Sie geben sich als kosmopolitisch eingestellte, "moderne" Menschen zu erkennen – die ethnische Zuordnung ist (im Moment) weniger wichtig. Solche Kappen und Hüte tragen Jüngere eher als Ältere. Manche Kopfbedeckungen schließlich entziehen sich jeder Einordnung und zeichnen sich vielleicht gerade dadurch aus: Der Träger hat (momentan) keine Absicht, sich zuzuordnen. In Xinjiang gilt dies z. B. für die aus der Sowjetunion übernommene und wohl ursprünglich aus England stammende "Schirmmütze" (Abb. 22). Sie kann von Männern aller Ethnien und Altersgruppen getragen werden. Noch häufiger als in Xinjiang sieht man sie in der Inneren Mongolei. In Xinjiang selbst hat sie mit der "Spatenkappe" (Abb. 23) auch noch eine rein uyghurische, eindeutig zugeordnete Formvariante.

Besonders hervorstechend sind im interethnischen Diskurs die sehr dekorativen, bunt bestickten Scheitel"kappen" (eigentlich Scheitelmützen, da sie keinen Schirm haben), die auf Uyghurisch *doppa*, im benachbarten Usbekistan *düppi* oder *chyubeteika* genannt werden. Sie werden als typische Erzeugnisse der Region gerne und häufig an ausländische Gäste verschenkt. Mitglieder der Pekinger Zentralregierung lassen sich bei Besuchen in der Region mit ihnen für die Zeitung fotografieren, um damit ihren Respekt vor lokalen Sitten zu demonstrieren. Dieser heutige Umgang mit den ethnischen Symbolen der Region steht in deutlichem Kontrast zur Situation während der Kulturrevolution von 1966-1976, als den Bewohnern Ostturkestans das Tragen ihrer traditionellen Kopfbedeckungen verboten war.

Die Bewohner Ostturkestans

Das Gebiet von Ostturkestan ist unter dem Namen "Autonome Region Xinjiang der Uyghuren" (xinjiang weiwuer zizhiqu) Bestandteil der Volksrepublik China. Die Uyghuren sind die größte Bevölkerungsgruppe der multiethnisch

---

[2] Kaiser 1990, Preface.

bewohnten Region. Der Name Uyghuren ist zwar alt, wird jedoch erst seit den 1930er Jahren auf die Gruppe angewandt, die ihn bis heute trägt, nämlich die turksprachigen Oasenbewohner Ostturkestans. Neben diesen leben in der Region eine Reihe anderer ethnischer Gruppen. Im Rahmen der chinesischen Minderheitenpolitik sind diese als sogenannte "Nationale Minderheiten" (shaoshu minzu) anerkannt. Eine "nationale Minderheit" umfaßt oft mehrere ethnische Gruppen, die enge historische oder sprachliche Beziehungen haben. Im Rahmen dieses Artikels sind folgende ethnische Gruppen von Bedeutung:

Die Han-Chinesen sind zum größten Teil erst in der zweiten Hälfte des 20. Jahrhunderts. aus den chinesischen Kernlanden eingewandert. Da sie die bevölkerungsstärkste und politisch dominante Gruppe in der VR China sind, gelten sie auch in Xinjiang nicht als "Minderheit". Aufgrund massiver Zuwanderung sind sie auf dem Wege, die Uyghuren zahlenmäßig zu überrunden und zur Minderheit im eigenen Land zu machen. Von Seiten der Uyghuren wie auch der überwiegenden Mehrheit der anderen moslemischen Gruppen der Region wird dies sehr kritisch gesehen.

Die Kasachen sind die drittstärkste Gruppe der Region. Im Gegensatz zu den Uyghuren, deren wirtschaftliche Basis städtischer Handel und Landwirtschaft ist, basiert die kasachische Ökonomie traditionell auf (Wander-)Weidewirtschaft in Verbindung mit Ackerbau.

Die Hui werden auch Donganen genannt, letztere Benennung kann jedoch als abwertend aufgefasst werden. Sie sind chinesische Moslems und sprechen Chinesisch als Muttersprache, sind jedoch in ihren moslemischen Gepflogenheiten eher strenger als die anderen moslemischen Gruppen Xinjiangs. In vielerlei Hinsicht nehmen sie eine Zwischenstellung zwischen den Han und den turksprachigen moslemischen Ethnien Xinjiangs ein.

Die Usbeken stehen den Uyghuren sprachlich und kulturell sehr nahe. Die Usbeken kamen vor allem über den Fernhandel entlang der Seidenstraße nach Ostturkestan, heute ist ihre Gruppe je nach Lebensraum stärker an die Uyghuren oder an die Kasachen akkulturiert.

Die Kirgisen leben wie die Kasachen vor allem von Weidewirtschaft in Verbindung mit Ackerbau und stehen den Kasachen auch sprachlich und kulturell sehr nahe.

Die Tataren sind erst im 19. und Anfang des 20. Jahrhunderts. aus dem zaristischen Rußland eingewandert. Die "Nationale Minderheit" gliedert sich in zwei Gruppen, die (ehemals) viehzüchtenden Noghay, und die "eigentlichen" Tataren, die überwiegend von städtischen Händlern und reichen Bauern abstammen und auch in Xinjiang eine städtische Bevölkerung bilden. Statt der tatarischen Sprache benutzen sie heute weitgehend Kasachisch und Uyghurisch.

Auch die Pamir-Tadjiken sind "Nationale Minderheit", die sich aus mehreren ethnischen Gruppen zusammensetzt. Sie alle sprechen ostiranische Sprachen und haben insgesamt starke kulturelle Bezüge zum Iran. Im Gegensatz zu den anderen Moslems in Xinjiang, die Sunniten sind, sind die Pamir-Tadjiken (ismailitische) Schiiten. Sie leben überwiegend in den Hochlagen des Pamir und betreiben (Wander-) Weidewirtschaft.

Die offiziellen Bevölkerungsanteile dieser Gruppen waren zur Zeit von Hoppes Feldforschung: Uyghuren 47,22%, Han 37,76 %, Kasachen 7,45%, Hui 4,58%, die anderen jeweils unter 1%.[3]

Oase und Identität

Identität macht sich gerade bei Uyghuren nicht nur an der Zugehörigkeit zur ethnischen Gruppe fest. Sie ist auch klar verknüpft mit der Herkunft aus einer bestimmten Oase. Diese Identifikation mit der eigenen Oase überlagert oft die Selbstidentifikation als "Uyghure". So berichtet z. B. Rudelsohn, dass die politische Forderung Intellektueller, ein pan-uyghurisches Gemeinschaftsgefühl zu entwickeln, regelmäßig mit der Oasen-Identität der Bevölkerungsmehrheit kollidiert.[4] So verwundert es nicht, dass die Bewohner Ostturkestans unterschiedlichen Oasen auch unterschiedliche Mützendekors zuordnen. Zhang Hengde gibt an:

---

[3] Hoppe 1995, S. 35.
[4] Rudelsohn 1997, S. 8-9 u. 64.

"The Hetian [Hotan] prefecture is most famous for it's women's caps in chequered embroidery, of which the design is geometrical and compact and the shape is flat with four corners jutting out. The Hetian women's caps are sold to places throughout the country and well appreciated by the broad masses of women. The Hashi [Käxkär, Kaschgar] prefecture is noted for its almond men's caps, of which the motif is embroidered in white against a black background and the top is large with for corners raised. ... The gold ans silver filigreed cap in this prefecture has it's own style and is also very polular. Most of the caps in Kuche [Kuqa] prefecture are arch-topped women's caps in bead inlay. ... The Turpan cap is of another style. Large becoming motifs with the lace motif against a small background, the design occupies most of part of the cap, ... The Ili cap is flat and graceful. it has plain colors in harmony. most of the designs are of simple single motif. ... Having been influenced by the culture of the Han and other nationalities, the Hami [Khumul] cap has adopted some of the Han's techniques, so it's motifs are more complicated and it's colours, more striking. Popular in Yutian, Minfeng, Cele and Qiemo [Keriyä, Qira, Niyä, Qärqän] is the dish-like and highly ornamental small cap, of which the diameter is less than 10 cm. It is solely for the old and middle-aged women to wear on their shawls, looking just like a flower on the head. Rarely found in other places, this unique kind of cap is of great ornamental interest though it is not of any practical value."[5]

Die Kernaussage "doppa-Dekors sind oasengebunden" gibt offenbar eine weit verbreitete und vielfach geäußerte Überzeugung wieder, denn außer bei den bereits genannten Autoren Rudelsohn, Hoppe und Zhang findet sie sich en passant immer wieder in der Literatur über Ostturkestan. Wie sieht es aber in der täglichen Praxis mit diesen festgelegten Dekors aus, d. h. mit Kopfbedeckungen, die eben nicht per se generalisierend als pan-islamisches, modern-internationales oder ethnisch indifferentes Bekenntnis "gemeint" sind? Zhang weist bezüglich der Frauendoppas aus Hotan bereits darauf hin, dass die an sich oasengebundenen Mützenformen und -dekors landesweit verkauft und getragen werden können. Die badam-doppa, die Zhang zufolge besonders

---

[5] Zhang 1983, Einführung, ohne Seitenzahlen.

typisch für die Region von Kaschgar ist, sieht man nicht nur auf praktisch jedem Foto aus jeder beliebigen Oase Ostturkestans, sie ist auch in den turksprachigen Republiken der ehemaligen Sowjetunion verbreitet[6]. Auch Hoppes Sammlung selbst enthält zwei Exemplare aus Westturkestan. Die Dekorformen chimän und manpur (s. u.), die Zhang nicht regional zuordnet, sind, wie man in Bildbänden sehen kann, ebenfalls landesweit verbreitet, jedoch gibt es in Bezug auf die chimän-doppa eine regionale Eingrenzung: Ein blauer (statt grüner) Fond gilt als typisch für die Oase Kutscha. Dennoch erwarb Hoppe eine der blauen chimän doppas unserer Sammlung in Turfan. Die rotbraune, gesteppte Samtdoppa ist laut Hoppe zwar typisch für die Noghay-Tataren, wird jedoch nach seiner eigenen Beobachtung auch von vielen Uyghuren getragen. Ebenso findet man auf Fotos – wenn auch nur gelegentlich – typische Männermützen auf Frauenköpfen.[7] In der Realität ist die Zuordnung also nicht so einfach wie in der allseits bekannten Theorie!

Einen Unterschied in der Kopfbedeckung, der offenbar strikt durchgehalten wird, gibt Rudelsohn[8] an: Bei Trauerfällen umwinden uyghurische Männer die Mützen mit einem weißen Turbantuch. Nahe Verwandte des Verstorbenen tragen dies immerhin für ein Jahr. Die Hui dagegen tragen im Trauerfall eine Mütze aus grober Leinwand, die laut Rudelsohn "nach Art eines Ofenrohrs" hochsteht. Ansonsten muss für die Mützen aus Xinjiang gelten, was auch für Kleidung im allgemeinen gilt: Die Norm ist vorhanden, die Praxis besteht jedoch in der Abweichung. Tägliche Tragegewohnheiten sind individuelle Entscheidungen, die im Spannungsfeld von Konvention und dem Ausdruck eigener Individualität getroffen werden.[9] Auch im sogenannten "traditionalen" Kontext sind sie der Mode unterworfen, indem das als schön empfundene übernommen wird, selbst wenn es der Symbolik der eigenen Region (zunächst) widerspricht.[10] Da sich mit der Tragepraxis auch die symbolische Bedeutung

---

[6] Folk Art, S. 109; Pander, Bildteil S. 44; Van Leeuwen et al S. 54; Kirgizija, Bildteil.
[7] Z. B. Yung 1997, S. 112-13.(Frauen mit *chimän* und *badam doppas* über dem Kopftuch) Li Chaochen 1983, S. 28.(Frau in Kashgar mit zwei *chimän-doppas* über einem Kopftuch). In den wenigen Fällen scheint es sich um ältere Frauen zu handeln.
[8] Rudelsohn 1997, S. 64 u. 85.
[9] Kaiser Kap. 14.
[10] So tragen z. B. Guatemaltekinnen *huipiles* mit "falschen", d. h. einem anderen Dorf zugeordneten, Dekors aus persönlicher Vorliebe (C. Raddatz, pers. comm.).

von Kleidungsstücken wandelt, kann jede zuordnende Beschreibung nur eine Momentaufnahme sein. Die folgende Momentaufnahme ostturkestanischer Kopfbedeckungen folgt den Beobachtungen Thomas Hoppes aus den Jahren 1985-1995. Sie wurde durch Angaben aus der Fachliteratur und durch Belegstellen aus Bildbänden ergänzt. Die Wiedergabe uyghurischer Wörter folgt – wo vorhanden – den mündlichen Angaben Hoppes.

Abb. 1 Chimän-Doppa für Männer; MV Hamburg, Nr. 98.3:3.

Blaue Baumwolle, mehrfach gestückelt, mit weißer und roter Maschinenstickerei, Unterfaden weiß und dunkelblau. Tellersegment und Rand ineinander übergehend, unten mit schwarzem Baumwollsamt eingefasst. Futter blaugrundige, geblümte Baumwolle. Die Stickerei durchdringt beide Stofflagen, sodass das Futter nicht gesondert angeheftet wurde.
H 14 cm, D 20 cm.
Erworben 1985 als Neuware in Turfan. Thomas Hoppe trug diese und andere Mützen der Sammlung während seiner Feldforschung selbst. Daher haben auch die als Neuware erworbenen Stücke heute Gebrauchsspuren.

Abb. 2 Chimän-Doppa für Männer; MV Hamburg, Nr. 98.3:4.

Grünes Synthetikmaterial mit Maschinennähten sowie weißer, roter und schwarzer Handstickerei, das schwarze Garn ist aus Baumwolle. Randan gesetzt, unten mit schwarzem Synthetiksamt eingefasst. Futter rote Baumwolle, mit Vorstichen in Schwarz befestigt. Der Rand ist angesetzt. Im Inneren angeklebtes Etikett der Xinjiang Kashen Industrial Art Company, d. h. es handelt sich um ein Manufakturprodukt.
H 14 cm, D 20 cm.

Abb. 3 Chimän-Doppa für Männer, H 14 cm, D 20 cm; MV Hamburg, Nr. 98.3:5.

Grüne Baumwolle mit weißer, roter und schwarzer Maschinen- und Hand(?)-stickerei. Randeinfassung schwarzer Baumwollsamt. Futter rote Baumwolle, mit Vorstichen in Schwarz befestigt. Der Rand ist angesetzt, mit schwarzem Baumwollsamt eingefasst.
H 14 cm, D 20 cm.

Abb. 4 Chimän-Doppa für Männer; oben: MV Hamburg, Nr. 98.3:6; unten: MV Hamburg, Nr. 98.3:10.

Dunkelblaue Baumwolle, weiße Maschinenstickerei, an den Nahtstellen dunkelrote Stickpunkte, die nicht als Blüten aufgefasst sind. Rand hoch angesetzt, unten mit schwarzem Baumwollsamt eingefasst. Futter blaue Baumwolle mit Rosenmuster, mit Maschinen-Steppnähten befestigt.
H 14 cm, D 20 cm.
Erworben 1985 als Neuware.

Dunkelgrünes Synthetikmaterial mit weißer, roter und schwarzer Handstickerei, das schwarze Garn ist aus Baumwolle. Rand angesetzt, mit schwarzem Synthetiksamt eingefasst. Futter rote Baumwolle, mit Vorstichen befestigt. Etikett der Xinjiang Kashen Industrual Art Company, d. h. es handelt sich um ein Manufakturprodukt.
H 14 cm, D 20 cm.
Erworben nach 1990.

Der Dekor aller uyghurischen Mützen ist punktsymmetrisch zur Spitze der Mütze mit vierfachem Rapport. Die Aufteilung der Fläche und Anordnung des Dekors kennt mehrere Grundprinzipien, wobei die chimän Doppa (wörtl.: "Wiesen"-Doppa) einen Grundtyp darstellt: Kleine Motive wie beispielsweise Blüten sind über den Fond verstreut und und werden entweder durch Adern verbunden oder von Linien getrent. Der Fond kann mit craquelee-artigen Linien überzogen oder in einem Punkt- und Strich-Dekor ausgefüllt sein.[11] Das Grundmuster unserer chimän-doppas baut sich auf einer liegenden Raute auf, deren untere Ecke auf der Mitte der Randborte liegt, die obere Ecke ragt in das Tellersegment hinein. Aus der Raute, die als abstraktes Zierband gestaltet ist, entspringen weiße Blätterranken mit sparsam verteilten roten, gelegentlich auch schwarzen Blüten. Der Fond ist mit Schlangenlinien in Überfangstickerei bedeckt. Die übliche Farbe des Fonds ist grün.

Neben dem gebräuchlichen chimän-Dekor zeigen diese Mützen auch einen der beiden Formtypen, die heute bei uyghurischen Scheitelmützen üblich sind.[12] Centlivres nennt diesen Typ "mitre".[13] Bei einer mitre ist der Mützenteller aus vier gleichschenkligen Dreiecken zusammengesetzt. Die Mütze lässt sich flach zusammenlegen, indem zwei gegenüberliegende Dreiecke und Randstücke entlang der senkrechten Mittellinie nach innen gefaltet werden. Bei Aufklappen und Aufsetzen der Mütze bleiben die Verbindungsnähte der Dreiecke als sichtbare Grate stehen. Der Mützenrand kann in Form eines umlaufenden Stoffstreifens an die Dreiecke angesetzt sein, oder aus vier einzelnen aneinandergesetzten Rechtecken besetehen. Er kann jedoch auch aus der Grundlinie der Dreiecke hervorgehen, sodass jeweils ein Tellersegment und der darunter liegende Teil des Mützenrandes "aus einem Stück" sind. Die zwei Mützen der Sammlung, die statt dem üblichen grünen einen blauen Fond haben, sind laut Hoppe typisch für die Oase Kutscha. Die chimän doppa ist laut Hoppe eine Männermütze.[14]

---

[11] Zhang 1983, Einleitung ohne Seitenzahl. Zhang gibt "Chimän" hier als "Kimam" wieder.
[12] Lifestyles, S. 88; Zhang, Einführung o. Seitenzahl.
[13] Centlivres 1968, S. 14.
[14] Folk Art of Uzbekistan (109) zeigt eine uzbekische *doppa* des frühen 20. Jh., deren Dekoraufbau trotz des andersfarbigen Fond der *chimän-doppa* deutlich ähnelt. Sie wird ausdrücklich als Männer*doppa* bezeichnet. Siehe jedoch Fußnote 7 zu Ausnahmen.

Abb. 5 Badam Doppa für Männer; MV Hamburg, Nr. 98.3:7.

Graue Baumwolle mit weißer Maschinenstickerei. Rand angesetzt, unten mit schwarzer Maschinenwebborte eingefasst. Futter rote Baumwolle mit Blumenmuster. Mit Maschinensteppnähten befestigt. Die Stickerei des Tellers, nicht jedoch die des Randes, durchdringt beide Lagen.
H 14 cm, D 20 cm.
Erworben ca. 1990 in Kashgar.

Badam heißt bei den Uyghuren ein von Ostturkestan bis Spanien verbreitetes, auf arabisch als "mir-e-boteh" bezeichnetes Motiv. Seiwert verfolgt die Geschichte des Motivs zurück und findet klare Bezüge zur Flamme. Je nach Region wird das Motiv überdies als Palmette, Pfauenfeder, sich verneigende Tanne oder Paprikaschote gesehen.[15] Bei den Uyghuren jedoch - ebenso wie bei den Uzbeken – ist badam der Name einer bitteren Mandel, die zu medizinischen Zwecken genutzt wird. In Ostturkestan wird sie wird von Drogisten auf den Basaren verkauft. Die eingebogene Spitze der Mandel wird im badam – Design stark stilisiert dargestellt, die ganze Mandel wird sehr ornamental aufgefasst. Der untere Rand von badam-Mützen ist stets mit aneinandergereihten Halbkreisen dekoriert, die sich aus einem Palmetten-Fries entwickelt haben könnten, jedoch bei unseren Mützen ebenfalls ornamental aufgelöst sind.

Die schwarze badam-doppa ist eine Männermütze[16]. Früher wurde sie von Männern aller Altersgruppen, heute überwiegend von älteren Männern getragen. Auf rotem Fond gibt es den badam-Dekor auch bei Frauenmützen[17].

Abb. 6 Badam Doppa für Männer; links: MV Hbg., Nr 98.3:8; rechts: Nr. 98.3:9.

Schwarze Baumwolle mit Schablonendruck. Rand angesetzt, Randeinfassung aus schwarzer Webborte. Futter hellrote Baumwolle, mit Maschinen-Steppnähten befestigt. Im Inneren eingenäht ein Etikett einer Fabrik aus Andischan, Usbekistan (andishanskaya fabrika chudoshestvennich izdelij).
H 14 cm, D 20 cm.
Stammt laut Hoppe aus den 60er Jahren.

Schwarze Baumwolle mit Schablonendruck. Rand angesetzt, Randeinfassung aus brauner Webborte. Futter bordeauxrote Baumwolle, mit Maschinen-Steppnähten befestigt.
H 14 cm, D 20 cm.
Diese Mütze stammt nicht aus Xinjiang. Sie wurde Hoppe von Verwandten geschenkt, die sie in den 60er Jahren in Westturkestan erworben hatten.

---

[15] Seiwert 2001, S. 43-44. Siehe zum *bodom*-Motiv in uzbekischen Susanis Tschepelewezkaja/Sucharewa 1991, S. 65 u. 81-82. Demnach schreiben die Uzbeken der wilden Bergmandel apotropäische Kräfte zu. Der Übergang zwischen Paprikaschote und Mandel ist bei Stickereimotiven fließend.
[16] Ebenso Seiwert a. a. O. Seiwert führt diese Zuordnung auf die Konnotation "rot" und "heiß" der Flamme – und Paprikaschote – zurück, die sie gedanklich in die Nähe eines Phallus rückt, und vermerkt, dass es in Usbekistan ein Schmunzeln hervorruft, wenn Touristinnen *badam*-Mützen tragen. Vgl. jedoch Fußnoten 7 und 17.
[17] The Xinjiang Branch 1992, Abb. 51; Lifestyles 1991, S. 120.

Abb. 7 Uyghurische Doppa im "Manpur- Design"; MV Hamburg, Nr. 98.3:26.

Dunkelgrüner, in Wülsten gesteppter Synthetiksamt mit Handstickerei aus dunkelblauer, -roter und -violetter sowie hellgrüner, -pinkfarbener und -türkisfarbener Acrylfaser. Futter rote Baumwolle, mit Vorstichen in quilting - Technik befestigt. Im Inneren Etikett der "Xinjiang Kashen Industrial Art Company".
H 14 cm, D 20 cm.

Auch diese doppa zeigt einen auf modernen Fotos häufig sichtbaren Dekortyp: auf Teller und Rand stehen sich medaillonartige gestickte Ornamente gegenüber. Hoppe gab für diesen Dekor keine Bezeichnung an. Es handelt sich jedoch offensichtlich um das als manpur benannte Dekorschema.[18] In diesem Fall ist es mit groben, schräg gesetzten Überfangstichen gestickt und zeigt 8-achsige Sterne, deren äußere Form auf dem Teller ein Quadrat, auf dem Rand ein Rechteck bildet. Die Form der Mütze folgt dem bereits besprochenen vierteiligen "mitre"-Aufbauschema mit deutlich hervortretenden Graten am Teller. Die Steppwülste des Randes verlaufen horizontal, auf dem Teller verlaufen sie von der Spitze und den vier Graten aus vertikal abwärts.
Getragen von Uyghuren.

---

[18] The Xinjiang Branch 1992, Abb. 14, S. 25, 30, 36,38 etc. als Variante zu dem aus zwei Medaillons bestehenden Arrangement sieht man hier auch Mützen, deren Randornament eine breitere Basis des Medaillons auf dem Mützenspiegel bildet, ohne mit diesem verbunden zu sein.

Abb. 8 Uyghurische Männer-Doppa aus dem Turpan-Becken in "Tashkent"-Design; MV Hamburg, Nr. 98.3:25.

Beigefarbenes Baumwoll- oder Leinengewebe mit Gobelinstich (petit-point-Stich) aus Baumwollgarn, Fond grün, Dekor hell- und dunkelrot, altrosa, pink, grau, violett, gelb und schwarz. Die Stickerei ist an einigen Stellen nach Abnutzung nachgebessert worden. Vier Tellersegmente, Rand angesetzt, untere Randeinfassung aus schwarzem Synthetiksamt. Futter aus Resten von bunt geblümter und einfarbig violetter Baumwolle, mit Vorstichen in quilting-Technik befestigt. Versteifung durch Wülste über einer Baumwollfüllung, die an einem kleinen Loch sichtbar wird.
H 14 cm, D 20 cm.

Thomas Hoppe erhielt diese Mütze, seines Erachtens ein besonders schönes Stück, von einem Bekannten in Turpan, dessen Frau die Mütze angefertigt hatte. Hoppe schreibt:

> "Solche bisweilen wilden Farben und Muster tragen vor allem die Männer aus dem benachbarten Toksun (Turpan-Becken), also warum nicht auch die Männer im Turpan-Kreis selbst? Das ist schon ein Fall von "ich erkenne aus welcher Oase Du bist". Kein Kashgarier würde eine solche Mütze tragen."[19]

---

[19] Thomas Hoppe, email vom 2.5.2002.

Obwohl diese Mütze demnach typisch für das Turpan-Becken ist, ist ihr Dekor nicht identisch mit dem in der Literatur als "turpan" benannten Dekor: Letzterer zeigt zwar sehr bunte, jedoch nur wenig abstrahierende Blumenstickerei, die zudem zu Rundformen tendiert. Dagegen besteht der Dekor der vorliegenden Mütze aus Stickereien, die so stark geometrisch - ornamental aufgelöst sind, daß sie eine Vorlage aus der Natur kaum mehr erahnen lassen. Dieser Dekor bedeckt Spiegel und Rand der Mütze fast völlig. In der Literatur findet man ihn unter der Bezeichnung "tashkent"-Mützen".[20] Man muss nach Hoppes Beschreibung wohl davon ausgehen, daß die Bewohner des Turpan-Kreises eine Vorliebe für den ursprünglich nicht von dort stammenden Dekor entwickelt haben.

Abb. 9 Uyghurische Doppa für Männer; MV Hamburg, Nr. 99.1:3.

Schwarzer Synthetiksamt, Futter blaue Baumwolle, handgesteppt in quilting-Technik, auf dem Teller in Vertikal-, am Rand in Horizontal - Wülsten.
H 8 cm, D ca 19 cm.
Diese unbestickte schwarze Mütze hat einen relativ niedrigen Rand. Sie ist in Wülsten gesteppt, die durch einander überlagende Parallelbündel ein windradartiges Muster bilden. Ihre Form zeigt den zweiten für uyghurische Mützen üblichen Typ, der von Centlivres als "calotte" bezeichnet wird.[21] Es handelt sich um eine flache Kuppel, die ungefähr auf dem Scheitel des Trägers aufliegt.

---

[20] The Xinjiang Branch 1992, Abb. 7,8, 19, 28 (Turpan-Design), 4, 54, 49 (Tashkent-Design).
[21] Centlivres 1968, S. 14.

Sie ist nicht zum Zusammenlegen gedacht. Sofern sie einen Dekor hat, ist er wie bei den anderen uyghurischen Mützen punktsymmetrisch zur Spitze. Doppas dieser Form und Farbe werden von Uyghuren getragen.

Abb. 10 Doppa der Noghay; MV Hamburg, Nr. 98.3:01.

Brauner Synthetiksamt, untere Randeinfassung schwarzer Synthetiksamt. Futter blaue Baumwolle, handgesteppt in quilting-Technik, auf dem Teller in Vertikal-, am Rand in Horizontal-Wülsten.
H 7cm, D 17 cm.
In der Form (calotte) und Art der Steppwülste genau wie Nr. Inv.-Nr 99.1:3. Die bordeauxrote Variante dieser Mütze ist jedoch besonders typisch für nomadische Tataren (Noghay).[22]

Abb. 11 (Manpur- oder Shapak- ?) Doppa; MV Hamburg, Nr. 98.43:2.

---

[22] vgl Lifestyles, S. 128 (unter "Tatars").

445

Bordeauxroter Synthetiksamt, handgesteppt in quilting –Technik, der Rand in horizontalen, der Teller in vertikalen Wülsten. Unterer Rand schwarzer Synthetiksamt. Handbestickt in Plattstich mit Acrylwolle in hell- und dunkelgrün, rosa, rot, violett, blau und gelb.
H 8 cm, D 17 cm.
Geschenk an Th. Hoppe, 1996.
In der Form (calotte) und Art der Steppwülste wie Nr. Inv.-Nr 99.1:3. Das Dekor besteht aus einem kleinen Blumen"garten" in vierfachem Rapport auf dem Teller. Auf dem Rand befindet sich jeweils darunter eine einzelne liegende Blume vor blau/violettem Hintergrund. Kleine Einzelmotive auf dem Spiegel sieht man in der Literatur beim "shapak"-Dekor, jedoch reichen die wenigen Beispiele nicht für eine klare Zuordnung aus.[23]
Diese doppas werden von Uyghuren und - seltener- von Kasachen getragen. Es ist unklar, ob es sich um eine Männer- oder Frauenmütze handelt.

Abb. 12 Uyghurische – Frauen Doppa (im Marjian-Design?); MV Hamburg, Nr. 98.3:11.

Weinroter Synthetiksamt, Teller in Vertikalwülsten handgesteppt (quilting-Technik). Angesetzter Rand, eingefasst mit schwarzer Samtborte, auf der eine Kette aus kleinen goldenen Kunststoffblüten aufgenäht ist. Dekor aus Pailletten und Perlenschnüren, H 10 cm, D 18 cm.
Gekauft ca 1995/1996 in Ürümqi.
Mütze vom Typ mitre. Das Dekor entspricht am ehesten dem Typ marjian. Dieser gleicht in der Raumaufteilung manpur-Dekor, zeichnet sich aber durch

---

[23] The Xinjiang Branch 1992, Abb. 53 u. 58.

üppige Verwendung von Perlenstickerei aus.²⁴ Das Dekormotiv ist auf dem Spiegel pfauenradartig aufgefächert, auf dem Rand hat es die Form zweier liegender, stark stilisierter Blütenzweige. Möglicherweise handelt es sich um eine Abwandlung des "Lebensbaum"-Motivs.²⁵
Laut Hoppe wird diese Mütze eher bei Musik- und Theateraufführungen getragen als im Alltag. Zhang (s. obiges Zitat) berichtet jedoch, dass perlenbestickte doppas typisch für die Frauen in Kuqa seien.²⁶

Abb. 13 Männer-Doppa der Kasachen; MV Hamburg, Nr. 98.43:1.

Dunkelgrüner Synthetiksamt, maschinengesteppt mit Lurex, bestickt mit einem auf Papierunterlage vorgefertigten Rankenornament aus goldenen Glasperlen. Perlenstickerei. Futter schwarzes Synthetikmaterial. Steppnähte und Perlenstickerei durchdringen beide Stoffschichten. Versteifung durch eine Baumwollfüllung, die an einer Stelle zu sehen ist.
H: 9 cm, D 18 cm.
Erworben von einer kasachischen Familie.
Die doppa vom Typ calotte ist in Radialbögen maschinengesteppt mit Lurex und bestickt mit Rankenornament, das sich aus dem zentralasiatischen "Widderhorn"- und "Wolken" -Motivkomplex²⁷ ableitet. Der Rand und der leicht

---

²⁴ The Xinjiang Branch 1992, Abb. 10,21, 23, 24, 27.
²⁵ Vgl. das sehr ähnliche Dekor auf einer Frauen*doppa* aus Usbekistan, auf der bei gleicher Umrißform die florale Ausgestaltung deutlicher hervortritt. In: Folk Art of Uzbekistan (105, links). Zum Motiv des Lebensbaums vgl. Kalter (S. 153-157), Klieber (1989, S. 295).
²⁶ Siehe auch das – eventuell jedoch gestellte – Foto in Bonavia (1988, S. 21). Es zeigt zwei Frauen mit Mützen ähnlich der unseren bei der Arbeit(?) in einer Maulbeerschonung.
²⁷ Karutz 1911, S. 144-178; Bilder 1964, S. 65-67.

konisch zulaufende Teller sind nach unten mit Perlenstickerei in Zickzacklinien abgeschlossen. Solche Mützen werden in Manufakturen und in Handarbeit hergestellt und bei den Kasachen von älteren Männern und Kadern getragen.

Abb. 14 Männer-Doppa (xiao bai mao/xapakh doppa) der Hui mit panislamischem Einschlag; MV Hamburg, Nr. 98.43:3.

Weiße Baumwolle, mit Lurex maschinengesteppt. Ungefüttert.
H 8 cm, D ca 16 cm.
Erworben in Ürümqi für 10 Yuan, Neuware.
Die aus sehr hohem Rand und flachem Teller bestehende weiße Mütze mit zurückhaltender Musterung - hier mit konzentrischen Kreisen und Zickzacklinien, die sich zu einem Gittermuster ergänzen - gilt als typische Kopfbeckung der Hui, obwohl sie von allen moslemischen Gruppen getragen wird. Uyghuren tragen sie z. T. unter einem anderen Hut. Die Hui-Bezeichnung "xiao bai mao" bedeutet schlicht " kleine weiße Mütze". Die Uyghuren nennen sie "xapakh doppa", was frei übersetzt "Doppa (so dünn wie die) leere Schale einer Melone" bedeutet.[28]

---

[28] Ümüt Omar 2002, pers. comm. Es besteht kein Zusammenhang zu der Bezeichnung "Melonen" (*tawuz*), die Uyghuren als abwertenden Ausdruck für die Hui benutzen, weil letztere aufgrund ihrer kulturellen Zwischenstellung "wie eine Melone zwischen der chinesischen und moslemischen Seite hin- und herrollen". Rudelsohn (1997, 64).

Abb. 15 Panislamische Mütze;
MV Hamburg, Nr. 99.1:2.

Cremefarbene Baumwolle mit Applikationen von weinrotem Synthetiksamt, Maschinenstickerei aus Goldfaden. Futter cremefarbene Baumwolle, die Stickerei durchdringt beide Stoffschichten. Borte aus Baumwollmakrameeknötchen am unteren Rand. Etikett im inneren: Nesar Cap, Made in Bangladesh, Size 56 H 8cm, D 17,5 cm.
Erworben in Ürümqi in gebrauchtem Zustand für 100 Yuan in 1998/99. Laut Auskunft des Trägers stammt sie aus Pakistan.
Diese Mütze mit hohem, geraden Rand und flachem Teller zeigt ein Dekor, das in Xinjiang seit Anfang der 90er Jahre zu sehen ist und von Angehörigen verschiedener moslemischer Ethnien getragen wird, ohne dass man sich damit als Mitglied einer bestimmten Gruppe oder Region ausweist. Die Mütze "markiert" also eine ethnische Grenze zwischen moslemischen Ethnien und Han-Chinesen bzw. Russen, zu denen in den 90er Jahren in Ostturkestan rege Kontakte bestanden.

Abb. 16 Tumakh der Uyghuren
und Pamirtadjiken;
MV Hamburg, Nr. 98.43:4.

Schwarzer, samtiger Synthetikstoff, unterer Rand eingefasst mit braunem Kunstfell. Futter weißes Kunstfell.
H 16 cm, D 25 cm.
Erworben 1998 in Ürümqi für 40 Yuan.
Getragen überwiegend von älteren Männern. Wird in Südwest-Xinjiang auch im Sommer über rasiertem Kopf aufgesetzt und angeblich sogar zum Schlafen nicht abgenommen. Getragen von Uyghuren und Pamirtadjiken.

Abb. 17 Männerhut der Kirgisen; MV Hamburg, Nr. 98.3:12.

Weißer Wollfilz mit Maschinenstickerei und Applikation eines weißen Synthetikfadens, der mit schwarzem Synthetikgarn in Schrägstich überfangen wurde. Schwarze Synthetiktroddel. Innen nur im oberen Teil mit weißer Baumwolle gefüttert.
H 22 cm, D 30 cm.
Neuware.
Diese Hutform wird in leichten Abwandlungen von Männern in Kirgistan und von Kirgisen in Ostturkestan getragen, wobei die Hüte in Kirgistan eher höher sind. Das auf den beiden Stirnseiten aufgestickte, rankenartige Design ist aus dem Widderhorn-Wolken Motivkomplex abgeleitet.[29] Auch kazachische Männer tragen Hüte dieses Typs.

---

[29] Vgl. Fußnote xxi. Sehr ähnliche Ornamente auf Frauenkopftuch und Männerhut in Kirgisien zeigt Askarov (1982, Fotos 1 und 9).

Abb. 18 Panchinesischer Hut
(Xiläpä, Li Mao); MV Hamburg,
Nr. 98.43:5.

Formgepresst aus garngewirktem, netzartigem Gewebe, das in Kunststoff getaucht wurde. Bedrucktes Gummiband. Pfauenfeder. Etikett "Made in Thailand".
H 12 cm, B 25 cm, T 25 cm.
1998 in Ürümqi erworben.
Dieser leichte Hut, der durchbrochenes Strohgeflecht nachahmt, ist seit Anfang der 90er Jahre in Xinjiang verbreitet und wurde aus der Sowjetunion bzw. deren Nachfolgestaaten übernommen. Daher leitet sich die uygurische Bezeichnung "xiläpä" ab, die offenbar von russischen schljapa ("Hut") stammt. Dieser Huttyp wird von Angehörigen aller ethnischen Gruppen getragen und ist nicht nur in Xinjiang, sondern zum Beispiel auch in Tibet in Gebrauch. Auf chinesisch wird der Hut "li mao", d. h. "Höflichkeitshut", genannt. Das Hutband ist bedruckt mit der Aufschrift "xueshi mao" in der chinesischen Lautschrift hanyu pinyin. Aufgrund der Mehrdeutigkeit chinesischer Lautungen kann diese Worte "Gelehrtenhut", "Schneelöwenhut", oder "modischer Hut" heißen. Es ist allerdings nicht klar, ob eine dieser Bedeutungen den Trägern präsent ist, und wenn ja, welche.

Abb. 19 und 20 Augenschlitz - Mützen der
Han und Hui; MV Hamburg, Nr. 98.3:21.

Brauner Synthetikfilz. Im Teller gefüttert mit schwarzem Baumwollgewebe.
H gesamt 25cm, mit hochgeschlagenem Rand 16 cm, D 20 cm.
Erworben 1993 in Ürümqi.
Diese Mützen mit kleinem Bommel auf dem Scheitel haben einen Sehschlitz, der es erlaubt, die Mütze bei kaltem Wetter weit über das Gesicht herunter zu ziehen. Sie wird in Xinjiang bevorzugt von Han und Hui getragen. Ursprünglich stammt sie aus der Mongolei, wo sie für das Reiten bei kaltem Wind ideal ist. Sie ist in ganz China bekannt, in Peking wird sie als "huimin maozi" bezeichnet.

Abb. 21 Uyghurische Kaderkappe (Xäpkä); MV Hamburg, Nr. 98.3:2.

Schwarzes Synthetikgewebe.
H 9 cm, D 22 cm.
Erworben 1989.
Diese Mützen werden oberhalb des Schirms mit Papier ausgestopft, sodass sie den Träger einige Zentimeter größer aussehen lassen und damit seinen hohen Rang augenfällig machen. Die uyghurische Bezeichnung xäpkä ist eine Entlehnung aus dem Russischen. Getragen werden diese Kappen von uyghurischen – jedoch nicht Han-Kadern.

Abb. 22 Pan-ethnische Schirm"mütze" für Männer; MV Hamburg, Nr. 98.43:7.

Hellgraues Synthetikmaterial. Futter weiße Baumwolle. Etikett einer Fabrik in Ürümqi (Wu shi xin shiqu tongmao fuzhuang chang), Größe 57.
H 13 cm, L 24 cm.
Diese Kappen werden von sämtlichen Ethnien Xinjiangs getragen, von den Moslems z. B. dann, wenn sie außerhalb der schattigen Oasen unterwegs sind, sodass eine Scheitelmütze allein keinen ausreichenden Sonnenschutz bietet. In der Inneren Mongolei ist sie noch verbreiteter als in Xinjiang. Hoppe führt dies auf den dort noch intensiveren russischen Einfluß zurück.

Abb. 23 Uyghurische "Spaten"-Kappe (Kätmän-Xäpkä bzw. – Käpkä) für Männer;
MV Hamburg, Nr. 2002.11:1.

Obermaterial Synthetik, Futter Baumwolle.
Schenkung Klaus Kettenburg.
Durch Vermittlung von Thomas Hoppe erhielt das Museum im Jahr 2002 als Nachzügler zur Sammlung eine uyghurische Spatenkappe. Ihren Namen verdankt sie der Form ihres Schirms. Sie entspricht der Rundung eines uyghurischen Spatens (kätmän).
Thomas Hoppe schreibt hierzu:
"Die Ethnien sind in dem winzigen Unterschied der Formgebung ganz klar
    geschieden. Ein Uyghure ist, wenn er eine uyghurische Spatenkappe
    trägt, sofort als Uyghure zu erkennen. Ihr haftet etwas Aufmüpfiges,
    Rebellisches an, ein Anders sein als die Chinesen. Der Unterschied in
    der Formgebung [...] zur chinesischen Armee/Kulturrevolutions-Schirm-
    mütze [...] ist gering, jedoch dem einheimischen sehr deutlich: Der
    obere Teil (Deckel) steht mehr über, beim häufigen Tragen rutscht
    dann der obere runde Teil in den Nacken des Trägers, die Mütze wird
    flacher, nach hinten verschoben. Vorn geht das aufrechte Stehen des
    Profils verloren. Die Armee-Mütze behält beim Tragen ihre aufrechte
    Form, sie wirkt steifer, korrekter." (Thomas Hoppe: email vom 20.4.2002).

Abb. 24 Pan-ethnische Baseballkappe, nicht geschlechtsgebunden; MV Hamburg, Nr. 98.43:6

Schwarze und rote Baumwolle, Maschinenstickerei in Weiß, Rot und Gelb. Im Inneren ein Etikett einer Fabrik in Ürümqi (Wu shi gongyi xiupin fuzhuang chang), Größe 58.
H 13 cm, L 25 cm.
Die amerikanisch aussehende, jedoch in Ürümqi hergestellte Kappe ist mit mehreren Luftlöchern versehen und im Nackenteil in der Weite verstellbar. Uyghurisch wird sie als xäpkä, d. h. Kappe, bezeichnet. Die Träger lassen sich ethnisch nicht zuordnen. Überwiegend sind es männliche Jugendliche und junge Erwachsene, vor allem solche, die in der Stadt leben und der Akkulturation ausgesetzt sind. Auch junge Han-Chinesinnen tragen solche Mützen, junge Uyghurinnen weniger. Diese Kappe ist ein Beispiel für eine vom Westen übernommene, im Moment von vielen getragene Kopfbedeckung, mit der ein Interesse an Amerika und an Internationalität zum Ausdruck gebracht wird.

Bibliographie

Askarov, Tendik
1982 **Kirghizia**. Moskau.

Bilder, Hans
1964 **Teppiche aus Ost-Turkestan**. Tübingen.

Bogoslovskaya, Irina und Larisa Levteyeva
2000 Embroidered Skullcaps of Uzbekistan. In: **Ornament 23**, 32-35.

Bonavia, Judy
1988 **A Golden Souvenir of the Silk Road**. Hongkong.

Centlivres, Micheline et Pierre
1968 Calottes, Mitres et Toques: Essai danalyse classificatrice d´une collection des bonnets d´Afghanistan. In: **Bulletin annuel du Musee et Institut d´ethnographie**, Vol. 11: 11-46. Geneve.

Davidson, Basil
1959 **Turkestan Vivant**. Paris.

Frembgen, Jürgen
1998 Stickereien aus dem Karakorum. In: **Sammlungen aus dem Staatlichen Museum für Völkerkunde München**, Bd. 6. München.

Folk Art of Uzbekistan
o.J (1974) **Taschkent**.

Hoppe, Thomas
1995 **Die ethnischen Gruppen Xinjiangs: Kulturunterschiede und interethnische Beziehungen**. Hamburg.

Kaiser, Susan B.
(²1990) The Social Psychology of Clothing: **Symbolic Appearances in Context**. New York.

Kalter, Johannes
1983 **Aus Steppe und Oase: Bilder turkestanischer Kulturen.** Stuttgart.

Kalter, Johannes, und Magdalena Pavaloi
1997 **Uzbekistan.** London.

Karutz, R.
1911 **Unter Kirgisen und Turkmenen.** Leipzig.

Kirgizija
1972 **Moskau.**

Klieber, Helmut
1989 **Afghanistan: Geschichte, Kultur, Volkskunst, Teppiche.** Landsberg/Lech.

Lecoq, Albert von
1916 **Volkskundliches aus Ost-Turkistan.** Berlin.
1928 **Von Land und Leuten in Ost-Turkistan.** Leipzig.

Leix, Alfred
1974 (¹:1941) **Turkestan and ist Textile Crafts.** Wheathold Green.

Li Chaochen
1983 Uygur Crafts and Customs in Old Kashgar. In: **China Reconstructs** Vol 32,4: 26-29.

Pal´gow, n. n. et al.
1970 **Sovjetskij Sojuz Kazachstan.** Moskau.

Pander, Klaus
1982 **Sowjetischer Orient: Kunst und Kultur, Geschichte und Gegenwart der Völker Mittelasiens**. Köln.

Rudelson, Justin Jon
1997 **Oasis Identities: Uyghur Nationalism along China's Silk Road**. New York.

Schwarz, Henry G.
1984 **The Minorities of Northern China**. Bellingham/Washington.

Seiwert, Wolf-Dieter, unter Mitarbeit von Inge Seiwert
2001 **Das Erbe der Antike: Traditioneller Schmuck und Volksglaube zwischen Orient und Okzident**. Braunschweig.

The Xinjiang Branch of China Artists Association (Hrsg.)
1992 **A Collection of the Uyghur Folk Art Designs**. O. O.

Tschepelewezkaja, G. L und O. A. Sucharewa
1991 **Susani Usbekistans**. Hamburg.

Van Leeuwen, C. mit Tatjana Emeljanenko und Larisa Popova
1994 **Nomads in Central Asia**. Amsterdam.

Westphal-Hellbusch, Sigrid, und Gisela Soltkahn
1976 Mützen aus Zentralasien und Persien. In: **Veröffentlichungen des Museums für Völkerkunde Berlin**, Bd. 32. Berlin.

Yipin, Wu (Hrsg.)
1991 **Life Styles of China's Ethnic Minorities**. Hong Kong.

Yung, Peter
1997 **Bazaars of Chinese Turkestan: Life and Trade along the Old Silk Road**. Hongkong.

Zhang Hengde (Hrsg.)
1983 **A collection of the Xinjiang Uighur Folk Cap Designs.** Peking.

Erläuterungen zum Farbteil

Abb. 1 Uli-Figur, MV Nr. 9402.
Die Figur repräsentiert ein doppelgeschlechtliches Geistwesen, das mit dem Ahnenkult verknüpft ist. H 131 cm; Holz, Kalk, Pflanzenfasern, Schneckenschalen, Rotan, Parinariumkitt, Pigmente. Nördliches Mittelneuirland. Im Busch von Panakondo gesammelt, von Bezirksamtmann Boluminski (?); von Müller-Wismar für die Südsee-Expedition 1908 von D. H. Schmidt in Kavieng gekauft. Foto Brigitte Saal.

Abb. 2 Szene aus dem Maskensaal des Museums für Völkerkunde Hamburg mit Masken aus Neuirland und Neubritannien. Foto Brigitte Saal.

Abb. 3 Tatanua-Maske, MV Nr. E 1348.
Neuirland; H 37 cm; Holz, Rotan, Rindenbaststoff, Turboschnecken-Deckel, Samen, Bastschnur. Aus dem Bestand des Museums Godeffroy erworben 1886. Foto Brigitte Saal.

Abb. 4 Tatanua-Maske mit spiralförmigem Aufsatz, MV Nr. 12.135:236.
Neuirland; H 79 cm; Holz, Turboschnecken-Deckel, Bananenbast, Baumwollstoff, Rindenbaststoff, Rotan, Pigmente; Sammlung Konsul Thiel; ins Museum gelangt 1912. Foto Brigitte Saal.

Abb. 5 Tanzmaske in Form eines Schweinekopfes mit Hirschgeweih, MV Nr. 2638:05.
Neuirland; H 57 cm; Holz, Turboschnecken-Deckel, Rotan, Baumwollstoff, verschiedene Pflanzenfasern, Schweineborsten, Pigmente; von F. E. Hellwig ca. 1903 erworben; 1905 vom Museum angekauft. Foto Brigitte Saal.

Abb. 6 "Zum Maskentanz geschmückte Eingeborene von Neu-Mecklenburg" ist der Titel dieses Fotos aus Neuirland; um 1900–1905; Foto-Archiv Museum für Völkerkunde Hamburg.

Abb. 7 "Totenfeier auf Neu-Lauenburg".
Das Foto zeigt den auf einer Matte liegenden Leichnam zwischen zwei *tubuan*-Masken und vor Muschelgeldringen, die den Status des Verstorbenen und seines Clans dokumentieren. Tolai, Duke-of-York-Inseln. Foto Richard Parkinson kurz nach 1900; Foto-Archiv Museum für Völkerkunde Hamburg.

Abb. 8 Malagan-Schnitzerei, MV Nr. 2346 I.
Busch von Panakondo, Neuirland; H 110 cm; Holz, Turboschnecken-Deckel, Knöpfe, kleine Holzstäbchen, Pflanzenfasern, Pigmente; aus einer vorhandenen Sammlung in Neuirland für die Südsee-Expedition gekauft von F. E. Hellwig 1908. Foto Brigitte Saal.

Abb. 9 Malagan-Kopf, vermutlich von einem Fries, MV Nr. 87.84:11.
Neuirland; H 60 cm; Holz, Turboschnecken-Deckel, Pflanzenfasern, Pigmente; Sammler unbekannt. Foto Brigitte Saal.

Abb. 10 Kleine Totemfigur in Form eines Frosches, MV Nr. 3688 I.
Tolai, Neubritannien; H 25 cm; Pflanzenfasern, Baumwollstoff, große weiße und kleine schwarze Muschelscheiben, Nassaschneckenscheiben, Perlen; Südsee-Expedition 1908. Foto Brigitte Saal.

Abb. 11 Brustschmuck eines *bikman*; MV Nr. 47.11:14.
Nordküste Neuguinea; H 23 cm (ohne Faserbehang); Rotanflechtwerk, Keilerhauer, Nassaschneckenscheiben, Abrus-Samen, Bastschnur. Von Georg Friederici gesammelt 1909. Vom Museum erworben 1947. Foto Brigitte Saal.

Abb. 12 Baining-Tanzmaske, *kavat*-Typ; MV Nr. 11.88:33.
Baining, Gazelle-Halbinsel, Neubritannien; H: 65 cm; Rotan, Rindenbaststoff, Pigmente; Sammlung Konsul Thiel, vom Museum erworben 1911. Foto Brigitte Saal.

Abb. 13 Drei Kriegsschilde der Mengen, MV Nr. 3492 I, Nr. 7132 I, o. Nr.
Mengen, Jacquinot-Bucht, Südküste Neubritanniens; H 160 cm; 144 cm; 141 cm; Holz, Rotan, Bastfasern, Samenkapseln, Federn, Pigmente; Hamburger Südsee-Expedition, erworben 1909. Foto Brigitte Saal.

Abb. 14 Frauenhaube aus Bastgeflecht, MV Nr. 9198 I.
Mittlerer Sepik, Dorf Angerman (=293 km-Dorf); L: 75 cm; Bast, Pigmente. Südsee-Expedition, erworben 30.5. 1909. Foto Brigitte Saal.

Abb. 15 *Hemlaut*-Doppelmaske, MV Nr. 77.3:1.
Sulka, Neubritannien; H: 245 cm; Baummark, Rotan, Blattwerk, Kasuarfedern, Schneckenböden, Grasbehang, Pigmente; Hamburger Südsee-Expedition, wahrscheinlich von Müller-Wismar im März 1909 in der Nähe von Kap Beechey erworben. Foto Brigitte Saal.

Abb. 16 "Beim Anhören des Phonographen".
Foto von A. Roesicke, einem Teilnehmer der Berliner "Kaiserin-Augusta-Fluss-Expedition". Dorf Kaulagu, mittlerer Sepik, 1909. Foto-Archiv Museum für Völkerkunde Hamburg.

Titelfoto: Kultfigur mit Schlangen, MV E 2448.
Neuirland; über den Kult des hier repräsentierten Geistwesens ist wenig bekannt. Möglicherweise wurde es bei magischen Praktiken im Zusammenhang mit Regenfällen verwendet. H 114 cm; Alstonia-Holz, Turboschnecken-Deckel, Parinarium-Kitt, Pigmente. Vom Museum erworben von E. A. Pöhl am 16.9.1883.

Verzeichnis der Autoren

Ralf Bockmann M.A.	Museum für Völkerkunde Hamburg Rothenbaumchaussee 64 20148 Hamburg
Prof. Dr. George A. Corbin	Herbert H. Lehman College, Dep. of Art Bedford Park Boulevard West Bronx, NY 10468, USA
Dr. Joachim Görlich	Institut für Völkerkunde Universität zu Köln Albertus-Magnus-Platz 50931 Köln
Dr. Ingrid Heermann	Linden-Museum Hegelplatz 1 70174 Stuttgart
Dr. Dieter Heintze	Treseburger Str. 29 28205 Bremen
Dr. Christian Kaufmann	Museum der Kulturen Augustinergasse 2 CH-4051 Basel, Schweiz
Dr. Antje Kelm	Museum für Völkerkunde Hamburg Rothenbaumchaussee 64 20148 Hamburg
Dr. Wolfgang Kempf	Institut für Ethnologie Universität Heidelberg Sandgasse 7 69117 Heidelberg

Dr. Susanne Knödel	Museum für Völkerkunde Hamburg Rothenbaumchaussee 64 20148 Hamburg
Prof. Dr. Wulf Köpke	Museum für Völkerkunde Hamburg Rothenbaumchaussee 64 20148 Hamburg
Dr. Jeanette Kokott	Museum für Völkerkunde Hamburg Rothenbaumchaussee 64 20148 Hamburg
Dr. Maren Mohr de Collado	Museum für Völkerkunde Hamburg Rothenbaumchaussee 64 20148 Hamburg
Dr. Sylvia Ohnemus	Übersee Museum Bahnhofsplatz 13 28195 Bremen
Dr. Philippe Peltier	Musée National des Arts d'Afrique et d'Océanie 293, Avenue Daumesnil 75012 Paris, Frankreich
Dr. Bernd Schmelz	Museum für Völkerkunde Hamburg Rothenbaumchaussee 64 20148 Hamburg

Externe Lektoren

Dr. Volker Harms	Universität Tübingen Institut für Ethnologie, Schloß 72070 Tübingen
Dr. Helga Rammow	Am Reisenbrock 7c 22359 Hamburg